UNA HISTORIA DE LA IGLESIA EPISCOPAL

Tercera edición revisada

ROBERT W. PRICHARD

Traducido por Adrián Cárdenas Torres

Copyright © 2014 por Robert W. Prichard
Primera edición publicada en 1991. Edición revisada (segunda) publicada en 1999.

Todos los derechos reservados. Ninguna parte de este libro puede ser reproducida o almacenada en sistemas electrónicos recuperables, ni transmitido por ninguna forma o medio, electrónico, mecánico, incluyendo fotocopias, grabaciones, u otros, sin previa autorización por escrito del editor.

Los derechos de autor de la traducción pertenecen a la Domestic and Foreign Missionary Society (Sociedad Misionera Doméstica y Extranjera)

Church Publishing
19 East 34th Street
New York, NY 10016

Ilustración de portada: Robert Hunt, Samuel Seabury, William White y Harriet Cannon, Trinity Memorial Church, Warren, Pennsylvania (cortesía de Willet Stained Glass Studio)

Diseño de la portada por Laurie Klein Westhafer

Datos de catalogación en la publicación de la Biblioteca del Congreso

Un registro de este libro está disponible en la Biblioteca del Congreso
ISBN-13: 978-1-64065-574-4 (encuadernación blanda)
ISBN-13: 978-1-64065-575-1 (libro electrónico)

*En acción de gracias por la vida de Ed (1920-2000) y
Nancy (1916-2006) Prichard,
mis amados padres*

Contenido

Ilustraciones..................................ix

Tablas......................................xi
Prefacio a la tercera edición xii
Prefacio de 1999............................. xv
Prefacio a la primera edición xvii

1. Fundación de la Iglesia en tiempos de fragmentación
   (1585–1688)..................................... 1
   Principios de la colonización en Norteamérica......... 1
   El cristianismo inglés y la Reforma 3
   El carácter religioso de la colonia de Virginia bajo
      Isabel y Jacobo 7
   La colonización bajo Carlos I y durante
      la Mancomunidad 11
   Las colonias después de la Restauración 18
   Siervos por contrato y esclavizados 22

2. La Edad de la Razón y las colonias americanas
   (1688–1740)..................................... 37
   La Revolución Gloriosa......................... 37
   La Real Sociedad 38
   Los obispos latitudinarios....................... 39
   Nueva legislación............................. 41
   El sistema de comisariado 44
   La SPG y la SPCK 49
   Ministerio para los afroamericanos 56
   La Iglesia colonial en el siglo XVIII 60
   Roles para las mujeres......................... 62

v

3 El Gran Despertar
   (1740-76) 71
   George Whitefield 71
   La predicación sentimentalista y el nuevo nacimiento 74
   El avance del Despertar 80
   El Despertar en la Iglesia colonial de Inglaterra 85
   Efectos del Despertar 90
      La membresía 91
      Las asambleas provinciales y la vocación
         al episcopado 93

4 La revolución estadounidense (1776–1800) 105
   Paz, paz, pero no hay paz 105
   Las divisiones durante la guerra 107
      Lealistas y patriotas 107
      Nativos americanos y afroamericanos 113
      Desestablecimiento 116
   Reorganización 118
      Actividad en la diócesis de Maryland 119
      William White y El caso de las iglesias
         episcopales en los Estados Unidos 121
      Samuel Seabury y la Iglesia de Inglaterra
         en Nueva Inglaterra 124
      La organización de la Iglesia Metodista
         Episcopal 128
      Las convenciones generales de 1789 132

5 La ortodoxia racional
   (1800–40) 145
   Un retroceso en los objetivos revolucionarios 145
   La moralidad y la Iglesia 146
   La educación 150
   Los episcopales negros 152
   La persistencia de la exclavitud 156
   Cambio institucional y teológico 160
   Partidos de la Iglesia 165
   Expansión y misiones 171

    Diócesis occidentales 172
    Misiones en el extranjero 177

6 Reacción romántica (1840–80)....................187
    Una nación en transformación 187
    La Convención General de 1844..................189
    La esclavitud y la Guerra Civil....................196
    La Comisión Episcopal Protestante
       para los Libertos 197
    Los partidos de la Iglesia 199
    Nuevas opciones para la Iglesia Episcopal:
       católicos evangélicos y católicos anglicanos....... 200
    Una tradición anglicana 209
    Cambio de roles para las mujeres..................214
    Misiones en las fronteras 218

7 Una Iglesia amplia (1880–1920)....................231
    La Convención General de 1886..................231
    Necesidades sociales de los Estados Unidos industrial... 234
    Ministerios especiales y nuevas congregaciones 241
    El Congreso de la Iglesia 246
    La Iglesia estadounidense.......................251
    Misiones en el extranjero 258

8 Los años veinte, la depresión y la guerra (1920–45)....273
    El periodo de entreguerras 273
    El debate sobre los credos...................... 277
    El declive del movimiento del Congreso de la Iglesia....283
    Ministerios especiales y segregación 287
    Ganancias y pérdidas para las mujeres episcopales ... 290
    La Segunda Guerra Mundial.................... 295
    En busca de nuevos comienzos.................. 297

9 La Iglesia triunfante (1945–65) 307
    La expansión de la posguerra 307
    Teología.....................................310
    Relaciones sociales cristianas 315
    Cambio institucional 321
    Modelos de vida eclesiástica.....................322
    Misiones en el extranjero 326
    Liturgia 327

10   Una Iglesia reorganizada (1965–90) 337
     Tiempos difíciles................................337
     Declive estadístico..............................338
     Cambio litúrgico.................................341
     La ordenación de mujeres al presbiterado
         y al episcopado..............................347
     Acuerdos ecuménicos..............................354
     La exploración teológica.........................354
     Justicia social..................................357
     Ministerio para los inmigrantes de habla hispana 366
     La Comunión Anglicana............................369
     Movimientos carismáticos y de renovación 375
     Nuevos miembros..................................380
     Aspectos positivos...............................381
     Sexualidad humana................................383

11   Una Iglesia más ágil y ligera (1990–).............. 397
     Un período de contrastes......................... 397
     Estancamiento en el tema de la sexualidad 400
         Tendencias demográficas...................... 404
         Estrategias alternativas..................... 406
     Otras causas de conflicto en la década de 1990.......410
     Día de Martin Luther King, Jr.
         y la Convención General de Phoenix 411
     Conducta sexual inapropiada 412
     Objeciones persistentes a la ordenación de mujeres....417
     La Iglesia digital...............................419
     Nuevas iniciativas............................... 420
     Un debate de toda la Comunión 429
     Una solución al debate sobre la sexualidad
         en la Iglesia Episcopal......................436
     Un grupo de trabajo para reimaginar
         a la Iglesia Episcopal....................... 442
     Las convenciones generales de 2015 y 2018......... 445
         Obispo Presidente Michael Curry.............. 448

Index... 469

Ilustraciones

1. La iglesia de ladrillo (Brick Church) de Jamestown, Virginia. 2
2. Robert Hunt.. 9
3. Pocahontas (Metoaka o Matoaka). 11
4. Comisario James Blair 45
5. El grupo de las Bermudas 50
6. Iglesia de San Miguel, Charleston, Carolina del Sur. . . .53
7. Timothy Cutler 56
8. Samuel Johnson. 56
9. George Whitefield. 72
10. El púlpito portátil que George Whitefield 73
11. Juan Wesley y sus amigos en Oxford. 78
12. Antigua capilla, condado de Clarke, Virginia. 97
13. Charles Inglis. 108
14. William Smith. 120
15. William White. 122
16. Samuel Seabury. 126
17. Seabury y White 134
18. El anciano William White 146
19. Sarah Wentworth Apthrop Morton. 150
20. Absalom Jones. 153
21. William Meade 160
22. John Henry Hobart. 163
23. Philander Chase. 175
24. Benjamin Bosworth Smith. .175
25. James Hervey Otey. 175
26. Jackson Kemper. 177
27. Iglesia de la Trinidad, Portland, Connecticut 202
28. William Augustus Muhlenberg. 203
29. James DeKoven 207

30. Levi Silliman Ives................................214
31. Constanza y sus compañeros......................216
32. Enmegahbowh.....................................219
33. Prisioneros indios y damas del club de arquería......221
34. La Cámara de Obispos en 1892...................233
35. Mary Abbot Emery Twing........................ 236
36. Julia Chester Emery............................. 237
37. Margaret Theresa Emery........................ 237
38. Phillips Brooks................................. 250
39. William Reed Huntington........................253
40. Theodore Roosevelt en la colocación de los cimientos de la Catedral Nacional de Washington............. 257
41. Kamehameha IV................................. 259
42. Emma... 259
43. John Joseph Pershing........................... 263
44. Misión de San Francisco........................ 277
45. George Wharton Pepper con Henry J. Heinz........ 279
46. Diaconisa Harriet Bedell........................ 292
47. Li Tim Oi y Joyce Bennett...................... 297
48. La Iglesia Episcopal le da la bienvenida..............310
49. Conferencias de Vida Cristiana.....................313
50. John Walker......................................318
51. Iglesia de Todas las Almas, Berkeley, California......329
52. John Elbridge Hines..............................338
53. John Maury Allin.................................338
54. La Catedral Nacional de Washington................341
55. Barbara Harris y David Johnson....................353
56. Harold S. Jones................................ 364
57. Desmond Tutu y Edmond Browning..................373
58. Servicio de institución de Edmond Browning.........374
59. Comunión sin gluten............................. 397
60. Frank Tracey Griswold............................421
61. V. Gene Robinson................................434
62. Katharine Jefferts Schori........................437

Tablas

1. Lista parcial de comisarios coloniales 47
2. La Iglesia Episcopal en los Trece Estados. 173
3. Diócesis en estados admitidos en la Unión
   1791–1859. 179
4. Respuesta al movimiento de Oxford en la Cámara
   de Diputados (1844) 193
5. Relación entre miembros de la Iglesia
   y comulgantes 309
6. Obispos afroamericanos en las diócesis nacionales
   y de ultramar de la Iglesia Episcopal Protestante
   (1874–1990) 364
7. Miembros bautizados (1986–1996) 405
8. Obispas en Estados Unidos 418

Prefacio a la tercera edición

Quienes conozcan las dos ediciones anteriores de esta obra verán en sus páginas muchas cosas que les resultarán familiares. En la mayor parte del libro, la narración permanece inalterada. Sin embargo, hay algunas diferencias significativas. Estas diferencias son el resultado de cinco factores: La incorporación de las ideas de los nuevos académicos, la ampliación de la narrativa para incluir los quince años transcurridos desde la publicación de la última edición, la adopción de algunas nuevas convenciones terminológicas, la corrección de errores y la inclusión de información excluida de la edición anterior que los años posteriores de enseñanza han demostrado ser de interés para los estudiantes de la historia de la Iglesia Episcopal.

La mayor parte de los nuevos estudios que he tratado de incorporar se refieren a la Reforma inglesa, la institución de la esclavitud, el estado del cristianismo en el siglo XVIII, la Guerra Civil estadounidense y la creación de la Comunión Anglicana en el siglo XIX. En la mayoría de los casos, los lectores tendrán que remitirse a las notas para ver las nuevas fuentes en las que me he basado.

Los años comprendidos entre 1999 y 2014 han sido importantes para la Iglesia Episcopal, un período que incluye acuerdos ecuménicos trascendentales, la elección de la primera mujer como obispa presidenta, la consagración del primer obispo abiertamente gay, un cisma significativo y una tensión creciente en la Comunión Anglicana. Agradezco la oportunidad que me ha brindado Church Publishing de ampliar la narrativa para incluir estos elementos.

Los dos aspectos principales en los que he adoptado una nueva terminología se refieren a la sucesión de obispos y al lenguaje utilizado para identificar a los miembros de la Iglesia colonial inglesa. He adoptado el lenguaje utilizado en los recientes debates ecuménicos y me he referido a la continuidad en las ordenaciones que se remontan a la Iglesia primitiva como "sucesión episcopal", en lugar de "tradición apostólica" o "sucesión apostólica". Estos últimos términos se utilizan en los debates ecuménicos contemporáneos para referirse en general a todo lo transmitido por la Iglesia primitiva (enseñanza, predicación, culto, ministerio ordenado, acción social) y no solo a las formas de ministerio impartidas por la imposición de manos de los obispos. También me he referido a los miembros de la Iglesia colonial como miembros de la "Iglesia de Inglaterra", reservando el término anglicano para mediados del siglo XIX y en adelante, cuando el término estaba realmente en uso.

Los lectores de ediciones anteriores de este libro han sido generosos con su tiempo y han señalado errores, que he intentado corregir en esta edición. En ediciones anteriores, por ejemplo, identifiqué incorrectamente la parroquia del primer candidato al episcopado elegido en Virginia y malinterpreté la condición de laico de Charles Miller de King's Chapel. Espero que los lectores de esta edición sean igualmente amables al señalar los puntos en los que el texto puede ser mejorado.

Por último, he incluido en este libro algunos datos que ya conocía en ediciones anteriores, pero que dudaba que fueran de interés general. Mi experiencia como docente en los últimos quince años me ha llevado a tener nuevas ideas sobre qué información es útil. Hace tiempo que sé, por ejemplo, que el Libro de Oración Común inglés de 1662, la edición utilizada durante la mayor parte del período colonial, incluía un cambio en la rúbrica que permitía la recepción de la Comunión por parte de una persona que estuviera "preparada y deseosa" de la confirmación, pero que no estuviera realmente confirmada. Esta disposición hizo posible que los anglicanos coloniales, que carecían de obispos residentes, recibieran la Comunión. Lo que no sabía en el momento de la última edición era cómo este dato, que suponía ampliamente conocido, sorprendía a muchos, incluidos algunos que escriben sobre la Iglesia de Inglaterra colonial. De manera similar, he ampliado la información sobre el derecho canónico episcopal, un tema, que al parecer se ha vuelto más interesante para los actuales estudiantes de la Iglesia Episcopal a raíz de las recientes oleadas de litigios.

Me gustaría confesar una idiosincrasia de mi parte. A principios del siglo XXI, se hizo común que algunos editores y autores que escribían en inglés sobre la Iglesia Episcopal pusieran en mayúsculas el artículo inicial (The Episcopal Church). Sin duda existe una complicada explicación para esta práctica que desconozco, pero a falta de ese conocimiento, seguiré las sencillas reglas de la gramática inglesa y dejaré el artículo en minúscula dentro del texto corrido.[1]

Robert W. Prichard
Seminario Teológico de Virginia
Junio de 2014

Prefacio de 1999

Ya ha transcurrido más de una década desde la publicación de la primera edición de *A History of the Episcopal Church* ["Una historia de la Iglesia Episcopal"]. Esa primera edición terminaba con una visión optimista de una Iglesia Episcopal renovada que estaba al borde de un período de crecimiento y nueva vida. El paso del tiempo me ha enseñado, como lo ha hecho a generaciones de autores antes de mí, que los historiadores hacen un mejor trabajo describiendo el pasado que prediciendo el futuro. La segunda edición, escrita a finales de los años noventa y no a principios, contiene una evaluación más sobria de la última década del siglo XX.

He reescrito la parte final del capítulo 10 y he reconfigurado y retitulado el capítulo 11. He incluido información, como la adopción de medios electrónicos de comunicación y la necesidad de evangelizar a los miembros de la generación X, que ciertamente no había previsto cuando escribí la última vez. También he añadido una sección ampliada sobre el actual debate sobre la sexualidad. Las partes anteriores del libro se mantienen sin cambios, salvo pequeñas correcciones.

Quienes lean el último capítulo del libro descubrirán que no he renunciado por completo a mi anterior previsión de un período de crecimiento y nueva vida en la Iglesia Episcopal, solo he pospuesto la fecha prevista de su llegada. Mi persistente optimismo puede recordar el párrafo final de la obra de E. Clowes Chorley titulada *Men and Movements in the American Episcopal Church* ["Hombres y movimientos en la Iglesia Episcopal Americana"] (1946). Chorley, que escribía al final de una década y media de depresión económica y guerra internacional, soñaba con una era en la que los distintos elementos de la Iglesia Episcopal abandonaran sus disputas y cooperaran entre sí. "La visión", escribió, "puede parecer que se demora, pero el mundo es muy joven y sus canciones más sorprendentes están aún por cantarse".

Robert W. Prichard
Alexandria, Virginia
Julio 1999
Prefacio 1999

Prefacio a la primera edición

Ha pasado ya un cuarto de siglo desde la publicación de la última historia general de la Iglesia Episcopal Protestante.[2] El mero paso del tiempo (veinticinco años de rápidos cambios que han traído la ordenación de mujeres al presbiterado y al episcopado, el movimiento carismático, el aumento de la membresía hispana, la publicación de un himnario y un libro de oración, y el primer nivel significativo de integración racial) es causa suficiente para una nueva mirada al tema. Sin embargo, también hay otras razones para realizar un nuevo estudio. El florecimiento de nuevo conocimiento académico ha llamado la atención sobre el papel de las mujeres, las minorías y los laicos en la Iglesia, que a menudo se había pasado por alto en los relatos anteriores. El continuo diálogo ecuménico en el que ha participado la Iglesia Episcopal en este siglo subrayó la importancia de relacionar la historia de la Iglesia Episcopal con la de otras denominaciones estadounidenses. Los historiadores interesados en el contexto social han aportado pistas sobre esta realidad en la que vivían los episcopales.[3] Además, una serie de estudios de época recientes han aportado nuevas ideas sobre la forma de abordar la historia general de la Iglesia Episcopal.[4]

Estas y otras muchas preguntas han influido en el modo como he dado forma a la narración que sigue a continuación. Por lo tanto, difiere de las historias de la Iglesia Episcopal que la han precedido en varios aspectos. Sin embargo, me gustaría llamar la atención sobre cinco elementos particulares. En primer lugar, he intentado ampliar la base de la historia para que incluya más a los laicos, las mujeres, los negros, los hispanos, los asiáticos y los sordos. En este ámbito me he apoyado en gran medida en la excelente erudición de otros.[5] En segundo lugar, he llegado a creer que la comprensión del argumento de la sucesión apostólica-pacto bautismal (la creencia de que la ordenación por parte de los obispos es una parte necesaria de la relación a la que Dios atrae a los redimidos en el bautismo) proporciona una clave para entender muchas actitudes anglicanas desde 1700 hasta finales del siglo XIX. He utilizado este concepto en mi explicación acerca del éxito de la Sociedad para la Propagación del Evangelio en Nueva Inglaterra, de la conmoción causada durante el Despertar por George Whitefield (que rechazaba el argumento como inválido), y de la crisis producida por una creciente Iglesia Católica Romana (que también tenía sucesión apostólica) en el siglo XIX.[6] Creo que el concepto también es útil para entender la relación de la Iglesia Episcopal con otras denominaciones.

En tercer lugar, mi lectura de la correspondencia entre el clero anglicano e Inglaterra durante el Gran Despertar que está contenida en los Papeles de Fulham me ha llevado a sugerir un nuevo modelo para la comprensión del Gran Despertar. Los historiadores anteriores han luchado con las diversas reacciones que George Whitefield recibió de sus correligionarios en las colonias. He utilizado un dispositivo cronológico que diferencia una respuesta negativa hasta 1759 y una cada vez más positiva después de esa fecha para dar sentido a estos datos. Creo que este enfoque permite tanto una descripción más clara de la relación entre episcopales y metodistas como la incorporación de más información sobre la piedad laica.

En cuarto lugar, el paso del tiempo me ha permitido, creo, echar un nuevo vistazo a los años veinte. Los historiadores que escribieron en los años treinta y cuarenta restaron importancia a las divisiones de la Iglesia en aquella época.[7] En cambio, he llamado la atención sobre los efectos del debate modernista-fundamentalista en la Iglesia y he señalado la falta de acuerdo en cuestiones básicas como los derechos de las mujeres y los episcopales negros. En quinto lugar, he continuado la narración hasta 1990.

Me gustaría dar las gracias a todos los que me han ayudado en este trabajo, especialmente a Marcia, Daniel y Joseph, mi paciente esposa y mis hijos; a Guy F. Lytle, Samuel Garrett,

Prefacio a la primera edición

Bruce Mullin, Roland Foster y Charles Henery, compañeros historiadores que me han aconsejado y asesorado en varios momentos; a los miembros del Proyecto de Historia de las Mujeres, que me han enseñado a mirar las pruebas históricas de nuevas formas; y a una década de estudiantes del Seminario Teológico de Virginia, que han asistido a mi clase de Historia de la Iglesia Episcopal.

Robert W. Prichard
Alexandria, Virginia
Enero de 1991

NOTAS

1. "En inglés, el artículo *the* que precede a un nombre [de instituciones, grupos y empresas] se escribe en minúsculas en el texto corrido." Véase *Chicago Manual of Style Online*, sixteenth edition, 8.67, http://0-www.chicagomanualofstyle.org.librarycatalog.vts.edu/16/ch08/ch08_sec067.html (consultado el 17 de febrero de 2014).

2. En la década siguiente a la Revolución estadounidense, los anglicanos estadounidenses eligieron el nombre de "Iglesia Episcopal Protestante en los Estados Unidos de América". Este sigue siendo el nombre oficial de la denominación. Sin embargo, la Convención General autorizó en 1967 el título más corto de *Iglesia Episcopal* como alternativa. En 1976, la Convención modificó la declaración de conformidad exigida al clero (artículo viii de la constitución) para emplear este título más corto.

Raymond W. Albright's *A History of the Protestant Episcopal Church* (New York: Macmillan, 1964) fue la historia más reciente de la denominación.

3. Véase, por ejemplo, Kit y Frederica Konolige, *The Power of Their Glory, America's Ruling Class: The Episcopalians* (U.S.A.: Wyden Books, 1978); E. Brooks Holifield, *The Gentlemen Theologians: American Theology in Southern Culture, 1795–1860* (Durham: Duke University Press, 1978); David L. Simpson, Jr., "A Data Base for Measuring the Participation Levels of Episcopalians in Elected Office and Including a List of Lay Delegates to the General Convention of the Church from 1789 to 1895," (M.T.S. tesis, Seminario Teológico Episcopal Protestante de Virginia, 1987); y W.J. Rorabaugh, *The Alcoholic Republic* (Oxford: Oxford University Press, 1979).

4. Véase, por ejemplo, John Frederick Woolverton, *Colonial Anglicanism in North America* (Detroit: Wayne State Press, 1984); R. Bruce Mullin, *Episcopal Vision/ American Reality: High Church Theology and Social Thought in Evangelical America* (New Haven: Yale University Press, 1986); y David Sumner, *The Episcopal Church's History, 1945–1985* (Harrisburg, PA: Morehouse, 1987).

5. Véase, por ejemplo, Mary Donovan, *A Different Call: Women's Ministries in the Episcopal Church*, 1850–1920 (Harrisburg, PA: Morehouse, 1986), Joan Gundersen, *"Before the World Confessed": All Saints Parish, Northfield, and the Community* (Northfield, Minn.: Northfield Historical Society, 1987), y Joanna Bowen Gillespie, "'The Clear Leadings of Providence': Pious Memoirs and the Problems of Self-Realization for Women in the Early Nineteenth Century," *Journal of the Early Republic* 5 (Summer 1985) sobre el papel de las mujeres; Carleton Hayden, "Black Ministry of the Episcopal Church: An Historical Overview," en *Black Clergy in the*

Episcopal Church: Recruitment, Training and Deployment, ed. Franklin Turner y Adair Lummis (New York: Seabury Professional Services for the Episcopal Office of Black Ministries, n.d.), J. Kenneth Morris, Elizabeth Evelyn Wright, 1872–1906, fundador del Colegio Universitario de Voorhees (Sewanee: University of the South, 1983), y OdeII Greenleaf Harris, *It Can be Done: The Autobiography of a Black Priest of the Protestant Episcopal Church Who Started under the Bottom and Moved up to the Top*, ed. Robert W. Prichard (Alexandria, Va.: Seminario Teológico Episcopal Protestante de Virginia, 1985) sobre el papel de los episcopales negros; Owanah Anderson, Jamestown Commitment (Cincinnati: Forward Movement, 1988) sobre los nativos americanos; y Otto Berg, *A Missionary Chronicle* (Hollywood, Md.: St. Mary's Press, 1984) sobre el papel de los sordos.

6. Para un análisis más detallado del argumento del pacto, véase Robert W. Prichard, *The Nature of Salvation: Theological Consensus in the Episcopal Church, 1801–73* (Urbana: University of Illinois Press, 1997), 71–91.

7. William Wilson Manross, *A History of the American Episcopal Church*, (New York: Morehouse-Gorham, 1935); y E. Clowes Chorley, *Men and Movements in the American Episcopal Church* (New York: Charles Scribner's Sons, 1951).

1
Fundación de la Iglesia en tiempos de fragmentación (1585-1688)

Principios de la colonización en Norteamérica

Tras una serie de visitas exploratorias (Florida, 1565; California, 1579; Terranova, 1583; etc.), los ingleses hicieron su primer intento de colonización en el norte de América en la isla de Roanoke (1585-87). Bautizaron la colonia con el nombre de Virginia, en honor a Isabel, la reina virgen (1558-1603), aunque la isla se encuentra en el actual estado de Carolina del Norte. El esfuerzo de Roanoke no tuvo éxito, en parte debido al intento del viudo de la reina María, Felipe II de España, de tomar el control de Inglaterra enviando la Armada Española (1588). En previsión de ese ataque, el gobierno inglés ordenó que todos los barcos permanecieran en el puerto. Ningún barco de abastecimiento hizo el viaje a Roanoke hasta 1590, momento en el que no se pudo encontrar a ningún colono superviviente de lo que se ha dado en llamar "la colonia perdida".[1] Sin embargo, en 1607, una compañía mercantil inglesa (la London Company) plantó una colonia permanente más al norte, a la que llamó Jamestown en honor a Jacobo I (Jacobo VI de Escocia), que había seguido a Isabel en el trono inglés.

Durante el reinado de Jacobo (1603-25), esta colonia de Virginia fue el principal foco de los esfuerzos coloniales ingleses. Sin embargo, no fue el único asentamiento inglés. La navegación era todavía una ciencia inexacta en el siglo XVII, y no todos los barcos que se dirigían a la nueva colonia llegaban

Fig. 1 La iglesia de ladrillo (Brick Church) de Jamestown, Virginia, iniciada en 1639

a su destino. En 1612, el naufragio de un barco que se dirigía a Virginia condujo al establecimiento de una colonia inglesa en las Bermudas, un conjunto de islas situadas a 580 millas al este de la costa de Carolina del Norte. En 1620, los peregrinos, también con destino a Virginia, desembarcaron en Plymouth, considerablemente al norte. En 1624 los ingleses visitaron por primera vez la isla de Barbados, en el Caribe, y tres años más tarde establecieron allí una colonia.

El cristianismo inglés y la Reforma

Los colonos llegaron de Inglaterra a América en un momento en que la fe del pueblo inglés estaba en transición. Al igual que muchos pueblos de Europa, los ingleses del siglo XVII intentaban asimilar la gran transformación de la fe cristiana que había tenido lugar durante la Reforma Protestante del siglo XVI.[2]

Antes de la Reforma, la mayoría de los hombres y mujeres ingleses aceptaban un catolicismo medieval tardío según el cual los individuos reconocían su pecaminosidad y luego trataban de hacerse aceptables a Dios por medio de buenas obras, peregrinaciones, indulgencias y celebraciones conmemorativas de la misa.[3] Los teólogos explicaban que estas disciplinas solo eran efectivas por la gracia de Dios, pero esa distinción a menudo se perdía en los creyentes comunes, que tenían una comprensión limitada de la Biblia o de las palabras de la misa (ambas en latín) y escuchaban las homilías con poca frecuencia (ya que muchos párrocos no tenían licencia de sus obispos para predicar).

Sin embargo, a partir de 1519, un grupo de teólogos de la Universidad de Cambridge comenzó a cuestionar esta teología, tanto como resultado de la lectura de la obra del reformador alemán Martín Lutero (1483-1546) como de su propio estudio de las Escrituras. Uno de los primeros miembros de ese grupo, Thomas Bilney (¿1495?-1531), describió posteriormente su concepción de la fe en una carta al obispo de Londres, Cuthbert Tunstall (1474-1559). Bilney se comparó con la mujer con flujo de sangre de Marcos 5:25-34 que gastó todo lo que tenía en médicos sin mejorar. Dijo que gastó sus fuerzas, su dinero y su ingenio siguiendo los consejos de "confesores indoctos" que "indicaban... ayunos, vigilias, compra de perdones y misas". Concluyó que lo hacían más para "beneficio personal, que por la [propia] salvación del alma enferma y languideciente".[4] Fue entonces cuando Bilney leyó 1 Timoteo 1 en una nueva traducción latina de la Biblia realizada por el humanista Desiderius Erasmus (¿1496?-1536):

En la primera lectura (como bien recuerdo) me topé con esta frase de San Pablo (¡oh, la más dulce y confortable para mi alma!) en 1 Tim. i., "Palabra fiel y digna de ser recibida por todos: que Cristo Jesús vino al mundo para salvar a los pecadores, de los cuales yo soy el primero". Esta frase, mediante la instrucción y la obra interior de Dios, que yo no percibía entonces, estimuló tanto mi corazón, herido por la culpa de mis pecados y casi desesperado, que inmediatamente sentí un maravilloso consuelo y tranquilidad, hasta el punto de que "mis huesos magullados saltaron de alegría".[5]

Bilney entendió a nivel personal lo que Martín Lutero había entendido varios años antes. Dios no despreciaba a Bilney porque fuera un pecador que no podía hacerse justo. Al contrario, fue precisamente porque Bilney estaba sumido en el pecado que Dios había enviado a su único Hijo. El versículo de 1 Timoteo que había conmovido a Bilney encontraría más tarde un lugar en el Libro de Oración Común como una de las "palabras reconfortantes" que siguen a la absolución en la Eucaristía.[6]

A Bilney se le unió pronto un círculo de los primeros protestantes ingleses que existían más o menos abiertamente en Cambridge durante la década de 1520.[7] Entre ellos se encontraban también Robert Barnes (1495-1540), John Frith (ca. 1503-33), William Tyndale (1495-1536), Miles Coverdale (1488-1568), Hugh Latimer (ca. 1490-1555) y Richard Cox (ca. 1500-81). Aunque al principio solo eran leves voces de protesta, estos primeros protestantes ingleses se hicieron oír cada vez más. Barnes advirtió que la pompa y la ceremonia de la Iglesia podían oscurecer el sencillo significado del Evangelio. Frith rechazaba la representación popular de la Eucaristía como un re-sacrificio del cuerpo natural de Cristo que producía méritos para los que pagaban al sacerdote por la celebración. Tyndale y Coverdale trabajaron en una traducción de la Biblia al inglés.

El monarca de la época, el padre de Isabel I, el rey Enrique VIII (1509-47), estaba involucrado en un programa religioso propio. Ansioso por acceder a la riqueza eclesiástica, seleccionar a sus propios candidatos para los cargos de la Iglesia y conseguir la anulación de su cónyuge, a principios de la década de 1530 intimidó al Parlamento para que nacionalizara la Iglesia de Inglaterra, reclamando para su monarquía la supervisión y el liderazgo que en ese momento ejercía el Papa. Las luchas entre las naciones y los Papas habían sido habituales en Europa desde el siglo XI y, por lo general, no conducían a rupturas permanentes ni a grandes reformas de la Iglesia. Sin embargo, las elecciones de personal realizadas por Henry sentaron las bases de ambos. Enrique eligió a dos hombres que simpatizaban con los protestantes de Cambridge, el graduado de Cambridge Thomas Cranmer (1489-1556) y el comerciante Thomas Cromwell (¿1485?-1540), como su Arzobispo de Canterbury y su secretario del Consejo real. Eligió a uno de los protestantes de Cambridge (Hugh Latimer) como obispo y a otro (Richard Cox) como tutor de su hijo Eduardo VI. Aprobó la publicación de una Biblia inglesa traducida por otros dos miembros del grupo (Tyndale y Coverdale).

Enrique nunca confió del todo en los miembros del círculo protestante de Cambridge y limitó su autoridad e influencia nombrando también a conservadores religiosos como Stephen Gardiner (c. 1490-1555) para puestos de importancia (obispo de Winchester, 1531-55). Al disgustarse, se mostraba dispuesto a ejecutar tanto a los conservadores (como Tomás Moro, 1478-1535) como a los defensores de la reforma protestante (como Tomás Cromwell).

Los miembros del círculo protestante, por su parte, se reservaron su opinión sobre el rey, aceptándolo como un posible instrumento de reforma sin olvidar los peligros que los líderes políticos podían presentar para la Iglesia. En períodos de cooperación, pudieron dar los primeros pasos rudimentarios hacia la reforma de la Iglesia inglesa. Publicaron una Biblia inglesa basada en la obra de Tyndale y Coverdale (la Gran Biblia, 1538) y una forma de oración pública en inglés (la Gran Letanía, 1544); comenzaron a disolver las órdenes monásticas que, como custodias de las principales reliquias y lugares de peregrinación, eran las más firmes defensoras del sistema penitencial medieval; y plantearon cuestiones sobre la doctrina medieval del purgatorio. La alianza resultó inestable, ya que Enrique se volvió más conservador en la década de 1540. Sin embargo, la década de cooperación dio a la Reforma inglesa un carácter que la distinguió de la del continente. En Alemania, Martín Lutero pasó en solo tres años de la crítica leve al rechazo total de la jerarquía episcopal de la Iglesia. En Inglaterra, en cambio, algunos miembros del círculo de protestantes de Cambridge pudieron acceder a puestos de importancia, incluido el episcopado. El hecho de que fueran capaces de hacerlo dio a los cristianos ingleses una sensación que muchos cristianos continentales no podían compartir: que la reforma y la jerarquía episcopal de la Iglesia no tenían por qué ser incompatibles.

Los reinados de los hijos de Enrique–Eduardo VI (1547-53), María I (1553-58) e Isabel I–reforzaron esta percepción en el pueblo inglés. Durante el breve reinado de Eduardo, el círculo protestante aceleró el ritmo de la reforma; prepararon dos ediciones del Libro de Oración Común (1549 y 1552), publicaron una serie de sermones para su uso en las iglesias inglesas (las Homilías), introdujeron una legislación para permitir el matrimonio clerical y redactaron una declaración de fe reformada (los Cuarenta y dos Artículos de Eduardo, que constituirían la base de los posteriores Treinta y Nueve Artículos de la Religión). Durante la reacción católica de María, los protestantes perdieron sus posiciones eclesiásticas, pero descubrieron un liderazgo de otro tipo: el del martirio. (Juntos, Enrique y María quemaron a veinticinco miembros del círculo de Cambridge. Muchos otros protestantes menos prominentes fueron ejecutados también durante el reinado de María, con un total cercano a trescientos ejecutados por herejía). Cuando Isabel llegó al trono, eligió para la Iglesia a obispos que habían estudiado con los protestantes de Cambridge o que compartían de algún modo la convicción de la compatibilidad de la tradición y la reforma. Esta evolución del cristianismo inglés fue el telón de fondo religioso de la fundación de las colonias de Roanoke y Jamestown.

El carácter religioso de la colonia de Virginia bajo Isabel y Jacobo

Durante los años en que Isabel I y Jacobo I ocuparon el trono, el principal objetivo de los esfuerzos coloniales ingleses fue Virginia. Los registros de ese esfuerzo confirman el papel central que la religión desempeñaba en sus vidas. Las disposiciones de la ley marcial de Virginia de 1610, por ejemplo, especificaban que los miembros de la colonia debían reunirse para dar gracias y buscar la ayuda de Dios en la oración matutina y vespertina diaria, en el culto matutino del domingo y en la instrucción del catecismo del domingo por la tarde. Los clérigos debían presidir el culto diario y predicar cada domingo y miércoles.[8] Al principio, los colonos de Jamestown se reunían para rezar en una tienda de campaña temporal (construida con lona) que fue sustituida por una estructura de madera en 1608. La comunidad de Jamestown creció, y en 1617 la capilla se trasladó a una posición que estaba cerca del centro del ampliado asentamiento. Este edificio fue a su vez sustituido por una estructura de ladrillo cuya construcción se inició en 1639.[9]

Los colonos creían que su lucha diaria por fundar un asentamiento tenía un significado religioso por tres razones importantes. En primer lugar, podían predicar el Evangelio a una población indígena que, según ellos, aún no había escuchado las buenas nuevas de Jesucristo. De este modo, W. Thomas Harriot intentó predicar a los indios en Roanoke, y el relato del gobernador John White sobre la colonia de Roanoke, que el clérigo y geógrafo inglés Richard Hakluyt (¿1552?-1616) incluyó en su *Principal Navigations* (1589), registró con orgullo el bautismo de Manteo (el primer nativo americano bautizado por un clérigo de la Iglesia de Inglaterra).[10] William Crashaw, un clérigo partidario de la colonización, predicó en 1610 que la conversión de los nativos americanos era "claramente un deber necesario".[11] La primera legislatura de Virginia (1619) declaró su compromiso con la "conversión de los salvajes".[12]

Un segundo motivo para la colonización estaba estrechamente relacionado con el primero. Al difundir el Evangelio, los colonos ayudaban a desplegar el plan de Dios para el mundo, acelerando así la llegada del reino. Para afirmar esta idea el poeta y clérigo John Donne (1573-1631) utilizó la promesa de Hechos 1:8 de que el Espíritu Santo ayudaría a los discípulos a predicar "hasta los confines de la tierra" durante un sermón de noviembre de 1622 dirigido a los miembros de la Compañía de Virginia (el nuevo nombre adoptado por la Compañía de Londres en 1609). Señaló que los miembros de su congregación tenían una ventaja sobre los cristianos del primer siglo, que no conocían lugares como las Indias Occidentales y, por tanto, no podían llegar a los confines de la tierra. Los colonos de la Compañía de Virginia podían, en cambio, crear un "puente... hacia ese mundo que nunca envejecerá, el Reino de los cielos". Al añadir los nombres de los nuevos colonos, los miembros de la Compañía podían "añadir nombres... al Libro de la Vida".[13]

Una tercera razón para la colonización fue la conciencia de la importancia geopolítica de ampliar las fronteras del protestantismo. La primera mitad del siglo XVII estuvo dominada por guerras de religión que a menudo enfrentaban a católicos romanos y protestantes. Las principales potencias coloniales de la época eran también naciones católicas. Al fundar colonias propias en el nuevo mundo, Inglaterra pudo unirse a otras naciones protestantes en lo que el historiador Norman Sykes ha denominado la "Gran Alianza Antirromana", y el historiador John Woolverton ha explicado como "una estrategia imperial cuyo potente tema unificador era el anticatolicismo".[14] El elemento religioso de la estrategia inglesa era evidente para los católicos romanos de la época. El embajador español en Inglaterra se quejó en 1609 de que los miembros de la compañía mercantil responsable de la colonia de Jamestown "han hecho que sus ministros, en sus sermones, insistan en la importancia de llenar el mundo con su religión".[15]

Tales perspectivas atraían a los jóvenes clérigos de mentalidad seria. De hecho, en una época en la que muchos clérigos de la Iglesia de Inglaterra no tenían formación universitaria, la mayoría de los que se ofrecieron para servir en Virginia eran graduados universitarios. Los alumnos del Colegio Universitario de Magdalen de Oxford, del King, del Emmanuel y del San Juan de Cambridge estaban bien representados en las listas del clero colonial.[16] Robert Hunt (fallecido en 1608), el primer vicario de Jamestown, había obtenido, por ejemplo, su maestría del Colegio Universitario de Magdalen. Los administradores de la Compañía de Virginia seleccionaron a los voluntarios y enviaron a aquellos cuyas calificaciones y visión de su ministerio parecían las más apropiadas para cubrir las parroquias recién establecidas o las vacantes creadas por la alta tasa de mortalidad en la colonia (cuarenta y cuatro de los sesenta y siete clérigos que sirvieron antes de 1660 murieron en los cinco años siguientes a su llegada).[17] Sin embargo, no cabe duda de que algunos candidatos estuvieron motivados a ser voluntarios tanto por razones personales como religiosas. El matrimonio de Robert Hunt, por ejemplo, era infeliz; circulaban rumores sobre la infidelidad de su esposa y su propia mala conducta; ella no lo acompañó a la colonia.[18]

Fig. 2 Robert Hunt.

Cuando los miembros de la compañía nombraban al clero de sus colonias, seguían la costumbre inglesa del patronazgo. En Inglaterra, el individuo o la institución que construía el edificio de una iglesia y proveía el sustento de su clero tenía el derecho (el *advowson*) de presentar un candidato a rector o vicario al obispo para que diera su consentimiento. Dado que la Compañía de Virginia creó parroquias en cada uno de sus asentamientos, reservó tierras de gleba para obtener ingresos y ordenó que se construyeran casas de gleba e iglesias, también reclamó el derecho a nombrar candidatos para los puestos vacantes.

La esperanza de la Compañía de Virginia de convertir a los nativos americanos resultó ser bastante más complicada de lo que los colonos ingleses preveían. La mayoría de los nativos americanos de Virginia formaban parte de una confederación de tribus de habla predominantemente algonquina lideradas por Wahunsonacock (Powhatan), que puede haberse creado como resultado de un conflicto con los jesuitas españoles, misioneros que llegaron a Virginia hacia 1570. Un nativo americano llamado Paquiquineo (Don Luis), que había sido secuestrado por una partida de exploradores españoles diez años antes y educado en España y México, vino como intérprete para los jesuitas. Sin embargo, una vez en Virginia, abandonó a los jesuitas y dirigió un ataque contra los españoles, de los que murieron todos menos uno. Al año siguiente, una expedición española recogió al único superviviente y mató a docenas de nativos americanos en represalia.[19] También es posible que los nativos americanos conocieran el intento fallido de la isla de Roanoke de la década de 1580, que había implicado múltiples ocasiones de violencia entre los ingleses y los nativos americanos locales.[20] Ninguna de las dos experiencias, si se recuerda, habría llevado a los nativos americanos a tener expectativas positivas sobre la actividad misionera de los ingleses.

Por lo tanto, no es de extrañar que la relación real entre los ingleses y los nativos americanos en Virginia fuese un vaivén entre los esfuerzos por subyugarse unos y otros en la batalla y ganar ventaja mediante los tratados y el comercio.

Wahunsonacock (Powhatan) y sus aliados asaltaron a los ingleses poco después de su llegada, en mayo de 1607, y en septiembre estaban inmersos en una campaña de ataques frecuentes. A falta de alimentos y preocupados por la llegada del invierno, la menguante compañía de colonos depuso a su líder (Edward Maria Wingfield) y eligió al capitán John Smith (c. 1580-1631) en su lugar. Smith pudo comprar alimentos en noviembre a los Chickahominy, que no formaban parte de la federación de Wahunsonacock. Los hombres de Wahunsonacock capturaron a Smith en diciembre. El jefe, que probablemente no se sintió conmovido, como luego afirmaría Smith, por las súplicas de su hija Pocahontas (Metoaka o Matoaka, ¿1595?-1617), ofreció un acuerdo, que los nativos americanos probablemente entendieron como una concesión de alimentos a cambio de bienes ingleses y la subordinación a su líder. Esto condujo a una relativa paz durante un año.[21]

De 1609 a 1614, los colonos y los nativos americanos volvieron a los enfrentamientos, con un nuevo acuerdo que puso fin a la lucha en 1614, el cual fue respaldado por el matrimonio del colono John Rolfe (1585-1622) con Pocahontas (Metoaka o Matoaka). Rolfe explicó más tarde que el matrimonio era "para convertir a una criatura incrédula al verdadero conocimiento de Dios y de Jesucristo ".[22] El clérigo Alexander Whitaker preparó a Pocahontas para el bautismo.[23] El matrimonio con la hija de un jefe, sin embargo, tenía también claras ventajas políticas.[24] El matrimonio entre John Rolfe y Pocahontas (Metoaka o Matoaka) fue uno de los cuatro primeros matrimonios entre colonos ingleses y mujeres nativas americanas, y en todos los casos la mujer era hija de un líder nativo americano.[25]

Fig. 3 Pocahontas (Metoaka o Matoaka) por un grabador no identificado según Simon van de Passe.

La alianza matrimonial no sería permanente. Tras la muerte de Wahunsonacock (Powhatan), su sucesor Opechancanough atacó a los colonos en 1622 (la Gran Masacre) matando quizás a una cuarta parte de los colonos y poniendo en duda la sostenibilidad de la colonia. Los colonos respondieron durante el resto de la década con represalias.[26] El estado de guerra continua no era ideal para la evangelización.

La colonización bajo Carlos I y durante la Mancomunidad

Mientras Jacobo I ocupó el trono, la mayoría de los colonos ingleses llegaron a Virginia. Sin embargo, con su muerte, la situación empezó a cambiar rápidamente. El número y la variedad religiosa de las colonias aumentaron. El carácter religioso uniforme de las colonias jacobinas, solo roto por el pequeño y relativamente tardío asentamiento de Plymouth, dio paso a un amplio espectro religioso.

Aunque muchos cristianos ingleses durante el reinado de Carlos estuvieron de acuerdo en que la insistencia reformada en la justificación por la fe era compatible con una Iglesia nacional, discreparon mucho sobre cómo debía ser una Iglesia nacional propiamente reformada. En particular, no se ponían de acuerdo sobre los aspectos externos del culto ni sobre el papel de los laicos en el gobierno de la Iglesia.

Un partido de la Inglaterra carolina, que los ingleses de mediados de siglo llamarían *episcopal* por su apoyo al episcopado, creía que el proceso de reforma ya había ido suficientemente lejos.[27] En todo caso, los miembros de este partido argumentaban que la Iglesia de Inglaterra ya había abandonado demasiado la tradición medieval. El Libro de Oración Común inglés y los intentos de educación cristiana como las *Homilías* habían corregido los principales abusos teológicos. La legislación reformista del siglo XVI había acabado con la excesiva concentración de poder en manos del clero y había dado a los laicos suficiente influencia en el gobierno de la Iglesia a través del Parlamento. Los miembros de un segundo partido eclesiástico, que los ingleses llamaban *puritanos*, no estaban de acuerdo. Esperaban además purificar el culto eliminando elementos católicos como los ornamentos litúrgicos, que temían que pudieran oscurecer los cambios que se habían producido en la teología. También creían que los laicos y el bajo clero necesitaban una voz más fuerte en la Iglesia.

A diferencia de Isabel I y Jacobo I, que habían evitado favorecer a una sola facción dentro de la Iglesia, Carlos I se alineó directamente con el partido episcopal. Designó como obispos a sacerdotes con simpatías por el partido episcopal y apoyó una campaña de William Laud (1573-1645), su elección como arzobispo de Canterbury, para reintroducir un ritual más católico en Inglaterra. Los puritanos se opusieron, y Carlos y Laud utilizaron el arresto y los castigos corporales para forzar su cumplimiento.

En 1637, Carlos y Laud intensificaron la campaña religiosa de dos maneras significativas. En primer lugar, Carlos invitó a un legado papal a unirse a la corte real para atender a su reina (la católica romana Enriqueta María de Francia), señalando así a la nación su intención de modificar la postura anticatólica romana de sus dos predecesores. En segundo lugar, exigió el uso de una edición del Libro de Oración Común en Escocia, de la que él (como todos los monarcas británicos después de 1603) era también monarca.

La política religiosa del rey y del prelado fortaleció la oposición puritana. La mayoría de los puritanos llegaron a favorecer la autoridad parlamentaria sobre la del rey y a favorecer formas de gobierno eclesiástico en las que la autoridad era ejercida por reuniones regionales de clérigos y laicos (orden eclesiástico presbiteriano) o reuniones congregacionales (orden eclesiástico congregacional o independiente) al gobierno de los obispos.

Los colonos de Virginia no estaban especialmente preocupados por muchas de las cuestiones que se debatían acaloradamente en la Inglaterra de Carlos. Por ejemplo, la vida colonial era todavía demasiado ruda y agitada como para que las vestimentas eclesiásticas fueran un motivo de preocupación real.[28]

Asimismo, el papel de los obispos era una cuestión más teórica que práctica, ya que ningún obispo inglés visitó las colonias durante todo el periodo colonial. Aun así, el debate inglés durante los años del reinado de Carlos tuvo un profundo efecto en el carácter religioso de las colonias. La distracción del esfuerzo de colonización fue tan grande que los colonos pudieron rehacer las instituciones religiosas para adaptarlas a sus circunstancias. También cambió el carácter de la emigración.

En 1624, Carlos convenció a su padre, el entonces moribundo Jacobo I, para que revocara la carta de la Compañía de Virginia. Carlos explicó la acción aludiendo a las altas tasas de mortalidad y al descontento entre los colonos de Virginia, pero su principal motivo era político. Quería una fuente de ingresos libre del control de un Parlamento cada vez más crítico hacia su política.

Las acciones de Carlos en el resto de la década dejaron clara esta motivación. No sugirió grandes reformas en la gestión de la colonia de Virginia y, en general, le prestó menos atención que los oficiales de la Compañía de Virginia. Permitió, por ejemplo, que el sistema de colocación de clérigos de la Compañía de Virginia caducara sin prever ningún procedimiento alternativo. Cuando convocó a la legislatura colonial en 1629, fue solo para exigir concesiones fiscales. Los legisladores coloniales rechazaron la propuesta de impuestos, pero aprovecharon la sesión para adoptar un plan para la designación del clero. Los miembros de la cámara baja de la legislatura (la Cámara de los Burgueses) reclamaban el derecho para presentar a los clérigos ante el gobernador colonial para su incorporación a los cargos parroquiales. En las décadas de 1630 y 1640, los burgueses también establecerían las normas legales que regirían las parroquias coloniales.[29]

Las juntas parroquiales eran instituciones en evolución en la Inglaterra de la época. Desde el siglo XIII hasta el XVI, los cristianos ingleses utilizaban el nombre de *vestry* para referirse a las reuniones periódicas en las que los feligreses acordaban proveer lo necesario para el mantenimiento de los bienes de la iglesia. La situación cambió, sin embargo, en 1598, cuando el Parlamento inglés aprobó una ley que responsabilizaba a las juntas parroquiales del cuidado de los pobres, función que desempeñaban las instituciones monásticas antes de la Reforma. Los cristianos ingleses aprendieron rápidamente que las reuniones congregacionales no eran el medio más eficaz para cumplir con tales obligaciones. Comenzaron a elegir *juntas parroquiales selectas,* integradas por hombres prominentes de la parroquia que se ocupaban de los pobres entre las sesiones de la reunión de la congregación. Durante el siglo XVII, las juntas parroquiales inglesas asumieron funciones adicionales que hoy en día desempeñan los gobiernos de los condados. Se ocuparon de los caminos y sustituyeron el decadente sistema de tribunales señoriales en ciertos ámbitos judiciales.[30]

A medida que las congregaciones inglesas y las juntas parroquiales selectas asumían esas responsabilidades adicionales, algunos miembros puritanos de la Iglesia de Inglaterra comenzaron a sugerir que también debían asumir un papel en la selección del clero. Esta propuesta se hizo en la *Second Admonition to the Parliament* ["Segunda admonición al Parlamento"] (1572), que probablemente fue escrita por Thomas Cartwright (1535-1603), y fue una de las ideas promovidas por Walter Travers (c. 1548-1635) que llevó a Richard Hooker (c. 1554-1600) a escribir *The Laws of Eccessiastical Polity* ["Sobre las leyes de la política eclesiástica"], (1593–97).[31] Las parroquias inglesas nunca adquirieron el derecho de seleccionar a su propio clero, pero algunas juntas parroquiales coloniales sí lo hicieron. Este sería el caso de Virginia, donde la indiferencia de Carlos I hizo posible, en la década de 1630, que algunas juntas seleccionaran a sus propios rectores. Hacia 1643, el poder legislativo abandonó su pretensión de designar al clero e incorporó dicha función atribuida a las juntas en sus estatutos religiosos.[32] Sin embargo, el precedente de Virginia no sería seguido por la Iglesia de Inglaterra en todas las colonias restantes. Cuando, por ejemplo, el gobierno inglés estableció la Iglesia de Inglaterra en Maryland a finales de siglo, otorgó al gobernador la autoridad para asignar al clero. Sin embargo, después de la Revolución estadounidense, la práctica de Virginia se convirtió en la norma general de la Iglesia estadounidense.[33]

Las juntas parroquiales de Virginia intentaron revisar las relaciones entre el clero y las juntas parroquiales inglesas de otra manera. Los clérigos ingleses, una vez incorporados a sus parroquias, solo podían ser destituidos por sus obispos y solo por ofensas graves.[34] De forma similar, el clero de la colonia de Virginia, una vez introducido en sus parroquias por el gobernador, era vitalicio; sus juntas parroquiales no podían despedirlos. Las juntas parroquiales de la colonia intentaron evitar esta situación omitiendo presentar a sus nuevos rectores al gobernador, y ofreciéndoles a sus clérigos una serie de contratos de un año. En la mayoría de los casos, estos contratos se renovaban cada año, produciendo una relación estable entre la junta y el clero. Sin embargo, cuando surgían disputas, la no presentación proporcionaba a la junta parroquial un arma eficaz.[35] De nuevo, no todas las colonias seguirían la práctica de Virginia de no presentación durante la época colonial. Pero después de la Revolución estadounidense, la Iglesia Episcopal de los Estados Unidos adoptó un canon (1804) que tenía cierto parecido con el acuerdo *de facto* de Virginia; hacía posible que las juntas parroquiales que estuvieran en disputa con su clero pudieran apelar a sus obispos para que pusieran fin al mandato del rector en circunstancias que nunca habrían sido permitidas por el derecho canónico inglés de la misma época.

La segunda forma en que la política religiosa de Carlos afectó a la religión colonial fue a través de la emigración. En 1630, comunidades enteras de miembros de la Iglesia de Inglaterra que estaban a favor de la política congregacional aprovecharon una generosa carta real y se trasladaron a Nueva Inglaterra. Casi desde sus inicios, este asentamiento fue mayor en población que Virginia. De hecho, los colonos pronto se desplazaron más allá del territorio de la bahía de Massachusetts hacia lo que más tarde se convertiría en las colonias separadas de New Hampshire y Connecticut. Superando las innovaciones de los colonos de Virginia, limitaron la membresía de la iglesia a aquellos que pudieran dar cuenta de su conversión y abandonaron el uso del Libro de Oración Común. Con el rey y los obispos a buena distancia en Londres, corrían poco peligro de ser contradichos. Por el contrario, John Winthrop (1588-1649) y otros miembros de la nueva colonia esperaban que sus innovaciones proporcionaran un modelo que se siguiera en casa.

La política religiosa de la creciente colonia de Nueva Inglaterra la distanció no solo de la Iglesia de Inglaterra, sino también de la colonia de Virginia, al sur. Las dos colonias, separadas geográficamente por la colonia holandesa de Nueva Holanda, atrajeron a colonos de distintas partes de Inglaterra. Dos tercios de los colonos de Nueva Inglaterra procedían de los condados orientales de la Anglia Oriental inglesa.[36] El clero de Virginia, cuyos patrones geográficos solían coincidir con los de los feligreses a los que servían, procedía predominantemente del norte y el oeste de Inglaterra.³⁷ Las diferencias que ya existían en Inglaterra no hicieron más que ampliarse en América.

La Bahía de Massachusetts no fue la única nueva colonia fundada por Carlos. Interesado en las fortunas de los católicos romanos en la corte real, también dio permiso a su secretario de estado católico, George Calvert (¿1580?-1632), para crear una colonia (Maryland, trazada en 1632). Los primeros colonos zarparon dos años después. La mayoría de los emigrantes más ricos serían católicos romanos, pero desde el principio solo constituían una minoría de los colonos. Muchos de los colonos de menores ingresos eran de simpatía protestante.

En la década siguiente, Carlos ya no estaba en condiciones de autorizar nuevas colonizaciones. Estaba enfrascado en una lucha de poder perdida con los puritanos que requería toda su atención. En 1640 los presbiterianos escoceses, descontentos con el episcopado y el Libro de Oración Común escocés (1637), invadieron Inglaterra. Carlos convocó dos sesiones del Parlamento para recaudar dinero para un ejército inglés, pero una mayoría presbiteriana en la Cámara de los Comunes se alió con los escoceses en contra del rey. Los presbiterianos se unieron al ejército de Oliver Cromwell (1599-1658), compuesto principalmente por independientes puritanos (congregacionalistas), para ganar la Guerra Civil resultante. Los vencedores ejecutaron al arzobispo Laud (1645) y a Carlos I (1649). Con el rey y el arzobispo eliminados, el Parlamento reconfiguró la Iglesia de Inglaterra, aboliendo el libro de oración, el episcopado y los Treinta y Nueve Artículos de la Religión. Una asamblea de teólogos (*divines*) puritanos, convocada por el Parlamento para reunirse en la Abadía de Westminster, redactó una nueva confesión de fe (la Confesión de Fe de Westminster) y una liturgia (*Directory for Public Worship of God* ["Directorio para el culto público a Dios"], 1645).

La victoria del partido presbiteriano fue, sin embargo, solo parcial. Respaldados por Oliver Cromwell, los puritanos independientes pudieron resistir los esfuerzos del Parlamento por someter a todo el puritanismo inglés a la nueva forma presbiteriana de gobierno eclesiástico. En 1653, Cromwell afirmó su autoridad sobre el Parlamento más abiertamente; disolvió el cuerpo legislativo y gobernó en solitario como Lord Protector de Inglaterra. Continuó gobernando hasta su muerte en 1658.

Los colonos ingleses en el Nuevo Mundo actuaron de forma previsible. Los habitantes de Nueva Inglaterra, procedentes de las mismas ciudades de Anglia Oriental que eran centros de oposición presbiteriana y congregacional a la corona, apoyaron al Parlamento. Los colonos de Virginia, Maryland, Bermudas y Barbados, procedentes de zonas de Inglaterra en las que los sentimientos de lealtad eran fuertes, se inclinaban en general por la familia real. Un tercer grupo de colonos, disidentes que se oponían no solo a la forma de disciplina y doctrina episcopal, sino también a la presbiteriana y congregacional, aprovecharon la confusión en Inglaterra para formar una colonia en Rhode Island (primera fundación en 1644) y establecer un punto de apoyo disidente en las Bahamas (arribando los disidentes desde las Bermudas en 1648). En 1655 Cromwell envió una expedición al Caribe que añadió a Jamaica a las posesiones coloniales inglesas, arrebatándosela a los españoles.

La guerra civil en Inglaterra pudo haber contribuido a un segundo ataque de los nativos americanos a los colonos. En 1644, Opechancanough, enfadado por la creciente invasión inglesa de las tierras de los nativos americanos, envió guerreros para expulsar a los colonos, atacando y destruyendo sus casas, cultivos y ganado. Los ingleses respondieron de la misma manera y para 1646 habían capturado y ejecutado al anciano Opechancanough, esclavizado a los combatientes nativos americanos e impuesto el pago de tributos anuales a los nativos americanos restantes. Según la opinión de al menos un colono, fue el conocimiento de la guerra civil que tenía lugar en Inglaterra lo que llevó a los nativos americanos a atacar cuando lo hicieron.[38]

Las colonias después de la Restauración

Invitado por un Parlamento descontento con la pretensión de Richard Cromwell de suceder a su padre, el hijo de Carlos I,

Fundación de la Iglesia en tiempos de fragmentación (1585–1688)

Carlos II (rey, 1660-85), regresó a Inglaterra en 1660 luego de su exilio en el continente. Con la restauración de Carlos II, el partido episcopal recuperó el Parlamento y puso fin al experimento de la Iglesia de Inglaterra con el gobierno presbiteriano. Ansioso por evitar que se repitiera la Guerra Civil, el partido episcopal en el Parlamento no solo restableció el episcopado, el libro de oración (Libro de Oración Común de 1662) y los tradicionales Treinta y Nueve Artículos de la Religión, sino que también promulgó leyes para garantizar la continuación del predominio en la Iglesia de Inglaterra. El Parlamento exigió, por ejemplo, que todos los clérigos de la Iglesia de Inglaterra ordenados durante los años del presbiterio fueran reordenados por obispos o perdieran sus cargos. También reforzó el lenguaje del prefacio del libro de oración sobre el requisito de que los clérigos lean diariamente la oración matutina y vespertina. La nueva edición del libro de oración también contenía una disposición sobre la confirmación que los miembros de la Iglesia de Inglaterra en las colonias solían aprovechar. Las ediciones anteriores del Libro de Oración Común incluían una rúbrica que exigía la confirmación como requisito previo para recibir la Comunión. La edición de 1662 modificó esa rúbrica para decir que uno tenía que "estar confirmado, o estar listo y deseoso de ser confirmado".[39]

Muchos presbiterianos, congregacionalistas e independientes, sobre todo entre el clero, se negaron a aceptar el reajuste de la Iglesia de Inglaterra por parte del Parlamento. Aproximadamente trescientos mil laicos y una quinta parte del clero se retiraron de la Iglesia de Inglaterra y formaron denominaciones disidentes separadas.[40] El Parlamento toleró los nuevos grupos, pero adoptó el Código Clarendon para limitar sus privilegios. La Ley de las Cinco Millas del código, por ejemplo, prohibía a los ministros disidentes vivir en un radio de cinco millas de cualquier ciudad o parroquia en la que hubieran prestado servicio.

La estrategia condujo a una disminución del número de disidentes en Inglaterra; solo quedaban cincuenta mil en 1750.[41] Sin embargo, supuso una mayor motivación para la emigración disidente a las colonias, donde las disposiciones del Código

Clarendon no se aplicaban sistemáticamente. Los puritanos de Massachusetts, por ejemplo, conservaron los derechos y privilegios de su carta real, a pesar de que se organizaron como una denominación (la Iglesia congregacional) al margen de la Iglesia de Inglaterra. Además, Carlos II concedió una nueva carta real a los congregacionalistas del valle de Connecticut (1662). La Iglesia de Inglaterra, mayoritaria en su país, pronto se vio superada en número, más de tres a uno, por los disidentes en las colonias. Sólo en Virginia, Bermudas y unas pocas posesiones británicas en el Caribe se estableció la Iglesia de Inglaterra por ley, e incluso estas tardaron en aplicar la nueva legislación religiosa del Parlamento. Todavía en 1686, una junta parroquial de Virginia, por ejemplo, eligió a un rector que no había cumplido con el requisito de la ordenación episcopal.[42]

Sin embargo, la Restauración no zanjó definitivamente el debate religioso en Inglaterra. El Parlamento tenía un fuerte sentimiento episcopal, pero tanto Carlos II como su hermano Jacobo II (rey, 1685-88) se sentían profundamente atraídos por el catolicismo romano. Carlos II hizo una profesión de fe a Roma en su lecho de muerte, y Jacobo siguió una política católica abierta. Cuando Jacobo II introdujo el culto católico en las universidades, puso a los católicos romanos al frente del ejército y arrestó a siete obispos de la Iglesia de Inglaterra, el Parlamento se rebeló contra él (la Revolución Gloriosa, 1688).

Carlos y Jacobo habían perseguido sus objetivos religiosos de forma que contribuyeron al crecimiento de los grupos presbiterianos, congregacionales y otros disidentes en las colonias. Creyendo que la concesión de la tolerancia a los protestantes disidentes en las colonias era el primer paso hacia la tolerancia de los católicos romanos, Carlos renovó el fuero de los bautistas en Rhode Island (1663) y concedió otro al cuáquero William Penn para Pensilvania (1681). Además, no incluyó ninguna disposición para el establecimiento de la Iglesia de Inglaterra en las cartas de las Carolinas (1663) ni en el territorio de Nueva Jersey y Nueva York (1664) que los ingleses habían arrebatado a los holandeses. El año anterior a su destitución, Jacobo intentó seguir la política colonial de su hermano con una Declaración de Indulgencia, que habría eliminado las sanciones legales contra los protestantes disidentes y los católicos romanos en la propia Inglaterra. Durante el reinado de Carlos II, los presbiterianos emigraron en número creciente a Nueva York y Nueva Jersey, donde no estaban establecidas ni la Iglesia de Inglaterra ni la Iglesia congregacional y donde los calvinistas holandeses, anteriores a los ingleses, representaban una tradición teológica similar a la suya. En el siglo siguiente, los presbiterianos ingleses, escoceses e irlandeses serían tan numerosos en las colonias británicas del continente americano como los miembros de la Iglesia de Inglaterra.

Para cuando Jacobo II respondió a la rebelión urdida por el Parlamento abandonando el trono inglés en 1688, las colonias americanas del continente iban camino de convertirse en el territorio con mayor diversidad confesional del planeta. La Iglesia de Inglaterra, la Sociedad de los Amigos (cuáqueros) y las iglesias congregacionales, católica romana, presbiteriana y bautista tenían sus esferas de influencia. Los colonos habían perdido para siempre la sencillez religiosa de las primeras colonias de Virginia y Bermudas.

Los desacuerdos religiosos que los colonos trajeron consigo desde Inglaterra contribuyeron al celo y la excitación de los enclaves religiosos en competencia. Sin embargo, esos mismos desacuerdos dieron lugar a una actitud intolerante hacia los demás. En cierto sentido, los colonos simplemente imitaban las acciones de los británicos hacia ellos. Cuando las autoridades inglesas prestaron atención a la vida religiosa de este variado grupo de colonos, fue casi siempre por razones negativas. En 1638, el arzobispo Laud propuso enviar un obispo colonial, no a Virginia o a las Bermudas, donde las simpatías episcopales eran fuertes, sino a Nueva Inglaterra, donde dicho obispo podría servir para sustituir la política congregacional.[43] Oliver Cromwell también enviaría una delegación con autoridad militar no a territorio amigo, sino a Virginia y Barbados para convencer a los colonos de ese lugar de que abandonaran el Libro de Oración Común con sus oraciones por el rey y la familia real, y a Maryland para sustituir al titular católico romano.[44]

El historial de los colonos era apenas mejor que el de su patria. En 1643, la legislatura de Virginia prohibió la entrada en la colonia a todos los que no fueran miembros del partido episcopal. Grupos de protestantes de Maryland protagonizaron insurrecciones armadas contra la alta burguesía católica (1655-58 y 1689). Las autoridades de Massachusetts ejecutaron a cuatro cuáqueros por herejía (1659-61) y a diecinueve residentes de Salem por brujería (1692). Los distintos grupos de colonos se habían ganado el control de su propia vida religiosa, pero no estaban dispuestos a conceder el mismo privilegio a las minorías de su entorno.

Siervos por contrato y esclavizados

La restauración de Carlos II en 1660 contribuyó a un proceso ya en marcha de legalización de la servidumbre perpetua de los africanos. Los colonos ingleses habían dependido del trabajo de los sirvientes desde el comienzo de la colonización. Durante un gran periodo del siglo XVII, la mayor parte de esa mano de obra era proporcionada por siervos europeos, que al menos en teoría se comprometían voluntariamente a trabajar durante un número determinado de años a cambio del coste del pasaje al Nuevo Mundo.[45] Incluso en Massachusetts, la colonia con el mayor porcentaje de mano de obra libre, alrededor de una cuarta parte de los primeros emigrantes eran siervos contratados. En otros lugares los porcentajes eran más altos. En Virginia y Maryland, por ejemplo, cerca de tres cuartas partes de los primeros emigrantes británicos eran sirvientes. Barbados tenía el mayor porcentaje de mano de obra esclava en la primera mitad del siglo, pero incluso allí los sirvientes ingleses contratados eran más importantes económicamente que los africanos esclavizados o los nativos americanos antes de la década de 1660.[46]

Sin embargo, desde muy pronto hubo nativos americanos y africanos esclavizados. Los primeros siervos africanos y nativos americanos llegaron a las Bermudas en 1616. Los comerciantes holandeses llevaron africanos esclavizados a Virginia en 1619.

La colonia de Barbados contó con personas esclavizadas desde su fundación en 1627.[47]

Aunque las condiciones de estos primeros siervos contratados y esclavizados distaban mucho de ser ideales, los criterios relativos a la servidumbre no se definieron sino hasta después de 1660. A los miembros de ambos grupos se les llamaba siervos en la primera mitad del siglo, y el término esclavo solo se hizo común para los que se encontraban en situación de servidumbre involuntaria en la segunda mitad del siglo.[48] Los agricultores trabajaban en el campo junto a sus siervos contratados y esclavizados, dormían en las mismas habitaciones y a veces compartían las mismas camas.[49]

Al menos algunos de los colonos eran conscientes de que la servidumbre involuntaria era una condición de la que los europeos no eran inmunes. Según algunas estimaciones recientes, los asaltantes musulmanes de la Costa de Berbería esclavizaron entre uno y un cuarto de millón de europeos entre 1530 y 1780. Los europeos también constituían un porcentaje significativo de los esclavizados por los turcos otomanos.[50] El capitán John Smith, de la colonia de Jamestown, afirmó conocerlo de primera mano; escribió que de joven había sido capturado en una batalla por los turcos y vendido como esclavo antes de escapar más tarde matando a su amo y huyendo por Rusia.[51]

Como ha explicado el historiador Philip Morgan, los siervos contratados y los esclavizados de las colonias británicas llegaron a reconocer que tenían mucho en común. "El nivel de explotación que sufría cada grupo les inclinaba a ver a los demás como si compartieran su situación… No solo muchos negros y blancos trabajaban juntos, sino que comían, se divertían, fumaban, se escapaban, robaban y hacían el amor juntos".[52]

Antes de 1660 y de la llegada de Carlos II, las colonias británicas carecían de una base legal clara para mantener a las personas en servidumbre permanente o de una forma legal coherente para distinguir el estatus de las personas en régimen de servidumbre y esclavizadas. Los colonos de las Bermudas resolvieron la ambigüedad ampliando a 99 años la duración de la servidumbre para la mayoría de los africanos y nativos americanos esclavizados. Sin embargo, hubo excepciones, como un europeo al que se le impuso un plazo de 99 años y alrededor del diez por ciento de los africanos de las Bermudas a los que se les impuso períodos de servicio más cortos.[53] Algo similar debió ocurrir al mismo tiempo en Virginia, donde "en algunos condados quizá un tercio de la población negra era libre en las décadas de 1660 y 1670". El Consejo de Barbados incluyó la posibilidad de un contrato por un plazo fijo de servicio en una declaración sobre la servidumbre para nativos americanos y africanos en 1636.[54]

También había confusión sobre la relación entre la fe cristiana y la servidumbre perpetua. Los individuos esclavizados que eran o se hicieron cristianos argumentaron que debían ser liberados como resultado de su fe. Algunos siervos cristianos de Virginia y Maryland demandaron ante los tribunales su libertad. Este argumento se utilizó en Virginia aún en la década de 1690.[55] También se planteó la cuestión del estatus de los hijos de los que estaban en servidumbre permanente o de noventa y nueve años.[56]

El esfuerzo por codificar el estatus de los que se encontraban en situación de servidumbre se vio retrasado por las incertidumbres de la Guerra Civil inglesa (1642-48) y el posterior Protectorado de Oliver Cromwell (1653-58), que aumentó la oferta de sirvientes contratados enviando a un gran número de prisioneros irlandeses al Caribe. Sin embargo, con la restauración de Carlos II en 1660, las cosas empezaron a cambiar. Carlos II y su hermano Jacobo, que le sucedería en el trono como Jacobo II en 1685, estaban ansiosos por beneficiarse del comercio de esclavos. Fundaron la Real Compañía de Aventureros de Comercio con África (1660, reorganizada en 1663), entraron en guerra con los holandeses para apoyar los intereses de la compañía (la segunda guerra angloholandesa, 1665-1667), y finalmente reorganizaron el organismo como la Real Compañía Africana (1672). La compañía reclamó el monopolio de todo el transporte de personas esclavizadas a las colonias británicas. Acabaría enviando "más mujeres, hombres y niños africanos esclavizados a las Américas que cualquier otra institución durante todo el periodo del comercio transatlántico de esclavos".[57]

Con un nuevo rey que apoyaba el comercio de esclavos, las colonias de Inglaterra empezaron a situar la servidumbre en un nivel más seguro. Barbados lideró el camino en 1661 con la adopción de una ley "para el buen gobierno de los siervos, y para ordenar los derechos entre amos y siervos" y otra para "el mejor orden y gobierno de los negros". La nueva colonia británica de Jamaica adoptó una versión de la misma ley en 1664, y otra ley en 1684. La nueva colonia de Carolina, que Carlos II constituyó en 1663, copiaría la ley de Jamaica de 1684 en 1691.[58]

En 1662, la Asamblea General de Virginia aprobó una ley que dejaba de lado la norma inglesa de que el estatus de un hijo dependía de la condición del padre. Para los africanos esclavizados, el estatus del niño dependería a partir de entonces del de la madre. Cuando el Tribunal del Bajo Norfolk dictaminó en 1665 que un cristiano mestizo llamado Manuel debía ser tratado como un sirviente en lugar de ser esclavizado de forma permanente, la legislatura respondió con una ley de 1667 que establecía "que el sacramento del bautismo 'no altera la condición de la persona en cuanto a su esclavitud o libertad'".[59] Una ley de 1670 dejó en pie la legislación (1655 y 1658) que clasificaba a los nativos americanos esclavizados como sirvientes contratados, pero especificaba que los no cristianos que llegaban a la colonia en barco (presumiblemente desde África o el Caribe) eran esclavizados de por vida.[60]

Uno de los motivos para tratar de forma diferente a los afroamericanos esclavizados y a los siervos contratados era el peligro que se percibía de que ambos grupos se unieran contra sus opresores comunes. De hecho, esto es lo que ocurrió en Virginia en la Rebelión de Bacon de 1676. Una disputa entre el colono inglés Thomas Matthews y los miembros de la pequeña tribu de los Doeg, provocada por la destrucción del maíz de los Doeg a manos de los cerdos de Matthews, se agravó rápidamente como consecuencia de dos factores que complicaron la situación: la presencia en la región de los Susquehannocks de habla iroquesa, que estaban sondeando el Sur desde su base en el sur de Nueva York, y una disputa latente entre los colonos acerca de los acuerdos comerciales exclusivos con los nativos americanos que mantenía la clase alta de la colonia (y que los colonos menos privilegiados consideraban una estratagema para limitar las tierras disponibles y mantener el valor de las grandes propiedades). Los hombres de Matthews atacaron por error un poblado Susquehannock, pensando que estaba habitado por Doegs. Los Susquehannocks tomaron represalias y mataron a unos trescientos colonos, especialmente a lo largo del río Rappahannock, que marcaba la línea de asentamiento más septentrional de Virginia en aquella época. Nathaniel Bacon (1647-76), que solo llevaba en la colonia desde 1674 y estaba emparentado por matrimonio con el gobernador William Berkeley (1606-77), culpó a Berkeley de la inacción. Bacon levantó un ejército compuesto por sirvientes contratados y africanos a los que prometió tierras, atacó a la tribu Occaneechee, de habla siouana, en el suroeste de la colonia (que no tenía nada que ver con los Susquehannocks), y saqueó la capital colonial en Jamestown. Bacon murió a causa de una enfermedad y la rebelión no tardó en fracasar. Sus seguidores fueron sometidos, y veintitrés fueron a la horca.[61]

El temor a este tipo de colaboración entre los sirvientes contratados y los africanos llevó a los legisladores a elaborar disposiciones que limitaran el contacto entre los grupos. Esto ya ocurría antes del levantamiento de Bacon. La legislatura de Virginia aprobó leyes en 1662 que establecían que la multa por fornicación de personas de diferentes razas debía ser el doble que para las de la misma raza. Una ley de Maryland de 1664 hablaba del matrimonio interracial en términos muy negativos. En 1691 Virginia especificó el destierro para cualquier persona que se casara con otra de diferente raza.[62] Otras legislaciones estaban diseñadas para limitar la presencia de africanos libres, que podrían ser percibidos como una esperanza para los que todavía estaban esclavizados. En 1691, Virginia prohibió la liberación de cualquier persona esclavizada, a menos que también se tomaran disposiciones para que esa persona abandonara

Fundación de la Iglesia en tiempos de fragmentación (1585-1688)

la colonia. En 1729, Bermudas exigió a todos los africanos y nativos americanos libres que abandonaran la colonia.[63]

Este esfuerzo por separar a los africanos esclavizados de los sirvientes ingleses fue el origen de la convención lingüística de referirse a las personas de origen europeo como "blancos". Las primeras actas hablaban de africanos y siervos cristianos, pero a partir de la década de 1650 en Barbados el término "siervos cristianos" se sustituyó por "blancos". En muchos casos, el término se unió a la designación de personas de herencia africana como "negros".[64]

En la década de 1670, algunos se pronunciaron en contra de la formalización del comercio de esclavos y del estatus de las personas esclavizadas que se había iniciado una década atrás. Los mercaderes protestaron contra el monopolio de la Real Compañía Africana, sin oponerse a la servidumbre perpetua, pero argumentando que su imposibilidad de participar en el rentable mercado constituía una merma de sus derechos.[65] Algunos clérigos (sobre todo los recién llegados de Inglaterra) protestaron contra la negación de la humanidad común y la resistencia a la evangelización de las personas esclavizadas. William Frith predicó en su parroquia de Barbados en 1677 que "los negros tienen almas que requieren salvación, no menos que otras personas, y un mismo derecho, incluso para ser salvados, a los méritos de Cristo". Uno de los otros cinco clérigos de la Iglesia de Inglaterra en la isla predicó en una línea similar. Tanto él como Frith fueron expulsados de sus parroquias.[66] En este sentido, el clérigo Morgan Godwyn (bautizado en 1640 y fallecido entre 1685 y 1709), que sirvió en una parroquia de Virginia y también pasó un tiempo en Barbados, planteó objeciones similares. Tras regresar a Inglaterra, publicó una crítica a la práctica colonial (*Negro's and Indians Advocate* ["Defensor de negros e indios"], 1680). Abogó por la adopción del esquema de Bermudas de los contratos de servidumbre a 99 años (que potencialmente preservaba la condición de libre de los futuros hijos), reprendió a los colonos europeos para que bautizaran a los africanos y a los nativos americanos, y sugirió que el hecho de no evangelizar y permitir la práctica religiosa libre a una persona esclavizada debería resultar en "una liberación inmediata y absoluta para dicho esclavo de forma permanente".[67] Al parecer, algunos clérigos de Virginia no apoyaban la prohibición de los matrimonios mixtos de 1691, ya que la legislatura consideró necesario adoptar en 1705 otra ley que especificaba una multa de diez mil libras de tabaco para cualquier clérigo que presidiera un matrimonio de un negro con un blanco.[68]

Estas protestas individuales no fueron capaces de hacer retroceder la institución de la esclavitud, que estaba en expansión. El título de un sermón que Godwyn predicó en Londres y que se publicó en 1685, "La preferencia por el comercio antes que por la religión"[69] resumía bien el problema. Las iglesias de las colonias británicas, divididas como estaban en denominaciones rivales, no eran competencia frente al atractivo económico de las fortunas del tráfico de esclavos africanos.

La esclavitud de los nativos americanos terminó, aunque por razones económicas y políticas, más que humanitarias. Los asentamientos ingleses de las colonias centrales carecían inicialmente de la ventaja numérica que había permitido a los colonos de Virginia y Massachusetts dominar a los nativos americanos, por lo que optaron por los tratados negociados.[70] La esclavitud en las Carolinas continuó hasta que los colonos se enteraron de las consecuencias letales de la guerra con los nativos americanos y estos se convencieron de que la venta de cautivos de otras tribus a los ingleses no era aconsejable como política a largo plazo.[71] Tal vez lo más importante es que los ingleses se dieron cuenta de la necesidad de cultivar aliados nativos americanos contra los franceses y los españoles.

Virginia prohibió que se siguiera esclavizando a los nativos americanos en 1705. Massachusetts (1712) y Connecticut (1715) siguieron su ejemplo con una legislación similar.[72] La Guerra de los Yamasee en las Carolinas (1715-17) marcó el fin de la esclavitud a gran escala en esa zona.

NOTAS

1. Daniel K. Richter, *Before the Revolution: America's Ancient Pasts* (Cambridge, Massachusetts: Belknap Press of Harvard University, 2011), 106–7.

2. Antes de la década de 1970 era común que los historiadores asumieran que el pueblo inglés había abrazado un anglicanismo protestante internamente consistente en algún punto del reinado de Isabel I. James Anthony Froude argumentó en su *History of England from the Fall of Wolsey to the Death of Elizabeth* ["*Historia de Inglaterra desde la caída de Wolsey hasta la muerte de Isabel*"] (1856-1870), por ejemplo, que la invasión fallida de la Armada Española convenció al pueblo inglés de aceptar la Reforma. A. G. Dickens argumentó en su *English Reformation* (1964) que lo que él identificó como un "anglicanismo equilibrado" surgió alrededor de 1600. Ahora es habitual que los historiadores sugieran que el cambio de toda una nación se produce a un ritmo mucho más lento y que la religión inglesa estuvo en proceso de cambio durante una "larga reforma" que, según algunos relatos, duró hasta el siglo XVIII. Véase, por ejemplo, Nicholas Tyacke, ed., *England's Long Reformation: 1500-1800* (Londres: UCL Press, 1998).

3. Para una descripción favorable del catolicismo medieval tardío en Inglaterra, véase Eamon Duffy, *The Stripping of the Altars* ["*La denudación de los altares*"] (1992). A diferencia de autores anteriores como A. G. Dickens (*The English Reformation*, 1964) que sugirió que gran parte del catolicismo de la Baja Edad Media era supersticioso y no bíblico, Duffy ha argumentado que "el catolicismo bajomedieval ejerció un control enormemente fuerte, diverso y vigoroso sobre la lealtad del pueblo hasta el mismo momento de la Reforma", y "la religión tradicional no tenía ninguna marca particular de agotamiento o decadencia". Véase Duffy, *The Stripping of the Altars* (New Haven: Yale, 1992), 4; y A. G. Dickens, *The English Reformation*, 2a edición (University Park: The Pennsylvania State University Press, 1989), 25–45.

4. John Foxe, *The Acts and Monuments of John Foxe*, una nueva y completa edición, ed. Stephen Reed Cattley, 8 vols. (London: R. B. Seeley and W. Burnside, 1837), iv: 635. Véase también Marcus L. Loane, *Masters of the English Reformation* (London: The Church Book Room Press, 1954), 6.

5. Foxe, Acts, iv: 635.

6. Las palabras consoladoras aparecieron por primera vez en la liturgia inglesa en el, *Order of Communion* ["Orden de la Comunión"] de 1548 y se incluyeron en las ediciones del Libro de Oración Común a partir de 1549. La Iglesia Episcopal conservó las palabras consoladoras en el Rito I de la Sagrada Eucaristía de 1979, pero modificó la introducción que había

dado nombre a estas palabras: "Oíd qué palabras tan consoladoras dice Cristo nuestro Salvador, a todos los que verdaderamente se convierten a Él". Véase Libro de Oración Común (1928), 76; y el Book of Common Prayer (1979), 332.

7. En el momento de la coronación de Eduardo VI en 1547, los ingleses utilizaban el término protestante para aplicarlo a los luteranos alemanes y a los cristianos reformados. Sin embargo, a finales del siglo siguiente, la palabra *protestante* era de uso generalizado en Inglaterra como término genérico para los cristianos occidentales no católicos ni anabaptistas. El Acta de Establecimiento de 1700, por ejemplo, especificaba que el monarca inglés debía estar "en la línea protestante para la felicidad de la nación y la seguridad de nuestra religión". Sin embargo, desde el siglo XIX, muchos episcopales han evitado utilizar el adjetivo protestante para describir su Iglesia, sugiriendo en cambio que el anglicanismo ocupa un lugar intermedio entre el catolicismo romano y el protestantismo. Aunque *Protestante* sigue siendo parte del título corporativo oficial de la Iglesia Episcopal (la Iglesia Episcopal Protestante en los Estados Unidos de América), la Convención General de la Iglesia Episcopal autorizó el uso del título más corto (la Iglesia Episcopal) en 1967 y 1976. Para más información, consulte Diarmaid MacCulloch, *The Reformation: A History* (New York: Penguin Books, 2003), xx, y *Act of Settlement* (1700 CHAPTER 2 12 and 13 Will 3), http://www.legislation.gov.uk/aep/Will3/12-13/2 (consultado el 11 de febrero de 2014).

8. George MacLaren Brydon, *Virginia's Mother Church and the Political Conditions Under Which It Grew*, 2 vols. (Richmond: Virginia Historical Society, 1947), 1:411–13.

9. M. Kelso, Jamestown: *The Buried Truth* (Charlottesville: University of Virginia Press, 2006), 78–79, 194–95.

10. Owanah Anderson, *Jamestown Commitment: The Episcopal Church and the American Indian* (Cincinnati: Forward Movement Publications, 1988), 16–18; y Louis B. Wright, ed., *The Elizabethans' America* (London: Edward Arnold, 1965), 136.

11. William Crashaw citado en Rebecca Anne Goetz, *The Baptism of Early Virginia: How Christianity Created Race* (Baltimore: Johns Hopkins University Press, 2012), 22.

12. Anderson, *Jamestown Commitment*, 18.

13. John Donne, *The Sermons of John Donne*, ed. George R. Potter and Evelyn M. Simpson, 10 vols. (Berkeley and Los Angeles: University of California Press, 1959), 4:280–81.

14. Norman Sykes, *The Church of England and Non-Episcopal Churches in the Sixteenth and Seventeenth Centuries: an Essay towards and Historical Interpretation of the Anglican Tradition from Whitgift to*

Wake, Theology Occasional Papers, new series, no. 11 (London: SPCK, 1949), 4; John Frederick Woolverton, *Colonial Anglicanism in North America* (Detroit: Wayne State Press, 1984), 37.

15. Perry Miller, *Errand into the Wilderness* (New York: Harper & Row, 1956), 102.

16. En *The Achievement of the Anglican Church*, 1689–1800 William Gibson identificó 1700 como la fecha en la que "la educación universitaria... se había convertido para la Iglesia de Inglaterra en la formación más extendida para las Órdenes Sagradas". Véase William Gibson, *The Achievement of the Anglican Church*, 1689–1800 (Lewiston, New York: the Edwin Mellen Press, 1995), 69. Para un análisis de la educación del clero colonial en el siglo XVII, véase Woolverton, *Colonial Anglicanism*, 37.

17. Woolverton, *Colonial Anglicanism*, 48.

18. Goetz, *Baptism of Early Virginia*, 36.

19. Goetz, *Baptism of Early Virginia*, 37; Matthew M. Anger, "Spanish Martyrs for Virginia," *Seattle Catholic* (August 30, 2003).

20. Richter, *Before the Revolution*, 100–107.

21. El acuerdo de alimentos a cambio de subordinación sería un elemento básico de la política india estadounidense durante la segunda mitad del siglo XIX. Para una descripción de la relación entre los nativos americanos y los primeros colonos de Jamestown, véase Goetz, *Baptism of Early Virginia*, 37–41.

22. Wright, ed., *Elizabethans' America*, 234.

23. Anderson, *Jamestown Commitment*, 16–18.

24. Richter, *Before the Revolution*, 125–26.

25. Rebecca Anne Goetz relata otros tres matrimonios: la asistente de Metoaka (y posiblemente hermanastra) Elizabeth, que se casó con un inglés de las Bermudas; Keziah, la hija de un subjefe de Nansemond, que se casó con el clérigo John Bass en 1638; y Mary Kittomaquund, la hija de un jefe de Piscataway, que se casó con Giles Brent en 1644. Véase Goetz, *Baptism of Early Virginia*, 66–70.

26. Richter, *Before the Revolution*, 116–17.

27. El *Oxford English Dictionary* señala el uso de "Episcopal Party", partido episcopal, en una obra de 1651 de Richard Baxter (1615-91). Ocho años más tarde, Edward Stillingfleet identificó los tres principales partidos eclesiásticos ingleses en su *Irenicum* como "congregacionales", "presbiterianos" y "episcopales". Esta historia ha seguido este uso del siglo XVII por dos razones: (1) es un término más neutral que la etiqueta ortodoxa utilizada por el arzobispo William Laud o la designación anglicana popular desde mediados del siglo XIX (Laud distinguía su ortodoxia de la heterodoxia de los puritanos. El uso de anglicano puede inducir a error a los lectores, haciéndoles creer que los puritanos anteriores a la Restauración no

eran miembros de la Iglesia de Inglaterra); (2) episcopal sería la palabra que los anglicanos estadounidenses adoptaron para su Iglesia después de la Revolución estadounidense.

28. David Hackett Fischer, *Albion's Seed: Four British Folkways in America* (New York: Oxford University Press, 1989), 233. Brydon, Virginia's Mother Church, 1:25.

29. Brydon, *Virginia's Mother Church*, 1:87–88.

30. Borden W. Painter, "The Anglican Vestry in Colonial America," (Ph.D. diss., Yale University, 1965), 12.

31. G. R. Elton, *The Tudor Constitution: Documents and Commentary*, 2d ed. (Cambridge: Cambridge University Press, 1982), 445, 450–51; Lee W. Gibbs, "Life of Hooker" en *A Companion to Richard Hooker, ed.* Torrance Kirby, (Leiden, the Netherlands: Koninklijke Brill NJ, 2008), 11.

32. Painter, "Anglican Vestry," 56.

33. Los ingleses todavía siguen el sistema de patronazgo. En gran parte del resto del mundo anglicano, el obispo se reúne con un comité que incluye una representación parroquial para elegir al rector. En los Estados Unidos, sin embargo, queda un remanente del sistema de patronazgo. En muchas diócesis, el obispo conserva el derecho de nombrar a los vicarios de misiones.

34. El clero inglés conservaría el derecho de tenencia hasta que fue restringido a principios del siglo XXI por la aprobación de "the Clergy Discipline Measure" (2003, No. 3) y "the Ecclesiastical Offices (Terms of Service) Measure" (2009, No. 1).

35. Painter, "Anglican Vestry," 61–71.

36. Robert McCrum et al., *The Story of English* (New York: Elisabeth Sifton Books, Viking, 1986), 116.

37. Woolverton, *Colonial Anglicanism*, 27.

38. Richter, *Before the Revolution*, 116–17, 208–9.

39. La idea de que la confirmación es un sacramento separado que se requiere antes de la recepción de la Comunión es una idea que data del siglo XIII o antes. Los católicos romanos continuaron con la expectativa de la confirmación como requisito previo a la recepción de la Comunión hasta aproximadamente 1910, cuando crearon un rito separado para la primera Comunión. Los episcopales abandonaron la expectativa de la confirmación como prerrequisito para la Comunión en la década de 1970.

40. Robert Currie, Alan Gilbert, y Lee Horsley, *Churches and Churchgoers: Patterns of Church Growth in the British Isles since 1700* (Oxford: Clarendon Press, 1977), 27; Gordon Donaldson, *James V-James VIII*, vol. 3 de *The Edinburgh History of Scotland*, Gordon Donaldson, gen. ed. (Hong Kong: Wilture Enterprises, 1965), 366.

41. Currie, *Churches and Churchgoers*, 27.

42. Woolverton, *Colonial Anglicanism*, 53.

43. Arthur Lyon Cross, *The Anglican Episcopate and the American Colonies* (New York: Longmans, Green, and Co., 1902), 21.

44. Brydon señaló que los colonos de Virginia llegaron a un compromiso con los comisionados de Cromwell. Los comisionados permitieron a los colonos seguir utilizando el Libro de Oración Común durante un año, siempre que omitieran las oraciones reales. Brydon supuso que los colonos utilizaron el libro de oración incluso después de finalizado el año. Campbell señaló que el clero de Barbados acató una orden de la flota de Cromwell y entregó sus libros de oración común, pero sugirió que "probablemente conservaron algunos ejemplares". Véase Brydon, *Virginia's Mother Church*, 1:122; y P. F. Campbell. *The Church in Barbados in the Seventeenth Century* (St. Ann's Garrison, St. Michael, Barbados: Barbados Museum and Historical society, 1982), 60.

45. Véase en Fischer, *Albion's Seed*, 229–31 un análisis de las personas que fueron secuestradas y vendidas en régimen de servidumbre. Consulte Edward B. Rugemer, "The Development of Mastery and Race in the Comprehensive Slave Codes of the Greater Caribbean during the Seventeenth Century," *William and Mary Quarterly 70* (July 2013): 435–36 para una discusión sobre los prisioneros de guerra irlandeses que Oliver Cromwell envió a Barbados en 1656.

46. Fischer, *Albion's Seed*, 28, 227; Philip D. Morgan, *Slave Counterpoint: Black Culture in the Eighteenth-century Chesapeake and Lowcountry* (Chapel Hill: Published for the Omohundro Institute of Early American History and Culture, Williamsburg, Virginia, por la University of North Carolina Press, 1998), 8; y Rugemer, "The Development of Mastery and Race," 433, 437.

47. Rugemer, "The Development of Mastery and Race," 433.

48. El Código de Esclavos de Barbados de 1661 puede haber sido el primero en utilizar el término esclavo como sinónimo de africano esclavizado. En Bermudas, el término esclavo no aparece regularmente en los documentos legales hasta la década de 1680. Véase Bernhard, *Slaves and Slaveholders in Bermuda, 1616–1782* (Columbia: University of Missouri Press, 1999), 50; y Rugemer, "The Development of Mastery and Race," 438.

49. Morgan, *Slave Counterpoint*, 5–6, Fischer, Albion's Seed, 278.

50. Bernard Lewis, *Race and Slavery in the Middle East*. (New York: Oxford University Press, 1990), 48–49.

51. Karen Ordahl Kupperman (ed.), *Captain John Smith: A Select Edition of his Writings* (Chapel Hill: University of North Carolina Press for the Institute of Early American History and Culture, 1988), 52–55, 75.

52. Morgan, *Slave Counterpoint*, 8–9.

53. La excepción europea fue un tal Damian Pecke que aceptó en 1654 un contrato de servidumbre a 99 años. Doce de los 118 negros que aparecen en contratos y escrituras (1636-1661) en las Bermudas tenían plazos de servicio que iban de siete a treinta años. Véase Bernhard, *Slaves and Slaveholders in Bermuda*, 51.

54. Rugemer, "The Development of Mastery and Race," 433.

55. Anthony S. Parent, Jr., *Foul Means: The Formation of a Slave Society in Virginia, 1660–1740* (Chapel Hill: University of North Carolina Press for the Omohundro Institute of Early American History and Culture, 2003), 243.

56. Bernhard, *Slaves and Slaveholders in Bermuda*, 51.

57. Pettigrew estimó que la compañía transportó 150,000 personas esclavizadas entre 1672 y principios de la década de 1720. Véase William A. Pettigrew, *Freedom's Debt: The Royal African Company and the Politics of the Atlantic Slave Trade, 1672–1752* (Chapel Hill: University of North Carolina Press for the Omohundro Institute of Early American History and Culture, 2013), 11, 22–23.

58. Rugemer, "The Development of Mastery and Race," 429–30, 438, 451.

59. Parent, Jr., *Foul Means*, 112–13, 115.

60. Carolina no siguió inicialmente el ejemplo de Virginia al excluir a los nativos americanos de la servidumbre permanente. Si bien la ley de esclavitud de Carolina del Sur de 1691 se basó en el precedente de Jamaica, modificó la ley de Jamaica en un aspecto importante: añadió a los "nativos americanos" a la categoría de los que se trataban como servidumbre perpetua. También hay que tener en cuenta que la legislación de Virginia, interpretada como la exclusión de los nativos americanos de la servidumbre perpetua, contenía una ambigüedad. Especificaba que los siervos que "venían por tierra" debían cumplir un contrato de doce años, y que los niños debían servir hasta los treinta años. No todos los nativos americanos esclavizados llegaron por tierra; sin embargo, los ingleses a veces llevaban a los prisioneros de guerra nativos americanos por barco a otras colonias lejos de sus hogares para limitar la posibilidad de escapar. Véase Kathleen M. Brown, *Good Wives, Nasty Wenches, and Anxious Patriarchs: Gender, Race, and power in Colonial Virginia* (Chapel Hill: University of North Carolina Press for the Institute of Early American History and Culture, 1996), 136; Parent, Foul Means, 113–14; and Rugemer, "Development of Mastery," 452.

61. Richter, *Before the Revolution*, 265–74.

62. Morgan, *Slave Counterpoint*, 15.

63. Bernhard, *Slaves and Slaveholders in Bermuda*, 52, 62.

64. Rugemer, *"Development of Mastery,"* 446–47.

65. Pettigrew, *Freedom's Debt*, 11.

66. Campbell, *Church in Barbados*, 115–16.

67. Morgan Godwyn, *The Negro's and Indians Advocate, Suing for their Admission to the Church: or A Persuasive to the Instructing and Baptizing of the Negro's and Indians in our Plantations. Shewing, that as the Compliance therewith Can Prejudice No Man's Just Interest; so the Wilful Neglecting and Opposing of it, is no Less than a Manifest Apostacy from the Christian Faith. To which is Added, a Brief Account of Religion in Virginia* (London: Printed for the author, by J.D., 1680), 143, 154. En español el título de la obra de Godwyn se leería como: *Los negros e indios abogan por su admisión en la Iglesia: o una persuasión para instruir y bautizar a los negros e indios en nuestras plantaciones. Demostrando que, así como su cumplimiento no puede perjudicar los justos intereses de nadie, el hecho de descuidar y oponerse voluntariamente a ello no es menos que una apostasía manifiesta de la fe cristiana. A lo que se añade un breve relato de la religión en Virginia.*

68. James Hugo Johnston, *Race Relations in Virginia and Miscegenation in the South 1776–1860* (Amherst: University of Massachusetts Press, 1970), 173.

69. Betty Wood, "Godwyn, Morgan (bap. 1640, d. 1685x1709)". *Oxford Dictionary of National Biography* (Oxford: Oxford University Press, 2004), http://www.oxforddnd.com/view/article/10894 (accessed February 22, 2014).

70. Sin embargo, la demografía de las colonias centrales comenzó a cambiar hacia 1720. Véase Francis Jennings, *The Ambiguous Iroquois Empire: The Covenant Chain Confederation of Indian Tribes with English Colonies from its Beginning to the Lancaster Treaty of 1744* (New York: W. W. Norton and Company, 1984), 8–9.

71. Alan Gallay, *The Indian Slave Trade: The Rise of the English Empire in the American South, 1670–1717* (New Haven: Yale, 2002), 328–29 y 338–41.

72. Bernard J. Lillis, "Forging New Communities: Indian Slavery and Servitude in Colonial New England, 1676–1776" (Bachelor of Arts thesis, Wesleyan University, Connecticut, 2012), 101; Morgan, *Slave Counterpoint*, 15.

2
La Edad de la Razón y las colonias americanas (1688–1740)

La Revolución Gloriosa

En 1688, el Parlamento invitó al yerno protestante de Jacobo II y a su hija de Holanda a asumir conjuntamente el trono británico como rey (1688-1702) Guillermo III y reina (1688-94) María II. La hermana menor de María, Ana, apoyó su ascenso y les sucedió como monarca (1702-14). En conjunto, el reinado de los tres marcó un importante punto de inflexión en la vida religiosa de Inglaterra y sus colonias. Muy conscientes de la agitación que les precedía, los monarcas trataron de calmar los ánimos de los súbditos ingleses adoptando una serie de compromisos prácticos (conservación del Libro de Oración Común de 1662 y de los Treinta y Nueve Artículos; adopción de un Acta de Tolerancia para los disidentes protestantes; y concesión de una autoridad más amplia al Parlamento). En Escocia (un reino separado con un monarca compartido hasta su unión con Inglaterra en 1707), abandonaron el intento de sus predecesores de conformar la Iglesia a la de Inglaterra; la Iglesia de Escocia sería a partir de entonces presbiteriana. Estas medidas lograron mantener la paz; la Revolución Gloriosa fue la última revolución del pueblo inglés.

La paz en Inglaterra se debió no solo a una legislación específica, sino también a quienes avanzaron en nuevas formas de pensar sobre la religión y la sociedad inglesas. El impacto de este cambio lo sentirían los colonos ingleses en el Nuevo

Mundo. Aunque es imposible señalar a todos los implicados en llevar la "Ilustración Moderada" a Inglaterra tras la Revolución Gloriosa, es posible destacar dos grupos importantes: la Real Sociedad y los obispos latitudinarios.[1]

La Real Sociedad

En 1649, un grupo de eruditos de la Universidad de Oxford comenzó a reunirse de manera informal para obtener lo que uno de sus miembros denominó "la satisfacción de respirar un aire más libre, y de conversar tranquilamente unos con otros, sin estar inmersos en las pasiones y la locura de esa lúgubre época".[2] En medio de la guerra civil y de los debates dogmáticos, los miembros del grupo solo buscaban la oportunidad de discutir temas de interés común. En la Restauración, Carlos II concedió al grupo una carta (1662) y un nombre (la Real Sociedad). Durante el resto del siglo XVII, entre los miembros de la sociedad se encontraban tanto destacadas personalidades eclesiásticas como las principales figuras intelectuales de Inglaterra: el químico Robert Boyle (1627-91), el astrónomo Edmund Halley (1656-1742), el filósofo John Locke (1632-1704), el matemático Isaac Newton (1642-1727), el obispo de Rochester Thomas Sprat (1635-1713), el obispo de Salisbury Seth Ward (1617-89), el obispo de Chester John Wilkins (1614-1712) y el arquitecto Christopher Wren (1632-1723).[3]

Los miembros de la sociedad compartían una visión audaz: la unión de la razón y la fe proporcionaba una alternativa verdaderamente piadosa a la violencia que los cristianos ingleses habían experimentado a principios de siglo. Creían, además, que esta visión no solo traería la paz a la Iglesia, sino que también aportaría progreso y prosperidad a su nación. Las mismas mentes que resolvían las controversias religiosas con una paciente aplicación de la razón podían también resolver problemas científicos y matemáticos, proporcionando una base para la continua expansión de la industria, la navegación y el comercio ingleses. A principios del siglo XVIII, el presidente de la sociedad (1703-27), Isaac Newton, dirigió una transición en el enfoque de la sociedad; los líderes de la Iglesia desempeñaban un papel cada vez menor, y los miembros se centraron más en la investigación científica. Sin embargo, para entonces, un amplio espectro de cristianos ingleses había aceptado la visión de la primera generación de la sociedad como normativa.

La razonabilidad del cristianismo de John Locke (1695) fue una declaración clásica de la fe de la primera generación de la sociedad. En su obra, Locke intentó escapar de la intensa argumentación teológica, que había dividido a los cristianos ingleses durante la mayor parte de su siglo, mediante la caracterización del mensaje del Nuevo Testamento con unas pocas proposiciones simples y lógicas. Otros, que no eran miembros de la sociedad, complementaron la exposición de Locke. En *La analogía de la religión, natural y revelada, con la constitución y el curso de la naturaleza* (1736), el obispo Joseph Butler (1692-1752) explicó que este cristianismo razonable estaba en consonancia con las leyes de la naturaleza. Catherine Cockburn (1679-1749), una dramaturga que se dedicó a la escritura teológica, se hizo eco de temas similares. La creencia cristiana, y muy especialmente la concepción de la Iglesia de Inglaterra era una fe razonable, cuya propagación iba de la mano de la paz nacional, el avance científico y el éxito del Imperio Británico. Esta visión influyó profundamente en los cristianos ingleses y coloniales de todas las denominaciones.

Los obispos latitudinarios

Cuando Guillermo III y María II llegaron al trono, todos los obispos escoceses y siete obispos ingleses, incluido el arzobispo de Canterbury William Sancroft, se negaron a jurar lealtad a los monarcas. Estos obispos no jurantes (*non-jurors*) proporcionarían la sucesión episcopal para una iglesia disidente que continuaría como una institución separada en el siglo XIX. Sería especialmente fuerte en Escocia, donde Guillermo y María convinieron en una Iglesia escocesa con política presbiteriana. Serían obispos no jurantes de Escocia los que consagrarían al episcopado al estadounidense Samuel Seabury en 1784.

Los nuevos monarcas y el Parlamento destituyeron a los siete obispos ingleses y los sustituyeron por el popular clero londinense que había apoyado la Revolución Gloriosa. Entre los nuevos nombramientos estaban Gilbert Burnet (1643-1715), que se convirtió en obispo de Salisbury; John Tillotson (1630-94), que se convirtió en arzobispo de Canterbury; Simon Patrick (1627- 1701), que se convirtió en obispo de Ely; y Edward Stillingfleet (1635-99), que se convirtió en obispo de Worcester. Tres de los cuatro hombres habían estudiado en Cambridge y el cuarto (Burnet) admitió que estaba profundamente influenciado por un grupo de profesores de allí, conocidos popularmente como los platonistas de Cambridge. Ralph Cudworth (1617-88) fue el más influyente de estos profesores. Basándose en la obra del filósofo egipcio neoplatónico del siglo III Plotino, caracterizaron la fe religiosa como un misterio que nunca podría reducirse por completo a proposiciones lógicas.

Los obispos que estudiaban con los platonistas no veían ningún conflicto entre este enfoque más místico de la teología y la investigación científica del tipo defendido por los miembros de la Real Sociedad. Burnet, historiador y químico aficionado, entró en la Real Sociedad en 1664. Patrick fue el probable autor de *Brief Account of the New Sect of Latitude Men* ["Un breve relato de la nueva secta de los latitudinarios"] (1662), que explicaba que los platonistas fomentaban la ciencia liberándola de las categorías metafísicas del pensamiento aristotélico. El planteamiento de los obispos encaja perfectamente con la visión de la Real Sociedad de una fe razonable en una vía alterna.[4] Si se hacía hincapié en la moralidad práctica, el discurso claro y la filantropía en lugar de los puntos difíciles de la doctrina, era mucho más fácil mostrar la razonabilidad de la fe cristiana. El arzobispo Tillotson, por ejemplo, cooperó con el proyecto del miembro de la Real Academia John "Wilkins de crear un estilo de discurso claro y sencillo", y se convirtió en uno de los predicadores más populares de la época.[5] Gilbert Burnet escribió una exposición, *Exposition of the Thirty-nine Articles*, ["Exposición de los treinta y nueve artículos"] (1699) en la que cuestionaba la necesidad del acalorado debate sobre la predestinación que enfrentaba a los protestantes ingleses de su época en facciones calvinistas y arminianas.[6] Burnet sugirió que cualquiera de las dos posturas se ajustaba a una comprensión razonable de los Treinta y nueve artículos ingleses. Esta defensa de la tolerancia pronto les valió a los obispos el título de latitudinarios, una etiqueta que también se había utilizado para sus maestros de Cambridge.

Al igual que los miembros de la Real Sociedad, los obispos latitudinarios reconocieron la importancia de las colonias inglesas en América. Eran un rico recurso cuya gestión científica traería prosperidad a Inglaterra. También eran comunidades religiosas diversas y divididas a las que una fe ilustrada moderada de la Iglesia de Inglaterra podía ofrecer una visión unificadora.

Henry Compton (1632-1713), el obispo de Londres que, al igual que los latitudinarios, era un graduado de Cambridge, también fue una figura importante con respecto a las colonias en América. Antes de ser nombrado para la sede de Londres en 1675, Compton había servido como capellán de Carlos II en la Capilla Real. Como tal, fue responsable de la educación religiosa tanto de María como de Ana. Fue un activo partidario de la Revolución Gloriosa, y después de ella fue un consejero de confianza que supo fomentar el patronazgo real para proyectos religiosos y benéficos en las colonias.

Nueva legislación

En las dos últimas décadas del siglo XVII, los monarcas ingleses ampliaron gradualmente la autoridad que ejercían sobre las colonias americanas. En 1684, Carlos II anuló el fuero de propiedad de Massachusetts y Bermudas, convirtiendo estos territorios en colonias reales. Como duque de York, Jacobo Estuardo fue él mismo el propietario de Nueva York (1664), pero tras suceder a su hermano en el trono como Jacobo II (1685), añadió a Nueva York al número de colonias reales. En 1691 Guillermo III y María II designaron también a Maryland como colonia real. Con un mayor número de colonias directamente bajo control real, se hizo posible que los monarcas simpatizantes siguieran políticas favorables a la Iglesia de Inglaterra. Guillermo y María, y Ana, optaron precisamente por esta vía. Ordenaron a sus gobernadores reales que presionaran a las legislaturas coloniales para el establecimiento de la Iglesia de Inglaterra (una acción que requería la posterior aprobación del Consejo Privado Inglés). La política tuvo éxito en Maryland (establecimiento en 1702) y Carolina del Sur (1706), y parcialmente en Nueva York. (En 1693, el gobernador real de Nueva York persuadió a la asamblea del estado para que adoptara una ley que establecía un clero "protestante" en la ciudad de Nueva York y en los condados de Richmond, West Chester y Queen; el gobernador equiparaba "protestante" con la Iglesia de Inglaterra, pero la mayoría de la asamblea no estaba de acuerdo, lo que hizo que el sistema fuera en gran medida inviable). No tuvo éxito en Nueva Jersey. Sin embargo, los sucesores de la reina Ana ampliarían posteriormente su establecimiento a Nueva Escocia (1758), Georgia (1758) y Carolina del Norte (legislación definitiva en 1765).[7]

Los gobiernos coloniales de estos territorios tenían la responsabilidad de fundar y apoyar a las parroquias de la Iglesia de Inglaterra. Cumplieron con esta responsabilidad de manera más consistente en Maryland (una antigua colonia católica romana en la que un gran porcentaje de la población siempre había simpatizado con la Iglesia de Inglaterra) y en Carolina del Sur. El sistema religioso colonial tuvo menos éxito en Carolina del Norte y Georgia, tanto por la fecha tardía de promulgación como por la presencia de quienes habían elegido establecerse allí precisamente por su insatisfacción con la situación religiosa en Virginia y Carolina del Sur. La fecha tardía de su fundación resultaría menos perjudicial en Nueva Escocia, ya que el estatus favorecido de la Iglesia no terminaría con la Revolución estadounidense.

Aunque los miembros de la Iglesia de Inglaterra en Inglaterra no estaban completamente de acuerdo sobre la conveniencia de la alianza Iglesia-Estado que el gobierno inglés amplió en América después de 1688, muchos de ellos compartían una concepción común muy diferente del sueño de evangelización mundial de la primera generación de colonos. El obispo de Gloucester, William Warburton (1698-1779), explicaría más tarde esta nueva concepción de la relación entre religión y nación en su *Alliance between Church and State* ["Alianza entre la Iglesia y el Estado"] (1736). Para él, la Iglesia era el alma del Estado; enseñaba una religión natural a los individuos que, como resultado, se convertían en mejores ciudadanos.[8] Los residentes de las colonias en las que se estableció la Iglesia de Inglaterra llegaron a compartir una opinión similar; para ellos, la Iglesia de Inglaterra y la responsabilidad cívica estaban cada vez más entrelazadas.[9] Sin embargo, esta visión integrada crearía problemas cuando la Revolución estadounidense rompe los lazos entre la Iglesia y el Estado.

La Iglesia de Inglaterra no podría ampliar su presencia para incluir todas las colonias americanas. Con la excepción del establecimiento parcial en Nueva York, ninguna colonia entre Maryland y Nueva Escocia tendría una Iglesia de Inglaterra establecida; los congregacionalistas, presbiterianos y miembros de otras denominaciones estaban demasiado arraigados. Sin embargo, los monarcas pudieron tomar medidas para alentar y apoyar a las congregaciones individuales de la Iglesia de Inglaterra en esas zonas. La reina Ana, a instancias de los obispos latitudinarios, designó ciertas anatas y diezmos, que habían sido desviados al Estado por Enrique VIII, como fondo para el sostenimiento del clero de bajos ingresos.[10] De este fondo, la llamada Queen Anne's Bounty, también autorizó donaciones al clero que estuviera dispuesto a viajar a las colonias como misionero. Además, la reina hizo donaciones a congregaciones individuales.

Durante este periodo, los partidarios de la Iglesia de Inglaterra colonial fundaron sus primeras parroquias en Massachusetts (King's Chapel, Boston, 1688), Pensilvania (iglesia de Cristo, Filadelfia, 1694), Nueva York (iglesia de la Trinidad, Nueva York, 1697), Rhode Island (iglesia de la Trinidad, Newport, 1698), Nueva Jersey (iglesia de Santa María, Burlington, 1703) y Connecticut (iglesia de Cristo, Stratford, 1707).

El sistema de comisariado

En Inglaterra, los obispos nombraban representantes, llamados comisarios, para que desempeñaran funciones en zonas distantes de sus diócesis.[11] En 1684, Henry Compton, obispo de Londres (1685-1715), decidió que utilizaría este sistema en las colonias americanas. Aunque las colonias no formaban formalmente parte de su diócesis, las oficinas gubernamentales y las casas comerciales de su diócesis controlaban el comercio y el gobierno de las colonias. Al no encontrar ninguna otra disposición para la supervisión de la religión colonial, Compton adaptó el sistema de comisariado para proporcionar cierto liderazgo a la Iglesia de Inglaterra en las colonias.

En 1684 Compton nombró a John Clayton (1656 o 1657-1725) como su primer comisario. Clayton era un graduado de Oxford; en el siglo XVIII estos graduados llegarían a superar en número a los de Cambridge, que habían sido más numerosos entre el clero en el siglo XVII. En el momento de su nombramiento, ya se encontraba en Virginia, donde prestaría sus servicios.[12] El mandato de Clayton como comisario fue breve; abandonó la colonia en mayo de 1686. Afirmó haber introducido un cambio significativo durante su mandato; él mismo creyó "haber sido el primer ministro de su parroquia de Jamestown en llevar la sobrepelliz".[13] En 1689 Compton nombró al primer comisario de larga duración, James Blair (1656-1743). Al igual que su predecesor, Blair ya estaba en Virginia. Un escocés que había llegado a Inglaterra con el apoyo del latitudinario Gilbert Burnet, Blair había escapado del incómodo reinado de Jacobo II ofreciéndose como voluntario para el campo misionero. Rápidamente echó raíces en la colonia y consiguió entrar en la alta burguesía local al casarse con Sarah Harrison.[14]

Como comisario en Virginia, Blair comenzó a establecer cierto orden en la Iglesia. Estableció un sistema de convocatorias, trató de hacer cumplir las leyes de moralidad, convocó conferencias anuales, propuso, pero no recibió, tribunales eclesiásticos e intentó estandarizar el valor del tabaco con el que se pagaba al clero. En 1693, Blair fundó el Colegio Universitario William y Mary, el segundo en antigüedad entre las escuelas coloniales de educación superior, solo superado por la congregacionalista Harvard (1636). La Cámara de los Burgueses de Virginia aceptó la idea, y los contribuyentes ingleses, entre los que se encontraban Gilbert Burnet, John Tillotson y Robert Boyle, aportaron los recursos financieros necesarios. Blair planeó que su escuela educara tanto a los futuros clérigos como a los nativos americanos.

Los primeros esfuerzos de Blair por educar a los nativos americanos contaron con el apoyo del gobernador Alexander Spotswood (1676-1740), que estableció y financió una escuela para nativos americanos en Fort Christanna. En 1712 había veinte nativos americanos en William y Mary, y tres años después el alumnado de Fort Christanna había aumentado a setenta. Sin embargo, los miembros de la Cámara de los Burgueses se opusieron a las escuelas y trataron de prohibir todo intento de evangelizar a los nativos americanos. En 1717, ambos esfuerzos por educar a los nativos americanos habían fracasado. Un esfuerzo contemporáneo de Francis Le Jau (fallecido en 1717) para educar y evangelizar a los niños creek y yamasee en Carolina del Sur, invitando a sus familias a vivir con él, también duró poco.[15]

Fig. 4 Comisario James Blair

El Colegio Universitario William y Mary tuvo más éxito en la formación de futuros clérigos. En la década de 1720, varios de los que habían estudiado en la institución se incorporaron al ministerio ordenado de la Iglesia de Inglaterra. Al menos treinta y uno ejercerían en la Virginia colonial, y otros once en otras colonias.[16]

El éxito de Blair convenció al obispo Compton de la utilidad del sistema de comisariado en las colonias. Compton y sus sucesores no solo nombraron comisarios para Virginia, Maryland y las Carolinas, en las que se estableció la Iglesia de Inglaterra, sino también para Massachusetts, Nueva York y Pensilvania. El comisariado alcanzó su apogeo durante el episcopado de Edmund Gibson (obispo de Londres, 1724-49). En la década de 1740, los comisarios supervisaban al clero de la Iglesia de Inglaterra en nueve de las colonias.[17]

Sin embargo, el comisariado tenía ciertas debilidades inherentes. Mientras el clero colonial estaba relativamente de acuerdo, los comisarios eran portavoces eficaces. En algunas circunstancias, podían presionar de forma efectiva para que se destituyera a los gobernadores coloniales con cuya política no estaban de acuerdo. Sin embargo, carecían de la autoridad canónica de un obispo, no podían ordenar a nuevos candidatos al ministerio y solo podían, con mucha dificultad, disciplinar al clero errante.[18]

Por lo tanto, a los pocos años de la introducción de los primeros comisarios, algunos miembros de la Iglesia de Inglaterra colonial ya pedían obispos residentes. En 1706, por ejemplo, catorce clérigos de Nueva York, Nueva Jersey y Pensilvania enviaron a uno de ellos a Inglaterra para pedir un episcopado colonial.[19] En 1713, estos propulsores habían llamado la atención de la reina Ana. Esta encargó a su ministro principal que preparara una legislación que autorizara la consagración de obispos para las colonias. Desgraciadamente, murió antes de que se tomara ninguna medida.[20]

Con la muerte de Ana en 1714, se perdió cualquier posibilidad real de un episcopado colonial. El sucesor de Ana, Jorge I, tenía un conocimiento limitado tanto de la lengua como de la Iglesia inglesa. Delegó su derecho a nombrar obispos en su primer ministro y dejó otras cuestiones de política religiosa en manos del Parlamento. Cuando en 1717 se inició la convocatoria del clero para debatir la legitimidad de la subida al trono de Jorge, el Parlamento suspendió las reuniones del organismo. El partido Whig, que obtuvo la mayoría en el Parlamento al año siguiente, aconsejó al rey que hiciera permanente esa decisión. No se emitirían más licencias reales para la reunión de la

Tabla 1. Lista parcial de comisarios coloniales

Virginia
John Clayton	1684–86	(Rector, Parroquia de James City)
James Blair	1689–1743	(Pres. W y M, 1693–1743)
William Dawson	1743–52	(Pres. W y M, 1743–52)
Thomas Dawson	1752–61	(Pres. W y M, 1755–61)
William Robinson	1761–68	(Visitante W y M, 1759–68)
James Horrocks	1771–71	(Pres. W y M, 1764–71)
John Carum	1772–77	(Pres. W y M, 1771–77)

(W y M = Colegio Universitario William y Mary).

Maryland
Thomas Bray	1695–1704	
Christopher Wilkinson	1716–29	(Solo la costa oriental)
Jacob Henderson	1716–30	(Solo en la costa occidental)
	1730–34	(Todo Maryland)

Carolina del Norte y del Sur
Gideon Johnson	1707–11	Iglesia de San Felipe, Charleston
William T. Bull	1716–23	Iglesia de San Pablo, Colleton, S.C.
Alexander Garden	1725–49	Iglesia de San Felipe, Charleston

Nueva York
William Vesey	1715–46	Iglesia de la Trinidad, Nueva York

Pennsylvania (y Delaware)
Archibald Cummings	1726–41	Iglesia de Cristo, Filadelfia
Robert Jenney	1742–62	Iglesia de Cristo, Filadelfia

Massachusetts
Roger Price	1730–62	King's Chapel, Boston

El obispo de Londres no nombró comisarios para New Hampshire, Georgia, Connecticut o Rhode Island. El comisariado cayó en desuso en todas las colonias, excepto en Virginia, durante el episcopado de Thomas Sherlock (1748-61). Sherlock esperaba que su negativa a nombrar comisarios presionara al gobierno inglés para que enviara un obispo colonial.

> Fuentes: *The Fulham Papers in the Lambeth Palace Library*, ed. William Wilson Manross (Oxford: Clarendon Press, 1965); *Classified Digest of the Record of the Society for the Propagation of the Gospel in Foreign Parts, 1701–1892*, 4th ed. (London: S.P.G., 1894); Edward L. Bond and Joan R. Gundersen, *The Episcopal Church in Virginia, 1607–2007* (Richmond: The Episcopal Diocese of Virginia, 2007), 22–23; Olsen, "Commissaries"; Cross, *The Anglican Episcopate*; Joan Rezner Gundersen, "The Anglican Ministry in Virginia 1723–1776: A Study of a Social Class," (Ph.D. diss., Notre Dame, 1972); Carl Bridenbaugh, *Mitre And Sceptre* (New York: Oxford, 1962); *The Episcopal Church in North Carolina 1701– 1959*, ed. Lawrence Foushee London and Sarah McCulloh Lemmon (Raleigh: Episcopal Diocese of North Carolina), 87; y Frederick Lewis Weis, *The Colonial Clergy of Virginia, North Carolina, and South Carolina* (Baltimore: Genealogical Pub Co., 1955). Debido al tiempo necesario para comunicarse desde Inglaterra a las colonias, a menudo hay una discrepancia de un año en las fechas de diversas fuentes.

convocatoria hasta mediados del siglo XIX, aunque hubo reuniones informales, y los obispos continuaron sentándose en la Cámara de los Lores.[21]

Sin embargo, algunos individuos continuaron la campaña para conseguir un obispo después de 1714. En 1718, por ejemplo, varios clérigos de Pensilvania, Nueva Jersey y Maryland firmaron una petición a los obispos y arzobispos ingleses solicitando el nombramiento de un prelado.[22] Seis años más tarde, un requerimiento del clero de Nueva Inglaterra en busca de un obispo llevó al filósofo y posterior obispo George Berkeley (1685-1753) a Rhode Island, como parte de un esfuerzo infructuoso por crear una segunda universidad de la Iglesia de Inglaterra y, según esperaba el clero de Nueva Inglaterra, un episcopado residente.[23] Otros, a ambos lados del Atlántico, harían llamamientos similares durante el resto del periodo colonial. Sin embargo, solo después de la Revolución estadounidense, los whigs del parlamento inglés cambiaron su oposición a los obispos residentes. Mientras las colonias americanas formaran parte del Imperio Británico, temían que un episcopado ampliado solo apoyara las políticas autoritarias del partido Tory. Sin embargo, un episcopado en una nación separada no supondría ningún reto para las libertades en casa.

La SPG y la SPCK

James Blair sirvió en Virginia como comisario durante cincuenta y siete años. El primer designado por el obispo Compton en Maryland, Thomas Bray (1656-1730), siguió un curso de acción muy diferente. Aunque fue elegido en 1696, Bray no visitó la colonia sino hasta 1700. Sus esfuerzos iniciales en Maryland fueron muy parecidos a los de Blair en Virginia. Convocó una reunión del clero, les encargó que enseñaran el catecismo a sus feligreses y amonestó a uno de ellos por su escandaloso comportamiento. Instó a las juntas parroquiales a ayudar en la supresión de la mala conducta, y levantó una ofrenda para la ayuda de la Iglesia de Inglaterra en Pensilvania.[24] El sistema era nuevo en Maryland, y el acto legislativo por el que Bray presionó con éxito no incluía fondos para su propio salario. Tras permanecer tres meses en la colonia, se embarcó hacia Inglaterra. No volvería a Maryland.

Sin embargo, la mayor contribución de Bray no fue pastoral, sino organizativa y educativa. Bray atrajo la atención del obispo Compton por su capacidad intelectual. Había sido un estudiante becado en Oxford cuyos estudios habían avanzado tan rápidamente que se había graduado antes de la edad canónica para la ordenación. Había escrito un popular conjunto de conferencias, las *Catechetical Lectures* ["Conferencias catequéticas"], que ya estaban impresas en 1697. Una vez nombrado por Compton, reconoció inmediatamente la necesidad de material educativo en las colonias. En 1698, organizó la Sociedad para la Promoción del Conocimiento Cristiano (SPCK, por sus siglas en inglés), a la que la princesa Ana contribuyó con cuarenta y cuatro libras y el obispo Burnet con cincuenta, para comprar libros para las bibliotecas coloniales.[25] En consonancia con el matrimonio ilustrado entre ciencia y religión, los títulos incluían tanto obras de teología como de ciencias naturales. Bray esperaba que estas bibliotecas de la SPCK, que llegarían a ser casi cuarenta, fueran tanto herramientas para el clero parroquial como materiales evangelizadores eficaces. Los disidentes o los no cristianos que leyeran los libros se enterarían de la sensatez de la Iglesia de Inglaterra.

La incapacidad de Bray para obtener un estipendio de la legislatura de Maryland le convenció de que también era necesaria una organización misionera para apoyar al clero colonial. Comenzó a hacer campaña por un organismo de este tipo. Su *A General View of the English Colonies in America with Respect to Religion*, escrito antes de su visita a Maryland (1698), había detallado la lamentable condición de la Iglesia de Inglaterra en el norte de América. En toda Nueva Inglaterra solo había una parroquia de la Iglesia de Inglaterra, la recién fundada

Fig. 5 El grupo de las Bermudas, el retrato de John Smibert de 1729 de George (a la derecha) y Anne (sentada con un niño), Berkeley y otros planificadores de la expedición que finalmente llegó a Rhode Island.

King's Chapel. Long Island tenía trece iglesias disidentes, pero ninguna de la Iglesia de Inglaterra. En el este de Nueva Jersey no había ninguna parroquia de la Iglesia de Inglaterra; y en Pensilvania solo había una. Las Carolinas solo contaban con una iglesia en Charleston. La situación era mejor en las Bermudas (tres ministros en nueve parroquias), Jamaica (ocho ministros en quince parroquias), Barbados (catorce ministros en catorce parroquias), Maryland (dieciséis ministros en treinta parroquias) y Virginia (treinta ministros en cincuenta parroquias), aunque Bray también tenía algunas críticas para la Iglesia en esas zonas.[26] El relato de Bray captó el interés de sus compañeros de la Iglesia de Inglaterra, y en 1701 él y otros consiguieron una carta de Guillermo III para formar la Sociedad para la Propagación del Evangelio en el extranjero (SPG, por sus siglas en inglés).[27]

El primer misionero de la SPG fue un excuáquero llamado George Keith (1638-1716). Durante su viaje a América, Keith convenció al capellán del barco, John Talbot (1645-1727), para que se uniera a él. En 1702 ambos iniciaron una gran gira por las colonias, recorriendo más de ochocientas millas desde Maine hasta las Carolinas. Keith era un escocés que había dado clases en una escuela de los Amigos (cuáqueros) en Filadelfia antes de su conversión a la Iglesia de Inglaterra. Él traía consigo la convicción de un nuevo converso y una inclinación a la controversia que marcaría a muchos de los misioneros de la SPG que se aventurarían en los reductos de la disidencia. En Boston, criticó a los graduados de la Universidad de Harvard por defender la doctrina de la predestinación y se enzarzó en una guerra de panfletos con el patriarca congregacional Increase Mather (1639-1723).[28]

El viaje de Keith y Talbot confirmó la información de la *General View* ["Visión General"] de Bray. La Iglesia de Inglaterra era casi desconocida en las colonias centrales, Nueva Inglaterra y las Carolinas. La SPG enviaría la mayor parte de sus misioneros a estas zonas, aunque envió algunos a Virginia y Maryland. En los años transcurridos entre 1701 y la Revolución estadounidense, la SPG ayudaría a mantener a dos personas en Virginia, cinco en Maryland, trece en Georgia, treinta y tres en

Carolina del Norte, cuarenta y cuatro en Nueva Jersey, cuarenta y siete en Pensilvania, cincuenta y cuatro en Carolina del Sur, cincuenta y ocho en Nueva York y ochenta y cuatro en Nueva Inglaterra. Los misioneros se dirigían tanto a los colonos ingleses como a los negros, indios e inmigrantes de otras naciones europeas. Los registros de la sociedad indican que los misioneros ejercían su ministerio en seis lenguas europeas y catorce indígenas.[29] La mayor parte del apoyo de la SPG, aunque no todo, se destinó al clero masculino blanco. Las excepciones a la regla incluían el apoyo de la sociedad a Harry y Andrew, evangelistas negros en la Carolina del Sur de mediados de siglo.[30]

Además de sus esfuerzos en las colonias que más tarde se convertirían en los Estados Unidos, los misioneros de la SPG también fueron a otras posesiones británicas en el hemisferio occidental: Terranova (1703), Jamaica (1710), Barbados (1712), Nueva Escocia (1728), las Bahamas (1733) y Honduras (1733). En la segunda mitad del siglo XVIII, la SPG también comenzaría a trabajar en África y el Pacífico.[31]

Las instrucciones de la sociedad para los primeros misioneros transmitían el tono razonable de un protestantismo ilustrado. Los "misioneros a los paganos e infieles" debían comenzar su instrucción "con los principios de la religión natural, apelando a su razón y conciencia; y de ahí proceder a mostrarles la necesidad de la Revelación, y la certeza de lo contenido en la Sagrada Escritura, por medio de los argumentos más claros y obvios".[32] Los misioneros de la SPG debían emplear tanto la razón natural como la revelación para llevar a otros a la fe cristiana.

Sin embargo, los argumentos lógicos no fueron las únicas herramientas que los miembros de la Iglesia de Inglaterra utilizaron para retratar la alianza de la razón y la revelación. Incluso el diseño de sus iglesias daba testimonio de esta relación. En la primera mitad del siglo XVIII, muchos de los edificios utilizados por la Iglesia de Inglaterra colonial tenían dos centros, el púlpito y el atril en una pared y el altar en otra, con dos entradas y bancos corridos que permitían mirar en ambas direcciones.[33] (La mayoría de los demás protestantes se daban cita en casas de reunión rectangulares con la entrada en una de las paredes largas). Sin embargo, a mediados del siglo XVIII, James Gibbs (1682-1754) introdujo un nuevo diseño para los edificios de las iglesias en Inglaterra. Al sustituir los campanarios independientes por campanarios que se elevaban desde los tejados, Gibbs pudo construir iglesias con fachadas despejadas. En ellas introdujo columnas que recuerdan los diseños clásicos romanos y griegos. El modelo resultante fue un matrimonio entre el cristianismo y el pensamiento clásico, la encarnación arquitectónica de las esperanzas de los cristianos de la Ilustración Moderada. Los miembros de la Iglesia de Inglaterra introdujeron el diseño en las colonias y otras denominaciones pronto lo imitaron.[34]

Fig. 6 Iglesia de San Miguel, Charleston, Carolina del Sur, 1752–58

Sin embargo, no todos los colonos eran receptivos a la influencia de los misioneros de la SPG. La sociedad reconoció este hecho, advirtiendo a los misioneros que tendrían que defender los principios distintivos de la Iglesia de Inglaterra frente a "los intentos de los contestatarios que se mezclaban entre ellos".[35] El principal punto de controversia, sobre el que George Keith e Increase Mather ya debatían en 1702, era el episcopado. Los misioneros de la SPG defendieron la institución de las críticas de los protestantes de las denominaciones que habían rechazado la sucesión episcopal. George Keith y otros enviados a América se basaron en un argumento bien elaborado que Thomas Bray ya había desarrollado en sus *Conferencias Catequéticas*. Los protestantes ingleses de los siglos XVII y XVIII explicaban el Evangelio comparándolo con un pacto del Antiguo Testamento, un contrato en el que tanto Dios como el creyente se comprometían a cumplir ciertas responsabilidades. En el nuevo pacto del Evangelio, Dios prometía el perdón de los pecados y la vida eterna, y el creyente el arrepentimiento y la fe en Cristo. Bray fue uno de los autores posteriores a la Restauración que sugirió que el bautismo realizado por un sacerdote en sucesión episcopal era la forma adecuada de aceptar este acuerdo de pacto. El episcopado era, por tanto, un elemento necesario del pacto. Esta versión episcopal de la teología del pacto resultaría muy útil para las futuras generaciones del clero de la Iglesia de Inglaterra.

Los primeros feligreses de la sociedad en Nueva Inglaterra y las colonias centrales eran emigrantes de Inglaterra que solicitaron a la SPG ayuda para la formación de congregaciones de la Iglesia de Inglaterra. También hubo miembros holandeses en sus inicios: Los colonos holandeses del oeste de Massachusetts, que no se sentían bienvenidos en la Iglesia Congregacional, y los graduados de habla holandesa de la escuela de caridad de la SPG en la ciudad de Nueva York que habían recibido instrucción tanto en el idioma inglés como en el Libro de Oración Común de los maestros William y Thomas Huddleston.[36]

Inicialmente, muchos de estos miembros de la Iglesia se encontraban entre los habitantes más pobres y menos privilegiados de las colonias. Los listados fiscales de Connecticut del siglo XVIII indicaban, por ejemplo, que dos tercios de los miembros de las congregaciones de la Iglesia de Inglaterra en esa colonia eran residentes de zonas rurales y que el porcentaje de pobres era mayor que entre los congregacionalistas.[37]

En 1722, los misioneros de la SPG hicieron sus primeras incursiones en la clase alta de Nueva Inglaterra. En septiembre de ese año, siete miembros del profesorado y recién graduados del Colegio Universitario de Yale firmaron una declaración para el Consejo de Administración de Yale en la que indicaban "la duda [sobre] la validez" o la persuasión de la "invalidez" de la ordenación no episcopal. Los siete, todos ellos clérigos congregacionales, se habían reunido en un club de lectura informal al que también habían invitado a George Pigot, el misionero de la SPG en Stratford. Pigot calificó sus dudas sobre la cuestión del episcopado como "una gloriosa revolución de los eclesiásticos de este país".[38]

Cuatro de los siete; el rector de Yale Timothy Cutler (1683 o 1684- 1765), el tutor Daniel Brown (1698-1723), el antiguo tutor Samuel Johnson (1696-1772) y el recién graduado James Wetmore (fallecido en 1760); se embarcaron hacia Inglaterra para la reordenación. Brown murió de viruela mientras estaba en Inglaterra, pero los tres restantes fueron ordenados y asignados a parroquias americanas por la SPG: Cutler a la iglesia de Cristo (Old North) en Boston (1723-64), Wetmore a Rye, Nueva York (1726-60), y Johnson a Stratford, Connecticut, que quedó vacante cuando Pigot se trasladó a Rhode Island. Sin embargo, las contribuciones de los tres hombres no se limitaron a las parroquias individuales a las que sirvieron. Nacidos en el país y bien educados, proporcionaron el liderazgo necesario para la pequeña Iglesia de Inglaterra en Nueva Inglaterra y Nueva York. Samuel Johnson, por ejemplo, fue durante nueve años (1754-63) el primer presidente del Colegio Universitario King (Columbia) de Nueva York.

La conexión de Yale con la Iglesia de Inglaterra no terminaría con los conversos de 1722. Yale llegaría a proporcionar un total de cincuenta estudiantes y graduados para el ministerio de la Iglesia de Inglaterra colonial, el mayor número de cualquier institución colonial del norte de América.[39]

La Iglesia congregacional era la Iglesia establecida en Connecticut, Massachusetts y Nuevo Hampshire. Al igual que la Iglesia de Inglaterra en el Sur, la Iglesia congregacional de Nueva Inglaterra se financiaba con los impuestos. Sin embargo, a medida que la Iglesia de Inglaterra fue ganando terreno, las legislaturas de Nueva Inglaterra hicieron algunas concesiones. En 1727, Connecticut eximió del pago de impuestos eclesiásticos estatales a todos los feligreses de la Iglesia de Inglaterra que vivieran a menos de ocho kilómetros de sus edificios. Massachusetts aprobó una legislación similar en 1735.

La SPG de Thomas Bray (cambiada en 1965 por la USPG— "Sociedad Unida para la Propagación del Evangelio"–como resultado de una fusión con la Misión Universitaria en África Central, nombre que se acortó en 2012 a "Sociedad Unida" o "Nosotros") y la SPCK continúan sus actividades en el siglo XXI.

Fig. 7 Timothy Cutler   Fig. 8 Samuel Johnson

Ministerio para los afroamericanos

En 1724, Thomas Bray consiguió una carta de constitución para una tercera sociedad misionera, conocida como los Asociados del Dr. Bray.[40] Los esfuerzos de la organización se dirigieron a la evangelización y la educación de los negros estadounidenses. Apoyó escuelas para negros en Filadelfia (1758-¿75?); Nueva York (1760-74); Williamsburg (1760-74) y Fredericksburg (1765-1770), Virginia; y Newport, Rhode Island (1762-¿1775?). Aunque el clero masculino actuaba como superintendente de estas escuelas, la mayor parte de la instrucción real era impartida por maestras de escuela blancas, como Anne Wager de Williamsburg. Después de que la Revolución estadounidense detuviera todos los proyectos en curso, los administradores de la sociedad dedicaron sus activos a proyectos de caridad dentro de Inglaterra.[41] Como sugiere la existencia de los Asociados del Dr. Bray, algunos miembros coloniales de la Iglesia de Inglaterra compartían la preocupación por la evangelización de los afroamericanos que los críticos de la esclavitud, como Morgan Godwyn, habían expresado en el siglo XVII. Eran una clara minoría en las dos primeras décadas del siglo XVIII, y muchos propietarios de esclavos se resistían activamente a las indicaciones de Inglaterra sobre la instrucción cristiana de los esclavizados. Eran los que más se oponían a la evangelización de los nacidos en África. La Asamblea General de Virginia ignoró una ley del Parlamento inglés y una declaración del gobernador colonial en funciones (1713) en la que se pedía la catequización de las personas esclavizadas.[42] Las actitudes comenzaron a cambiar en la década de 1720. En el caso de Virginia, el año 1727 fue un aparente punto de inflexión. El efecto acumulado de los llamamientos regulares a la acción por parte de los ingleses (la consulta del obispo de Londres Edmund Gibson sobre el bautismo de los esclavizados, 1724; las dos cartas de Gibson sobre el bautismo, 1727; la instrucción al gobernador William Gooch por parte de la Junta de Comercio sobre la importancia del bautismo, 1727; etc.), el creciente porcentaje de esclavizados que habían nacido en las colonias y no en África, y un cuidadoso cálculo político de que tal vez los esclavos cristianos podrían ser más fáciles de manejar que los seguidores de las religiones tradicionales africanas comenzaron a marcar la diferencia. La Asamblea General de Virginia emitió su propio llamamiento al bautismo en 1730, y el clero parroquial empezó a tener cada vez más éxito en sus esfuerzos por convencer a los propietarios de esclavos de que permitieran el bautismo de los esclavizados. A medida que el número de bautismos aumentaba, también lo hacía la asistencia a la iglesia, y al menos una parroquia de Virginia construyó su primera banca designada para personas esclavizadas en 1732.[43] Los tribunales coloniales de Virginia y Maryland incluso extendieron el curioso "derecho clerical" a los afroamericanos en la década de 1720. Lo que originalmente era un privilegio medieval de los clérigos, para ser juzgados por la ley canónica de la Iglesia y no en los tribunales seculares, el "derecho clerical" se había transformado en una petición para ser eximidos de la pena de muerte y recibir algún castigo menor, como el marcado de la piel con la inicial del tipo de delito o el demostrar la capacidad para leer una porción de la Biblia. (por lo regular el Salmo 51).[44]

Por su parte, los esclavizados no eran simples receptores pasivos de la instrucción en la fe cristiana. Muchos buscaron el bautismo para ellos y sus hijos, reconociendo "el mensaje implícito de libertad del cristianismo". Mucho después de la aprobación de las leyes coloniales que negaban cualquier conexión entre la servidumbre y el bautismo, los esclavizados seguían manteniendo la esperanza. Los esclavos de Virginia, por ejemplo, se rebelaron en 1730 como consecuencia del rumor de que las autoridades coloniales habían suprimido una opinión de las autoridades legales inglesas de que todos los cristianos esclavizados debían ser liberados.[45]

Los clérigos que más se implicaron en el esfuerzo por evangelizar y enseñar a los esclavizados fueron a menudo los más críticos con la institución. Anthony Galvin se convirtió en propietario de esclavos cuando llegó a la parroquia de Henrico, en Virginia, en 1735. Tres años más tarde había bautizado a 172 personas esclavizadas y llegó a creer que la propiedad de esclavos era "ilícita para cualquier cristiano, y particularmente para los clérigos".[46]

Algunos historiadores han argumentado que la esclavitud era una institución agrícola tradicional primitiva a la que se oponían los partidarios de una economía mercantil más ilustrada y liberal.[47] La verdad era, sin embargo, más compleja. En la década de 1680, algunos de los pensadores ilustrados de Inglaterra llegaron a oponerse a la esclavitud. John Locke, por ejemplo, pasó de apoyar la esclavitud en la década de 1660 (cuando fue coautor de la Constitución Fundamental de Carolina, que permitía la esclavitud) y en la de 1670 (cuando compró acciones de la Real Compañía Africana) a rechazar en sus *Two Treatises of Government* ["Dos tratados de gobierno"] (publicados en 1690) cualquier forma de servidumbre involuntaria, salvo la de los prisioneros de guerra.[48] Sin embargo, las ideas ilustradas sobre los derechos humanos también actuaron en sentido contrario. Como ha demostrado William Pettigrew en *Freedom's Debt* (2013), "Los 'derechos del hombre' [sic], o su sustituto más flexible 'libertad', contribuyeron a la escalada del comercio de esclavos. Los británicos del siglo XVIII creían que la Revolución Gloriosa protegería sus libertades", y una de esas libertades era "el derecho de todos los súbditos ingleses a comerciar con los esclavizados".[49] Fue con apelaciones a los derechos de los ciudadanos libres que los comerciantes

La Edad de la Razón y las colonias americanas (1688-1740)

independientes de esclavos lograron en 1712 convencer al parlamento británico de que anulara el monopolio de la Real Compañía Africana y abriera el comercio de esclavos a los comerciantes independientes. El resultado fue "una expansión masiva del comercio de esclavos" y la pérdida de toda regulación sobre el modo en que debían ser tratados los esclavizados.[50] Aunque ninguna compañía privada de esclavos rivalizaba con el número de esclavos transportados por la Real Compañía Africana, colectivamente los comerciantes independientes eran capaces de transportar mucha más gente esclavizada.

Durante las primeras décadas del siglo XVIII, las colonias situadas al norte de Maryland comenzaron a adoptar una amplia legislación sobre la esclavitud del tipo que los gobiernos coloniales habían promovido en el Caribe, Virginia, Maryland y Carolina del Sur. Nueva York, por ejemplo, adoptó su primer código integral sobre la esclavitud en 1702, y Nueva Jersey le siguió dos años después.[51]

Algunos colonos empezaron a aceptar una curiosa lectura de Génesis 9:10-27, el relato de la maldición de Noé a su nieto Canaán. En el relato bíblico, Noé declaró que Canaán, que era uno de los cuatro hijos de Cam, sería esclavo de los hermanos de Cam, Sem y Jafet. Es probable que el pasaje sirviera en primer lugar para justificar la conquista judía del pueblo cananeo. Sin embargo, los intérpretes posteriores volvieron a aplicar los pasajes a una variedad de objetivos convenientes. Algunos musulmanes del siglo IX reinterpretaron el pasaje como una justificación de la esclavización de los africanos subsaharianos. Una lectura cristiana medieval alternativa fue utilizar el pasaje para justificar el trato a los herejes y pecadores. Los españoles y portugueses recogieron el argumento subsahariano de los musulmanes, y a finales del siglo XVI los ingleses habían adoptado el argumento de ellos o directamente de fuentes musulmanas. Varios partidarios de la colonización inglesa del siglo XVII sugirieron aplicar el pasaje a los nativos americanos.[52] Sin embargo, en el siglo XVIII, los defensores de la trata de esclavos solían aplicar la historia exclusivamente a los africanos; lo seguirían haciendo hasta la época de la Guerra Civil estadounidense.

Al perder su monopolio, la Real Compañía Africana comenzó a reinventarse como defensora de un comercio de esclavos más humano y regulado y como crítica de los excesos de los traficantes de esclavos independientes. La nueva "retórica pro-regulación, humana y desinteresada" de la compañía proporcionaría más tarde "gran parte de la inspiración de la voluntad y retórica políticas abolicionistas".[53]

La Iglesia colonial en el siglo XVIII

En 1724, el obispo de Londres (1723-48) Edmund Gibson envió un cuestionario al clero de la Iglesia de Inglaterra en las colonias americanas. Comprobó que la condición de la Iglesia había mejorado notablemente desde la *Visión General* de Thomas Bray (1698). Bray había encontrado aproximadamente ochenta y cinco iglesias, de las cuales casi todas estaban en Maryland o Virginia. El estudio de Gibson, por el contrario, constató ciento sesenta y un lugares de culto, desde Carolina del Sur hasta Massachusetts. La encuesta incluyó respuestas de Virginia (sesenta lugares de culto), Maryland (cuarenta y cinco), Nueva York (diecisiete), Carolina del Sur (catorce), Rhode Island (ocho), Pensilvania (cuatro), Nueva Jersey (siete), Connecticut (tres) y Massachusetts (tres).[54]

Los encuestados indicaron que sus iglesias estaban llenas. En Virginia, Maryland y Carolina del Sur, parroquias de las que se disponía de datos completos, la mayoría de la población asistía regularmente al culto en la Iglesia de Inglaterra, y aproximadamente el quince por ciento de la población recibía la Comunión.[55] Esta última cifra era tres veces superior a la de las parroquias de la diócesis inglesa de Oxford.[56]

Esta imagen de una Iglesia próspera es contraria a un retrato más negativo que se ha ofrecido comúnmente desde el siglo XIX. Los autores no episcopales que hacían apología de otras tradiciones religiosas tendían a generalizar los casos de mala conducta del clero episcopal en un retrato que solo favorecía al clero de sus propias denominaciones.[57] Los autores episcopales del siglo XIX solían ser también muy críticos con sus correligionarios del siglo XVIII. Tanto los autores evangélicos como los de la alta iglesia episcopal notaron una carencia de valores que les eran fundamentales y concluyeron que la Iglesia debía estar en grave decadencia en el siglo anterior a su llegada. Para los evangélicos del siglo XIX, el problema era que los episcopales aún no habían adoptado las ideas del Gran Despertar; para los autores de la alta iglesia, el problema era una apreciación insuficiente de los principios católicos.[58] Muchos historiadores posteriores han aceptado acríticamente las representaciones negativas del clero de la Iglesia de Inglaterra colonial.[59]

Varios autores recientes han llegado a conclusiones distintas. Hasta ahora, Virginia, donde el clero de la Iglesia de Inglaterra era el más numeroso en el siglo XVIII, ha sido el más estudiado. Patricia U. Bonomi citó un estudio de los rectores coloniales de esa zona entre 1723 y 1776 que reveló que "como mucho, el diez por ciento de los ministros tuvieron cargos auténticos contra ellos".[60] John K. Nelson llegó a cifras similares en su estudio de todo el período comprendido entre 1690 y la década de 1770.[61] Charles Bolton llegó a cifras comparables para Carolina del Sur.[62] La falta de estudios interdenominacionales exhaustivos para la época colonial o para la Iglesia contemporánea hace difícil decir si esta tasa del diez por ciento es significativamente mayor o menor que en otras denominaciones o siglos.[63] Sin embargo, la observación de Bonomi de que "en la Iglesia Episcopal moderna alrededor del ocho por ciento de los ministros son depuestos" es sugerente. Los índices de mala conducta en la Iglesia de Inglaterra colonial pueden no haber sido muy diferentes de los actuales.[64] A falta de un estudio más profundo, parece que lo mejor es quedarse con la afirmación positiva de Nelson sobre las pruebas: "Nueve de cada diez sacerdotes que sirvieron en Virginia entre 1690 y 1776 aparentemente desempeñaron sus funciones sin violar gravemente las normas de conducta y creencia".[65]

Roles para las mujeres

La supresión de las órdenes monásticas durante la Reforma eliminó las principales funciones eclesiásticas oficiales desempeñadas por las mujeres en la Iglesia bajomedieval. Con la notable excepción de las monarcas, las mujeres tuvieron poca influencia en el gobierno o la dirección litúrgica de la Iglesia de Inglaterra. No podían servir como clérigos ni como miembros de la junta parroquial. No obstante, las mujeres influyeron de diversas formas indirectas en la configuración de la vida religiosa colonial.

Las mujeres solían ejercer como *sextons* de las parroquias coloniales. Grace Soward fue, por ejemplo, la sexton (la persona responsable del cuidado de la propiedad de la iglesia) de la parte alta de la iglesia, parroquia de Stratton Major (Condado de King and Queen, Virginia), desde 1730 o antes hasta 1763. Le siguió una tal Ann Soward, lo que sugiere que en algunos casos el cargo se transmitía por familias.[66] Thomas Soward, que probablemente era el marido de Grace, aparecía en las actas de la junta como procesionista (es decir, el que recorre los límites entre las propiedades para evitar disputas entre los terratenientes) y poseedor de bancas, lo que parece indicar que la familia era de confianza y durante algunos períodos de tiempo al menos moderadamente próspera.[67] La junta parroquial de Stratton Major entendía que el lavado de la sobrepelliz del ministro era una responsabilidad aparte, pero a veces también se encomendaba esa responsabilidad a Grace Soward.[68]

Las mujeres desempeñaron un papel en la educación cristiana y la evangelización de los niños y los sirvientes. Enseñaban en las escuelas patrocinadas por los asociados del Dr. Bray. Los esclavizados con dueñas tenían aproximadamente un 50 por ciento más de probabilidades de ser bautizados que los que tenían dueños varones, otro indicio del interés de las mujeres por la educación cristiana.[69]

Las mujeres desempeñaban un papel decisivo a la hora de trasladar las fiestas y ayunos oficiales del año eclesiástico a la práctica doméstica. Las mujeres de clase alta también subvertían la enseñanza eclesiástica trasladando los bautizos y las bodas de la iglesia al hogar, un espacio sobre el que tenían mayor control.[70] Las obras clásicas de la Iglesia de Inglaterra sobre la vida ministerial, como *Country Parson* (1652) de George Herbert, subrayaban la necesidad de que el clero tuviera hogares hospitalarios y piadosos que pudieran servir de modelo de vida familiar cristiana, algo que no se lograba fácilmente sin la cooperación activa de la cónyuge.[71] La negativa de Sarah Harrison, en tres ocasiones durante su ceremonia nupcial, a decir que obedecería a su marido (el comisario James Blair) puede ser un indicio de que las cónyuges de los clérigos no entendían que su papel en la formación de un hogar cristiano era de subordinación.[72] Mujeres y hombres contribuyeron al crecimiento de la Iglesia de Inglaterra en las colonias americanas en la primera mitad del siglo XVIII, tanto en número como en influencia. Sin embargo, el ritmo de crecimiento no se mantendría ininterrumpido durante todo el siglo. Dos acontecimientos importantes, el Gran Despertar y la Revolución estadounidense, pronto dejarían huellas duraderas en la denominación.

NOTAS

1. En *Enlightenment in America* (Nueva York: Oxford, 1976), Henry F. May distinguió cuatro períodos superpuestos en la Ilustración: la Ilustración Moderada (1699-1787); la Ilustración Escéptica (1750-89), la Ilustración Revolucionaria (1776-1800) y la Ilustración Didáctica (1800-15). Más recientemente, el historiador Jonathan I. Israel ofreció un conjunto de categorías que se superponen pero que son ligeramente diferentes en su *Radical Enlightenment: Philosophy and the Making of Modernity* (Oxford, Oxford University Press, 2001). Combinó elementos de las categorías segunda y tercera de May, lo que dio lugar a un esquema tripartito de moderados, radicales y la contrailustración. El presente capítulo se centra en los primeros períodos de ambos historiadores, una época en la que los principales intelectuales creían que los frutos de los nuevos descubrimientos científicos eran compatibles con la religión revelada. Aunque los tres capítulos siguientes no recogen las categorías restantes de May o Israel, tratan temas estrechamente relacionados con ellas. El capítulo 3 analiza el escepticismo ilustrado como telón de fondo del Gran Despertar. El capítulo 4 trata de la religión en la época de la Revolución estadounidense. El capítulo 5 utiliza el término *ortodoxia racional* para referirse a la Ilustración didáctica de May y a la contrailustración de Israel.

2. Thomas Sprat, citado en Margaret Purver and E.J. Bowen, *The Beginnings of the Royal Society* (Oxford: Clarendon Press, 1960), 2.

3. Purver y Bowen, *Beginnings of the Royal Society*, 2.

4. James R. Jacob, *Henry Stubbe: Radical Protestantism and Early Enlightenment* (Cambridge: Cambridge University Press, 1983), 3–4. Jacob atribuye a Stubbe ser "el primero en señalar el carácter de esta alianza entre los eclesiásticos latitudinarios y la Real Sociedad".

5. Bob Tennant, "John Tillotson and the Voice of Anglicanism," *Religion in the Age of Reason: A Transatlantic Study of the Long Eighteenth Century*, ed. Kathryn Duncan (New York: AMS Press, 2009), 104.

6. El debate fue una consecuencia lógica de la doctrina protestante de la justificación por la fe. Los protestantes estaban de acuerdo en que Dios perdonaba a los pecadores por la justicia de Jesucristo, y no por la justicia propia del pecador. Los cristianos del siglo XVII pasaron a preguntarse con qué criterio Dios decidió aplicar la justicia de Cristo a unos y a otros no. Los del partido calvinista (una etiqueta no del todo exacta, ya que la predestinación no desempeñaba el protagonismo en los escritos del reformador ginebrino Juan Calvino que sí tenía a principios del siglo XVII) argumentaban que ninguna acción humana podía influir en la elección de Dios. Los arminianos, que toman su nombre del teólogo reformado holandés Jacobus Arminius, creían, por el contrario, que Dios tenía en cuenta la

respuesta humana a la hora de seleccionar a los receptores de la gracia. El partido calvinista predominaba en las iglesias congregacionalistas, presbiterianas y reformadas. Ambos partidos estaban representados en la Iglesia de Inglaterra.

7. William Fife Troutman, Jr., "Respecting the Establishment of Religion in Colonial America" (Ph.D. diss., Duke University, 1959), 58–62; S. D. McConnell, *History of the American Episcopal Church from the Planting of the Colonies to the End of the Civil War*, 3d ed. New York: Thomas Whittaker, 1891), 64–65.

8. Robert Sullivan, "The Transformation of Anglican Political Theology, ca. 1716–1760" (Conferencia pronunciada en el Instituto Folger, Washington, D.C., el 26 septiembre de 1986).

9. Rhys Isaac, *The Transformation of Virginia 1740–1790* (Chapel Hill: University of North Carolina Press for the Institute of Early American History and Culture, 1982), 120-21. Isaac señala que la religión de la Virginia colonial reforzaba el orden social.

10. Anatas (Latín: *annatae*, de *annus*, "año") eran los ingresos de un año de ciertos cargos eclesiásticos que, a partir del siglo XIII, debían pagarse al Papa como ofrenda de agradecimiento por parte de los nombrados para esos cargos. Enrique VIII reclamó los ingresos para la corona inglesa en su nacionalización de la Iglesia en la década de 1530.

11. Para un análisis del trabajo de los comisarios en la Inglaterra del siglo XVII, véase Jeffery R. Hankins, "Anglican and East Anglican: The Episcopacy, the Bishop's Commissary, and the Enforcement of Ecclesiastical Law in Early Seventeenth-Century Essex and Hertfordshire." *Anglican and Episcopal History* 75 (September 2006), 340–367. Para las objeciones contra la institución por parte de los puritanos ingleses, véase "the First Admonition to the Parliament" (1572) in G. R. Elton, *The Tudor Constitution: Documents and Commentary*, 2d ed. (Cambridge: Cambridge University Press, 1982), 449.

12. Edward L. Bond, "John Clayton (1656 or 1657–1725)" en *Dictionary of Virginia Biography* (Virginia Foundation for the Humanities) http://www.encyclopediavirginia.org/Clayton_John_1656_or_1657–1725 (accessed February 24, 2014); John K. Nelson, *A Blessed Company: Parishes, Parsons, and Parishioners in Anglican Virginia, 1690–1776* (Chapel Hill: University of North Carolina Press, 2001), 107.

13. Edward L. Bond y Joan R. Gundersen, *The Episcopal Church in Virginia, 1607–2007* (Richmond: The Episcopal Diocese of Virginia, 2007), 22–23.

14. Park Rouse, Jr., *James Blair of Virginia* (Chapel Hill: University of North Carolina Press, 1971), 24.

15. Goetz, *Baptism of Early Virginia*, 41–42.

16. Nelson, *Blessed Company*, 107-9.

17. El comisario de Pensilvania también se encargó de Delaware, el de Nueva York lo hizo con Nueva Jersey y un único comisario se encargó de Carolina del Norte y del Sur. Véase Gilbert Olsen, "The Commissaries of the Bishop of London in Colonial Politics," en *Anglo-American Political Relations, 1675-1775*, ed. Alison Olsen and Richard M. Brown (New Brunswick: Rutgers University Press, 1970), 110.

18. Olsen, "Commissaries," 110-13.

19. Edgar Legare Pennington, *Apostle of New Jersey: John Talbot, 1645-1727* (Philadelphia: Church Historical Society, 1938), 38-39.

20. Arthur Lyon Cross, *The Anglican Episcopate and the American Colonies* (New York: Longmans, Green, and Co., 1902), 101.

21. John Hicklin, *Church and State: Historic Facts, Ancient and Modern* (London: Simpkin, Marshall, and Co., 1873), 258-59.

22. Pennington, *Apostle*, 62-63.

23. Edwin S. Gaustad, *George Berkeley in America* (New Haven: Yale University Press, 1979), 8-13.

24. H.P. Thompson, *Thomas Bray* (London: SPCK, 1954), 52-5.

25. Thompson, *Bray*, 17, 28.

26. Thomas Bray, *A General View of the English Colonies in America with Respect to Religion,* extraído de la obra del autor titulada *Apostolic Charity*, impresa por primera vez en Londres en 1698 (reimpresa para el Thomas Bray Club, 1916).

27. Sin duda, Bray se vio influido en la elección del nombre por dos organismos anteriores: la "Congregación para la Propagación de la Fe" católica romana (1622) y la "Compañía de Nueva Inglaterra para la Propagación del Evangelio" congregacionalista (1649).

28. Pennington, *Apostle*, 16-18.

29. *Classified Digest*, 86.

30. R.E. Hood, "From a Headstart to a Deadstart: The Historical Basis for Black Indifference toward the Episcopal Church, 1800-1860," *Historical Magazine of the Protestant Episcopal Church 51* (September 1982): 272.

31. *Classified Digest of the Records of the Society for the Propagation of the Gospel in Foreign Parts, 1701-1892*, 4th ed. (London: SPG, 1894), xvi, 883-85.

32. Pennington, *Apostle*, 16-17.

33. Véase Dell Upton, *Holy Things and Profane: Anglican Parish Churches in Colonial Virginia* (New Haven: Yale University Press, 1986) para una descripción de la arquitectura eclesiástica colonial en Virginia.

34. Donald Drew Egbert and Charles W. Moore, "Religious Expression in American Architecture," en *Religious Perspective in American Culture*,

ed. James Ward Smith & A. Leland Jamison, 2 vols. (Princeton: Princeton University Press, 1961), 2:374–77.

35. Pennington, *Apostle*, 16.

36. Mary E. Grothe, "Anglican Beginnings in Western Massachusetts: Gideon Bostwick, Missionary to the Berkshires" (M.T.S. thesis, Virginia Seminary, 1984): Joyce D. Goodfriend, "The Social Dimensions of Congregational Life in Colonial New York City," William & Mary Quarterly (3d series) 46 (April 1989): 269–71.

37. Bruce E. Steiner, "New England Anglicanism: A Genteel Faith?" William & Mary Quarterly (3d series) 28 (January 1970): 120–35.

38. Francis L. Hawks y William Stevens Perry, eds., *Documentary History of the Protestant Episcopal Church... in Connecticut* (New York: James Pott, 1863), 56–57, 65.

39. Nelson, *Blessed Company*, 109.

40. Los Asociados del Dr. Bray se reorganizarían en 1730. En ediciones anteriores de esta historia, esa fecha se dio erróneamente como la fecha de la organización inicial. Véase Anthony S. Parent, Jr., *Foul Means: the Formation of a Slave Society in Virginia, 1660–1740* (Chapel Hill: University of North Carolina Press for the Omohundro Institute of Early American History and Culture, 2003), 260.

41. Edgar Legare Pennington, *Thomas Bray's Associates and Their Work Among the Negroes* (Worcester, Mass.: American Antiquarian Society, 1939); Joan R. Gundersen, "The Non-institutional Church: The Religious Role of Women in Eighteenth-Century Virginia," *Historical Magazine of the Protestant Episcopal Church* (December 1982): 352; John Chamberlin Van Horne, "Pious Designs: The American Correspondence of the Associates of Dr. Bray, 1731–75" (Ph.D. diss., University of Virginia, 1979), 75–86.

42. Parent, *Foul Means*, 238–44.

43. Parent, *Foul Means*, 249–57. 262.

44. Parent, *Foul Means*, 260–61; Bradley Chapin, *Criminal Justice in Colonial America, 1606–1660* (Athens: University of Georgia Press, 2010), 48; y Jeffrey K. Sawyer, "'Benefit of Clergy' in Maryland and Virginia", *The American Journal of Legal History* 34 (January 1990): 46–68.

45. Parent, *Foul Means*, 258–60.

46. Anthony Galvin citado en Parent, *Foul Means*, 263. [Ortografía modernizada].

47. Para una crítica de esta visión "whig" de la historia, véase William A. Pettigrew, *Freedom's Debt: The Royal African Company and the Politics of the Atlantic Slave Trade, 1672–1752* (Chapel Hill: University of North Carolina Press for the Omohundro Institute of Early American History and Culture, 2013), 3–4, 217–18.

48. Holly Brewer, *By Birth or Consent: Children, Law, and the Anglo-American Revolution in Authority* (Publicado por Omohundro Institute of Early American History and Culture, Williamsburg, Virginia, 2005), 352–53.

49. Pettigrew, *Freedom's Debt*, 217.

50. Pettigrew, *Freedom's Debt*, 2–5

51. Alan J. Singer, *New York and Slavery: Time to Teach the Truth* (Albany: State University of New York Press, 2008), 53; Paul Axel-Lute, "The Law of Slavery in New Jersey: An Annotated Bibliography," *The New Jersey Digital Legal Library*, (publicado por primera vez en enero de 2005 y revisado por última vez en abril de 2013) http://njlegallib.rutgers.edu/slavery/bibliog.html (consultado el 27 de febrero de 2014).

52. La lógica de la maldición era que el padre de Canaán (Cam) había visto a un Noé ebrio y desnudo. Sin embargo, no está claro por qué el propio Cam no recibió ningún castigo, por qué tres de los cuatro hijos de Cam escaparon al castigo, o por qué no hubo ninguna sanción para Noé, a quien el texto atribuye el primer caso de embriaguez. Para un análisis de las raíces musulmanas del argumento de Cam en el siglo IX y sus posibles fuentes, véase Bernard Lewis, *Race and Slavery in the Middle East: an Historical Enquiry.* (New York: Oxford University Press, 1990), 123–25. Para un análisis del uso del texto en inglés, véase Goetz, *Baptism of Early Virginia*, 13-31.

53. Pettigrew, *Freedom's Debt*, 214.

54. Patricia U. Bonomi y Peter R. Eisenstadt, "Church Adherence in the Eighteenth-century British American Colonies," *William and Mary Quarterly* (3d series) 39 (April 1982): 245–86.

55. Bonomi y Eisenstadt, "Church Adherence," 261.

56. Robert Currie, Alan Gilbert, y Lee Horsley, *Churches and Churchgoers: Patterns of Church Growth in the British Isles since 1700* (Oxford: Clarendon Press, 1977), 22.

57. Pat Bonomi señaló que a mediados del siglo XVIII los autores bautistas y presbiterianos se convirtieron en críticos del comportamiento del clero de la Iglesia de Inglaterra. Véase Patricia U. Bonomi, *Under the Cope of Heaven: Religion, Society, and Politics in Colonial America*, updated version (New York: Oxford University Press, 2003), 45.

58. Para un análisis de la crítica evangélica del obispo William Meade del siglo XVIII, véase Upton, *Holy Things and Profane*, xviii-xix. Para una crítica tractariana del siglo XIX, véase Ferdinand C. Ewer, *Catholicity in its Relationship to Protestantism and Romanism* (New York: G.P. Putnam's Sons, 1878), 165.

59. Véase, por ejemplo, Rhys Isaac, *The Transformation of Virginia, 1740–1790* (Chapel Hill: University of North Carolina Press for the Institute of Early American History and Culture, 1982), 189–92.

La Edad de la Razón y las colonias americanas (1688–1740)

60. Bonomi, *Under the Cope of Heaven*, 45.
61. Nelson, *Blessed Company*, 155.
62. Charles Bolton, *Southern Anglicanism: the Church of England in Colonial South Carolina* (Westport, Connecticut: ABC-Clio, 1987), 94–97.
63. Nelson señaló que otros han calculado un porcentaje de 10.5% de comportamiento "escandaloso" entre el clero de la Iglesia de Inglaterra en Carolina del Sur (1696-1775) y un 3% de "episodios escandalosos" entre los congregacionalistas de Nueva Inglaterra (1680-1740). Sin embargo, Nelson advirtió que "a falta de estudios comparativos válidos (estudios que empleen definiciones uniformes, midan conductas similares y tengan en cuenta las diferencias de contexto cultural) no se pueden aventurar conclusiones comparativas satisfactorias". Véase Nelson, *Blessed Company*, 155-56. El estudio más completo hasta la fecha sobre el comportamiento contemporáneo del clero en Estados Unidos en cualquier denominación es un estudio del Colegio Universitario John Jay sobre el comportamiento del clero católico romano durante un período de cincuenta años. Encontró un uniforme "3 a 6 por ciento de los sacerdotes en el ministerio por diócesis acusados de abuso sexual contra un menor entre los años de 1950 y 2002". Sin embargo, el estudio no contemplaba otras causas de reclamación. Véase Karen J. Terry, et al., "The Causes and Context of Sexual Abuse of Minors by Catholic Priests in the United States, 1950–2010: A Report Presented to the United States Conference of Catholic Bishops by the John Jay College Research Team" (2011), 27.
64. Bonomi, *Under the Cope of Heaven*, 45.
65. Nelson, *Blessed Company*, 155.
66. Es posible que Grace Soward ejerciera de sexton antes de 1730. La versión publicada del libro de la junta parroquial comienza con las actas de 1729 en las que el nombre del sexton es ilegible. Ann Soward aparece por primera vez como sustituta de Grace en las actas de 1764. Véase C. C. Chamberlayne, ed., *The Vestry Book of Stratton Major Parish, King and Queen County, Virginia, 1729–1783* (Richmond: the Library Board, 1931), 3, 6, 80, 145, 148, 151.
67. Sin embargo, en la vejez, los Soward se convirtieron en guardianes de la parroquia. Véase Chamberlayne, ed., *Vestry Book of Stratton Major Parish*, 24, 26, 35, 41, 51, 70, 76, 141, 148, 150, 153, 156, y 171.
68. Obsérvese, por ejemplo, la diferencia entre las entradas de 1730 (cuando Grace Seward figuraba como sexton pero no se le asignaba la responsabilidad de lavar la sobrepelliz) y 1737 (cuando se le aumentó el sueldo y se le asignó la responsabilidad añadida de lavar la sobrepelliz). Véase Chamberlayne, ed., *Vestry Book of Stratton Major Parish*, 6, 30.
69. Parent, *Foul Means*, 257.
70. Lauren F. Winner, *A Cheerful and Comfortable Faith: Anglican Religious Practices in the Elite Households of Eighteenthcentury Virginia*

(New Haven: Yale, 2010), 35–36, 139–40; Joan R. Gundersen, "The Non-institutional Church: The Religious Role of Women in Eighteenth-Century Virginia," *Historical Magazine of the Protestant Episcopal Church* (December 1982): 347–57. Véase Nelson, *Blessed Company*, 214–17 sobre la dificultad de interpretar las pruebas sobre el lugar del bautismo.

71. John Wall, ed., *George Herbert: the Country Parson, the Temple* (New York: Paulist Press, 1981), 66–74.

72. Park Rouse, Jr., *James Blair of Virginia* (Chapel Hill: University of North Carolina Press, 1971), 24.

3
El Gran Despertar
(1740-76)

George Whitefield

En el otoño de 1740 y el invierno de 1741, una onda expansiva recorrió las colonias inglesas del norte de América. George Whitefield (1714-70), un joven sacerdote inglés que había llegado a las colonias por segunda vez para apoyar al Orfanato Bethesda en Savannah, se aventuró hacia el Norte en una gira de predicación. Llegó en barco a Nueva Inglaterra a mediados de septiembre. Tras cuarenta y cinco días de predicación itinerante, se dirigió a las colonias centrales, donde pasaría dos meses, casi la mitad de ellos en las ciudades de Nueva York y Filadelfia.[1] Desde allí se dirigió al sur, pasando por Maryland y Virginia y llegando a Savannah en diciembre de 1740. Dedicó un mes a predicar en las zonas costeras de Carolina del Sur y Georgia y regresó a Inglaterra en enero de 1741. Cuando viajaba, sobre todo por Nueva Inglaterra y las colonias centrales, atraía a grandes multitudes, a veces hasta quince mil. Se convirtió en la primera verdadera celebridad americana, y su muerte (en medio de su séptima y última visita a América) fue la primera en ser señalada en los periódicos de todas las colonias.[2] Aunque era un clérigo de la Iglesia de Inglaterra, pronto estableció lazos de amistad con predicadores de otras denominaciones: el congregacionalista Jonathan Edwards (1703-58), el presbiteriano Gilbert Tennant (1703-64) y el pastor reformado Theodore Frelinghuysen (1691-1748), uniendo sus avivamientos locales en un "Gran Despertar" general en las colonias británicas de América del norte.

La participación de Whitefield en el Despertar fue inicialmente un motivo de orgullo para la Iglesia de Inglaterra colonial. Era un predicador destacado y un imán para las grandes multitudes, que pertenecía a su denominación. Le dieron la bienvenida a sus púlpitos. Sin embargo, casi desde el momento en que empezó a hablar, el clero de la Iglesia de Inglaterra tuvo recelos. Se enteraron de que utilizaba la oración espontánea, en lugar de limitarse a las formas fijas del Libro de Oración Común. Además, en las conversaciones con ellos, Whitefield rechazó explícitamente un elemento central de la teología del pacto de la alta iglesia: la necesidad de la sucesión episcopal para un ministerio válidamente ordenado. Por lo tanto, en una colonia tras otra, el clero local de la Iglesia de Inglaterra colonial comenzó a criticar lo que consideraban una falta de respeto de Whitefield por los elementos básicos de la doctrina y la liturgia.

Las disputas con el clero de su iglesia fueron, por tanto, un elemento continuo de la gira de predicación de Whitefield. Un encuentro entre Whitefield y un grupo de clérigos de la Iglesia de Inglaterra en Boston que incluía a Timothy Cutler y al comisario Roger Price (1696-1762) dio lugar a desacuerdos tan amplios que Whitefield ni siquiera pidió predicar en congregaciones de la Iglesia de Inglaterra en esa ciudad.[3] Al enterarse de la gira de Whitefield por Nueva Inglaterra, William Vesey (1674-1746), el comisario de Nueva York, se negó a invitarle a predicar en la iglesia de la Trinidad de Nueva York. En Filadelfia, el clérigo Richard Peters interrumpió la predicación de Whitefield en la iglesia de Cristo para señalar lo que consideraba errores doctrinales;

Fig. 9 George Whitefield

poco después, el comisario Archibald Cummings (fallecido en 1741) negó a Whitefield cualquier otro acceso a los púlpitos de la Iglesia de Inglaterra en la zona.[4] En Charleston, Alexander Garden (1685-1756), el comisario del obispo, negó la Comunión a Whitefield e intentó suspenderlo del ministerio. Sólo en Virginia, donde Whitefield aceptó la invitación de James Blair para predicar en la parroquia de Bruton, en Williamsburg, se mantuvo en buenos términos con un comisario. Sin embargo, incluso el comisario Blair escribió al obispo de Londres poco después para decir que si, como había oído desde entonces por rumores, Whitefield estaba "bajo cualquier censura o prohibición de predicar", lo acataría en futuras ocasiones.[5]

Whitefield, que siempre tuvo buen ojo para lo dramático, descubrió una manera de utilizar estos desacuerdos para aumentar el interés en su gira. Al llegar a una comunidad, pidió predicar en la congregación local de la Iglesia de Inglaterra. Si le daban permiso, pronunciaba un sermón en el que atacaba lo que la mayoría de sus compañeros del clero consideraban la doctrina básica de su denominación. Los panfletos de Whitefield publicados en 1740 dan una idea del alcance de sus críticas; en ellos denunciaba al obispo Edmund Gibson de Londres y al arzobispo de Canterbury John Tillotson, ambos muy respetados por la mayoría de los miembros de la Iglesia de Inglaterra del siglo XVIII. Cuando el clero local le respondía con críticas o se negaba a cursar más invitaciones para predicar, Whitefield se quejaba de persecución. La noticia de la lucha eclesiástica se extendería, y Whitefield no tardaría en predicar ante multitudes curiosas, ya sea al aire libre o en las iglesias congregacionales, reformadas, presbiterianas y bautistas, a las que cada vez era más invitado.

Fig. 10 El púlpito portátil que George Whitefield utilizaba para predicar al aire libre.

La predicación sentimentalista y el nuevo nacimiento

La capacidad de Whitefield para sacar provecho de las luchas eclesiásticas puede haber ganado publicidad a corto plazo. Sin embargo, por sí sola no podía explicar el interés sostenido y el impacto continuo de su predicación. Había otra causa para su popularidad: algo nuevo tanto en su mensaje como en la forma en que lo transmitía, que respondía a las necesidades de la gente de su tiempo. Los críticos que detectaron en Whitefield un alejamiento de la fe ilustrada moderada que era la herencia religiosa de los cristianos de principios del siglo XVIII estaban en lo cierto; también lo habrían estado si hubieran sugerido que su nuevo mensaje influiría en la forma de la tradición que se transmitiría a las generaciones posteriores.

La mayoría del clero de la Iglesia colonial de Inglaterra estaba de acuerdo con la afirmación de John Locke en su *Ensayo sobre el entendimiento humano* (1690) de que el "entendimiento" (es decir, el intelecto) era "la facultad más elevada del alma, ...empleada con mayor y más constante deleite que cualquier otra".[6] Reconocían que las acciones humanas a corto plazo eran a menudo el resultado de las pasiones humanas, pero creían que a largo plazo era la convicción intelectual de la sabiduría de algunos cursos de acción y la locura de otros lo que daba forma a las elecciones humanas. El contenido y la forma de sus sermones (tratados intelectuales leídos a partir de manuscritos, sin contacto visual ni florituras dramáticas) tenían, por tanto, la finalidad de educar la mente sin excitar las pasiones.

Sin embargo, como Whitefield y otros llegaron a reconocer, la demostración lógica no siempre trajo consigo la convicción personal o la modificación de la vida. De hecho, pensadores escépticos, como John Toland (1670-1722), habían comenzado a sugerir que el argumento racional podría refutar, en lugar de confirmar, las verdades centrales de la fe cristiana. Toland y otros escépticos obligaron a los cristianos más ortodoxos a reexaminar sus premisas. Algunos de estos creyentes más ortodoxos llegaron a la conclusión de que el discurso racional por sí mismo no era una herramienta suficiente para la proclamación cristiana. Las buenas noticias debían llegar a los afectos además de la mente.[7] Los clérigos que pretendían seguir esta vía podían recurrir a las teorías sentimentalistas del tercer conde de Shaftesbury (Anthony Ashley Cooper, 1671-1713) y de Francis Hutcheson (1694-1746), en las que los afectos humanos desempeñaban un papel más central. Aceptando la premisa sentimentalista de que la acción humana no siempre surge de una lógica desapasionada, estos clérigos abandonaron la lectura de sermones y adoptaron estilos espontáneos de proclamación y amplios gestos dramáticos con la esperanza de llegar a sus feligreses a un nivel más emocional.[8] Cuando lo hicieron, descubrieron que su nuevo énfasis proporcionaba un antídoto eficaz contra el escepticismo. Los feligreses esperaban sus sermones con entusiasmo, viajaban largas distancias para escuchar a oradores especialmente notables y comenzaron a expresar una nueva seriedad hacia la religión.

El cambio en la forma de predicar fue acompañado por un cambio correspondiente en el contenido. El clero ilustrado moderado buscaba el convencimiento intelectual de su auditorio (término del siglo XVIII para designar a quienes escuchaban la predicación). El clero sentimentalista, en cambio, buscaba signos de cambio en los afectos; no bastaba con entender intelectualmente la doctrina básica de la Reforma de la justificación por la fe; había que "sentir" esa doctrina a nivel personal. Tal y como lo explicaba el clero sentimentalista, esto solía implicar la desesperación al darse cuenta de que todos los esfuerzos humanos acababan en la condenación, seguido de un "nuevo nacimiento" en el que el individuo se volvía para confiar en Jesucristo.[9]

Whitefield fue un defensor especialmente exitoso tanto de la forma como del contenido de este nuevo enfoque sentimental de la predicación. Su propia vida, sobre la que escribiría en un diario ampliamente publicado, proporcionó, además, un ejemplo sorprendente y concreto del nuevo nacimiento. Era hijo de una viuda que administraba una taberna en Gloucester,

Inglaterra. De niño, confesó, había sido adicto a "la mentira, la charla sucia y las bromas tontas". Robaba a su madre, quebrantaba el sábado, jugaba a las cartas, leía novelas y abandonó la escuela a los quince años. Sin embargo, su madre volvió a casarse y Whitefield pudo retomar sus estudios. Fue el comienzo de un nuevo capítulo en su vida. Terminó la escuela de gramática y fue admitido en Oxford como estudiante becado.[10]

En la universidad, Whitefield se unió a un grupo de oración y estudio dirigido por Juan (1703-91) y Carlos (1707-88) Wesley. Otros estudiantes universitarios se referían al grupo como "el Club de la Reforma", "el Club Sagrado" o, por su método sistemático de perseguir la piedad, "los metodistas". Aunque, como indicaba su participación en el grupo, Whitefield estaba preocupado por la fe y la vida cristianas, no pudo superar sus propias dudas hasta que una dramática y emotiva conversión lo dejó postrado y llorando.[11] Por sugerencia de un médico, se retiró de la escuela durante un tiempo, pero nunca más dudó de su fe cristiana.

Los acontecimientos de los años siguientes reforzaron la convicción de Whitefield de que la conversión había sido un punto de inflexión en su vida. El obispo de Gloucester, Martin Benson (1689-1752), lo buscó, le dio una pequeña beca para la compra de libros y le ofreció ordenarse antes de la edad canónica de veintitrés años. Una vez que comenzó a predicar, Whitefield descubrió que la gente respondía a su mensaje, ya fuera que hablara en las iglesias de Londres, en las colonias americanas (que, por consejo de los Wesley, visitó por primera vez en 1737) o en los campos (como comenzó a hacer en 1739).[12] Antes de terminar su vida, pronunciaría un total aproximado de dieciocho mil sermones en Inglaterra, Escocia (catorce visitas), Irlanda (dos visitas) y América (siete visitas). Sus partidarios decían que su voz era tan potente que podía hacer llorar a la gente con solo pronunciar la palabra *Mesopotamia*. Podía ser escuchado por treinta mil personas y, sin embargo, hablar íntimamente a un pequeño grupo de oración.[13]

Aunque reconocía que no todos tendrían, o necesitarían, experiencias de conversión tan dramáticas como la suya, estaba absolutamente convencido de que, sin alguna experiencia de nuevo nacimiento, la salvación era imposible. Esa experiencia debía implicar, además, una verdadera lucha personal:

> Mis queridos amigos, debe haber un principio forjado en el corazón por el Espíritu del Dios vivo… Si te preguntara cuánto tiempo hace que amas a Dios, me dirías que desde que tienes uso de razón; nunca has odiado a Dios, no conoces ningún momento en el que haya habido enemistad en tu corazón contra Dios. Entonces, a menos que hayas sido santificado muy temprano, nunca has amado a Dios en tu vida. Mis queridos amigos, soy particularmente exigente en esto, porque es un delirio muy engañoso, por el cual muchas personas se dejan llevar, que ya creen… Es la obra peculiar del Espíritu de Dios convencernos de nuestra incredulidad, de que no tenemos fe… Ahora, mis queridos amigos, ¿alguna vez les mostró Dios que no tenían fe? ¿Alguna vez os hizo lamentar un corazón duro de incredulidad? ¿Fue alguna vez el lenguaje de tu corazón: "¿Señor, permíteme llamarte mi Señor y mi Dios?" ¿Alguna vez te convenció Jesucristo de esta manera? ¿Te convenció alguna vez de tu incapacidad para estar cerca de Cristo, y te hizo clamar a Dios para que te diera la fe? Si no es así, no hable de paz a su corazón.[14]

La referencia de Whitefield a la paz era una alusión a Jeremías 6:14 ("curan con superficialidad el quebranto de mi pueblo, diciendo: 'Paz, paz'. ¡Pero no hay paz!").[15] Los cristianos convertidos no podrían encontrar la paz hasta que no experimentaran lo que los partidarios del Despertar llegaron a llamar "temor legal", es decir, el conocimiento de que los propios esfuerzos siempre se quedaban cortos para cumplir la Ley de Dios.[16]

Fig. 11 Juan Wesley y sus amigos en Oxford

Whitefield tenía palabras aún más fuertes para aquellos "falsos doctores" que sugerían que el concepto neotestamentario del nuevo nacimiento no implicaba la conversión personal:

> Supongamos que alguno de estos médicos visitara a cualquier mujer cuando le sobrevinieran los dolores de parto, y ella gritara, y los dolores de parto fueran cada vez más frecuentes, y se pusieran a predicar en la puerta, y dijeran: Buena mujer, estos son solo dolores metafóricos, esta es solo una expresión atrevida de los orientales, es solo metafórico; Me pregunto si la mujer no le desearía al médico alguno de estos dolores metafóricos por hablar así, que él encontraría reales... Tengo un humor extraño, tan peculiar, que deseo de corazón que se les someta a los dolores del nuevo nacimiento, y que sepan lo que son por su

propia experiencia, que sepan que no hay nada en la naturaleza más real que el nuevo nacimiento.[17]

Whitefield explicó que el nuevo nacimiento creó "un nuevo entendimiento, una nueva voluntad..., nuevos afectos, una conciencia renovada, una memoria renovada, [y] un cuerpo renovado".[18]

Whitefield había rechazado el argumento de la alta iglesia de que un ministerio válido requería la ordenación de un obispo en la sucesión episcopal. Por otro lado, su énfasis en un nuevo nacimiento que a menudo estaba marcado por una conversión dramática significaba que también se alejaba de la enseñanza del pacto de muchos de sus correligionarios. En las *Conferencias catequéticas*, Thomas Bray había equiparado la renovación del pacto con el bautismo y la eucaristía; Whitefield la relacionaba con la conversión personal.

Después de un período misionero no muy exitoso en Georgia y de sus propias experiencias de conversión, Juan y Carlos Wesley siguieron a Whitefield en el circuito de predicación en Inglaterra. Aunque nunca fueron tan dramáticos en el púlpito como Whitefield, tenían otros dones de los que este carecía. En particular, tenían el don de la organización y fueron capaces de crear una red de sociedades que sostuvieron el avivamiento entre las visitas de los grandes predicadores.

Juan y Carlos Wesley habían inspirado el Club de Santidad de Oxford, al que Whitefield se unió, en la sociedad religiosa inglesa que Anthony Horneck (1641-97) había creado en 1687. La sociedad de Horneck, basada en los modelos pietistas alemanes, había sido un grupo exclusivamente masculino dedicado a la oración, al estudio de la Biblia y la conversación sobre la piedad práctica. El padre de Juan y Carlos Wesley, el clérigo de la Iglesia de Inglaterra Samuel Wesley (1662-1735), había introducido un grupo de este tipo en su parroquia de Epworth. Sin embargo, Samuel disolvió la organización cuando su esposa Susanna (1669/70-1742) insistió en participar activamente.[19]

Whitefield y los Wesley trabajaron con las sociedades religiosas existentes y también ayudaron a formar otras nuevas.

Sin embargo, comenzaron a cambiar el modelo de Horneck de manera significativa, en parte para ajustarse a lo que habían aprendido de los pietistas moravos. (Juan Wesley había quedado profundamente impresionado por los moravos que conoció en el barco a Georgia en 1735, se había unido a su Sociedad de Fetter Lane organizada por Peter Böhler en Londres, y había visitado la comunidad morava en Alemania en 1738). Las nuevas sociedades religiosas segregaban a los que aún no habían experimentado el nuevo nacimiento de los cristianos convertidos que buscaban la santidad de vida. Los Wesley abrieron la membresía a las mujeres e introdujeron el canto de himnos, la letra de muchos de los cuales fue escrita por Carlos Wesley.[20]

Si bien tanto Whitefield como los Wesley hicieron uso de tales sociedades, los Wesley desarrollarían una estructura para coordinarlas y vincularlas. Para 1746, Juan Wesley había establecido una jerarquía con "líderes de clase" que presidían "clases" o "bandas" de una docena o más y "predicadores laicos" que dirigían sociedades compuestas por varias de esas clases. Las sociedades se agrupaban, a su vez, en circuitos dirigidos por "superintendentes". Los predicadores laicos y los superintendentes (algunos de los cuales eran clérigos de la Iglesia de Inglaterra) se reunían entonces en "conferencias anuales".[21] Así, aunque las visitas de Whitefield produjeron un efecto más inmediato, la influencia a largo plazo de los Wesley sería mayor.

El avance del Despertar

La gira de Whitefield de 1739-40 dejó una marca indeleble en las iglesias de las colonias americanas. El llamamiento al avivamiento era tan fuerte que a los cristianos americanos les resultaba imposible ignorarlo. Tenían que alinearse con él o convertirse en críticos al margen del movimiento. Los congregacionalistas que aprobaban el Despertar formaron las congregaciones de la "Nueva Luz". El clero y las congregaciones presbiterianas crearon un sínodo separado denominado el "Lado Nuevo" (1741-58). Otros partidarios del Despertar llegaron a ver el bautismo de adultos como un signo apropiado del despertar de la fe de los adultos. Abandonaron por completo a las iglesias presbiterianas y congregacionales y formaron congregaciones bautistas. La Iglesia Bautista, una pequeña denominación antes del Despertar, crecería rápidamente y en el siglo XIX llegaría a ser más grande que la Iglesia Congregacional o la Presbiteriana.

Sin embargo, no todos estaban contentos con la predicación de George Whitefield y el creciente fervor religioso de la escena religiosa estadounidense. Importantes sectores de las iglesias presbiterianas y congregacionales temían que el celo por la experiencia personal comprometiera las formulaciones teológicas tradicionales reformadas. Estos congregacionalistas de la "vieja luz" y los presbiterianos del "lado antiguo" insistieron en la estricta adhesión a la Confesión de Fe de Westminster y siguieron apoyando las implicaciones comunitarias de la teología del pacto.[22]

Con la excepción de Lewis Jones (ca. 1700-44) y Thomas Thompson (fl. 1740) de Carolina del Sur, la mayoría del clero de la Iglesia de Inglaterra fuera de Virginia y Maryland rechazó a Whitefield al final de su gira de 1739-40. No era coherente en su uso del Libro de Oración Común para el culto público, no suscribía la versión de la alta iglesia sobre la teología del pacto con su énfasis en la sucesión episcopal, y cuestionaba la salvación de aquellos que no podían dar fe de su conversión. Timothy Cutler, uno de los conversos de Yale, resumió la opinión de muchos cuando escribió al Obispo de Londres sobre la teología de Whitefield: "Se contradijo a sí mismo, a la Iglesia, y a todo lo que Su Señoría ha instruido..."[23] Así, mientras los congregacionalistas y los presbiterianos estaban divididos por el Despertar, los miembros de la Iglesia de Inglaterra de Nueva Inglaterra estaban unidos en su oposición a este.

Esa oposición en Nueva Inglaterra tuvo un resultado inesperado. Aunque algunos abandonaron la Iglesia de Inglaterra para seguir el avivamiento, en su conjunto la Iglesia creció rápidamente en número. Timothy Cutler, escribiendo al secretario de la SPG en nombre de los laicos de Simsbury, Connecticut, poco antes de la tercera visita de Whitefield a las colonias (1744-47), explicaba su comprensión del fenómeno de esta manera "El entusiasmo ya lleva una larga racha... de modo que muchos están cansados de él, y si la puerta estuviera abierta se refugiarían del error y el desorden en nuestra Iglesia".[24]

En las colonias centrales, el Despertar contribuyó a un rápido crecimiento de la Iglesia Presbiteriana, que ya se estaba expandiendo como resultado de la inmigración escocesa-irlandesa. El número de congregaciones presbiterianas en Nueva York, Nueva Jersey y Pensilvania, que era de ciento veinticinco en 1740, se duplicó en los treinta y cinco años posteriores a la primera visita de Whitefield. Muchos clérigos de la Iglesia de Inglaterra de las colonias centrales compartían la opinión negativa de sus homólogos de Nueva Inglaterra sobre Whitefield, pero algunos de los laicos, especialmente en Delaware y a lo largo de la frontera entre Pensilvania y Maryland, se sintieron conmovidos por el Despertar. Los clérigos de Delaware John Pugh (fallecido en 1745) y William Beckett (fallecido en 1743) se quejaron de haber perdido feligreses en 1740 y 1741 a causa de una sociedad religiosa del Despertar. En Pensilvania, William Currie de Radnor y Alexander Howie de Oxford presentaron quejas similares.[25] Sin embargo, al igual que en Nueva Inglaterra, las congregaciones de la Iglesia de Inglaterra también crecieron. En Nueva Jersey, por ejemplo, el número de parroquias aumentó de diez a veintiuna en los años comprendidos entre 1740 y 1765.[26]

Un resultado indirecto de este crecimiento antidespertar fue una creciente preocupación por la educación. Los miembros de la Iglesia de Inglaterra, que creían que una buena educación podía refutar lo que consideraban los errores del Despertar, se dieron cuenta de la falta de instituciones educativas en Nueva Inglaterra y las colonias centrales. El variado clima religioso de las colonias centrales hacía improbable y probablemente imprudente el establecimiento de colegios vinculados únicamente a la Iglesia de Inglaterra. Por ello, los miembros de la Iglesia de Inglaterra cooperaron con los presbiterianos del lado antiguo y con otros que compartían algunos de sus recelos ante el Gran Despertar.[27] En Nueva York, un grupo de personas interesadas consiguió en 1753 una carta para la creación del King's College (rebautizado como Columbia durante la Revolución). Los miembros de la Iglesia de Inglaterra ocuparon un lugar destacado en el liderazgo, proporcionando dos tercios de los gobernadores (es decir, fideicomisarios) de la escuela y muchos de los profesores. La iglesia de la Trinidad contribuyó con el terreno.[28] Samuel Johnson, uno de los conversos de Yale, fue el primer presidente de la escuela y le siguió en 1763 un segundo clérigo de la Iglesia de Inglaterra, Myles Cooper (1737-85). Ninguno de los dos sentía gran simpatía por Whitefield o el Despertar.

Para ser rector del King's College, Samuel Johnson tuvo que rechazar una invitación para dirigir una segunda institución, el Colegio Universitario de Filadelfia. Ya en 1740, Benjamin Franklin (1706-90) y otras personas interesadas habían conseguido una carta para la creación de una academia y un colegio universitario. El colegio no logró tener solidez sino hasta que William Smith (1727-1803) se incorporó al cuerpo docente. Smith, que había estudiado en la Universidad de Aberdeen y había emigrado a América para servir de tutor a una familia de Long Island, había escrito un ensayo sobre la forma adecuada de organizar un colegio universitario (*A General Idea of the College of Mirania*, 1753). Ello impresionó a Franklin, que persuadió a otros para que invitaran a Smith a formar parte del cuerpo docente. Lo hizo en 1754 y viajó a Inglaterra para ordenarse en la Iglesia de Inglaterra.[29] (En aquella época, la mayoría de los miembros de la facultad eran clérigos.) Smith se convirtió en el primer rector del Colegio Universitario de Filadelfia al año siguiente, reorganizando el plan de estudios y consiguiendo unos Estatutos enmendados. Smith intentó dar a la escuela un carácter religioso similar al del King's College de Nueva York. Con el apoyo de los fideicomisarios, dos tercios de los cuales eran miembros laicos de la Iglesia de Inglaterra, introdujo la oración matutina y vespertina, y la enseñanza regular del catecismo de la Iglesia de Inglaterra.[30] Al igual que sus homólogos del King's College, desconfiaba profundamente del Despertar.

Los miembros de la Iglesia de Inglaterra también obtuvieron beneficios en otros círculos educativos. Entre 1725 y 1748, el dos por ciento de los graduados de Harvard y el cinco por ciento de los graduados de Yale entraron en el ministerio ordenado de la Iglesia de Inglaterra, cifras que sin duda reflejan el proselitismo de Samuel Johnson en New Haven y de su compañero converso Timothy Cutler en Boston. En 1754, el rector de Yale, Thomas Clap (1703-67), intentó frenar la oleada de conversos prohibiendo a los estudiantes asistir a la iglesia de la Trinidad, la parroquia de la Iglesia de Inglaterra que construyó un edificio en el parque contiguo al Colegio Universitario de Yale en 1752-53. Sin embargo, el éxito de Clap duró poco. En la década de 1770, los miembros de la Iglesia de Inglaterra eran lo suficientemente numerosos y resueltos como para designar un capellán para los estudiantes de Yale.[31]

Virginia y Maryland, donde la Iglesia de Inglaterra era numéricamente la más fuerte, no se vieron afectadas por el entusiasmo revivalista de 1739 y 1740 ni por el crecimiento resultante de la oposición a la misma. El comisario Cummings de Pensilvania atribuyó el poco interés a la condición oficial de la Iglesia de Inglaterra; Whitefield sospechaba que se debía a la falta de fe. Describió Maryland, por ejemplo, como una zona "aún no regada con el verdadero Evangelio de Cristo". Sin embargo, la falta de grandes centros urbanos en los que Whitefield pudiera atraer a grandes multitudes puede haber sido tanto una causa de indiferencia hacia el Despertar como cualquier otra cosa. Sin embargo, el resultado final era bastante claro. Con la excepción de la zona costera de Savannah a Charleston, los habitantes de las colonias del sur tenían poco interés en la gira de Whitefield de 1739-40.[32]

Las terceras (1744-47) y cuartas (1751-52) visitas de Whitefield a las colonias apenas alteraron este patrón básico: La mayoría de los miembros de la Iglesia de Inglaterra se opusieron al Despertar o se mostraron indiferentes hacia este. Los bautistas estaban a favor y los presbiterianos y congregacionalistas se dividieron en facciones rivales.

El Despertar en la Iglesia colonial de Inglaterra

Sin embargo, en los años que transcurrieron entre la quinta (mayo de 1754-marzo de 1755) y la sexta visita de Whitefield (agosto de 1763-junio de 1765), las actitudes comenzaron a cambiar. Aunque muchos seguían siendo escépticos con respecto a Whitefield y sus métodos, un número importante de la Iglesia de Inglaterra colonial empezó a pensar lo contrario.

A menudo fue el clero más joven el que lideró este replanteamiento del Despertar. Para ellos, Whitefield habría sido un elemento fijo en el panorama teológico y no el nuevo fenómeno que había sido en 1739. Además, la crítica específica de Whitefield al ministerio y la teología de la Iglesia de Inglaterra se había atenuado con el tiempo. Los clérigos más jóvenes podían adoptar la doctrina del nuevo nacimiento de Whitefield y su defensa del culto en grupos pequeños sin aceptar sus anteriores críticas a la liturgia y el ministerio.

En Filadelfia, fue William McClenachan (Macclenachan o Macclenaghan, ordenado en 1755 y fallecido en 1766 o 1767), un clérigo irlandés recién ordenado con inclinaciones evangélicas, el que avivó el interés por el Despertar. McClenachan llegó a Filadelfia en 1759 tras un breve periodo como misionero de la SPG en Massachusetts. Mientras ayudaba a Robert Jenney (1687-1762), el anciano comisario y rector de la iglesia de Cristo, McClenachan predicó sobre la conversión y estableció una sociedad religiosa. Cuando Jenney intentó silenciarlo, McClenachan y sus partidarios se retiraron y comenzaron a reunirse en el capitolio del estado. Formaron la nueva congregación de San Pablo y, en diciembre de 1761, habían terminado un edificio que, según decían, era "el más grande de esta ciudad o provincia".[33]

En 1763, Jacob Duché (1737-98), el joven asistente del rector de la iglesia de Cristo, en Filadelfia, hablaba públicamente a favor de la predicación de Whitefield. Entonces se unió a un ministro luterano, Carl Magnus Wrangel (1727-86), para organizar una serie de clases de estudio de la Biblia. Las clases se reunieron desde el otoño de 1763 hasta la primavera de

1764 en la casa de Duché, la casa de la madre viuda de su esposa Mary Hopkinson, y en la de un guardián de la iglesia de Cristo. Duché y Wrangle llamaron al grupo "Colloquium Biblicus". Hugh Neill (hacia 1725-81), un clérigo de la Iglesia de Inglaterra que simpatizaba menos con Whitefield, se refería a los mismos grupos de estudio como "reuniones privadas según la modalidad whitfiliana".[34]

Cuando Whitefield llegó a Filadelfia en el otoño de 1763, incluso su antiguo adversario Richard Peters, que había sucedido a Jenney en la iglesia de Cristo (unida desde 1760 hasta 1836 con San Pedro como Parroquia Unida), le dio la bienvenida. Después de consultar a Duché y a otros clérigos, Peters decidió que sería preferible invitar a Whitefield a predicar antes de tener "más desunión entre los miembros, que podrían, cuando estuvieran disgustados, irse con" McClenachan. Whitefield aceptó la invitación y predicó en cuatro ocasiones. Peters reflexionó después que su decisión de extender la invitación había sido correcta. El evangelista predicó, en su opinión, "con una mayor moderación de sentimientos" de lo que creía que había sido el caso en visitas anteriores.[35]

Muchos clérigos jóvenes de otras colonias compartían un interés similar por Whitefield. Samuel Peters (1735-1826), que se hizo cargo de la congregación de la Iglesia de Inglaterra en Hebron, Connecticut, en 1758; Charles Inglis (1734-1816), que sirvió en la iglesia de Cristo en Dover, Delaware, a partir de 1759; y Samuel Magaw (1740-1812), que le sucedió en 1767, apoyaron el Despertar en diversos grados.[36]

El interés por este Despertar que se extendía en la Iglesia colonial de Inglaterra era también evidente en Virginia, donde Whitefield había logrado finalmente encender el fuego del avivamiento durante su quinta visita a las colonias. En la década de 1760, William Douglas (ordenado en 1749, 1708-98), Archibald McRoberts (con licencia para servir en Virginia en 1761), Devereux Jarratt (1733-1801) y Charles Clay (ordenado en 1768) apoyaron activamente el Despertar. Pronto se les uniría Samuel Shield (hacia 1743-1803). Es posible que otros cuatro compartieran sus sentimientos, y otros tres clérigos, entre ellos Robert McLaurine (ordenado en 1750, fallecido en 1773), estaban dispuestos a recomendar candidatos evangélicos para la ordenación.[37] Del grupo de Virginia, Jarratt sería el más conocido. Conmovido por el despertar que comenzó en la Iglesia Presbiteriana de Virginia durante la quinta visita de Whitefield, Jarratt viajó a Inglaterra para ordenarse en la Iglesia de Inglaterra en 1762. Allí escuchó predicar tanto a Whitefield como a Juan Wesley. Al regresar a Virginia para servir como rector de la parroquia de Bath en el condado de Dinwiddie, Jarratt comenzó a llamar a la conversión personal y a establecer pequeñas sociedades religiosas en su parroquia y en las zonas vecinas.

En su parroquia, William Douglas salvó el abismo entre una comprensión anterior al Despertar respecto a la recepción de la Eucaristía como pertenencia al pacto y el énfasis de Whitefield en el nuevo nacimiento, exhortando a los jóvenes que habían completado sus estudios de catecismo y se preparaban para recibir la Eucaristía. En sus sermones a los futuros comulgantes tocó algunos de los temas favoritos de Whitefield: una advertencia de que los inconversos eran "pobres, ciegos, miserables y desnudos sin Dios, sin esperanza... al borde mismo de la ruina", una advertencia contra "hablaros de paz sin fundamento", y una promesa de que "habría alegría en el cielo, por vuestra conversión a la Majestad divina".[38]

Los clérigos ordenados en la década de 1770 mostraron un interés por el Despertar similar al de los ordenados en la década de 1760. En Carolina del Norte, el clérigo Charles Pettigrew (1744-1807) se convirtió en un activo defensor del avivamiento tras su ordenación en 1775. Pettigrew era un defensor del Despertar de segunda generación; su propio padre se había convertido por la predicación de Whitefield en Pensilvania.[39] Uzal Ogden (1744-1822), catequista de la SPG (1770-72) y sacerdote en Sussex y otros puntos de Nueva Jersey, y Sydenham Thorne, de Delaware, cuyo ministerio ordenado comenzó en 1774, compartían un interés similar.[40] El clérigo de Filadelfia William Stringer, que reclamó ser ordenado por un obispo ortodoxo, pero que fue reordenado en Inglaterra en 1773, también fue un claro partidario del Despertar.[41]

También hubo un fuerte liderazgo laico en pro del Despertar en la Iglesia de la Inglaterra colonial. Esto vino de dos direcciones: de aquellos colonos, como los feligreses de la iglesia de San Pablo en Filadelfia, que fueron tocados por el progreso del Despertar en el norte de América, y de aquellos inmigrantes recientes que habían sido tocados por el renacimiento evangélico paralelo en Gran Bretaña.

Algunos de estos últimos habían participado activamente en el movimiento metodista de Inglaterra. En la década de 1760, algunos que tenían experiencia como líderes de clase y predicadores laicos en la jerarquía que Juan Wesley había creado para coordinar las sociedades religiosas británicas estaban emigrando a América. Al notar la falta de una estructura coherente para promover el Despertar en la Iglesia colonial de Inglaterra, comenzaron a introducir el modelo británico. El inmigrante irlandés Robert Strawbridge fundó sociedades metodistas en Maryland y Pensilvania a principios de la década de 1760. A mediados de la década de 1760, Barbara Heck (1734-1804) convenció a su primo Philip Embury (1728-73), que había sido predicador laico antes de su inmigración, para que formara una clase metodista en Nueva York. Heck y Embury encontraron que la Iglesia de Inglaterra en Nueva York no era propicia para su esfuerzo y comenzaron a asistir a una congregación luterana.[42] Otros en Nueva York aparentemente pensaban de manera diferente. En 1764, los partidarios del Despertar fueron lo suficientemente influyentes en la iglesia de la Trinidad de Nueva York, por ejemplo, como para presionar al nuevo rector Samuel Auchmuty (1722-77) para que contratara a un asistente que fuera "un sólido whitfiliano". Estos partidarios laicos intentaron convencer a Jacob Duché de que dejara su puesto de asistente en la iglesia de Cristo, Filadelfia, y se trasladara a Nueva York. Duché rechazó la oferta, pero recomendó a Charles Inglis, de Dover, que se convirtió en asistente de Auchmuty en 1765.[43]

A finales de la década de 1760, muchos otros habían seguido el ejemplo de Strawbridge, Heck y Embury en la introducción de estructuras metodistas en América. El capitán Thomas Webb, veterano de la Guerra Francesa e India, proporcionó un colorido estilo de liderazgo a los metodistas de Nueva York. Robert Williams, predicador laico irlandés e itinerante, llegó a Filadelfia en 1769. Viajó mucho, apareciendo, por ejemplo, en 1772 o 1773 en la puerta de Devereux Jarratt en Virginia.[44] Él y otros cooperaron con Jarratt, produciendo un floreciente movimiento metodista que pronto se convirtió en el más grande de las colonias.

En 1769, Juan Wesley decidió desempeñar un papel más directo en la expansión de este creciente movimiento metodista entre las colonias americanas. Comenzó a elegir predicadores laicos para enviarlos a América. Acabaría enviando a diez, incluyendo a Joseph Pilmore (o Pilmoor, 1739-1825), Francis Asbury (1745-1816) y Joseph Rankin. Pilmore, uno de los dos primeros elegidos para ir en 1769, se estableció en Filadelfia. Asbury, que a su llegada en 1771 solo tenía veintiséis años, acabaría convirtiéndose en el líder más influyente del movimiento metodista. A corto plazo, sin embargo, fue Rankin, un hombre mayor y con más experiencia que llegó en 1773, quien proporcionó el liderazgo. En 1773 convocó la primera de las que se convertirían en conferencias metodistas anuales regulares.[45] Los asistentes a la primera reunión adoptaron las actas publicadas de las conferencias inglesas de Wesley como regla de orden y juraron que no admitirían a nadie en su número que no estuviera de acuerdo en hacer lo mismo.[46]

Los designados por Wesley eran más partidarios de mantener el vínculo entre las sociedades metodistas y la Iglesia de Inglaterra colonial que algunos de los primeros inmigrantes que habían introducido las estructuras metodistas por iniciativa propia. Los designados de Wesley animaban a los miembros de las sociedades metodistas a celebrar el culto en congregaciones de la Iglesia de Inglaterra, invitaban a los clérigos simpatizantes de la Iglesia de Inglaterra a las sesiones de la conferencia anual y trataban de impedir que predicadores como Robert Strawbridge celebraran los sacramentos sin la ordenación episcopal.[47] Esta actitud se ganó la cooperación de muchos de los clérigos de la Iglesia de Inglaterra que apoyaban el Despertar.

El sistema metodista en expansión también llenó un importante vacío. Whitefield había proporcionado una personalidad que vinculaba a las congregaciones del Despertar en las colonias, pero ninguna estructura o institución duradera en las colonias que pudiera perdurar después de su propia muerte en 1770. El sistema metodista, en cambio, ofrecía una estructura que no dependía de un solo individuo y que, por tanto, podía proporcionar continuidad y dirección a lo largo del tiempo. Sin embargo, no todos los que abrazaron el Despertar se unieron a las sociedades metodistas. El clero colonial consideraba a las sociedades metodistas como un movimiento laico al que debían ayudar, más que unirse. Los partidarios laicos de Whitefield también podrían tener dudas sobre la afiliación, ya que, aunque Whitefield y los Wesley estaban de acuerdo en la importancia del nuevo nacimiento y el valor de las reuniones privadas, discrepaban sobre la doctrina de la predestinación. No obstante, muchos se unieron, y en 1775 las sociedades podían presumir de tener 3.148 miembros.[48]

Efectos del Despertar

El Gran Despertar cambió el carácter teológico de la Iglesia de Inglaterra colonial. Aunque los defensores del Despertar de las décadas de 1760 y 1770 nunca abandonaron la sucesión episcopal ni la liturgia establecida de la forma en que Whitefield había estado dispuesto a hacerlo en 1739, sí adoptaron estilos sentimentalistas de predicación y el llamamiento de Whitefield a la conversión de los adultos. Incluso los críticos del Despertar comenzaron a prestar mayor atención a la experiencia religiosa personal. El intento de integrar esta nueva valoración de los afectos con la tradición del pacto recibida sería, a su vez, un tema de gran interés para los teólogos de finales de siglo.

Sin embargo, los cambios no fueron solo teológicos. De hecho, fueron pocos los aspectos de la vida eclesiástica que quedaron intactos. La membresía, las instituciones e incluso la arquitectura y la música de la Iglesia se vieron afectadas.

La membresía

Una de las formas en que el Gran Despertar cambió la membresía fue elevando sutilmente la condición de las mujeres. La alfabetización femenina era considerablemente inferior a la masculina en el siglo XVIII; según algunas estimaciones, era la mitad de la de los hombres.[49] La religión intelectual de la Ilustración Moderada tenía, por tanto, un atractivo limitado para las mujeres. Sin embargo, el Despertar, con su énfasis en los afectos y sus reuniones de oración en los hogares, proporcionó nuevas oportunidades para la participación femenina. Martha Laurens Ramsay (1759-1811), hija de una prominente familia de Carolina del Sur que asistía a la iglesia de San Felipe en Charleston, descubrió, por ejemplo, que su fe basada en el Despertar le abrió las puertas a un mundo con mayores posibilidades. Mantuvo correspondencia con mujeres inglesas tan piadosas como Selina, condesa de Huntingdon (1707-91) y comenzó un diario religioso personal, que fue publicado por su marido tras su muerte.[50]

Del mismo modo, el Despertar afectaría al ministerio de la Iglesia de Inglaterra hacia los negros americanos. La Iglesia de Inglaterra había comenzado a ampliar ese ministerio en la época de la gira de Whitefield de 1739-40, en gran medida debido al rápido aumento de la población esclava.[51] En 1741, la SPG compró a los esclavos Harry y Andrew para que sirvieran como evangelistas entre los negros de Carolina del Sur. A mediados de la década de 1740, el clero de la iglesia de Cristo, en Filadelfia, vio tal incremento en su ministerio entre los negros que pidió a la SPG que nombrara un catequista para supervisar el trabajo. La SPG respondió con el nombramiento de William Sturgeon (fallecido en 1772) en 1747. Sturgeon, un graduado de Yale que había viajado a Inglaterra para ser ordenado, llevó a cabo esa labor hasta 1762. A principios de la década de 1750, Hugh Neill bautizó a 162 personas negras en su congregación de Delaware. Entre 1758 y 1765, los asociados del Dr. Bray abrieron escuelas para negros en Virginia, Pensilvania, Rhode Island y Nueva York.[52]

El hecho de que la labor más eficaz entre los negros se llevara a cabo a menudo en las mismas parroquias en las que el clero de la Iglesia de Inglaterra comenzó a apoyar el Despertar luego de 1759 puede no ser del todo casual.[53] Es posible que el clero haya probado el sencillo mensaje de la confianza personal en Cristo como herramienta de evangelización para los negros antes de utilizar el mensaje con los feligreses blancos. Sin embargo, sean cuales fueren los hechos, una cosa estaba clara: la expansión del ministerio hacia los negros coincidió con el Gran Despertar.

El hecho de que la labor más eficaz entre los negros se llevara a cabo a menudo en las mismas parroquias en las que el clero de la Iglesia de Inglaterra comenzó a apoyar el Despertar después de 1759 puede no ser del todo casual.

Así, durante el Despertar, la Iglesia de Inglaterra sentó las bases para la expansión del papel de los negros y las mujeres que tendría lugar en los años posteriores a la Revolución estadounidense. La formación de congregaciones negras independientes a finales del siglo XVIII y el creciente movimiento femenino del siglo XIX se construyeron sobre esa base.

El número de miembros de la Iglesia de Inglaterra colonial también se vio afectado de otra manera. Antes del Gran Despertar, las denominaciones americanas estaban organizadas según un patrón más o menos geográfico; la Iglesia Congregacional predominaba en Nueva Inglaterra, la Iglesia de Inglaterra en el Sur y la Iglesia Presbiteriana en ciertas zonas de las colonias centrales. El Despertar rompió este esquema. Llevó a presbiterianos y bautistas a Virginia y contribuyó al crecimiento de la Iglesia de Inglaterra en Nueva Inglaterra y las colonias centrales. Los enclaves religiosos de la primera mitad del siglo dieron paso a un patrón más heterogéneo.

El Gran Despertar (1740-76)

Las asambleas provinciales y la vocación al episcopado

El Despertar también provocó un renovado reclamo de un episcopado colonial. Los enfrentamientos de Whitefield con el clero colonial en 1739 y 1740 demostraron la debilidad del sistema de comisariado. Los comisarios podían quejarse de la predicación de Whitefield, pero carecían de la clara autoridad sobre él que habría podido ejercer un obispo colonial. Además, como los miembros de la Iglesia de Inglaterra habían señalado a principios de siglo, un obispo colonial proporcionaría un suministro más satisfactorio de clero y evitaría la inevitable pérdida de vidas de algunos que emprendían el peligroso viaje a Inglaterra para ser ordenados. El converso de Yale, Samuel Johnson, era muy consciente del peligro; su hijo había muerto en ese viaje.

Timothy Cutler, compañero de Johnson en Yale, fue uno de los principales defensores del establecimiento de un episcopado colonial. Otra figura que se hizo oír fue Thomas B. Chandler (1726-90), un clérigo de Nueva Jersey, cuya obra *An Appeal to the Public, on Behalf of the Church of England in America* ["Una apelación a la opinión pública, en nombre de la Iglesia de Inglaterra en América"] (1767) trató de atraer el mayor apoyo popular hacia la idea. En Inglaterra, el obispo Joseph Butler (1692-1752), un crítico de Juan Wesley, hizo suya la petición de un episcopado colonial, y el obispo de Londres (1748-61) Thomas Sherlock dejó de nombrar comisarios en todas las colonias excepto en Virginia para presionar al Parlamento a tomar medidas.[54]

Los que no eran miembros de la Iglesia de Inglaterra reaccionaron negativamente a la campaña por un episcopado colonial. En el tenso clima político de la década de 1760, cualquier propuesta de una nueva institución británica en las colonias resultaba sospechosa. Para los congregacionalistas y presbiterianos, un obispo de la Iglesia de Inglaterra que pudiera ejercer la autoridad política de sus homólogos episcopales en la Cámara de los Lores era especialmente odioso.

En Massachusetts, los clérigos congregacionales Noah Welles (1718-76), Jonathan Mayhew (1720-66) y Charles Chauncy

(1705-87) fueron feroces críticos de la Iglesia de Inglaterra colonial. En un panfleto anónimo titulado *The Real Advantage* (1762), Welles afirmaba haberse unido a la Iglesia de Inglaterra por razones puramente sociales. Las *Observaciones sobre la... S.P.G.* (1763) de Mayhew criticó al clérigo de la Iglesia de Inglaterra East Apthorp (1732 o 1733-1816) y sugirió que los misioneros de la SPG violaban sus propios estatutos al predicar a quienes ya eran cristianos activos.[55] Chauncy desafió el *Appeal* [la "apelación a la opinión pública"] de Chandler con su propio *Appeal to the Public* ["Apelación al público"] (1769), al que Chandler respondió con *The Appeal Farther Defended* ["La apelación más defendida"] (1771). La caracterización de Welles-Mayhew-Chauncy de la Iglesia de Inglaterra como rica no era exacta; a nivel nacional, la Iglesia representaba aproximadamente el mismo grupo económico que la Iglesia Congregacional, y en Nueva Inglaterra sus miembros eran decididamente menos adinerados.

No obstante, las acusaciones se convirtieron en un elemento duradero en el imaginario religioso estadounidense. Sin embargo, los episcopales posteriores pudieron apreciar la ironía histórica que supuso que el nieto de Mayhew, Jonathan Mayhew Wainwright (1792-1854), fuera elegido obispo episcopal.

En Nueva York, los presbiterianos William Livingston (1723-90) y Francis Alison (1705-79) escribieron los periódicos *American Whig* en los que se mostraban igualmente críticos con los planes de un obispo para la Iglesia de Inglaterra colonial. Su oposición, combinada con la de Nueva Inglaterra, resultó lo suficientemente fuerte como para impedir la introducción de obispos. Cutler, Chandler y Butler lograron interesar al arzobispo de Canterbury Thomas Seeker (arzobispo, 1758-68), pero no pudieron convencer al Parlamento inglés de que enviara obispos contra la oposición manifiesta de los congregacionalistas y presbiterianos coloniales.

Aunque el intento de hacer frente a los efectos del Despertar no se tradujo en el envío inmediato de un obispo colonial, sí dio lugar a la creación de las instituciones coloniales que, con el tiempo, desempeñarían un papel vital en la consecución del ministerio episcopal. En mayo de 1760, el clero de la Iglesia de Inglaterra de Pensilvania, Delaware y Nueva Jersey decidió reunirse en Filadelfia.

William Smith, del Colegio Universitario de Filadelfia, presidió la reunión. La sociedad religiosa de William McClenachan y la necesidad de un obispo colonial fueron los principales temas de conversación. Smith pensó que la convención era una buena idea y escribió al Arzobispo de Canterbury al año siguiente sugiriendo que las otras colonias formaran provincias, tal y como habían hecho Nueva Jersey, Delaware y Pensilvania. Sin embargo, a Smith no le impresionó la sugerencia de la convención de 1766. Los deberes de la universidad le impidieron asistir ese año, y en su ausencia una mayoría del clero votó a favor de lo que él caracterizó como "una especie de gobierno presbiteriano o sinodal autodelegado por convenciones".[56]

El clero de Nueva York también se reunía con regularidad. Invitaron a clérigos de la Iglesia de Inglaterra de las colonias vecinas a una serie de convenciones (1765, 1766 y 1767) que se ocuparon en gran medida de la campaña por un episcopado colonial. Samuel Seabury (1729-96), oriundo de Connecticut, que sirvió a las iglesias de Long Island y Westchester, fue el secretario de dos de esas sesiones. En 1767 el clero de Nueva York se unió al de Pensilvania, Nueva Jersey y Delaware para fundar la Sociedad de Ayuda a las Viudas y Huérfanos de Clérigos.[57] Estas tres organizaciones, las dos convenciones regionales y la sociedad caritativa unida, proporcionarían el marco y el liderazgo para la reorganización de la Iglesia de Inglaterra colonial tras la Revolución estadounidense.

Arquitectura y música eclesiástica

El Despertar también afectó al diseño interior de las iglesias. Muchos edificios anteriores de la Iglesia de Inglaterra habían tenido diseños con dos centros focales, los púlpitos y altares en paredes adyacentes. Sin embargo, a mediados del siglo XVIII, el nuevo estilo de construcción introducido en Inglaterra por James Gibbs se hizo popular. Los exteriores de los nuevos edificios incorporaban elementos de la arquitectura griega clásica que concordaban con una visión ilustrada moderada de la relación entre religión y ciencia. Sin embargo, los interiores de los edificios solían estar dispuestos de forma que se adecuaban al énfasis del Gran Despertar en la predicación sentimental. Los grandes púlpitos centrales dominaban las estructuras dispuestas en un único eje central.[58] De hecho, como se quejarían los episcopales de principios del siglo XIX, muchos de estos púlpitos estaban colocados de tal manera que ocultaban la mesa sagrada de la vista de la congregación.[59]

Del mismo modo, las innovaciones musicales de los Wesley dejaron una huella indeleble en el culto. Antes del Despertar, muchos miembros de la Iglesia de Inglaterra se resistían a utilizar himnos de composición reciente. Creían que los cristianos debían cantar únicamente material bíblico o textos como el *Te Deum*, consagrados por siglos de uso. En los primeros años después del Despertar, algunos miembros de la Iglesia de Inglaterra colonial seguían mirando con gran recelo el canto de los himnos modernos. En Virginia, Archibald McRoberts, partidario del Despertar, fue juzgado por cantar himnos no autorizados en algún momento de 1779.[60] En Maryland, los críticos acusaron a William Briscoe, Jr. de la parroquia de Shrewsbury del mismo delito en 1808.[61]

Sin embargo, ni siquiera estas acusaciones impidieron la incursión del canto de himnos. Tras la Revolución estadounidense, las convenciones generales episcopales autorizarían los himnarios en 1789 (27 himnos), 1808 (57 himnos) y 1826 (212 himnos). Dos de los himnos de 1808 y catorce de los de la colección de 1826 eran de Carlos Wesley.[62] Los episcopales, tanto partidarios como detractores del Despertar, pronto empezarían a cantar himnos.

A medida que se acercaba la década de 1770, los miembros de la Iglesia de Inglaterra en el norte de América tenían, en general, motivos para dar gracias. El Gran Despertar había dado lugar a desacuerdos entre los miembros de la Iglesia, pero (todavía a una década de distancia de la formación de una Iglesia Metodista separada) no ocasionó las divisiones formales que marcaron las separaciones "antigua" y "nueva" de

El Gran Despertar (1740-76)

Fig. 12 El diseño interior de la Vieja Capilla, en el condado de Clarke, Virginia (hacia 1790) reflejaba la creciente importancia de la predicación tras el Gran Despertar.

las iglesias congregacionales y presbiterianas. La Iglesia de Inglaterra oficial estaba perdiendo algo de terreno en el Sur frente a las congregaciones presbiterianas y bautistas del Despertar, pero la Iglesia estaba creciendo en las colonias centrales y en Nueva Inglaterra. De hecho, la Iglesia estaba participando en una racha de crecimiento que duplicó el número de congregaciones americanas en las cuatro décadas posteriores a 1740. Gran parte de esa expansión puede haber sido el resultado de la creciente inmigración hacia América, pero dio a los miembros de la Iglesia de Inglaterra colonial una sensación de progreso y crecimiento.[63] Sin embargo, esta sensación de seguridad no tardaría en desmoronarse con los acontecimientos de la Revolución estadounidense.

NOTAS

1. William Howland Kenney, III, "George Whitefield and Colonial Revivalism: The Social Sources of Charismatic Authority, 1737–1770" (Ph.D. diss., University of Pennsylvania, 1966), 85; Stuart C. Henry, George Whitefield, Wayfaring Witness (New York; Abingdon Press, 1957), 200–10.

2. Sydney E. Ahlstrom, *A Religious History of the American People* (New Haven: Yale University Press, 1972), 349–50.

3. William Stevens Perry, ed., *Massachusetts*, vol. 3 de *Historical Collections Relating to the American Colonial Church* (Hartford, 1873; reprint, New York: AMS Press, 1969), 346; George Whitefield, *George Whitefield's Journals*, a new edition, ed. Iain Murray (London: Banner of Truth Trust, 1965), 457. Fue en esta conversación que Whitefield rechazó la necesidad de la sucesión episcopal para un ministerio válido.

4. Whitefield, *Journals*, 356; Kenney, "George Whitefield," 68–70, 89–91.

5. Perry, *Virginia*, vol. 1 of *Historical Collections*, 364.

6. John Locke, *An Essay Concerning Human Understanding*, ed. Alexander Campbell Fraser, 2 vols. (Oxford: Clarendon Press, 1894), 1:5.

7. El clérigo congregacional del siglo XVIII, Jonathan Edwards, definió los afectos como "los ejercicios más vigorosos y sensibles de la inclinación y la voluntad", que eran "los resortes que nos ponen a trabajar en todos los asuntos de la vida, y nos estimulan en todas nuestras actividades, especialmente en todos los asuntos perseguidos con vigor". Aunque Edwards señaló que "todos los afectos tienen en algún aspecto o grado un efecto sobre el cuerpo", distinguió los afectos de las sensaciones corporales (pp. 57–61). En el inglés contemporáneo, "*deep personal conviction*" (convicción personal profunda) transmite algo parecido a lo que "*affection*" (afecto) transmitía a los angloparlantes del siglo XVIII. Véase Jonathan Edwards, *A Treatise on Religious Affections* (Grand Rapids: Baker Book House, 1982), 12, 17, 57–61.

8. Harry S. Stout, *The New England Soul* (New York: Oxford University Press, 1986), 187.

9. Había múltiples pasos intermedios entre el reconocimiento de la propia incapacidad para obtener la salvación y el "aferramiento a Cristo", que generalmente implicaban la alternancia entre la duda en la posibilidad de salvación y el aumento de la confianza en Cristo. En el siglo siguiente, el teólogo episcopal Daniel R. Goodwin, de la Escuela de Divinidad de Filadelfia, enumeraría ocho formas diferentes de entender estos pasos intermedios. Véase Daniel R. Goodwin, *Syllabus of Lectures on Systematic Divinity, on Apologetics, and on the Canon, Inspiration, and Sufficiency of Holy Scripture* (Philadelphia: Caxton Press, 1875), 131–32.

10. Whitefield, *Journals*, 37–38.

11. Henry, *George Whitefield, Wayfaring Witness*, 24.

12. J.C. Ryle, "George Whitefield and His Ministry," en *Select Sermons of George Whitefield with an account of his life by J.C. Ryle and a summary of his doctrine by R. Elliot* (Edinburgh: Banner of Truth Trust, 1985), 13–17.

13. Ryle, "*George Whitefield*," 18 y 27.

14. George Whitefield, *Select Sermons of George Whitefield*, 85.

15. Whitefield utilizó el pasaje de Jeremías como base para su sermón, tantas veces pronunciado, titulado "El método de la gracia". Véase *Whitefield, Select Sermons*, 75–95 o John Gillies, *Memoirs of the Rev. George Whitefield, rev. and cor.* (New Haven: Whitemore and Buckingham, 1934), 473–88.

16. Para un debate sobre el temor legal, véase Stephen R. Yarbrough y John C. Adams, *Delightful Conviction: Jonathan Edwards and the Rhetoric of Conversion* (Westport, Connecticut: Greenwood Press, 1993), 7–10. Yarbrough y Adams señalan un amplio acuerdo entre los evangélicos estadounidenses sobre la importancia del temor legal a finales del siglo XVII, pero sugieren que Jonathan Edwards hizo menos hincapié en el concepto que otros predicadores de la época. Carlos Wesley reconoció el término como descriptivo de la enseñanza de Whitefield y lo utilizó en una elegía que escribió ante la muerte del evangelista: "Los frutos del arrepentimiento primero, y el *temor legal*, con ellos aparecen ahora las marcas genuinas de la gracia". Véase: George Osborn (ed.), *The Poetical Works of John and Charles Wesley*, 10 vols. (London: Wesleyan-Methodist Conference Office, 1870), 7:428. [Énfasis añadido].

17. George Whitefield, *Sermons on Important Subjects; by the Rev. George Whitefield, A. M. with a memoir of the author by Samuel Drew and a Dissertation on his Character, Preaching, etc. by the Rev. Joseph Smith* (London: Thomas Tegg, & Son, 1836), 735–36.

18. Whitefield, *Sermons on Important Subjects*, 735–36.

19. Howard A. Snyder, *The Radical Wesley* (Downer's Grove, Ill.: InterVarsity Press, 1981), 14–16.

20. Henry D. Rack, *Reasonable Enthusiast: John Wesley and the Rise of Methodism* (Philadelphia: Trinity Press International, 1989), 85, 186.

21. Williston Walker, Richard Norris, David Lotz, y Robert Handy, *A History of the Christian Church*, 4th ed. (New York: Charles Scribner's Sons, 1985), 602–3.

22. El historiador Perry Miller sugirió por primera vez en un ensayo de 1935 que Jonathan Edwards y otros clérigos de la Nueva Luz de Nueva Inglaterra rechazaban la teología del pacto. Esta afirmación ha sido objeto de un continuo debate. Para el ensayo de Miller, véase "The Marrow of

Puritan Divinity," en *Errand into the Wilderness* (Cambridge: Belknap Press of Harvard University Press, 1956). Para un análisis del debate sobre la teología del pacto y el Gran Despertar, véase David D. Hall, "On Common Ground: The Coherence of American Puritan Studies," *William and Mary Quarterly* (3rd series) 44 (April1987) y Cornelis van der Knijff, Willem van Vlastuin, "The Development in Jonathan Edwards' Covenant View," *Jonathan Edwards, online journal 3*, No. 2 (2013). Los defensores presbiterianos y congregacionales de la teología del pacto no aceptaron, por supuesto, el argumento de la alta Iglesia de Inglaterra de que la ordenación episcopal era una condición del pacto.

23. Perry, *Historical Collections*, 3:346.

24. Perry, *Historical Collections*, 3:380.

25. John Frederick Woolverton, *Colonial Anglicanism in North America* (Detroit: Wayne State Press, 1986), 196.

26. Patricia U. Bonomi and Peter R. Eisenstadt, "Church Adherence in the Eighteenth-Century British American Colonies," *William and Mary Quarterly* (3d series) 39 (April 1982): 272.

27. Deborah Mathias Gough, "The Colonial Church: Founding the Church, 1695–1775," *This Far by Faith: Tradition and Change in the Episcopal Diocese of Pennsylvania*, ed. David R. Contosta (University Park: The Pennsylvania State University Press, 2012), 35.

28. David C. Humphrey, *From King's College to Columbia*, 1746–1800 (New York: Columbia University Press, 1976), 34–5, y 77.

29. Gough, "The Colonial Church," 28.

30. Humphrey, *From King's College to Columbia*, 77; Ahlstrom, *Religious History*, 222–23.

31. Humphrey, *King's College to Columbia*, 24–25, y 48; Edwards Beardsley, *Life and Correspondence of Samuel Johnson, D.D.* (New York: Hurd and Houghton, 1874), 200.

32. Kenney, "George Whitefield," 72, 99–100, 108. En Carolina del Sur y Georgia, Whitefield atrajo a un público considerable en 1740. Además de los clérigos Lewis Jones (ca. 1700-1744) de la parroquia de Santa Helena en Port Royal, Carolina del Sur, y Thomas Thompson (fl. 1740) de la parroquia de San Bartolomé, ya mencionados, las juntas parroquiales de dos congregaciones vacantes (la iglesia de Cristo y la iglesia de San Juan, en el condado de Colleton) apoyaron a Whitefield. Véase Sidney Charles Bolton, "The Anglican Church of Colonial South Carolina, 1704–1754: A Study in Americanization" (Ph.D. diss., University of Wisconsin, 1973), 315–16.

33. Perry, ed., *Pennsylvania*, vol. 2 de *Historical Collections*, 319–24, 355; Wardens and vestry of Saint Paul's Church to Bishop Osbaldeston, 22 June 1762, Fulham Papers, Lambeth Palace Library, London, England,

vol. 7, 320; Wardens of St. Paul's to Bishop Terrick, Fulham Papers, vol. 8, 48–51.

34. Perry, *Historical Collections*, 2:360; Kevin J. Dellape, *America's First Chaplain: The Life and Times of the Reverend Jacob Duché* (Bethlehem: Lehigh University Press, 2013), 46.

35. Perry, *Historical Collections*, 2:392–93.

36. Woolverton, *Colonial Anglicanism*, 198; Robert C. Monk, "Unity and Diversity among Eighteenth-Century Colonial Methodists and Anglicans," *Historical Magazine of the Protestant Episcopal Church* 38 (March 1969): 59–60; Perry, *Historical Collections*, 2:365.

37. Joan Rezner Gundersen, "The Anglican Ministry in Virginia 1723–1776: A Study of a Social Class" (Ph.D. diss., Notre Dame, 1972), 219–20.

38. El sermón citado no tiene fecha, pero probablemente fue pronunciado entre 1765 y 1766, dos años en los que Douglas pronunció otro sermón sobre el mismo texto. A menudo predicaba varios sermones sobre el mismo texto en semanas sucesivas. William Douglas, "Sermons", 2 vols. (RG M255 William Douglas Sermons, Virginia Theological Seminary Archives, Alexandria, Virginia.), 2:42-43, 46. [Ortografía modernizada].

39. Sarah McCulloh Lemmon, *Parson Pettigrew of the "Old Church"* (Chapel Hill: University of North Carolina Press, 1970), 4.

40. Monk, "Unity and Diversity," *Historical Magazine*, 60.

41. Richard Peters al obispo Terrick, 12 dic. 1766, Fulham Papers 8:29; William Smith al obispo Terrick, 22 oct. 1768, Fulham Papers, 8:41; Guardianes de la iglesia de San Pablo al obispo Terrick, 3 dic. 1772, Fulham Papers, 8:48-49; Clero de Filadelfia al obispo Terrick, Fulham Papers, 8:50-51; William Stringer al obispo Terrick, 28 oct. 1773, Fulham Papers, 8:56-57.

42. Rack, *Enthusiast*, 484.

43. Perry, *Historical Collections*, 2:365.

44. Rack, *Enthusiast*, 484-85; Devereux Jarratt, *The Life of the Reverend Devereux Jarratt* (Baltimore: Warner and Hanna, 1806; reimpresión, Nueva York: Arno Press y New York Times, 1969), 107-8.

45. Rack, *Enthusiast*, 456-57.

46. Thomas C. Oden, *Doctrinal Standards in the Weslyan Tradition* (Grand Rapids: Francis Asbury Press of Zondervan Publishing, 1988), 29-30.

47. Rack, *Enthusiast*, 486-87.

48. Ahlstrom, *Religious History*, 327. Whitefield creía que Dios elegía a determinadas personas para la salvación por razones que, en última instancia, eran incognoscibles para los seres humanos (es decir, lo que se ha llamado la posición "calvinista"). Juan Wesley sostenía que Dios otorgaba

el don de la salvación a las personas basándose en el conocimiento previo de que harían buen uso de ese don (es decir, la posición "arminiana").

49. Linda K. Kerber, *Women of the Republic: Intellect and Ideology in Revolutionary America* (Chapel Hill: University of North Carolina Press, 1980), 193.

50. Joanna Bowen Gillespie, "The Clear Leadings of Providence": Pious Memoirs and the Problems of Self-Realization for Women in the Early Nineteenth Century", *Journal of the Early Republic* 5 (verano de 1985): 197-221.

51. El aumento de la población esclava fue el resultado del auge de los precios del tabaco, que comenzó en la década de 1730. Los plantadores invirtieron sus mayores beneficios en más esclavos. En Virginia, la población de esclavos aumentó de 60,000 a 140,000 en el periodo de veinte años comprendido entre 1740 y 1760. David Burner y otros, *An American Portrait: A History of the United States*, 2d ed. (Nueva York: Charles Scribner). (Nueva York: Charles Scribner's Sons, 1985), 63-64.

52. *Classified Digest of the Records of the Society for the Propagation of the Gospel in Foreign Parts*, 1701-1892, 4th ed. (London: SPG, 1894), 38-39, 852; Edgar Legare Pennington, *Thomas Bray's Associates and Their Work Among the Negroes* (Worcester, Mass.: American Antiquarian Society, 1939).

53. Entre las parroquias en las que la expansión del ministerio hacia los negros precedió al interés de los blancos por el Despertar se encontraban la iglesia de Cristo, Filadelfia (con el trabajo de catequesis entre los negros que llevó al nombramiento de Sturgeon; la predicación de McClenachan sobre el Despertar en 1759, y los grupos whitfilianos de Duché en la década de 1760); Dover, Delaware (con los bautismos de negros por Neale; el Despertar bajo los rectores Inglis y Magaw); la iglesia de la Trinidad, Nueva York (con la escuela asociada por el Dr. Bray; el interés de los laicos en el Despertar, que lleva al nombramiento de Inglis); y la iglesia de San Felipe, Charleston (con los catequistas negros; y el interés de Martha Laurens Ramsay y otros en el Despertar).

54. *Dictionary of National Biography*, s.v. "Joseph Butler" por Leslie Stephen; Arthur Lyon Cross, *The Anglican Episcopate and the American Colonies* (New York: Longmans, Green, and Co., 1902), 129.

55. Carl Bridenbaugh, *Mitre and Sceptre* (Nueva York: Oxford University Press, 1962), 226.

56. Perry, *Historical Collections*, 2:311-24, 413-15; Cross, Anglican Episcopate, 247.

57. Clara O. Loveland, *The Critical Years* (Greenwich, Conn.: Seabury Press, 1965), 7.

58. Donald Drew Egbert y Charles W. Moore, "Religious Expression in American Architecture", en *Religious Perspective in American Culture*, ed., James Ward Smith y A. Leland. James Ward Smith y A. Leland Jamison, 2 vols. (Princeton: Princeton University Press, 1961), 2:374-77

59. *Christian Journal* 11 (Nueva York, 1827): 135; *The Correspondence of John Henry Hobart*, ed. Arthur Lowndes, 6 vols. (Nueva York: priv. print., 1911-12), 2:511-19.

60. Gundersen, "Anglican Ministry", 290.

61. Katherine Myrick DeProspo, *A History of Shrewsbury Parish Church* (Wye Mills, Md.: Chesapeake College Press, 1988), 100.

62. *The Hymnal 1940* Companion, 3d rev. ed. (Nueva York: Church Pension Fund, 1951), xx-xxi.

63. Bonomi y Eisenstadt, "Church Adherence", 274.

4
La revolución estadounidense (1776–1800)

Paz, paz, pero no hay paz

En marzo de 1775, un joven, sobrino de un clérigo de la Iglesia de Inglaterra colonial, habló ante una reunión en la iglesia de San Juan de Richmond, Virginia. El orador, Patrick Henry (1736-99), eligió Jeremías 6:14 como texto. Las palabras de Jeremías—"y curan con superficialidad el quebranto de mi pueblo, diciendo: 'Paz, paz'. ¡Pero no hay paz!"—pueden haber desencadenado recuerdos de George Whitefield en los oyentes de Henry, ya que ese evangelista del Despertar las había utilizado para describir la falsa seguridad religiosa de los inconversos. Sin embargo, Henry trató el texto de una manera muy diferente a la de Whitefield:

> Los caballeros pueden gritar paz, paz, pero no hay paz. La guerra ha comenzado realmente. El próximo vendaval que llegue del norte traerá a nuestros oídos el choque de armas resonantes. Nuestros hermanos ya están en el campo de batalla. ¿Por qué nos quedamos aquí sin hacer nada? ¿Qué es lo que desean los caballeros? ¿Es la vida tan cara, o la paz tan dulce, como para comprarla al precio de las cadenas y la esclavitud? ¡No lo permitas, Dios Todopoderoso! No sé qué camino pueden tomar otros, pero en cuanto a mí, dame la libertad o dame la muerte.[1]

El peligro del que Henry advirtió a su audiencia (la segunda convención revolucionaria de Virginia) era político, más que religioso. Estaba convencido de que era solo cuestión de tiempo para que la lucha con los británicos que ya había comenzado en Nueva Inglaterra llegara a Virginia.

Henry no era el único que reformulaba el tema del Gran Despertar en términos políticos. Tanto los patriotas como los leales reconocieron lo que un historiador ha llamado un "desbordamiento" de la religión hacia la política[2]. Los predicadores del Despertar habían discernido la mano de Dios en los reavivamientos que se extendieron a mediados de siglo; ahora los líderes políticos hacían la misma afirmación sobre la Revolución estadounidense. Según el punto de vista de cada uno, Dios garantizaría el éxito o el fracaso de la Revolución. La elección, por tanto, entre el bando patriótico o el lealista era una elección entre la fidelidad y la infidelidad.

Con una combinación tan potente de temas religiosos y políticos, era inevitable que la Revolución estadounidense tuviera importantes consecuencias para la vida religiosa. Las iglesias que se adaptaran a las nuevas circunstancias estadounidenses prosperarían; las que no lo hicieran, al menos a corto plazo, sufrirían.[3] Los miembros de la Iglesia de Inglaterra colonial eran más propensos que los de cualquier otro grupo religioso de las colonias a apoyar al bando británico durante la Revolución. A principios de la década de 1770, podían mostrar signos de salud que no tenía parangón: un crecimiento numérico de cuarenta y cinco a casi cuatrocientas parroquias en los años que van de 1660 a 1770, una expansión geográfica en el mismo período de una colonia a trece, y un ministerio para los nativos americanos y las personas esclavizadas (en gran parte el trabajo de los misioneros apoyados por la SPG y los Asociados del Dr. Bray).[4] Al final de la guerra, estos signos de salud habían dado paso a indicadores de un tipo muy distinto. Muchos clérigos y laicos habían huido, los feligreses habían abandonado los edificios de la Iglesia y las escuelas para negros apoyadas por los Asociados del Dr. Bray habían cerrado. La denominación en su conjunto había experimentado un descenso en el número de miembros cuyos resultados se harían sentir hasta bien entrado el siglo siguiente. Hacia 1820, la Iglesia quedaría muy por detrás de los congregacionalistas y los presbiterianos, pasando del segundo o tercer lugar en número de parroquias al sexto entre las denominaciones estadounidenses. Los bautistas, los metodistas y los luteranos pronto reclamarían más congregaciones.[5]

Las divisiones durante la guerra

Lealistas y patriotas

Las rúbricas del Libro de Oración Común de 1662, que estaba en uso en las colonias en el momento de la Revolución, ordenaban a "todos los sacerdotes y diáconos... a rezar diariamente la oración matutina y las vísperas". Esos oficios de oración y la liturgia dominical contenían una colecta para el monarca inglés con la petición "fortalece a nuestro soberano y bondadoso Señor, el Rey George... para que derrote y venza a todos sus enemigos".[6] Además, en el momento de la ordenación todos los clérigos habían hecho una promesa pública ante Dios y la Iglesia de obedecer al rey. Para empeorar las cosas para los que querían apoyar la Revolución, el arzobispo de Canterbury durante la guerra, Frederick Cornwallis (1713-83), era tío del almirante británico William Cornwallis (1744-1819).

Para muchos clérigos de la Iglesia de Inglaterra su obligación moral era clara. Debían oponerse a los patriotas y a la Revolución estadounidense. El clero de las colonias centrales y de Nueva Inglaterra, que recibía instrucción y, en muchos casos, salarios directamente de Inglaterra, tenía especialmente clara su lealtad. La gran mayoría se puso del lado de los británicos. Al igual que el clero no jurante en la época de la Revolución Gloriosa en Inglaterra, creían que sus juramentos no les dejaban otra opción.

El reverendo Charles Inglis, que en el momento de la guerra se había convertido en rector de la iglesia de la Trinidad, Nueva York, exageraba solo un poco cuando escribió a la SPG el 31 de octubre de 1776, que "todos los misioneros de la Sociedad... en Nueva Jersey, Nueva York, Connecticut y, por lo que he podido saber, en otras colonias de Nueva Inglaterra, han demostrado ser súbditos fieles y leales en estos tiempos difíciles" y que "todos los demás clérigos de nuestra Iglesia en las mencionadas colonias, aunque no estén al servicio de la Sociedad, han observado la misma línea de conducta".[7]

Inglis formaba parte de un círculo de clérigos que intentaba hacer que la opinión pública se opusiera a la Revolución. Además de Inglis, el grupo informal incluía al presidente Myles Cooper del King's College, Thomas Bradbury Chandler de Elizabethtown, Nueva Jersey, y Samuel Seabury de Westchester, Nueva York. Su producción literaria incluyó la obra de Seabury *Free Thoughts on the Proceedings of the Continental Congress* ["Reflexiones libres sobre las actas del Congreso Continental"] (1774), la de Chandler *What Think Ye of Congress Now?* ["¿Qué pensáis ahora del Congreso?"] (1775), y *True Interests of America Impartially Stated* ["Los verdaderos intereses de América expuestos de forma imparcial"] (1776), de Inglis. Seabury fue, además, el probable autor de las anónimas *Letters of a Westchester Farmer* ["Cartas de un granjero de Westchester"] (1774-75).

Fig. 13 Charles Inglis.

La mayoría de los clérigos de Nueva York, Nueva Jersey y Nueva Inglaterra continuaron con sus deberes pastorales, pero dejaron de ofrecer el culto público, para no cumplir con la exigencia patriota de que omitieran las oraciones por el rey.[8] De los once clérigos de Nueva Jersey, solo dos eran patriotas. Sólo uno de los diecinueve clérigos de Nueva York—Samuel Provoost (1742-1815) —apoyó la Revolución.

Como Inglis señaló en su carta a la SPG, las actitudes lealistas no pasaron desapercibidas para los patriotas. De hecho, los lealistas se encontraban

La revolución estadounidense (1776–1800)

en una situación de lo más desagradable y peligrosa, especialmente el clero, que era visto con peculiar envidia y malignidad por los desafectos, ...la abolición de la Iglesia de Inglaterra [siendo] uno de los principales resortes de la conducta de los líderes disidentes... [El clero fue] amenazado en todas partes, a menudo vilipendiado... a veces tratado con brutal violencia. [Algunos fueron] sacados del púlpito porque rezaban por el Rey, y eso antes de que se declarara la independencia. [Otros fueron multados por no presentarse] a las reuniones de la milicia con sus armas. [A otros] sus casas les fueron saqueadas.[9]

Inglis pudo hablar de primera mano sobre estas experiencias tan desgarradoras. Un mes antes de que escribiera, los patriotas habían quemado la iglesia de la Trinidad, su rectoría y su escuela. En una ocasión posterior, una compañía de soldados del general Washington entró en la iglesia de Inglis en orden militar formal. Inglis, que aún no se había decidido a suspender el culto público por completo, continuó con la liturgia y finalmente convenció a los soldados para que tomaran asiento. Uno de los últimos clérigos leales de la Iglesia de Inglaterra en abandonar las colonias, dejó Nueva York con las fuerzas de la corona en noviembre de 1783.[10] Al año siguiente, Samuel Provoost, el único clérigo neoyorquino que apoyó la Revolución, se convertiría en el rector de la parroquia.

Los laicos de Nueva Inglaterra, Nueva York y Nueva Jersey también apoyaron al bando británico en un número significativo. Por ejemplo, cuatro quintas partes del profesorado, dos tercios de los gobernadores y una probable mayoría de estudiantes y ex alumnos del King's College de Nueva York eran leales.[11] Algunos leales lucharon por los británicos en el Regimiento Americano del Rey. Otros abandonaron las colonias para ir a Nueva Escocia y Ontario; diez mil pueden haber ido solo a Ontario.[12]

La Iglesia de Inglaterra perdió la mayoría de su clero en Nueva Inglaterra y muchos en Nueva York y Nueva Jersey durante la Revolución. Al final de la guerra solo había cuatro clérigos activos en Massachusetts, uno en New Hampshire y ninguno en Rhode Island. Sin embargo, Connecticut tenía una población más conservadora que sus estados vecinos. Conservó la mayoría de sus veinte clérigos al final de la guerra.[13]

En su informe a la SPG, Charles Inglis no intentó hablar de Pensilvania o Delaware, donde la respuesta del clero a la Revolución fue menos uniforme. El clero de Pensilvania trató de evitar una identificación demasiado fuerte con cualquiera de los dos bandos del conflicto.[14] Al menos un ingenioso clérigo dirigía el culto de congregaciones compuestas exclusivamente por mujeres y niños, porque razonaba que estarían exentos de las penas impuestas por los patriotas por rezar por el rey.[15] La mayoría de los clérigos de Filadelfia mostraron inicialmente cierto apoyo a los patriotas, entre los que se encontraban muchos de sus feligreses, y luego se arrepintieron, sobre todo cuando los británicos ocuparon la ciudad en 1777. Esta política no satisfizo a casi nadie. En los días previos a la ocupación británica, el gobierno revolucionario arrestó a William Smith, del Colegio Universitario de Filadelfia, y a Thomas Coombe (1747-1822) por sus sospechosas opiniones lealistas. Cuando los británicos entraron en la ciudad, arrestaron a Jacob Duché, rector de la iglesia de Cristo y San Pedro (que se habían convertido en las Iglesias Unidas durante la década de 1760), por su apoyo a la Revolución. Había ofrecido oraciones para el Congreso Continental en 1775 y sirvió como capellán oficial del organismo de julio a octubre de 1776, pero aparentemente había cambiado su opinión sobre el apoyo a la Revolución en el momento de la llegada de los británicos. Duché y Coombe se trasladarían a Inglaterra.

William White (1748-1836), subasistente de las Iglesias Unidas, fue el único clérigo de la Iglesia de Inglaterra en Filadelfia, y quizás en todo el estado, que dio un apoyo inequívoco a la causa de los patriotas durante toda la Revolución.[16] Siguió a Duché como capellán del Congreso Continental (1777-89). En Delaware, dos de los cinco clérigos coloniales se pusieron claramente del lado de los patriotas.[17] Uno de ellos, Aeneas Ross (1716-83) de New Castle, era el hermano del firmante de la Declaración de Independencia, George Ross (1730-79).[18]

En Maryland, Virginia, Carolina del Norte y Carolina del Sur, las legislaturas coloniales habían establecido la Iglesia de Inglaterra. Las legislaturas de allí, siguiendo el precedente establecido en Virginia durante la Guerra Civil inglesa, ordenaron al clero que omitiera en la liturgia cualquier referencia al rey. El clero de estos estados se enfrentaba entonces a una elección entre dos autoridades legales que exigían su obediencia. Muchos siguieron a la autoridad más cercana y apoyaron a los patriotas. Otros, sin embargo, siguieron el ejemplo del clero leal del norte. En Maryland, un tercio del clero apoyó a los patriotas, y en Carolina del Sur lo hicieron tres cuartas partes.[19]

En Virginia, las juntas parroquiales sirvieron como una de las redes de comunicación más eficaces para los patriotas. De los ciento cinco clérigos que había en el estado en 1776, ochenta y cinco de ellos prestaron el juramento de fidelidad prescrito por la legislatura. Otros, además, fueron combatientes activos. El presidente del Colegio Universitario William y Mary, James Madison (1749-1812), primo hermano del padre del posterior presidente de Estados Unidos del mismo nombre, se convirtió en el capitán de la milicia estudiantil. Un párroco del Valle de Shenandoah sirvió como coronel en el ejército continental, y un segundo sirvió como general. Otros tres clérigos del estado sirvieron en las armas.[20]

En Carolina del Norte, donde cinco de los once clérigos eran patriotas, Hezekiah Ford sirvió como capellán del quinto regimiento de la línea continental de Carolina del Norte.[21] Entre los trece de los dieciocho clérigos de Carolina del Sur que apoyaron la Revolución se encontraba Robert Smith (1732-1801), rector de la iglesia de San Felipe, Charleston, y posteriormente obispo de Carolina del Sur, que se alistó en el ejército como miliciano.[22]

Un porcentaje significativo de los laicos de las colonias del sur y de la zona media baja apoyaron la Revolución. Los miembros laicos de la Iglesia de Inglaterra que representaban dos tercios de los firmantes de la Declaración de Independencia eran, por ejemplo, principalmente de estas regiones.[23]

Aunque Georgia también contaba con una Iglesia establecida, esta era todavía relativamente nueva (1758), y la mayor parte de la actividad de la Iglesia se limitaba a las congregaciones de la isla de San Simón, Savannah y Augusta. Muchos de los clérigos habían llegado directamente de Inglaterra y su experiencia era más parecida a la de Nueva Inglaterra y Nueva York que a la de Virginia o Carolina del Sur. De los cuatro clérigos de la colonia, dos o quizás tres eran leales. La suerte de la iglesia de Cristo, en Savannah, era típica de las dificultades a las que se enfrentaban estos leales. En 1775, los patriotas expulsaron al rector leal Hadden Smith, que había llegado de Inglaterra el año anterior. El culto del Libro de Oración Común se detuvo en la iglesia de Cristo hasta que los británicos ocuparon Savannah (1779-82), momento en el que los leales instalaron un segundo clérigo como rector. Sin embargo, el culto regular se detuvo de nuevo con la salida de los británicos, y no sería sino hasta 1786 cuando la parroquia pudo conseguir un nuevo rector.[24]

Hubo ejemplos de clérigos en casi todas las colonias que fueron acosados por los patriotas. Según una enumeración, unos cincuenta y seis clérigos, que servían en diez colonias, fueron perseguidos durante la guerra. Los más numerosos fueron los de Massachusetts (12), Nueva York (10), Connecticut (8), Maryland (6) y Virginia (6). Cuatro de ellos murieron a consecuencia del trato recibido, y otros fueron víctimas de violencia física. Los patriotas detuvieron a catorce y expulsaron a treinta y cinco de sus parroquias.[25] Por ejemplo, una turba atacó a Alexander McCrae de Littleton, Virginia, y lo azotó por su lealtad a la corona. Muchos otros clérigos y laicos leales sufrieron por sus convicciones. Algunos abandonaron las trece colonias para ir a Canadá, Bermudas o Inglaterra. Otros, como McCrae, se quedaron a pesar de los malos tratos recibidos.

El efecto acumulado de la persecución, la emigración, la muerte y la falta de nuevas ordenaciones tuvo un impacto drástico en el número de clérigos de la Iglesia de Inglaterra que quedaban en las 13 colonias al final de la guerra. El número de clérigos se redujo en aproximadamente un cuarenta y cinco por ciento en el periodo de 1775 a 1783. El veinticinco por ciento del clero existente en 1775 abandonó sus parroquias para dirigirse a territorios británicos o a partes del país que aún estaban bajo control británico, el veinte por ciento murió y no hubo nuevas ordenaciones ni misioneros.[26]

Nativos americanos y afroamericanos

En la época de la Revolución, la SPG y los Asociados del Dr. Bray apoyaron a capellanes y maestros de escuela para los nativos americanos y los afroamericanos. Los miembros de ambos grupos demostraron un alto grado de lealtad a los británicos durante la guerra.

De las seis naciones de la confederación iroquesa, solo dos (los oneida y los tuscaroras) apoyaron a los patriotas, mientras que cuatro (mohawk, onondaga, cayuga y seneca) se pusieron del lado de los británicos.

John Stuart (1740-1811) trabajó con los indios mohawk en Fort Hunter, Nueva York, a partir de 1770. Como parte de sus esfuerzos, preparó una traducción del catecismo y una historia de la Biblia al idioma mohawk. Cuando continuó leyendo las oraciones para el rey tras el estallido de la Revolución, los patriotas lo pusieron bajo arresto domiciliario durante tres años. Lo multaron, le confiscaron sus tierras y convirtieron el edificio de su iglesia en un bar. Le negaron el permiso para dar clases en la escuela para asegurarse unos ingresos. En 1780 emigró a Canadá como parte de un intercambio de prisioneros con los británicos. Muchos de sus feligreses mohawk le siguieron a Quebec, donde informó de que había bautizado a ciento cuatro indios solo en 1784.[27]

Algunos afroamericanos se preguntaron con razón si el discurso de la libertad utilizado en la Revolución estadounidense tenía implicaciones para las personas esclavizadas. Tanto los leales como los patriotas reconocieron también las posibles implicaciones. En 1776, el panfletista político y religioso británico Ambrose Serle (1742-1812) ridiculizó la Declaración de Independencia al señalar que en América "no hay otra cosa que se escuche más que el sonido de la Libertad, y nada que se sienta más que la más detestable esclavitud". Al año siguiente, después de ver las condiciones de la gente esclavizada en la costa este de Maryland, escribió que eran "tratados como una clase mejor de ganado, siendo comprados o vendidos de acuerdo con el capricho o el interés", y se quejó de que tal era "la práctica o el sentimiento de los americanos... mientras que están hablando de los derechos de la *naturaleza humana* y se oponen al gobierno más libre y al sistema político más liberal conocido sobre la faz de la tierra".[28] Muchos otros autores ingleses siguieron su ejemplo con argumentos similares; los miembros de una sociedad colonial basada en la esclavitud no estaban en condiciones de hablar de libertad.[29]

Los estadounidenses reconocieron cierta hipocresía en estos argumentos británicos. ¿No habían introducido los británicos la importación de esclavos y se habían beneficiado de ella? Benjamin Rush (1746-1813), firmante de la Declaración de Independencia y miembro de la iglesia de Cristo de Filadelfia, calificó a la Compañía Africana de Mercaderes (sucesora en 1750 de la anterior Real Compañía Africana) de "banda incorporada de ladrones" y pidió la abolición de la esclavitud en Pensilvania.[30] Los patriotas empezaron en la década de 1770 a relacionar el comercio de esclavos con otras formas de tiranía británica, un argumento que se vio facilitado por el hecho de que el gobierno británico anuló varios esfuerzos de colonias individuales para suspender la importación de esclavos. Incluso Henry Laurens (1724-92), de Carolina del Sur, responsable de la importación de más personas esclavizadas que ningún otro norteamericano, afirmaba que "la esclavitud había sido establecida por los reyes y parlamentos británicos, así como por las leyes de ese país", y que había llegado a odiarla. "No soy el hombre que los esclavizó, están en deuda con los ingleses por ese favor".[31] Laurens, miembro de la iglesia de San Felipe en Charleston, sería presidente del Congreso Continental.

La revolución estadounidense (1776-1800)

Como ha demostrado el historiador Christopher Brown, esta creciente retórica de la culpa tendría un efecto concreto a ambos lados del Atlántico. Una vez que las afirmaciones sobre la inhumanidad de la trata de esclavos se convirtieron en un elemento común del discurso político, los abolicionistas, que habían sido parte habitual de la vida política y religiosa inglesa y colonial durante al menos un siglo, adquirieron un nuevo prestigio. Opositores a la esclavitud como William Wilberforce (1759-1833) y Granville Sharp (1735-1813) en Inglaterra y Benjamin Rush en Estados Unidos pudieron influir en los sistemas judiciales y políticos de sus naciones como nunca antes lo habían hecho.[32] Tanto el Parlamento británico (1807) como el Congreso de los Estados Unidos (1808) prohibirían la importación de esclavos. Vermont adoptó una Constitución en 1777 que prohibía la esclavitud; y los tribunales de Inglaterra (1772), Escocia (1778), Massachusetts (1783) y Nuevo Hampshire dictaminaron que la esclavitud era contraria a la ley. Las asambleas legislativas de Pensilvania (1780), Rhode Island (1784), Connecticut (1784), Nueva York (1799) y Nueva Jersey (1804) adoptaron sistemas graduales de abolición por los que los nacidos después de una fecha fija—generalmente el 4 de julio—pasaban a ser libres cuando alcanzaban una edad de madurez (definida de diversas formas: 21, 25 o 28 años).[33]

Algunos estados adoptaron leyes para liberar a las personas esclavizadas que sirvieron en el ejército estadounidense durante la Revolución.[34] Ese número de combatientes negros era mucho menor que el estimado de cien mil personas anteriormente esclavizadas que respondieron a la promesa británica de libertad para aquellos que ayudaran a su esfuerzo bélico, una estrategia que los británicos habían estado utilizando contra sus oponentes desde antes de la fundación de Jamestown. Los antiguos esclavos sirvieron en unidades de Pioneros Negros adscritas a regimientos británicos, formaron unidades más grandes, como el Regimiento Etíope de Lord Dunmore, y proporcionaron apoyo logístico. Cuando las tropas británicas partieron en 1783, evacuaron a miles de antiguos esclavizados a Jamaica, Nueva Escocia, Inglaterra y otras posesiones británicas. Aproximadamente mil doscientos de los colonos de Nueva Escocia fueron trasladados por segunda vez en 1792, a Sierra Leona, donde desempeñarían un papel fundamental en la introducción del cristianismo en África Occidental.[35]

Desestablecimiento

En estados como Connecticut y Massachusetts, la Iglesia de Inglaterra nunca había sido la denominación establecida u oficial. La propiedad de la Iglesia de Inglaterra pertenecía a un grupo religioso minoritario. Por lo tanto, la guerra apenas afectó al estatus legal de la Iglesia. Los patriotas podían atacar y quemar edificios individuales, y una victoria americana en la guerra significaba la pérdida del apoyo financiero de la Sociedad para la Propagación del Evangelio, pero en general el estatus legal de las propiedades de la Iglesia estaba claro. Pertenecían a las personas que celebraban el culto en ellas.

En el Sur y, en menor medida, en las colonias centrales, la situación era muy diferente. Las legislaturas estatales de los estados del sur habían reservado tierras públicas para la Iglesia de Inglaterra. Además, las legislaturas habían otorgado a las juntas parroquiales, que actuaban como organismos de bienestar público, autoridad para gravar a la población con fines religiosos y sociales.

En las colonias centrales, ningún grupo dominaba tan claramente. Los presbiterianos eran numerosos en Nueva Jersey y Nueva York, y los cuáqueros en Pensilvania, pero también había reformados holandeses, luteranos suecos y alemanes, bautistas, moravos, católicos romanos, judíos y miembros de la Iglesia de Inglaterra en la región. De estas colonias, solo Nueva York tenía una presencia religiosa oficial; sin embargo, era un sistema en gran medida inviable que solo se aplicaba a unas pocas ciudades y condados del este. La legislatura no otorgó a las juntas parroquiales el poder de gravar, ni extendió el sistema a las zonas occidentales del estado. Los miembros de la Iglesia de Inglaterra en las colonias centrales podían, sin embargo, señalar dos instituciones públicas—el Colegio Universitario de

Filadelfia y el King's College de Nueva York—a las que proporcionaban un liderazgo primordial.

Con el inicio de la Revolución, las legislaturas coloniales se movieron rápidamente para asegurar el apoyo de los grupos religiosos coloniales. Las legislaturas del sur accedieron a una antigua petición de los bautistas y presbiterianos de que se suspendieran los salarios del clero de la Iglesia de Inglaterra. Maryland, Virginia y Carolina del Norte lo hicieron en 1776. Georgia y Carolina del Sur le siguieron en 1777 y 1778. La revocación de los salarios no solo aplacó a los disidentes, sino que también garantizó que el clero de la Iglesia de Inglaterra dependiera económicamente de las ofrendas voluntarias de sus congregaciones, una medida que dificultó que el clero leal discrepara abiertamente de las congregaciones patrióticas. Además, las legislaturas exigieron nuevos juramentos de fidelidad y redactaron nuevas oraciones para utilizarlas en lugar de las oraciones por el rey.

Los patriotas también tomaron medidas para garantizar la lealtad de las universidades que estaban dirigidas por miembros de la Iglesia de Inglaterra. En 1779, la legislatura de Virginia eliminó la cátedra de teología del Colegio Universitario William y Mary. Ese mismo año, la legislatura de Pensilvania reorganizó el Colegio Universitario de Filadelfia (Universidad de Pensilvania) para socavar la autoridad que allí ejercían los miembros leales de la Iglesia de Inglaterra. La legislatura de Nueva York actuó con algo más de lentitud. En 1784, un año después de la salida definitiva de las tropas británicas, refundó los estatutos del King's College para crear la Universidad de Columbia, sobre la que los antiguos miembros de la Iglesia de Inglaterra ejercían mucha menos influencia.[36]

En cierto sentido, las élites coloniales no hacían sino repetir una lección que habían aprendido de la Revolución Gloriosa. Los whigs ingleses generaron un apoyo popular para la expulsión de un rey católico romano mediante un debilitamiento de la posición exclusiva de la Iglesia de Inglaterra y una ampliación de las libertades religiosas a los disidentes protestantes. El mismo Parlamento que forzó la huida de Jacobo II derogó las partes más odiosas del Código Clarendon contra la disidencia. Apoyar la Revolución Gloriosa era apoyar la tolerancia religiosa.

En 1777, la legislatura de Nueva York derogó el esquema, en gran medida inviable, para mantener el orden preestablecido en la parte oriental de ese estado.[37] En los estados del sur, sin embargo, las legislaturas conservaron algunos vestigios de dicho orden o sistema. En Virginia, por ejemplo, la legislatura conservó el derecho a establecer y ajustar las líneas parroquiales; las juntas parroquiales siguieron actuando como organismos estatales de asistencia social; y el gobernador y el Consejo siguieron concediendo licencias al clero para celebrar matrimonios. En Maryland, el gobernador conservó el derecho a nombrar al clero parroquial.

El mantenimiento de estos elementos del sistema proporcionó pocas ventajas a la Iglesia. Por el contrario, la legislación restante era un recordatorio continuo de que la Iglesia estaba bajo la autoridad del Estado. Los líderes laicos y ordenados de la Iglesia de Inglaterra se encontraban, por lo tanto, entre los defensores más acérrimos de la derogación total del sistema.[38] Querían ser capaces de regular sus propios asuntos, libres del control exterior. Sin embargo, no sería sino hasta 1783 cuando las legislaturas del sur comenzaron a concederles el permiso para organizarse como sociedades religiosas autónomas.

Reorganización

El liderazgo inicial para la reorganización de la Iglesia de Inglaterra provino de las colonias centrales. Los miembros de la Iglesia de Inglaterra en la región estaban acostumbrados a un entorno religioso pluralista y no oficialmente establecido, un entorno del tipo que se convertiría cada vez más en la norma tras la Revolución. También podían recurrir a su experiencia con las instituciones locales: el Colegio Universitario de Filadelfia, el King's College, los sínodos provinciales de la década de 1760 y la Sociedad de Ayuda a las Viudas y Huérfanos de Clérigos.

Los miembros de la Iglesia de Inglaterra de otras regiones no tardarían en echar una mano, pero fueron los de las colonias centrales los que abrieron el camino.

Actividad en la diócesis de Maryland

El Dr. William Smith dejó Filadelfia el año en que la legislatura reorganizó el Colegio Universitario de Filadelfia (1779). Fijó su residencia en la cercana Chestertown, Maryland, donde ejerció como director de la Escuela de Kent. Smith presidió el exitoso intento de transformar la escuela en el Colegio Universitario de Washington, para el que obtuvo una carta de constitución en 1782.

La Iglesia de Maryland se encontraba en una posición precaria. Al igual que en otros estados del sur en los que se había establecido la Iglesia de Inglaterra en la época de la Revolución, la legislatura había eliminado los beneficios del orden anterior—la capacidad de cobrar impuestos para el mantenimiento de la Iglesia—sin concederle ningún estatus legal claro.

William Smith vio la necesidad de actuar. A partir de 1780, convocó reuniones de clérigos y laicos episcopales para discutir la situación. En 1783 ya habían tomado una serie de medidas concretas. En primer lugar, eligieron el nombre de Iglesia Episcopal Protestante para sustituir a la ya no tan favorecida Iglesia de Inglaterra como nombre de su denominación. El nuevo nombre combinaba la palabra *protestante*, que diferenciaba a la Iglesia de la católica romana de Maryland, con *episcopal*, el nombre del partido eclesiástico inglés del siglo XVII que favorecía el mantenimiento del episcopado. En segundo lugar, planearon una convención estatal que ejerciera la autoridad de la Iglesia. Redactaron una carta que la legislatura aprobó en agosto de 1783, concediéndoles el título de propiedad de la Iglesia y un gobierno por un sínodo de laicos y clérigos. La legislatura también reconoció la independencia de la Iglesia de cualquier poder extranjero y la importancia de la ordenación episcopal.[39] En tercer lugar, identificaron candidatos para el ministerio ordenado y enviaron a dos de ellos—Mason Locke Weems (1759-1825), que era primo de la esposa de Smith, y Edward Gantt, hijo—a Inglaterra para la ordenación sacerdotal. Sin embargo, los dos se enfrentarían a una larga espera en Inglaterra. La ley inglesa aún no permitía la ordenación sin un juramento de lealtad al rey, lo que habría sido inaceptable para los candidatos de Maryland. En cuarto lugar, eligieron a William Smith como candidato a obispo.

Smith mantuvo al tanto de sus esfuerzos a su antiguo alumno William White, que había permanecido en las Iglesias Unidas de Filadelfia. La noticia de los esfuerzos de Smith también se extendería en otra dirección. Robert Smith, rector de la iglesia de San Felipe, Charleston, pasó de 1780 a 1783 en Maryland.[40] Siendo un patriota, se había trasladado al norte cuando los británicos ocuparon Charleston. Cuando regresó, trajo noticias de los esfuerzos de Smith en Maryland. En Virginia, el Reverendo David Griffith (1742-89) de la Parroquia de Fairfax (iglesias de Cristo y Falls), uno de los tres únicos graduados del Colegio Universitario de Filadelfia que sirvió en una parroquia de la Iglesia de Inglaterra en la Virginia colonial y antiguo ministro asistente de las Iglesias Unidas de Filadelfia, se mantuvo al tanto de los acontecimientos en Maryland.[41]

Fig. 14 William Smith de los colegios universitarios de Filadelfia y Washington.

William White y El caso de las iglesias episcopales en los Estados Unidos

William White nació en 1748 en el seno de una acaudalada familia de Filadelfia, que había hecho su fortuna en el sector inmobiliario. Formaba parte de la élite de la que entonces era la mayor ciudad colonial. Su hermana se casó con el empresario financiero colonial Robert Morris (1734-1806), y él mismo se casó con Mary Harrison, la hija del alcalde de la ciudad.[42] En 1770 White fue a Inglaterra para estudiar y ordenarse. A su regreso, fue nombrado asistente del rector en su iglesia de origen, las Iglesias Unidas de Cristo y San Pedro. Cuando el rector de White, Jacob Duché, y su compañero, Thomas Coombe, abandonaron la colonia con los británicos, la junta de las Iglesias Unidas lo eligió rector, y el Congreso lo eligió para sustituir a Duché como capellán. White continuó como capellán mientras el Congreso Continental se reunió en Filadelfia y siguió siendo rector de la parroquia durante el resto de su vida.

Al enterarse, en la década de 1780, de la labor de Smith en Maryland, White se convenció de que se necesitaban acciones similares en otros estados. El 8 de agosto de 1782, publicó un panfleto titulado *The Case of the Episcopal Churches in the United States Considered* ["Consideración del caso de las iglesias episcopales en Estados Unidos]" en el que sugería que otros estados formaran convenciones como la de Maryland. Estas "juntas generales" elegirían al clero que presidiría, que—al menos hasta que la nación obtuviera el episcopado—ejercería algunas de las funciones de los obispos. El clero presidente y los representantes elegidos de las juntas generales asistirían a las convenciones nacionales anuales de distrito y trienales.[43] En los tres niveles de organización, el clero presidente, los demás clérigos y los laicos debían reunirse en órganos unicamerales.

El 11 de mayo de 1784, White y otros episcopales de Nueva York, Nueva Jersey y Pensilvania se reunieron en Nuevo Brunswick, Nueva Jersey, para la reunión anual de la Sociedad de Ayuda a las Viudas y Huérfanos de Clérigos. Tras debatir el plan de White, decidieron hacer campaña para organizarse a nivel estatal y elegir representantes para una reunión más adelante en el año.⁴⁴ La reunión que tuvo lugar en Nueva York en octubre atrajo a un número mayor. Además de los cuatro estados centrales que participaron en la sociedad de viudas y huérfanos (Nueva York, Nueva Jersey, Pensilvania y Delaware), otros cinco estados estuvieron representados. El Dr. William Smith asistió desde Maryland y David Griffith desde Virginia. También asistieron delegaciones de tres estados de Nueva Inglaterra (Massachusetts, Rhode Island y Connecticut), pero poco después se retiraron de la Convención General para seguir planes de organización por separado.

Los asistentes a la reunión de Nueva York adoptaron una serie de resoluciones similares a las que ya se habían adoptado en las reuniones estatales de Pensilvania y Maryland: que habría un obispo en cada estado; que los obispos serían miembros *ex officio* de una convención general unicameral en la que el clero y los laicos votarían por orden; y que la primera reunión de la convención se celebraría en Filadelfia en 1785.⁴⁵

La Convención General se reunió una vez en 1785 y dos veces en 1786. Los representantes de los tres estados de Nueva Inglaterra no regresaron, pero asistieron delegados de Carolina del Sur, de modo que siete estados estuvieron representados en estas convenciones tan críticas. Las convenciones solicitaron a los ingleses la consagración de tres candidatos al episcopado

Fig. 15 William White

y adoptaron una constitución. Prepararon el Libro propuesto (aprobado por la convención, 1785; publicado, 1786), una revisión del Libro de Oración Común inglés de 1662. La revisión de la convención simplificó el culto siguiendo las líneas que a menudo sugerían los miembros de la Iglesia de Inglaterra del siglo XVIII. En lugar de tres credos (el de los Apóstoles, el de Nicea y el de Atanasio), el libro tenía solo una forma del Credo de los Apóstoles del que se había eliminado la cláusula sobre el descenso de Cristo al infierno. El número de los Treinta y Nueve Artículos se redujo a veinte. Se redujo el número de salmos requeridos para la recitación. El libro también sustituyó las referencias al clero como "sacerdotes" y eliminó la palabra *regeneración* de la liturgia bautismal.[46]

Algunos estadounidenses pensaron que la revisión era demasiado conservadora. Charles Miller, un feligrés de la King's Chapel de Boston, quería, por ejemplo, eliminar todas las referencias a la Trinidad. Cuando las convenciones no aceptaron hacerlo, la congregación publicó su propio libro, se distanció de otras congregaciones de la Iglesia de Inglaterra y se convirtió en la primera iglesia explícitamente unitaria de los Estados Unidos (1786). Sin embargo, para la mayoría de los miembros de la Iglesia de Inglaterra, incluidos los arzobispos ingleses a los que se habían enviado copias, la revisión resultó demasiado extrema. Las convenciones de 1786, por tanto, abandonaron el libro. No obstante, algunos elementos del mismo se incluirían en el posterior libro de oración de 1789.

El 26 de junio de 1786, el Parlamento británico aprobó una ley que preveía la consagración de tres obispos para la Iglesia estadounidense. Al año siguiente, William White y Samuel Provoost, rector de la iglesia de la Trinidad de Nueva York, fueron consagrados al episcopado para Pensilvania y Nueva York. (El Parlamento también dispuso la consagración de obispos para servir en las colonias británicas. El primero de ellos, Charles Inglis, antiguo rector de la iglesia de la Trinidad de Nueva York, fue también consagrado como obispo de Nueva Escocia en 1787).

David Griffith, obispo electo de Virginia, no pudo reunir los fondos para el viaje. Renunció a su elección y en 1790 se consagró un nuevo candidato, James Madison, del Colegio Universitario William y Mary. William Smith había sido elegido en Maryland en 1783, pero debido a su fama de consumidor de alcohol, no pudo obtener el respaldo de la Convención General que exigía la nueva constitución. En 1792, los episcopales de Maryland eligieron a un segundo candidato, Thomas Claggett (1783-1816). Se convertiría en el primer obispo consagrado en suelo estadounidense.

No es de extrañar, quizás, que las convenciones estatales eligieran candidatos al episcopado que ocuparan los puestos que antes habían ocupado los comisarios coloniales. Provoost, como rector de la iglesia de la Trinidad, en la ciudad de Nueva York; White, como rector de las Iglesias Unidas de Filadelfia; y Madison, como presidente del Colegio Universitario William y Mary, fueron todos sucesores de los comisarios. Claggett sirvió en una parroquia del condado de Prince George, Maryland, contigua a la que había ocupado el comisario colonial Jacob Henderson. Al igual que los comisarios coloniales, los cuatro nuevos obispos seguirían sirviendo en los puestos que ocupaban antes de la consagración. No había dotaciones ni ingresos suficientes para mantener un episcopado a tiempo completo.

Samuel Seabury y la Iglesia de Inglaterra en Nueva Inglaterra

Los representantes de Connecticut, Massachusetts y Rhode Island habían asistido a las reuniones organizativas de 1784, pero no asistieron a las convenciones generales de 1785 o 1786. Se opusieron en principio al enfoque adoptado por el clero de los estados del centro y del sur. Basándose en los argumentos del pacto que los misioneros de la SPG habían estado promoviendo en Nueva Inglaterra durante tres cuartos de siglo, creían que la naturaleza esencial de la Iglesia provenía del episcopado histórico y no de la asociación voluntaria de clérigos y laicos. La propuesta de White era para ellos poco mejor que la política congregacional.

La revolución estadounidense (1776-1800)

Preocupados por el caso White, diez de los catorce clérigos que quedaban en Connecticut se reunieron en Woodbury en marzo de 1783. Eligieron a dos clérigos de Nueva York como posibles candidatos a obispo. Ambos eran nativos de Connecticut y leales comprometidos. El mayor de los dos, Jeremiah Leaming (1717-1804), había servido a las parroquias de Newport, Rhode Island, y Norwalk, Connecticut, antes de refugiarse en territorio lealista en Nueva York durante los últimos años de la guerra. El más joven, Samuel Seabury, había sido secretario de las convenciones de Nueva York en la década de 1760 y había formado parte del círculo de clérigos leales de Nueva York que habían intentado influir en la opinión pública contra la guerra. Encarcelado durante un tiempo en 1775 por los patriotas de Connecticut, también había servido como capellán del Regimiento Americano del Rey. Leaming declinó su elección; Seabury aceptó. Tal vez oyendo hablar de los dos candidatos de Maryland que esperaban en Inglaterra la ordenación sacerdotal, se embarcó hacia Inglaterra en junio de 1783 en un barco británico que partía.

Seabury pronto se encontró con la misma dificultad que los dos candidatos de Maryland. La ley inglesa exigía que cualquier ordenando prestara juramento de fidelidad a la corona, un acto que socavaría la credibilidad de un candidato estadounidense. Además, Seabury se enfrentó a dificultades adicionales. Los dos candidatos de Maryland contaban con la aprobación de una convención estatal que había sido constituida por la legislatura de Maryland. Seabury, en cambio, había sido elegido por una reunión secreta del clero en un estado en el que la Iglesia Congregacional estaba establecida por ley. Cuando el Parlamento respondió a las súplicas de los estadounidenses con una nueva ley el 13 de agosto de 1784, permitió la ordenación sacerdotal de Weems y Gantt, de Maryland, pero no tomó ninguna medida para la consagración episcopal. No sería sino hasta junio de 1786 cuando el Parlamento, asegurado por una larga negociación con la Convención General de los estados del centro y del sur, volvería a modificar la ley para permitir la consagración de obispos para los Estados Unidos de América.

Imperturbable, Seabury se dirigió al norte, a Escocia, donde el 14 de noviembre de 1784 fue consagrado al episcopado por tres obispos escoceses no jurantes (*non-jurors*). Al día siguiente firmó un concordato con la Iglesia Episcopal Escocesa en el que se reconocía la legitimidad de la Iglesia y se acordaba defender el uso de su oración eucarística, extraída del Libro de Oración de 1549, en lugar de la forma abreviada de la oración en la edición de 1552 y empleada en todas las ediciones inglesas posteriores del libro de oración. Seabury regresó a Connecticut.

En ausencia de Seabury, los representantes de Nueva Inglaterra habían asistido a la reunión de otoño de 1784 en Nueva York, pero a su regreso se negaron a seguir participando. En su lugar, se unieron a una serie de convocatorias del clero, la primera de las cuales fue convocada por Seabury en agosto de 1785. A diferencia de las convenciones generales, las reuniones de Seabury eran solo asuntos clericales; no asistían los laicos. Tampoco se organizaban las reuniones en torno a una forma representativa de gobierno. Seabury convocaba las reuniones, las presidía, predicaba e instruía al clero y comenzaba a ordenar candidatos al sacerdocio y al diaconado. Imitando el uso del arzobispo de Canterbury, Seabury firmó algunas de sus primeras cartas como "Obispo de toda Norteamérica".[47]

Los participantes en las convenciones de los estados del centro y del sur intentaban restar importancia a algunos de los elementos distintivos de su tradición. Los

Fig. 16 Samuel Seabury

elementos que eliminaron del *Libro propuesto*, como el Credo Atanasiano, la palabra *sacerdote* y el uso de la palabra *regeneración* para referirse al bautismo, eran desconocidos para la mayoría de los demás protestantes estadounidenses. En Nueva Inglaterra, Seabury siguió el camino contrario. La presencia de un obispo permitió a los miembros de la Iglesia de Inglaterra de Nueva Inglaterra desarrollar su teología del pacto de manera que se distinguieran aún más del régimen congregacional. Los obispos no solo podían imponer las manos sobre las cabezas de los ordenandos, sino que también podían utilizar el oficio de la confirmación para impartir el Espíritu Santo a los hombres y mujeres laicos. Seabury lo explicó en su primer discurso a la convocatoria de su clero:

> En la confirmación... creemos que el Espíritu Santo se da para la santificación, es decir, para llevar a cabo la regeneración que se confiere en el Bautismo. Por el bautismo somos sacados de nuestro estado natural de pecado y muerte, en el que nacemos por nuestro nacimiento natural, y somos trasladados, trasplantados o nacidos de nuevo en la Iglesia de Cristo... y por la confirmación... somos investidos del Espíritu Santo para vencer el pecado y perfeccionar la santidad en el temor de Dios.[48]

El obispo Seabury repetiría el mismo tema en otros momentos de su episcopado. Varios años más tarde, por ejemplo, preparó una edición de un catecismo del obispo Innes (1717-81) de Brechin, en Escocia, para utilizarlo en su diócesis. Una forma del catecismo se utilizaría posteriormente en Nueva York. El obispo Innes había sido claro sobre la relación entre el bautismo y la confirmación: "En nuestro bautismo en agua el Espíritu Santo nos purifica y nos capacita para ser un templo para él, y en la confirmación entra y toma posesión de este templo".[49] La firme afirmación de Seabury de la importancia del episcopado como agente a través del cual se transmitía el Espíritu Santo proporcionó una respuesta muy necesaria al Gran Despertar para el clero de Nueva Inglaterra contrario al Gran Despertar. El catecismo de Thomas Bray había vinculado el pacto a la sucesión episcopal. Seabury trató de vincular también la presencia del Espíritu Santo al episcopado.

En 1787 el clero de Connecticut eligió a Abraham Jarvis (1739-1813) como obispo coadjutor de Seabury. Escribieron a los no jurantes escoceses, pero estos se mostraron poco dispuestos a consagrarlo.

La organización de la Iglesia Metodista Episcopal

Los que participaban activamente en las sociedades metodistas también estaban muy preocupados por la necesidad de organizarse. Al igual que otros miembros de la Iglesia de Inglaterra, tuvieron problemas durante la guerra. Juan Wesley se opuso abiertamente a la Revolución, al igual que algunos líderes locales del movimiento que eran inmigrantes recientes de las Islas Británicas. Barbara Heck y otros metodistas de Nueva York comenzaron a emigrar a Canadá ya en 1773. Joseph Pilmore (Pilmoor) partió hacia Inglaterra en 1774. El capitán Thomas Webb, un antiguo oficial británico, pasó un tiempo en prisión pero se le permitió emigrar a Inglaterra en 1778. Para ese año, habían huido tantos líderes metodistas que solo uno de los diez predicadores laicos enviados por Wesley—Francis Asbury—quedaba en las colonias, e incluso él abandonó su predicación en Maryland y se retiró a Dover, Delaware. Además, algunos de los clérigos de la Iglesia de Inglaterra colonial que habían apoyado el movimiento metodista, como Jacob Duché, de las Iglesias Unidas de Cristo y San Pedro de Filadelfia, William Stringer, de San Pablo de Filadelfia, y Charles Inglis, de la iglesia de la Trinidad de Nueva York, abandonaron las colonias. Después de 1775, la participación en las conferencias anuales cayó a un punto peligrosamente bajo. En 1779, los metodistas del norte y del sur organizaron conferencias separadas y se reunieron de forma independiente.[50]

Sin embargo, la estructura local que los metodistas habían creado demostró ser resistente incluso en esta época de crisis. Las clases, sociedades y circuitos locales siguieron funcionando bien, sobre todo en Virginia y Carolina del Norte. En 1780 el número de miembros de las sociedades metodistas había aumentado a 12,000, y en, de los cuales casi el noventa por ciento estaban al sur de la línea Mason-Dixon.[51] Este aumento del número de miembros de la sociedad generó una creciente necesidad de personas ordenadas para celebrar los sacramentos, una demanda que se produjo en el momento en que la guerra estaba disminuyendo en las colonias las filas del clero de la Iglesia de Inglaterra. Individuos como Devereux Jarratt, Samuel Magaw, Charles Pettigrew, Uzal Ogden y Sydenham Thorne hicieron lo que pudieron, pero tenían graves problemas propios y estaban mal equipados para hacer frente a la creciente necesidad de asistencia clerical.

Por lo tanto, los miembros de las sociedades metodistas comenzaron a buscar ayuda en otras direcciones. En Inglaterra, Carlos Wesley se dirigió a Samuel Seabury para que ordenara predicadores laicos metodistas. Seabury aceptó hacerlo, siempre que encontrara a los candidatos debidamente cualificados.[52]

Sin embargo, algunos miembros de la sociedad metodista abogaron por una línea de acción diferente. En 1779 y 1780, los miembros de la conferencia del sur sugirieron que los propios metodistas adoptaran una forma de ordenación. Francis Asbury y otros en la conferencia del norte persuadieron a los sureños para que abandonaran la idea a corto plazo, pero ese fue el curso de acción sobre el que los metodistas finalmente se pondrían de acuerdo.

Juan Wesley comenzó a insinuar más o menos ese rumbo cuando los estadounidenses y los británicos firmaron el Tratado de París (septiembre de 1783) que ponía fin a la guerra. Designó a Francis Asbury como "Asistente General para Norteamérica", esbozó un plan para el gobierno de la Iglesia, redactó una revisión del Libro de Oración Común (*El servicio dominical de los metodistas en Norteamérica, con otros servicios ocasionales*), y eligió una delegación de tres metodistas ingleses para visitar Norteamérica.[53] Uno de los tres, el Dr. Thomas Coke (1747-1814), fue el primer clérigo de la Iglesia de Inglaterra enviado por Wesley al continente americano. Wesley y Coke impusieron las manos a los otros dos, los predicadores laicos Thomas Vasey (¿1742?-1826) y Richard Whatcoat (1736-1806), antes de que abandonaran Inglaterra.

El trío desembarcó en Nueva York en noviembre de 1784 y se dirigió al sur. William White y Samuel Magaw los recibieron al llegar a Filadelfia[54]. En noviembre, la delegación se reunió por primera vez con Francis Asbury en una reunión trimestral de metodistas en Delaware. La conferencia anual se reunió el mes siguiente en Navidad en Baltimore.

Esta "conferencia de Navidad" llegó en un momento crítico en la vida del movimiento metodista. Aunque es posible que aún no supieran de la consagración de Seabury en noviembre, los metodistas estaban ciertamente al tanto de los intentos, tanto de Nueva Inglaterra como del clero de los estados del centro y del sur, de adoptar una forma de organización y asegurar el episcopado.[55] Si hubieran esperado, los metodistas estadounidenses habrían tenido un obispo residente consagrado por la Iglesia de Inglaterra al que podrían acudir para su ordenación. Sin embargo, como el propio Juan Wesley observó en una carta a los estadounidenses en septiembre, si los obispos de la Iglesia de Inglaterra ordenaban al clero metodista "también esperarían gobernarlos", una eventualidad que los metodistas estadounidenses veían con menos favor.[56] Aunque habían recibido apoyo y ayuda de algunos clérigos ordenados de la Iglesia de Inglaterra, el único al que reconocían como autoridad sobre ellos era Juan Wesley.

Los metodistas decidieron, por tanto, actuar. Francis Asbury, que hasta ese momento se había opuesto a la ordenación, abandonó su oposición. Registró la acción de la conferencia de Navidad en unas breves líneas:

> Luego cabalgamos hasta Baltimore, donde nos reunimos con algunos predicadores; se acordó constituirnos en una Iglesia Episcopal, y tener superintendentes, ancianos y diáconos. Cuando la conferencia se sentó, el Dr. Coke y yo fuimos elegidos por unanimidad para la superintendencia de la Iglesia, y mi ordenación siguió, después de haber sido ordenado previamente como diácono y anciano... Fueron elegidos doce ancianos, y

solemnemente apartados para servir a nuestras sociedades en los Estados Unidos..."[57]

Las sociedades metodistas se habían convertido en la Iglesia Metodista Episcopal. (El nombre *Metodista Episcopal*, una adaptación del título Episcopal Protestante elegido por los antiguos miembros de la Iglesia de Inglaterra en Maryland, fue revisado en una fusión metodista de 1939. La Iglesia metodista más grande eliminó la palabra *Episcopal* de su título en ese momento, aunque tres iglesias metodistas negras más pequeñas siguen utilizándola).

No todos estaban contentos con la decisión. Devereux Jarratt, el clérigo que había trabajado tanto para apoyar a las sociedades metodistas de Virginia, estaba furioso; se sentía traicionado por las promesas metodistas de lealtad a la Iglesia de Inglaterra. El propio Juan Wesley tenía reservas sobre la creciente independencia con la que actuaban los estadounidenses, especialmente con la decisión de 1787 de cambiar el título de superintendente por el de obispo.[58]

Algunos tenían dudas sobre la legitimidad de la ordenación de la nueva Iglesia. Al menos cuatro predicadores metodistas tenían reservas tan fuertes que optaron por afiliarse a la Iglesia Episcopal. Joseph Pilmore (recién llegado de Inglaterra con cartas testimoniales de Carlos Wesley) y Samuel Roe (fallecido en 1791) de Burlington, Nueva Jersey, buscaron a Samuel Seabury poco después del regreso de este de Inglaterra. Los ordenó a ambos en 1785. Los dos se establecieron pronto en parroquias episcopales vacantes. Pilmore sirvió sucesivamente en la Parroquia Unida de la Trinidad, Todos los Santos y Santo Tomás (cerca de Filadelfia); en la iglesia de Cristo, de Nueva York, y en la iglesia de San Pablo, de Filadelfia; Roe, en la iglesia de Cristo, de Dover, Delaware. Tras su consagración, el obispo White ordenó a un tercer candidato, Thomas Vasey, que había llegado de Inglaterra en la delegación con Coke. Un cuarto metodista, Levi Heath (fallecido en 1805 o 1806), había sido ordenado, como Thomas Coke, en la Iglesia de Inglaterra. Abandonó la Iglesia Metodista Episcopal en 1787, sirviendo sucesivamente a una serie de parroquias en Maryland, Nueva Jersey, Pensilvania y Virginia.[59]

Esta preocupación por la validez de las órdenes metodistas motivó que algunos metodistas y episcopales mantuvieran conversaciones durante la década que siguió a la conferencia de Navidad. Coke mantuvo correspondencia con White y Seabury en 1791 sobre la posibilidad de consagrar obispos para la Iglesia Metodista Episcopal. El obispo James Madison de Virginia discutió la posibilidad de la fusión en la Convención General de 1792.[60] Sin embargo, nada salió de las conversaciones: la discusión terminó cuando Coke regresó a Inglaterra, y la propuesta fue rechazada por la Cámara de Diputados.

Sin embargo, la falta de sucesión episcopal no impidió el crecimiento de la Iglesia Metodista Episcopal. De hecho, el resultado fue todo lo contrario. Al optar por ordenar a quienes carecían de la educación universitaria generalmente requerida para la ordenación en la Iglesia Episcopal, los metodistas pudieron aprovechar una gran y vigorosa fuente de liderazgo en un momento en que las tres denominaciones que habían sido más grandes en el período colonial (congregacionalistas, presbiterianos y episcopales) enfrentaban una escasez crónica de clérigos. La nueva Iglesia iría por detrás de las denominaciones más antiguas en cuanto a nivel educativo, pero podría contar con un cuerpo de clérigos suficiente para satisfacer las necesidades de Estados Unidos a medida que la nación avanzaba hacia el oeste. En el siglo XIX, se convertiría en la mayor Iglesia protestante del país.

Las convenciones generales de 1789

En 1787 los episcopales estadounidenses habían establecido, en efecto, tres denominaciones: una Iglesia de los estados del centro y del sur con líneas de consagración inglesas y una convención clerical y laica representativa; una Iglesia de Nueva Inglaterra dirigida por un obispo con consagración escocesa y gobernada a través de una convocatoria del clero; y una Iglesia Metodista Episcopal con una forma de gobierno redactada por Juan Wesley. Los esfuerzos por reunirse con la Iglesia Metodista

La revolución estadounidense (1776–1800)

Episcopal resultaron infructuosos; sin embargo, los dos grupos restantes encontrarían la forma de combinarse.

No obstante, al principio no era evidente que este fuera a ser el resultado. Los dos grupos no estaban en buenos términos. Los líderes del grupo de los estados del centro y del sur habían sido partidarios de la Revolución; los de Connecticut habían sido leales. Seabury había sido capellán británico, había dibujado mapas para las tropas británicas y seguía recibiendo una pensión de Gran Bretaña.[61] El clero de Nueva Inglaterra dudaba de la integridad del clero de los estados centrales y del sur que había cedido tanta autoridad episcopal a los laicos; los estados centrales y del sur se preguntaban si el tipo de autoridad episcopal de Seabury era compatible con su nueva república.

En 1786 los dos grupos se mostraron hostiles. Seabury ordenó a candidatos de los estados del centro sin obtener el consentimiento de las convenciones de la Iglesia Episcopal en esos estados, y la Convención General respondió con una legislación que instruía a las diócesis miembros a no afirmar la validez de las órdenes no jurantes de Seabury. El propio White se negó a abrir su púlpito a Joseph Pilmore, el antiguo predicador laico metodista que había ido a Connecticut para ser ordenado.

En 1789 la Convención General se reunió en Filadelfia durante dos sesiones (julio-agosto y septiembre). Samuel Provoost, enemigo acérrimo de Seabury, no pudo asistir. White, aprovechando la ausencia, utilizó las dos sesiones para hacer concesiones que apaciguaron a Seabury y sanaron la brecha entre los dos esfuerzos en pugna. En la primera sesión se afirmó la validez de las órdenes de Seabury, se creó una Cámara de Obispos separada con un veto parcial (que la Cámara de Diputados podía anular con tres quintos de los votos) y se enmendó la constitución para que la participación de los diputados laicos fuera opcional. Estos cambios respondieron a muchas de las objeciones de Seabury, pero no a todas.

La Convención General hizo más concesiones en la segunda sesión de septiembre. Dio a la Cámara de Obispos el derecho de originar y actuar sobre la legislación, y un veto más fuerte. (Los diputados necesitaban una mayoría de cuatro quintos para anularlo. En 1808, la Convención General elevó esto a un veto total). Tras la aprobación de estos cambios finales, Seabury y los diputados clericales de Connecticut y Massachusetts tomaron asiento en la Convención.

Dada la dificultad de las negociaciones entre los dos grupos, tal vez no sea sorprendente que los obispos y los diputados de la convención de 1789 no resolvieran una cuestión constitucional básica que preocuparía a los episcopales posteriores. El artículo primero de la Constitución declaraba que "habrá una Convención General de la Iglesia Episcopal Protestante en los Estados Unidos de América" y que sería necesaria la representación de "una mayoría de los Estados que hayan adoptado esta Constitución" para llevar a cabo los asuntos, pero no explicaba la relación precisa de las convenciones estatales o diocesanas con la Convención General.[62] ¿Tenía la Convención General derecho a imponer su voluntad a una diócesis? ¿Tenía una diócesis la libertad de no participar en la Convención si así lo deseaba? La Constitución no daba respuesta a estas preguntas.[63]

Además de aprobar la constitución sobre la que se habían puesto de acuerdo, los miembros del cuerpo ampliado adoptaron el Libro de Oración Común (1789). Este libro de oración de 1789 eliminó algunos de los elementos del *Libro propuesto* en 1785-86 que habían suscitado mayor oposición. Por ejemplo, restauró el Credo de Nicea y el texto completo del Credo de los Apóstoles (con la referencia al descenso de Cristo a los infiernos, que una nota explicativa adoptada por los diputados equiparó con el descenso al "lugar de los espíritus difuntos"), incluyó algunas referencias a los sacerdotes que habían sido eliminadas en 1785, y volvió a incluir la palabra *regeneración* en el oficio bautismal. El libro de 1789 incluía, sin embargo, muchos de los cambios menos

Fig. 17 Seabury y White en una sección de una ventana de la iglesia de la Trinidad, Warren, Pensilvania

controvertidos del *Libro propuesto*, como la omisión de referencias a la monarquía inglesa. Además, en el libro de 1789 se introdujeron algunos cambios que no aparecían en la revisión de 1785-86: la inclusión de una lista acortada de salmos, la designación del prefacio propio de la Trinidad como opcional y la adopción de una forma ligeramente editada de la oración escocesa de consagración.

Existe cierto desacuerdo entre los historiadores recientes sobre el papel activo que desempeñó Samuel Seabury para convencer a la Convención General de que adoptara la oración escocesa, algo que Seabury había acordado en su concordato con los obispos escoceses no jurantes en el momento de su consagración al episcopado. Algunos intérpretes sostienen que un segundo William Smith (un sacerdote escocés de Maryland con el mismo nombre que el Dr. William Smith de los colegios universitarios de Washington y Filadelfia) pudo haber desempeñado un papel más activo en la sugerencia de ese texto.[64]

En 1792, White lograría otro acuerdo. Samuel Parker (1744-1804) de Massachusetts pidió a la convención de 1789 que autorizara a White, Provoost y Seabury a consagrar un obispo para Massachusetts. White se negó a hacerlo, diciendo que tenía que recibir el permiso de los arzobispos ingleses para cualquier acción de este tipo. La convención escribió a Inglaterra solicitando permiso para una consagración que involucrara a dos obispos con consagración inglesa y a uno con consagración escocesa, pero no recibió respuesta, un hecho no inesperado ya que cualquier respuesta demandaría un juicio sobre la validez de las órdenes escocesas no jurantes.[65]

Sin embargo, con la consagración en Inglaterra en 1790 de James Madison como obispo de Virginia, se hizo posible que White se uniera en una consagración con tres obispos (el número tradicional en una consagración) de la línea inglesa. En 1792 convenció a Seabury, Provoost y Madison para que se unieran a él en la consagración de Thomas Claggett (1743-1816) como obispo de Maryland. Con el fin de atraer a Provoost para que participara con su enemigo Seabury, White dispuso que Seabury se ausentara de la Convención General mientras la Cámara de Obispos adoptaba la legislación que permitía a Provoost convertirse en obispo presidente durante una sesión. Seabury murió dos años después. No participó en ninguna otra consagración. Sin embargo, a través de Claggett, su línea de consagración se mezcló con la de Inglaterra.[66]

En 1792 la Iglesia Episcopal se estableció finalmente como una denominación estadounidense. Tenía un órgano de gobierno, un libro de oración, una constitución nacional y un mecanismo para la creación de nuevos obispos. El esfuerzo, sin embargo, había agotado la energía de muchos en la Iglesia. Un liderazgo envejecido comenzó a morir, y los nuevos líderes no aparecieron inmediatamente. La situación era quizá más extrema en Georgia, donde solo la iglesia de Cristo de Savannah seguía activa. La congregación, que no envió una delegación a la Convención General, acordó tardíamente utilizar el Libro de Oración Común de 1789 en 1793.[67] No sería hasta 1823 que Georgia estuvo representada en la Convención General. En Carolina del Norte las cosas fueron un poco mejor. Los episcopales de la Iglesia Episcopal de Santiago en Wilmington y algunas otras congregaciones lograron reunir una convención estatal y elegir un obispo electo (el revivalista Charles Pettigrew) en 1794. Sin embargo, el hecho de que Pettigrew no llegara a la Convención General para su consagración desalentó las esperanzas de los episcopales, que pronto dejaron de reunirse para las convenciones estatales y detuvieron toda comunicación con la Convención General.[68] Ninguna delegación de Carolina del Norte llegó a la Convención General hasta 1817.

La Iglesia había sobrevivido, pero tendría que esperar a una nueva generación de líderes para recuperar el impulso que había tenido en los años anteriores a la Revolución estadounidense.

NOTAS

1. *Encyclopedia Americana*, international ed. (Danbury, Conn.: Grolier, 1984), s.v. "Patrick Henry" por Philip G. Davidson.

2. David S. Lovejoy, *Religious Enthusiasm in the New World: Heresy to Revolution* (Cambridge: Harvard University Press, 1985), 223. La afirmación de Lovejoy sobre el desbordamiento del lenguaje religioso apunta a un largo debate entre los historiadores sobre las causas de la Revolución estadounidense. Alan Heimert argumentó en su obra *Religion and the American Mind* (1966) que la tendencia del clero congregacional de Nueva Luz y Nueva Inglaterra a "confundir la piedad con el entusiasmo patriótico" y la decisión de algunos de sus colegas de embarcarse "en carreras implacables como exhortadores políticos itinerantes" fueron causas importantes de la Revolución estadounidense. Los historiadores posteriores han coincidido en general en que el hábito de interpretar la Revolución en términos religiosos fue casi universal, y que no se limitó a un partido religioso o a un bando del conflicto, aunque algunos intérpretes como John Fea (*Was America Founded as a Christian Nation?*, 2011) discrepan sobre la importancia del lenguaje religioso. Así pues, Nathan Hatch sugirió en *The Sacred Cause of Liberty* (1977) que el clero de la Vieja Luz también era propenso a interpretar la Revolución en términos religiosos, y Jon Butler argumentó en *Awash in a Sea of Faith* (1990) que "otras cuestiones y tradiciones religiosas... influyeron en el discurso político revolucionario". De los intérpretes recientes, Thomas Kidd es el que más se acerca a la tesis original de Heimert con su afirmación en *God of Liberty* (2010) de que "la tradición evangélica proporcionó una propulsión espiritual a la causa patriota que no fue superada por ningún otro elemento de la ideología patriota". Kidd utiliza a Patrick Henry y a Thomas Paine como ejemplos de "los más grandes oradores y escritores de la Revolución" que utilizaron "la retórica bíblica y evangélica para exponer sus argumentos". Véase Alan Heimert, *Religion and the American Mind, from the Great Awakening to the Revolution* (Cambridge: Harvard University Press, 1966), 94, 355, 519; John Fea, Was *America Founded as a Christian Nation? A Historical Introduction* (Louisville: Westminster John Knox Press, 2011), 106-7; Nathan Hatch, *The Sacred Cause of Liberty* (New Haven: Yale University Press, 1977), 26-27; Jon Butler, *Awash in a Sea of Faith: Christianizing the American People* (Cambridge: Harvard University Press, 1990), 196; y Thomas S. Kidd, *God of Liberty: A Religious History of the American Revolution* (Nueva York: Basic Books, 2010), 94-95.

3. En *Virginians Reborn* (2008), Jewel L. Spangler ofreció el ejemplo de los bautistas de Virginia para demostrar que el apoyo o el rechazo a la guerra no determinó el crecimiento de una iglesia después de la Revolución.

Los bautistas, sugirió Spangler, no eran más propensos a apoyar la guerra que otros grupos religiosos del estado. Crecieron en la "economía religiosa de libre mercado" de la posguerra, porque mantenían opiniones sobre la soberanía y el poder político que se correspondían con las más extendidas entre los virginianos después de la Revolución. Véase Jewel L. Spangler, *Virginians Reborn: Anglican Monopoly, Evangelical Dissent, and the Rise of the Baptists in the Late Eighteenth Century* (Charlottesville: University of VirginiaPress, 2008), 197-99, 214.

4. Edwin S. Gaustad, *A Historical Atlas of Religion in America* (Nueva York: Harper & Row, 1962), 9; y R.E. Hood, "From a Headstart to a Deadstart: The Historical Basis for Black Indifference toward the Episcopal Church, 1800-1860", *Historical Magazine of the Protestant Episcopal Church* (septiembre de 1982): 272.

5. Gaustad, Atlas, 43. Los episcopales de Filadelfia crearon un sucesor para la escuela del Dr. Bray después de la guerra. Esto no ocurrió con la mayoría de las otras escuelas Bray para afroamericanos.

6. William McGarvey, *Liturgiae Americanae or the Book of Common Prayer As Used in the United States of America Compared with the Proposed Book of 1786 and with the Prayer Book of the Church of England and an Historical Account and Documents* (Philadelphia: n.p., 1895), 23, 123.

7. *Classified Digest of the Records of the Society for the Propagation of the Gospel in Foreign Parts, 1701-1892*, 4th ed. (Londres: SPG, 1894), 76. (Londres: SPG, 1894), 76.

8. Clara O. Loveland, *The Critical Years: The Reconstruction of the Anglican Church in the United States of America: 1780-89* (Greenwich, Conn.: Seabury Press, 1956), 15.

9. *Classified Digest*, 76.

10. *Classified Digest*, 77.

11. David C. Humphrey, *From King's College to Columbia, 1746-1800* (Nueva York: Columbia University Press, 1976), 140.

12. Owanah Anderson, *Jamestown Commitment: The Episcopal Church and the American Indian* (Cincinnati: Forward Movement Publications, 1988), 32; Alan L. Hayes, ed., *By Grace Co-Workers: Building the Anglican Diocese of Toronto, 1780-1989* (Toronto: Anglican Book Center, 1989), 23.

13. James Thayer Addison, *The Episcopal Church in the United States 1789-1931* (Nueva York: Scribner, 1951), 52. Además de las fuentes citadas en esta nota y en las siguientes, estoy en deuda con el reverendo Samuel M. Garrett (1916-2005), profesor durante mucho tiempo de Historia de la Iglesia en la Escuela de Divinidad de la Iglesia del Pacífico, por su cálculo del número de clérigos que apoyaban y se oponían a la Revolución.

14. Nancy Rhoden, Revolutionary *Anglicanism: The Colonial Church of England during the American Revolution* (Washington Square, Nueva York: New York University Press, 1999), 124.

15. *Classified Digest*, 40.

16. Kevin J. Dellape, *America's First Chaplain: The Life and Times of the Reverend Jacob Duché* (Bethlehem: Lehigh University Press, 2013), 107-11, 120-24.

17. Nelson Waite Rightmyer, *The Anglican Church in Delaware* (Filadelfia: Church Historical Society, 1947), 168.

18. Borden W. Painter, Jr. "The Anglican Vestry in Colonial America", (tesis doctoral, Universidad de Yale, 1965), 217.

19. Sydney E. Ahlstrom, *A Religious History of the American People* (New Haven: Yale University Press, 1972), 351-52.

20. George MacLaren Brydon, *Virginia's Mother Church and the Political Conditions under Which It Grew*, 2 vols. (Richmond, Va.: Virginia Historical Society, 1947), 2:415-22. Para la relación de los miembros de la familia Madison, véase Ralph Louis Ketcham, *James Madison: A Biography* (Charlottesville: University Press of Virginia, 1990), 5.; y James Madison Center of James Madison University, "James Madison: Árbol genealógico". http://59.67.74.3/zhengzhiwenhua/thinker/madison/family/index.htm (accessed March 1, 2014).

21. Lawrence Foushee London y Sarah McCulloh Lemmon, editores, *The Episcopal Church in North Carolina, 1701-1959* (Raleigh: Episcopal Diocese of North Carolina, 1987), 65.

22. Albert Sidney Thomas, *Historical Account of the Protestant Episcopal Church in South Carolina 1820-1957: Being a Continuation of Dalcho's Account, 1670-1820.* (Columbia: R.L. Bryan Company, 1957), 11.

23. Raymond W. Albright, *A History of the Protestant Episcopal Church* (Nueva York: Macmillan, 1964), 113.

24. Henry Thompson Malone, *The Episcopal Church in Georgia, 1733-1957* (Atlanta: Protestant Episcopal Diocese of Atlanta, 1950), 39-43.

25. S. D. McConnell, *History of the American Episcopal Church from the Planting of the Colonies to the End of the Civil War*, 3ª ed. (Nueva York: Thomas Whittaker, 1891), 211. (Nueva York: Thomas Whittaker, 1891), 211. Para elaborar su lista de incidentes contra el clero, McConnell se basó en la obra *Loyalists in the Revolution* (1847) de Lorenzo Sabine. Incluyó registros de todos los estados excepto New Hampshire, Delaware y Georgia.

26. Rhoden, *Revolutionary Anglicanism*, 102-3.

27. *Classified Digest*, 74, 140, 154, 155 y 800.

28. Ambrose Serle citado en Christopher Leslie Brown, *Moral Capital: Foundations of British Abolitionism* (Chapel Hill: University of North

Carolina Press for the Omohundro Institute of Early American History and Culture, 2006), 120. [Ortografía y mayúsculas modernizadas].

29. Brown, *Moral Capital*, 121.

30. Benjamin Rush citado en Brown, *Moral Capital*, 140. Para la participación de Rush en la iglesia de Cristo, véase William Pencak, "From Anglicans to Episcopalians", *This Far by Faith: Tradition and Change in the Episcopal Diocese of Pennsylvania* (University Park: The Pennsylvania State University Press, 2012), 47-48.

31. Henry Laurens citado en Brown, *Moral Capital*, 141-42. [Ortografía modernizada].

32. Brown, *Moral Capital*, 435.

33. Arthur Zilversmit, *The First Emancipation: the Abolition of Slavery in the North* (Chicago: The University of Chicago Press, 1967), 113-31, 182-93.

34. Helen Hill Miller, *George Mason: Gentleman Revolutionary* (Chapel Hill: University of North Carolina Press, 1975), 214.

35. Lamin Sanneh, *Abolitionist Abroad: American Blacks and the Making of Modern West Africa* (Cambridge: Harvard University Press, 1999), 33, 39, 50-52.

36. Humphrey, *From King's College to Columbia*, 271. Humphrey señaló que su interpretación de los acontecimientos de 1784 difería de la de Sidney Sherwood en *The University of New York: History of Higher Education in the State of New York* (Washington: United States Bureau of Education, 1900). Sherwood interpretó la refundación de la universidad en 1784 como un intento de los antiguos miembros de la Iglesia de Inglaterra de "capturar" una universidad estatal. La interpretación de Humphrey es la contraria: "Si algo fue capturado en 1784 fue el propio King's College". 37. Hugh Hastings, *Ecclesiastical Records: State of New York*, 7 vols. (Albany: J.B. Lyon Company, 1905), 6:4300.

37. Hugh Hastings, *Ecclesiastical Records: State of New York*, 7 vols. (Albany: J.B. Lyon Company, 1905), 6:4300.

38. Sin embargo, hubo una excepción. Algunos miembros de la Iglesia de Inglaterra en Maryland y Virginia apoyaron los planes, finalmente infructuosos, de promulgar una cuota general para el sostenimiento de la religión, que luego se dividiría entre las distintas confesiones. En Virginia, Patrick Henry apoyó el plan, mientras que James Madison (el posterior presidente e hijo del primo hermano del obispo de Virginia) se opuso. Véase Brydon, *Virginia's Mother Church*, 2:440; y Butler, *Sea of Faith*, 261-67.

39. Loveland, *Critical Years*, 29.

40. Thomas, *South Carolina*, 11.

41. Para la conexión de Griffith con el Colegio de Filadelfia, véase John K. Nelson, *A Blessed Company: Parishes, Parsons, and Parishioners*

in Anglican Virginia, 1690-1776 (Chapel Hill: University of North Carolina Press, 2001), 109.

42. John F. Woolverton, "Philadelphia's William White: Episcopalian Distinctiveness and Accommodation in the Post Revolutionary Period", *Historical Magazine of the Protestant Episcopal Church* 43 (diciembre de 1974): 279-96.

43. White no fue explícito en cuanto a las zonas geográficas que debían incluirse en sus juntas generales y de distrito. Probablemente pretendía que las juntas generales fueran reuniones estatales y que los distritos fueran similares a los grupos regionales que el Dr. William Smith había sugerido para los comisarios. La propuesta de Smith, realizada en 1762, era de seis distritos. Uno abarcaría Nuevo Hampshire, Massachusetts y Rhode Island; otro, Connecticut y Nueva York; un tercero, Pensilvania, Nueva Jersey y presumiblemente Delaware; y un cuarto, las Carolinas y quizás Georgia. Maryland y Virginia estaban en el plan de Smith para constituir distritos separados. Véase Arthur Lyon Cross, *The Anglican Episcopate and the American Colonies* (Nueva York: Longmans, Green, and Co., 1902), 247, para conocer los detalles del plan de Smith.

El sistema de gobierno de tres niveles de White resultó ser demasiado complicado para la denominación en ciernes y el nivel intermedio nunca se creó. La Iglesia Episcopal contemplaría la creación de provincias en el siglo XX, pero no como paso intermedio entre las diócesis y la Convención General.

44. Loveland, *Critical Years*, 67-68.

45. Loveland, *Critical Years*, 89-90.

46. Marion J. Hatchett, *Commentary on the American Prayer Book* (Nueva York: Seabury Press, 1981), 9-10.

47. Marion Hatchett, *The Making of the First American Book of Common Prayer* (Nueva York: Seabury Press, 1982), 5.

48. Samuel Seabury citado en Loveland, *Critical Years*, 140.

49. George Innes, *A Catechism or The Principle of the Christian Religion Explained in a Familiar and Easy Manner, Adapted to the Lowest Capacities* (Edimburgo; reimpresión New Haven: T. & S. Green, 1791), 9.

50. Henry D. Rack, *Reasonable Enthusiast: John Wesley and the Rise of Methodism* (Filadelfia: Trinity Press International, 1989), 484-87; *Dictionary of American Biography* (Nueva York: Charles Scribner's Sons, 1943), s.v. "Joseph Pilmore" de Joseph Cullen Ayer; Thomas C. Oden, *Doctrinal Standards in the Wesleyan Tradition* (Grand Rapids: Francis Asbury Press of Zondervan Publishing, 1988), 31.

51. Rack, *Reasonable Enthusiast*, 487.

52. Francis L. Hawks y William Stevens Perry, *Documentary History of the Protestant Episcopal Church in the United States of America*

Containing Numerous Hitherto Unpublished Documents Concerning the Church in Connecticut (Nueva York: James Pott, 1864), 2:261.

53. Rack, *Reasonable Enthusiast*, 509-10.

54. Rightmyer, *Anglican Church*, 120.

55. Al poco tiempo de haber llegado de Inglaterra, Coke, Whatcoat y Vasey habrían sabido del esfuerzo de Seabury. Además, había sido un tema de conversación en las reuniones previas a la Convención General de mayo y octubre de 1784. Samuel Magaw, un estrecho colaborador de Asbury que también había invitado a Coke a predicar en su iglesia, asistió a esas reuniones, al igual que, por supuesto, William White, con quien Coke también había estado en contacto. Además, Asbury visitó a Mason Locke Weems el 30 de noviembre para hablar con él "sobre el tema del modo episcopal de gobierno de la Iglesia". Weems, tanto un pariente del Dr. William Smith como un recién ordenado inglés, habría estado bien al tanto de los esfuerzos anglicanos en Maryland y en los Estados Unidos en general. Véase Francis Asbury, *The Journal and Letters of Francis Asbury*, ed. Elmer T. Clark, J. Manning Potts y Jacob S. Payton (Londres: Epworth Press, 1958), 1:473.

56. John Wesley citado en Rack, *Reasonable Enthusiast*, 514.

57. Asbury, *Journal*, 474-76.

58. Rack, *Reasonable Enthusiast*, 517.

59. William A. Beardsley, "A Registry of Ordination by Bishop Seabury and Bishop Jarvis of Connecticut", *Historical Magazine of the Protestant Episcopal Church* 13 (marzo de 1944): 67; Asbury, Journal, 1:472n; y Rightmyer, *Anglican Church*, 121. Vasey regresó más tarde a Inglaterra, donde participó activamente en las sociedades metodistas.

60. Robert C. Monk, "Unity and Diversity among Eighteenth Century Colonial Anglicans and Methodists", *Historical Magazine of the Protestant Episcopal Church* 38 (marzo de 1969): 63-67.

61. Bruce Steiner, *Samuel Seabury: A Study in the High Church Tradition* (Oberlin: Ohio University Press, 1971), 167.

62. William Stevens Perry, ed., *Journals of General Conventions of the Protestant Episcopal Church, in the United States, 1785-1835*, 3 vols. (Claremont, New Hampshire: The Claremont Manufacturing Company, 1874), 1:83.

63. Esta cuestión cobró importancia en 2006, cuando cuatro diócesis –Pittsburgh, Quincy, Fort Worth y San Joaquín– manifestaron su intención de abandonar a la Iglesia Episcopal. Para un análisis de la cuestión, véase *The Journal of Episcopal Church Canon Law* (febrero de 2011) http://www.vts.edu/ftpimages/95/download/vol%202%20number%201%20formatted.pdf para los artículos de James Dator y Mark McCall. Ambos autores están de acuerdo en que la Constitución de la Iglesia Episcopal no contiene la cuidadosa delimitación de los poderes otorgados a las diócesis y

a la Convención General que cabría esperar en un gobierno federal; más allá de ese punto de partida, discrepan. Dator argumenta que los gobiernos unitarios en los que el poder último reside en la estructura central son la forma de gobierno más frecuente y deben asumirse cuando no se especifica otro sistema. McCall señala que entre los artífices de la Constitución había destacados juristas que conocían perfectamente el tipo de lenguaje que se necesitaría para crear una autoridad central y optaron por no utilizarlo, y que, por tanto, el gobierno creado era confederal y la autoridad última permanecía en las diócesis.

64. Clara Loveland destacó el activo papel desempeñado por William Smith, de la parroquia de Stepney, Maryland, en la defensa del uso de la oración de consagración escocesa, señalando, por ejemplo, una carta en la que Smith sugería que Seabury también apoyara el uso de la oración. Marion Hatchett se mostró de acuerdo con el papel de Smith y destacó la relativa inacción de Seabury en el apoyo a la causa. Paul Marshall cuestionó las conclusiones de Hatchett en su obra *One, Catholic, and Apostolic* (2004), argumentando que habría sido incoherente con el carácter de Seabury no cumplir con su promesa a los escoceses de utilizar su oración de consagración. Véase Loveland, *Critical Years*, 161, 181; Hatchett, *First American Book of Common Prayer*, 116-30; y Paul Victor Marshall, *One, Catholic, and Apostolic: Samuel Seabury and the Early Episcopal Church* (Nueva York: Church Publishing, 2004), 7-9.

65. En el siglo XVIII, algunos miembros de la Iglesia de Inglaterra cuestionaron la validez de las Iglesias no jurantes de Inglaterra y Escocia. Sin embargo, a finales de ese siglo, la mayoría de los miembros de la Iglesia no jurante de Inglaterra, cuyo último obispo no jurante murió en 1779, habían sido reabsorbidos por la Iglesia de Inglaterra. A principios del siglo siguiente, la Iglesia de Inglaterra reconocería a la Iglesia escocesa no jurante como legítima.

66. Loveland, *Critical Years*, 279-88.

67. Malone, *Episcopal Church in Georgia*, 53.

68. Pettigrew abandonó su primer intento en 1795 debido a un brote de fiebre amarilla en el puerto de Norfolk, por el que tuvo que pasar. Tres años más tarde, sus planes se vieron frustrados por segunda vez por la cancelación de la Convención General de 1798 debido a una epidemia en la ciudad en la que iba a tener lugar. Pettigrew no volvió a intentar contactar con los miembros de la Convención General. Véase London y Lemmon, *Episcopal Church in North Carolina*, 84-87.

5
La ortodoxia racional (1800-40)

Un retroceso en los objetivos revolucionarios

Los episcopales reaccionaron a la Revolución estadounidense de forma muy parecida a como lo hicieron sus antepasados ingleses ante la Revolución Gloriosa. Algunos se opusieron y trataron de mantenerse al margen de la nueva república, tal y como hicieron los ingleses y escoceses que no prestaron juramento en 1688. Sin embargo, la mayoría de los laicos y quizá el cincuenta por ciento del clero habían seguido el ejemplo de los whigs ingleses. Vieron la Revolución como una ampliación de los derechos individuales e intentaron rehacer su Iglesia siguiendo un modelo más democrático.

El sueño democrático no era una propiedad exclusiva de la Iglesia Episcopal. Los estadounidenses de todas las tradiciones religiosas vieron la Revolución como una ampliación de las libertades personales. Los presbiterianos y los bautistas del Sur vieron la Revolución como una garantía de igualdad de derechos para sus confesiones. Los metodistas y los cuáqueros vieron la abolición de la esclavitud como un resultado lógico de la Revolución. Los congregacionalistas de Nueva Inglaterra vieron la guerra como una reivindicación de su derecho a determinar su tradición religiosa libre de la interferencia del gobierno británico.

Sin embargo, hacia 1800, los estadounidenses habían iniciado un retroceso gradual de algunos de los ideales de 1776.

La igualdad de negros y blancos, o de hombres y mujeres, por ejemplo, ya no parecían objetivos acertados para algunos estadounidenses que temían las nociones más radicales de igualdad de las revoluciones francesa y haitiana. El temor de los estadounidenses a una invasión francesa a finales del siglo XVIII contribuyó a un Estados Unidos más conservador en el siglo XIX.

Hacia 1800 los cristianos estadounidenses comenzaron a buscar el cambio desde una dirección diferente. Los patriotas de 1776 habían conseguido una mayor libertad personal con la fuerza de las armas. Los ciudadanos de 1800, en cambio, buscaban la educación. Era el instrumento que salvaguardaría las libertades existentes y proporcionaría las oportunidades para aprovecharlas. Además, aportaría una moral pública y una identidad a una nación de personas que ya no podían entenderse simplemente como hombres y mujeres ingleses.

Fig. 18 El anciano William White

Los episcopales, aunque luchaban por recuperarse de los efectos de la Revolución, participaron activamente en el intento de educar y edificar a la nueva nación. Dirigidos por el obispo William White, el único de los cuatro primeros obispos que permaneció activo en la Iglesia nacional después de 1800, trabajaron en colegios y escuelas secundarias, fundaron seminarios teológicos y realizaron campañas a favor de la moralidad pública.

La moralidad y la Iglesia

Muchos episcopales percibieron que su nación y su Iglesia se encontraban en medio de una crisis moral. La Revolución provocó tanto la huida de muchos de los miembros más conservadores de la sociedad estadounidense como el abandono de una forma de gobierno nacional que, al menos en teoría, combinaba los valores religiosos y las funciones del Estado. Despojados de estas influencias, los estadounidenses se entregaron a una serie de excesos morales durante el periodo de leve prosperidad que siguió a la guerra. El consumo per cápita de alcohol aumentó, por ejemplo, hasta triplicar el de los Estados Unidos en la actualidad.[1] La práctica de los duelos se extendió rápidamente en la áspera y tumultuosa nueva república y tanto un vicepresidente (Aaron Burr) como un futuro presidente (Andrew Jackson) mataron a hombres en duelos. El teatro, percibido por muchos como un excitador de pasiones y un promotor del vicio, se convirtió en un entretenimiento popular en las crecientes ciudades.

Los episcopales fueron de los primeros en responder a esta situación. Utilizando la legislación eclesiástica, panfletos y obras de ficción, hicieron campaña contra lo que percibían como los principales males estadounidenses. Los cánones que habían sido adoptados por la Convención General de 1789 exhortaban al clero a evitar "las tabernas u otros lugares más proclives al libertinaje". La disposición se inspiró en el canon 75 de los Cánones de 1603-04 de la Iglesia de Inglaterra y se reflejó en obras sobre el cuidado pastoral como *Country Parson* ["El párroco rural"] de George Herbert (1652) y *A Discourse of the Pastoral Care* ["Un discurso sobre el cuidado pastoral"] de Gilbert Burnet (1692).[2] Los cánones también ordenaban al clero negar la comunión a "cualquier persona dentro de esta Iglesia que ofenda a sus hermanos con cualquier malevolencia".[3] La legislación posterior fue más específica. La Convención General de 1808, por ejemplo, adoptó una resolución que declaraba que era "inconsistente con la ley de Dios... unir en matrimonio a una persona divorciada, a menos que se trate de que la otra parte haya sido la culpable de adulterio".[4] La misma convención prohibió al clero enterrar a cualquier persona que hubiera participado en un duelo. La medida sobre los duelos se ajustaba a lo que ya era la práctica pastoral de muchos clérigos. En 1804, por ejemplo, el obispo Benjamin Moore (1748-1816) de Nueva York negó inicialmente la comunión al moribundo Alexander Hamilton alegando que este había participado en un duelo.[5] El reverendo Walter Addison (1769-1848), de Maryland, fue otro clérigo que se mantuvo firme sobre los males de los duelos. Famoso en la zona de Washington D.C. por su oposición a esta práctica, se convirtió en funcionario de la corte para poder arrestar a quienes se dedicaban a ese pasatiempo. Llegó incluso a entrar en la Casa Blanca durante la presidencia de Jefferson en la búsqueda de sospechosos de duelo.[6]

En 1817, Francis Scott Key (1779-1843), el activo abogado de Georgetown más conocido por su autoría del Himno Nacional, sugirió a la Convención General que la Iglesia Episcopal se opusiera a "las vanas diversiones del mundo, las frecuentes carreras de caballos, los teatros y los bailes públicos, el juego de cartas o... cualquier otro tipo de juego" como "inconsistente con la sobriedad cristiana, peligroso para la moral de los miembros de la Iglesia, y particularmente impropio del carácter de los comulgantes".[7]

Aunque la resolución no se adoptó en su totalidad, en la Cámara de Obispos se aprobó una bastante parecida. El obispo White, autor de panfletos críticos contra el teatro, probablemente redactó el lenguaje utilizado:

> La Cámara de Obispos... se ve instada a inculcar al clero el importante deber, con un celo discreto pero sincero, de advertir al pueblo de sus respectivas curas, del peligro de una indulgencia en aquellos placeres mundanos que pueden tender a apartar los afectos de las cosas espirituales. Y especialmente sobre el tema de los juegos de azar, de las diversiones que implican crueldad para la creación en estado salvaje, y de las representaciones teatrales, sobre las que algunas circunstancias peculiares han llamado su atención, y no dudan en expresar su opinión unánime de que estas diversiones, tanto por la tendencia licenciosa como por las fuertes tentaciones al vicio que ofrecen, no deberían ser frecuentadas. Y los Obispos no pueden dejar de expresar su profundo pesar por la información de que en algunas de nuestras grandes ciudades se tiene tan poco respeto por los sentimientos de los miembros de la Iglesia, que dichas representaciones

teatrales son programadas para las noches de sus días más solemnes.⁸

La Cámara de Obispos se opuso especialmente a la producción de representaciones teatrales en domingo y en Nochebuena.

Mason Locke Weems, el primo de la señora de William Smith que había viajado desde Maryland para convertirse en uno de los dos primeros candidatos a la ordenación posrevolucionarios en Inglaterra fue uno de los muchos que llevaron a cabo esta campaña a nivel literario. Tras pasar diez años en el ministerio parroquial en Maryland, Weems se interesó por la escritura. Primero planeó un volumen de sermones episcopales. Al encontrar cierto apoyo por parte de otros clérigos, pero poco entusiasmo por parte de los posibles editores adoptó otro rumbo. Escribió y vendió tratados sobre temas morales con títulos como *El juicio de Dios sobre el duelo* y *El juicio de Dios sobre el adulterio*. A partir de ellos se dedicó a la biografía, registrando las historias de George Washington, Benjamin Franklin y Francis Marion. Entretejió sus consejos morales en la trama de la narración, señalando cuidadosamente a sus lectores que estos líderes habían alcanzado el éxito gracias a las decisiones morales que habían tomado en su vida personal. Se utilizaron numerosos ejemplos negativos para sugerir el fin de aquellos que no siguieron un curso tan recto. Las obras de Weems fueron muy leídas e influyentes. El relato de Weems sobre George Washington y el cerezo apareció más tarde, por ejemplo, en los populares *McGuffey Readers* (1836) utilizados por millones de escolares. Weems desempeñó un papel importante en la formación del carácter de los ciudadanos de la joven nación.

Otros autores fueron las novelistas Susanna Haswell Rowson (hacia 1762-1824) y Sally Sayward Wood (1759-1855) y la poeta Sarah Wentworth Apthorp Morton (1759-1846). La señora Rowson fue una actriz nacida en Inglaterra que fue pionera de la novela sentimental estadounidense. Su *Charlotte Temple* (1791) fue el primer éxito de ventas estadounidense. Fue miembro de la iglesia de la Trinidad, en Boston, y durante un tiempo presidenta de la Sociedad de Huérfanos y Viudas de Boston. La señora Wood, feligresa de la iglesia de San Pablo, en Portland, Maine, continuó la tradición de la novela sentimental con *Amelia; or the Influence of Virtue* ["Amelia; o la influencia de la virtud"] (1802). La Sra. Morton, miembro de la iglesia de Cristo en Quincy (Massachusetts) y sobrina del clérigo colonial East Apthorp, trató temas similares en poemas como "The Virtues of Society, A Tale Founded on Fact" (1799).[9]

Fig. 19 Sarah Wentworth Apthrop Morton

Estos intentos literarios y canónicos de reforma moral parecen haber contribuido a un renacimiento de la piedad personal entre muchos episcopales. Volvieron a ser comunes las devociones, como las oraciones matutinas y vespertinas regulares en familia, que se habían vuelto raras en los años posteriores al inicio de la Revolución estadounidense.[10]

La educación

De igual importancia para los episcopales estadounidenses fue la mejora del sistema educativo de Estados Unidos. Tal vez por ser hijos de una iglesia tan íntimamente relacionada con la educación en Inglaterra, los episcopales se mostraron dispuestos a abrazar una variedad de proyectos educativos extraconfesionales. El clero solía dividir su tiempo entre las parroquias y la enseñanza. En Virginia, los clérigos James Madison, John Bracken y William H. Wilmer (1782-1827) fueron presidentes del Colegio Universitario William y Mary. Después de la Revolución, William Smith dejó el Colegio Universitario de Washington del que había sido presidente, y regresó a Filadelfia, donde volvió a ejercer como rector del Colegio Universitario de Filadelfia. En Nueva York, el sucesor del obispo Provoost, Benjamin Moore (1748-1816), fue presidente de Columbia desde 1801 hasta 1811. El obispo Robert Smith, de Carolina del Sur, abrió una academia que más tarde se convertiría en el Colegio Universitario de Carolina del Sur. En Kentucky, Benjamin Bosworth Smith (1794-1884) se convirtió en el superintendente estatal de las escuelas públicas. El segundo obispo de Maryland, James Kemp (1764-1827), fue rector de la Universidad de Maryland desde 1815 hasta su muerte.

En la década de 1820, los episcopales también fundaron sus propios colegios universitarios. Entre ellos se encontraban las instituciones que hoy se conocen como Colegios Universitarios Hobart y William Smith, en Ginebra, Nueva York (1822), Colegio Universitario de la Trinidad, en Hartford, Connecticut (1823), y Kenyon College, en Gambier, Ohio (1824).

La alfabetización de las mujeres era solo la mitad de la de los hombres al comienzo de la Revolución. A finales del siglo XVIII, una oleada de reformistas trataría de impulsar la alfabetización femenina. El clero y los laicos episcopales también participaron activamente en ese esfuerzo. Mason Locke Weems fue uno de los muchos que enseñó en una academia femenina. La laica episcopal y primera dama Martha Washington (1732-1802) ayudó a fundar la primera academia femenina gratuita de Virginia. La novelista Susanna Rowson escribió libros de texto para estas instituciones y otras similares. Estas instituciones tuvieron un éxito asombroso, ya que en 1840 la alfabetización de las mujeres era igual a la de los hombres.[11]

Las mujeres, cada vez más alfabetizadas, dotarían de personal a una de las instituciones más eficaces para promover la alfabetización en Estados Unidos. En 1780 el editor inglés Robert Raikes (1735-1811) reunió a un grupo de niños que trabajaban en las fábricas de alfileres de Gloucester. Contrató a una señora llamada Meredith y a otras tres mujeres para que les instruyeran los domingos en la lectura y el catecismo de la Iglesia. Esta idea de la escuela dominical tuvo tanto éxito que en cinco años Raikes pudo unirse a otros para establecer una sociedad nacional para promover la idea en Gran Bretaña. William White, que visitó una escuela de Raikes durante su estancia en Inglaterra en 1787 para su consagración, fue uno de los que ayudaron a trasplantar la institución a América. En 1790, él y otros habitantes de Filadelfia formaron la First Day Society, que dirigió una de las primeras escuelas dominicales de Estados Unidos. Algunos cristianos se opusieron a la celebración de la escuela en domingo por considerarla una violación del descanso sabático, pero pronto abandonaron estas objeciones. En las dos primeras décadas del siglo XIX, los protestantes estadounidenses formaron una serie de organismos regionales de escuela dominical interconfesional. Varias de ellas se combinaron en 1824 para formar la Unión Estadounidense de Escuelas Dominicales.

Antes de las escuelas dominicales, solo Nueva Inglaterra tenía un sistema de escuelas públicas. En el Sur, la educación gratuita se ofrecía de forma limitada solo a los pobres. En los estados centrales, diversas academias privadas ofrecían oportunidades educativas. La escuela dominical sería el primer esfuerzo nacional para proporcionar educación gratuita al creciente número de niños estadounidenses. El sistema de escuelas públicas seguiría el camino inaugurado por los maestros de la escuela dominical.

A medida que las escuelas primarias públicas asumían la tarea de la educación básica, las escuelas dominicales podían dedicar más tiempo a la educación religiosa. Los partidarios del movimiento de escuelas dominicales crearon una nueva ronda de organizaciones, como la Unión General de Escuelas Dominicales Protestantes (1827), para ayudar en este esfuerzo.

Los episcopales negros

Tras la Revolución estadounidense, la ciudad de Filadelfia se convirtió en un imán para los negros libres, atraídos por la posibilidad de trabajar, la larga oposición cuáquera a la esclavitud, la adopción por parte del estado de un sistema de abolición gradual y la presencia de escuelas cuáqueras y episcopales. En 1800 los africanos (el término que preferían entonces) de la ciudad habían pasado de un mínimo de 900 después de la Revolución a unos 6,500. De ese número, todos menos 55 eran personas libres.

Hacia 1800, la Iglesia Episcopal tenía una próspera congregación negra en la ciudad, la iglesia africana de Santo Tomás (1794). Estaba dirigida por Absalom Jones (1746-1818), que había sido ordenado diácono por el obispo White en 1795 y sería ordenado sacerdote en 1804. Jones fue el primer negro estadounidense en ser ordenado por una denominación jerárquica.

Santo Tomás contaba con uno de los grupos de mujeres negras más antiguos del país (la Sociedad Africana Amistosa de Santo Tomás, en 1793), un grupo de hombres (1795) y una escuela. En 1815 la congregación era la segunda más grande de la diócesis de Pensilvania.[12]

Fig. 20 Absalom Jones

Jones había llegado al ministerio ordenado de la Iglesia Episcopal por un camino tortuoso. Aunque probablemente asistió a la Escuela Episcopal Africana de Filadelfia (la sucesora de la escuela fundada por los Asociados del Dr. Bray antes de la Revolución) y había adorado en la iglesia episcopal de San Pedro, su profundo interés por la religión fue despertado por Richard Allen (1760-1831), que había comenzado a predicar a los negros en la iglesia metodista de San Jorge en 1786.[13]

Jones comenzó a asistir a San Jorge. Sin embargo, la experiencia no debió ser del todo satisfactoria, ya que al cabo de un año se unió a Allen y a otros en la planificación de una congregación exclusivamente negra. Debido a las objeciones de los metodistas blancos, el grupo de miembros negros creó una organización cívica (la Sociedad Africana Libre) en lugar de una congregación separada. Al principio se reunía en la casa de Allen. Sin embargo, desde el primer año comenzó a adquirir un carácter casi religioso, aunque—quizá debido a las objeciones metodistas y al apoyo de los cuáqueros—las prácticas religiosas del organismo llegaron a parecerse más a las de los cuáqueros que a las de los metodistas. La sociedad, por ejemplo, envió comités para ayudar a los miembros a revisar sus conciencias (1787), comenzó a negar la pertenencia a aquellos que se resistían a la reforma (1788), trasladó sus reuniones a la Escuela Africana Cuáquera (a finales de 1788 o principios de 1789), y comenzó a abrir las reuniones con largos períodos de silencio (1789). Mantener ese silencio fue demasiado para Allen, que prefería formas de culto más animadas. Se retiró de la sociedad, llevándose a varios con él.[14]

En la década de 1790, Jones y el resto de los miembros empezaron a tener algunas dudas sobre la deriva cuáquera de su sociedad. Los cuáqueros se oponían a que utilizaran cualquier tipo de música y, a pesar de su larga oposición a la esclavitud, eran la única confesión de Filadelfia de la época que prohibía la afiliación de negros. En 1791, la sociedad comenzó a experimentar invitando a clérigos de otras denominaciones (incluido el episcopal Joseph Pilmore) a dirigir el culto, e hizo planes iniciales para una congregación independiente no confesional. El clero blanco de varias denominaciones desaconsejó el proyecto, que habría provocado la retirada de los miembros negros de sus propias congregaciones, pero el episcopal Benjamin Rush (1745-1813) y otros laicos, entre ellos el amigo de Rush, Granville Sharp (1735-1813), en Inglaterra, apoyaron la campaña y contribuyeron a la construcción de un edificio ya proyectado. Allen se reincorporó a la sociedad para hacer campaña a favor de una conexión con la Iglesia metodista, pero la continua oposición de los líderes metodistas blancos a una iglesia separada y la decisión de la iglesia de San Jorge de que los negros debían sentarse en un balcón separado, socavaron ese esfuerzo.[15] La congregación abandonó el plan no confesional y votó por unirse a la Iglesia Episcopal. Jones, aunque estaba a favor de la opción metodista, se puso del lado de la mayoría de los miembros de la Sociedad y se preparó para la ordenación en la Iglesia Episcopal.[16] Richard Allen se retiró de nuevo de la sociedad y permaneció en la Iglesia Metodista hasta 1816, cuando se unió a otros metodistas negros para formar la Iglesia Metodista Episcopal Africana (AME).

En Nueva York se produjeron acontecimientos similares casi al mismo tiempo. Los miembros negros se retiraron de la iglesia metodista de John Street en la ciudad de Nueva York en 1796. James Varick (1750-1827) y una treintena de metodistas negros formaron entonces la Iglesia de Sión, la primera iglesia negra de la ciudad de Nueva York (1801). En 1818, Sión se unió a otras congregaciones metodistas negras para crear la Iglesia Metodista Episcopal Africana (Sión).

Peter Williams, Jr. (1786-1840), hijo de uno de los cofundadores de Varick, tomó, sin embargo, un rumbo diferente. Tras su salida de John Street, se unió a la Iglesia Episcopal de la Trinidad en Nueva York. Fue confirmado hacia 1798, elegido lector laico en 1812 y ordenado sacerdote en 1826. La iglesia que él fundó en 1818, San Felipe, se convirtió en un centro para los episcopales negros. Williams fue uno de los fundadores del primer periódico negro estadounidense, *Freedman's Journal* (1827) y promotor de la primera Conferencia Nacional de Líderes Negros (1830).[17]

Las iglesias de San Felipe y Santo Tomás no pudieron participar inicialmente en las convenciones anuales de sus diócesis. John Jay (1817-94), nieto del gobernador y juez del Tribunal Supremo del mismo nombre, fue uno de los líderes del esfuerzo a largo plazo para revertir esta situación en Nueva York. La iglesia de San Felipe fue finalmente admitida en la convención diocesana de Nueva York en 1853.[18] Santo Tomás fue admitida en Pensilvania en 1864.[19] Otras congregaciones negras esperarían mucho más tiempo para obtener el mismo estatus.

Otros catorce hombres siguieron a Williams y Jones en el ministerio episcopal antes de la Guerra Civil. En la mayoría de los casos sirvieron a congregaciones de negros libres, cuyo número creció hasta incluir la de Santiago, en Baltimore (1827), la de San Lucas, en New Haven (1844), y la de San Mateo, en Detroit (1851).[20] El ministerio a las personas esclavizadas era generalmente proporcionado por el clero blanco. Los sacerdotes blancos ejercían el ministerio pastoral y la instrucción, sobre todo a los que trabajaban en el servicio doméstico. Sin embargo, incluso en los casos en que los propietarios de esclavos disponían de capillas separadas para los negros, estos no organizaban juntas parroquiales ni participaban en la dirección de la congregación del modo en que podían hacerlo en el Norte.

La persistencia de la exclavitud

En el primer tercio del siglo XIX, el movimiento abolicionista comenzó a perder impulso. Los estados del norte con sistemas de emancipación gradual pasaron a la abolición total en la década de 1830, pero el movimiento abolicionista se estancó al sur de Pensilvania. Algunas personas esclavizadas en el Sur pudieron comprar su libertad y otras fueron liberadas por sus amos; de 1800 a 1810, por ejemplo, la población negra libre de Virginia aumentó de 20,000 a 30,000 personas. Este pequeño número de personas liberadas—menos del ocho por ciento de la población de personas esclavizadas (383,000) en 1810—hizo poco por cambiar la institución de la esclavitud.[21]

Por el contrario, la institución de la esclavitud era cada vez más viable económicamente en el Sur en el primer tercio del siglo XIX. La prohibición por parte del Congreso de la importación de esclavos en 1808 tuvo el efecto involuntario de aumentar el precio pagado por las personas esclavizadas que se vendían en el incesante comercio interno de esclavos. La prohibición contribuyó a la escasez de mano de obra en las zonas más recónditas del sur (*the Deep South*)—donde los propietarios de las plantaciones estaban dedicando nuevas tierras al cultivo del algodón—e hizo subir los precios y creó un floreciente comercio interior. En los años transcurridos entre 1790 y la Guerra Civil, los habitantes del sur septentrional fueron responsables de la venta y el transporte a este sur remoto de tres cuartos de millón de personas esclavizadas.[22]

Un segundo factor que influyó en la rentabilidad de la esclavitud fue la expansión de un sistema de alquiler por el que se contrataba a personas esclavizadas para trabajar en la agricultura, la construcción y la industria. El sistema permitía a los agricultores afrontar los descensos de la producción y las fluctuaciones de los precios, ayudaba a la industria y a la diversificación económica y ampliaba el porcentaje de la población blanca que era cómplice de la institución de la esclavitud (ya que incluso aquellos con medios modestos podían alquilar personas esclavizadas para que les ayudaran en proyectos a corto plazo). El historiador John J. Zaborney resumió el efecto de la contratación en Virginia diciendo que "la contratación de esclavos... incluía todo tipo de esclavos en todos los entornos, se convirtió en una práctica generalizada y rutinaria que ofrecía esclavos a todos los grupos de blancos, y fortaleció... la esclavitud durante los años previos a la Guerra Civil".[23]

Con la notable excepción de los cuáqueros, las iglesias que habían negado la afiliación a los propietarios de esclavos a finales del siglo XVIII abandonaron esas disposiciones a principios del siglo XIX.[24] Sin embargo, había una sociedad benéfica que se ocupaba de las personas esclavizadas y que estaba activa en el Sur.

Los presbiterianos, episcopales y otros cristianos interesados formaron en 1816 la Sociedad Americana de Colonización. La sociedad siguió el ejemplo británico dado en Sierra Leona y la iniciativa de un capitán de navío estadounidense de raza negra llamado Paul Cuffee (1759-1817), que había hecho campaña a favor de la emigración a África durante la Guerra de 1812. Francis Scott Key, el presidente James Madison (que presidió la sociedad durante mucho tiempo) y el posterior obispo de Virginia William Meade (1789-1862) fueron algunos de los primeros partidarios de la sociedad.[25]

Fue como resultado de los esfuerzos de la Sociedad Americana de Colonización que el primer clérigo episcopal estadounidense sirvió como misionero en el extranjero. Joseph R. Andrus, un sacerdote de Nuevo Hampshire que también había sido rector de la iglesia de San Pablo, en King George, Virginia, se embarcó hacia África con otros tres miembros de la sociedad en 1821. Andrus murió de fiebre antes de finalizar ese mismo año. Elizabeth Mars Johnson Thompson (1807-64), una misionera negra que dedicó la mayor parte de su vida adulta a la labor educativa en Liberia, fue una de las muchas episcopales que continuarían la labor en Liberia a medida que avanzaba el siglo.[26]

Los negros libres del norte, como Absalom Jones y Richard Allen, se opusieron a los esfuerzos de la Sociedad Americana de Colonización, tanto por la coacción que suponía como por la pérdida de cualquier conexión real con su pasado africano. Si había que reasentar a los negros, ¿por qué no encontrar un lugar apropiado en el oeste americano, ya que América era la única nación que conocían? Los blancos del sur apoyaban más el esfuerzo liberiano; ofrecía una "solución" a lo que consideraban el principal coste social de la abolición: la creación de una gran clase de negros libres con recursos educativos y económicos limitados. Al ofrecer esta solución, la sociedad hizo que la emancipación pareciera más aceptable para los blancos. No fue una coincidencia que el último intento serio de eliminar la esclavitud en un estado del sur—un esfuerzo de 1832 en la legislatura de Virginia para la abolición gradual dirigido por Thomas Jefferson Randolph (1792-1875) y William Henry Roane (1787-1845), los nietos de Thomas Jefferson y Patrick Henry—se produjera en un momento en que la Sociedad Americana de Colonización estaba enviando un número récord de esclavos liberados a Liberia.[27]

La década de 1830 sería un importante periodo de transición en las actitudes estadounidenses hacia la esclavitud. Envalentonados por el logro de la abolición en los estados del norte que habían adoptado sistemas de emancipación gradual, por el éxito de la larga campaña para acabar con la esclavitud en todo el territorio británico (1833) y por el fracaso de la abolición gradual en Virginia, una nueva generación de abolicionistas del norte, entre los que se encontraban Arthur Tappan (1786-1865) y William Lloyd Garrison (1805-1879), comenzó a exigir la abolición inmediata en el Sur. Tappan y Garrison promovieron sus puntos de vista fundando la Sociedad Antiesclavista Estadounidense (1833) y publicando periódicos (el *Liberator* y el *Emancipator* de Garrison, publicados por Tappan y su hermano Lewis).[28] Un número cada vez mayor de protestantes del norte comenzó a apoyar la causa de la abolición inmediata. Los presbiterianos fueron especialmente activos. El Seminario Lane (del que era presidente el clérigo presbiteriano Lyman Beecher, 1775-1863) y el Colegio Universitario de Oberlin (del que era presidente el clérigo presbiteriano Charles G. Finney, 1792-1875) en Ohio se convirtieron en centros del abolicionismo. En algunos casos sugirieron que el uso de la fuerza era apropiado para tratar de acabar con la esclavitud. Henry Highland Garnet (1815-82), un clérigo presbiteriano afroamericano, causó un gran revuelo al apoyar la revolución violenta contra los propietarios de esclavos en un discurso pronunciado en la Convención de Negros de 1843 en Buffalo, Nueva York.[29] En la década siguiente, el hijo de Lyman Beecher, Henry Ward Beecher (1813-87), distribuyó rifles (las "Biblias de Beecher") a los colonos que se dirigían a Kansas para que se opusieran activamente a la esclavitud.[30]

Los episcopales habían participado activamente en una ronda anterior de grupos antiesclavistas. El primero John Jay (1745-1829) fue el primer presidente de la Sociedad Neoyorquina para la Manumisión (1785) y había firmado la ley para la abolición gradual de la esclavitud mientras era gobernador de Nueva York.[31] Los episcopales participaron activamente en la Sociedad Americana de Colonización. Sin embargo, hasta la década de 1850, la mayoría de los episcopales blancos dudaban en unirse al llamamiento a la abolición inmediata. Hubo excepciones, sin embargo, William Jay (1789-1858) participó en la fundación de la Sociedad Antiesclavista en 1833 y en la década de 1850 publicó panfletos contra la esclavitud.[32] El clérigo E.M.P. Wells (1790-1875), que como "misionero de la ciudad" en Boston se dedicó a la reforma penitenciaria, al cuidado de los sin techo y a otras causas benévolas, fue vicepresidente de la Sociedad Antiesclavista Estadounidense.

Los episcopales negros estaban más dispuestos a participar en la Sociedad Antiesclavista que los blancos, pero descubrieron que su participación podía tener consecuencias negativas. Peter Williams, de la iglesia de San Felipe en Nueva York, aceptó un puesto en la junta de la Sociedad Antiesclavista Estadounidense. En 1834, una turba enfurecida saqueó San Felipe, rompió sus ventanas y su órgano, sacó los bancos a la calle y les prendió fuego. El obispo Benjamin T. Onderdonk (1791-1861) respondió al suceso exigiendo a Williams que renunciara a la sociedad, una insistencia acorde con la larga oposición de la alta iglesia a la participación clerical en organizaciones interconfesionales o políticas. Williams accedió a regañadientes seguir las indicaciones del obispo.[33]

Cambio institucional y teológico

Ya en 1782, el *Case of the Episcopal Churches* ["El caso de las iglesias episcopales"] del obispo White había definido a la Iglesia Episcopal como aquella que profesaba "los principios religiosos de la Iglesia de Inglaterra".[34] La definición coincidía con la perspectiva religiosa de la mayoría de los estadounidenses de la primera mitad del siglo XIX. Las iglesias se identificaban por sus principios y doctrinas; las buenas iglesias eran las que podían ser más claras en lo que creían.

El obispo White y otros líderes nacionales reconocieron que aún quedaba mucho por hacer para aclarar los principios de la Iglesia Episcopal. Es

Fig. 21 Los libros (la Biblia, la Política Eclesiástica de Hooker y las Obras de Cranmer) sobre los que el obispo William Meade apoyaba su codo en este retrato de John Neagle, sugerían la preocupación común episcopal por la doctrina correcta.

cierto que la Convención General había adoptado un libro de oración y una constitución en 1789. Pero aún no había adoptado los Treinta y Nueve Artículos ni identificado un cuerpo de doctrina con el que debían familiarizarse los nuevos candidatos al ministerio. Y lo que es aún más urgente, la Iglesia aún no había dado una respuesta conjunta a las divisiones del Gran Despertar. ¿Cómo podían los episcopales combinar las mejores ideas tanto de los que apoyaban el Despertar como de los que se oponían a este?

William White y los obispos, sacerdotes y laicos que aparecieron en las convenciones generales después de 1800 se dedicaron a esta aclaración de la doctrina. Muchos de los obispos y diputados se habían convertido en miembros activos de la Iglesia después de 1789. Consideraban a White como una figura paterna. Los dirigió bien, sirviendo con mano suave como obispo presidente en los años críticos entre 1795 y 1836. Hacia el final de su vida, escribiría la única historia de primera mano de los acontecimientos que llevaron a la formación de la Iglesia Episcopal.

En 1801, White convenció a la Convención General para que adoptara los Treinta y Nueve Artículos con solo pequeñas modificaciones políticas. En 1804 respondió a una petición de la Convención preparando el Curso de Estudios Eclesiásticos, una lista de libros de texto que todo candidato al ministerio debía leer antes de la ordenación.[35]

En 1804 los candidatos al ministerio estudiaban en privado con algún destacado clérigo de la parroquia o con un profesor de divinidad del colegio universitario. Sin embargo, en 1808, un grupo de congregacionalistas, preocupados por las inclinaciones unitarias del profesor de divinidad de Harvard, desarrolló otro modelo educativo. Crearon el Seminario de Andover, la primera escuela teológica protestante de posgrado de tres años. La institución tuvo un éxito inmediato.

Los episcopales, presbiterianos, bautistas, luteranos y cristianos reformados pronto crearon sus propios seminarios basados en el modelo de Andover. En la década de 1820, los episcopales abrieron tres: El Seminario General de Nueva York (1822), el de Virginia (el Seminario Episcopal Protestante de Virginia, 1823) y el departamento teológico del Kenyon College de Ohio (Bexley Hall, 1824). Muchos de los primeros profesores de estas instituciones habían asistido a Andover. Los nuevos seminarios, capaces de producir un mayor número de candidatos al ministerio que los antiguos modelos de estudio, sustituyeron rápidamente a la lectura para las órdenes como vía principal para la ordenación.

En los mismos años, se produjo un cambio importante en el carácter del ministerio ordenado. El clero parroquial, que durante la época colonial gozaba de una titularidad vitalicia, al menos teórica, en las parroquias en las que había sido instituido, perdió ese privilegio en 1804.[36] En ese año, la Convención General adoptó un canon que otorgaba a los obispos (o, en su ausencia, a la convención diocesana y a los comités permanentes) el derecho a mediar en las disputas entre el clero y las congregaciones. El canon otorgaba a los obispos poca autoridad adicional sobre las parroquias infractoras, pero sí concedía a los obispos la facultad de suspender al clero implicado en esas disputas. La disposición se redactó para resolver el conflicto en curso entre Uzal Ogden, que había sido un candidato a las sagradas órdenes pro Despertar de la década de 1770, y su parroquia. La combinación del nuevo canon de la Convención y el hecho de que esta no lo respaldara como obispo electo de Nueva Jersey convenció a Ogden de unirse a la Iglesia Presbiteriana.[37]

También se estaban produciendo cambios en la naturaleza del episcopado. Los líderes eclesiásticos más conocidos por los anglicanos coloniales antes de la Revolución eran los comisarios, que representaban al obispo de Londres y presidían las convocatorias del clero. Los primeros obispos, que a menudo ocuparon las mismas parroquias que los comisarios que les precedieron, se inspiraron en estos líderes coloniales. A diferencia de los comisarios, ordenaban nuevos clérigos. Sin embargo, es poco lo que hicieron para diferenciar sus ministerios de los de los comisarios. Pocos ("Seabury" puede ser la principal excepción) realizaban visitas a las parroquias. Pocos siguieron la temprana defensa de la confirmación por parte del

La ortodoxia racional (1800–40)

obispo Seabury. No dirigieron cartas pastorales a sus diócesis. No tenían presupuestos diocesanos que administrar. Al igual que los comisarios, pasaban la mayor parte de su tiempo en los puestos parroquiales o docentes que les proporcionaban el sustento y ejercían su autoridad sobre la diócesis principalmente presidiendo las reuniones ocasionales de las convenciones diocesanas. Estos obispos comisarios fueron capaces de satisfacer la mayor necesidad de la nueva iglesia, la ordenación de nuevos candidatos al ministerio. Sin embargo, no proporcionaron un liderazgo diocesano vital.

En 1811, se consagró un nuevo obispo asistente para el estado de Nueva York. John Henry Hobart (1775-1830) era un joven asistente de la iglesia de la Trinidad que se había preparado para el sacerdocio con el obispo White. Se casó con Mary Chandler, hija of Thomas Bradbury Chandler, el sacerdote de Nueva Jersey que había hecho campaña a favor del episcopado colonial y contra la Revolución estadounidense.

Hobart, consagrado inicialmente para asistir a un obispo enfermo, Benjamin Moore, proporcionó un nuevo modelo para el obispo estadounidense. Orador activo, ardiente escritor de panfletos y hábil administrador, no se contentó con presidir la convención anual. Vio, por ejemplo, la necesidad de un liderazgo episcopal en las misiones. Lideró el establecimiento de nuevas congregaciones para el extremo occidental de su estado, donde una marea de pioneros de Nueva Inglaterra y Nueva York que seguían el Canal de Erie hacia el Oeste estaba engrosando la población. Organizó una ofrenda para las misiones, se dirigió a los feligreses de su diócesis mediante visitas parroquiales y cartas

Fig. 22 John Henry Hobart

pastorales, y desempeñó un papel personal en el reclutamiento y colocación del clero.[38]

Otras diócesis recibieron amplias pruebas de la sabiduría del enfoque de Hobart; Nueva York pronto fue la diócesis más grande del país. La Convención General de 1835—cinco años después de la muerte de Hobart—indicó que había 194 clérigos episcopales en Nueva York. Esto supone más de una cuarta parte del clero de todo el país y más del doble que cualquier otra diócesis. Sólo Connecticut (80 clérigos), Pensilvania (79), Virginia (71) y Maryland (66) tenían más de cincuenta clérigos.[39]

Los episcopales de otros lugares no tardaron en emular el activo liderazgo de Hobart. En 1814, por ejemplo, los virginianos eligieron como segundo obispo a Richard Channing Moore (1762-1841), un sacerdote neoyorquino que había visto de cerca el vigoroso estilo de Hobart. Dos años después, el sacerdote neoyorquino Adam Empie (1785-1860) llegó a la iglesia de Santiago Apóstol, en Wilmington, Carolina del Norte. Inició un renacimiento de la Iglesia Episcopal en el estado y un vínculo continuo entre su diócesis y la diócesis de Nueva York.[40]

La adopción de los Treinta y Nueve Artículos, la creación del Curso de Estudios Eclesiásticos, el desarrollo de un modelo más vigoroso de episcopado y la formación de seminarios teológicos contribuyeron a crear una Iglesia más segura de su propia identidad. La primera gran prueba de esta nueva identidad fue la guerra angloestadounidense de 1812. Los episcopales tuvieron que elegir de nuevo entre sus raíces inglesas y su nueva república. Aunque algunos cuestionaron la conveniencia de la guerra, no hubo deserciones hacia Inglaterra.[41]

Los episcopales no fueron ajenos al liderazgo político durante la época de la guerra angloestadounidense de 1812. Tanto el presidente James Madison (1757-1836) como el Secretario de Estado James Monroe (1758-1831) eran episcopales. El liderazgo político proporcionado por los episcopales laicos no se limitó, por supuesto, a esta guerra. Puede que el número de episcopales haya disminuido desde la Revolución, pero siete de los primeros quince presidentes (Washington, Madison,

Monroe, W. H. Harrison, Tyler, Taylor y Pierce) eran episcopales, y un octavo (Jefferson) fue educado en la Iglesia de Inglaterra.

Partidos de la Iglesia

En los años inmediatamente posteriores a la Revolución estadounidense, los episcopales estuvieron a punto de formar dos estructuras confesionales diferentes: una Iglesia de los estados del centro y del sur y una Iglesia de Nueva Inglaterra con sede en Connecticut. No habría sido raro que lo hicieran. Otras denominaciones estadounidenses se dividieron por motivos étnicos y teológicos durante los siglos XVIII y XIX.

Tres grandes diferencias habían separado a los dos esfuerzos organizativos opuestos: su actitud hacia la Revolución, su comprensión del papel de los laicos y la postura apologética que adoptaron hacia otras denominaciones. En general, los episcopales de Nueva Inglaterra se opusieron a la Revolución, negaron a los laicos un papel en el gobierno de la diócesis y destacaron la sucesión episcopal[42] en el ministerio ordenado de la que carecían otros protestantes. Los episcopales de los estados centrales y del sur eran más propensos a apoyar al bando patriota en la Revolución, a aceptar la participación de los laicos en la jerarquía eclesiástica y a destacar las similitudes más que las diferencias con otros protestantes. Después de 1800, las dos primeras cuestiones se volvieron relativamente poco importantes: era difícil discutir el éxito de la Revolución y, tras la muerte de Seabury, incluso Connecticut comenzó a enviar diputados laicos a las convenciones generales. Sin embargo, el debate apologético siguió siendo importante. ¿Debía la Iglesia Episcopal destacar sus similitudes o sus diferencias con otras iglesias protestantes?

El debate era crítico, ya que implicaba tanto la utilidad continua de la teología anglicana del pacto como la respuesta episcopal a las recurrentes rondas de avivamientos que se produjeron desde principios del siglo XIX hasta la Guerra Civil (el Segundo Gran Despertar). La solución a la que llegaron los episcopales implicaba un compromiso: Un intento de combinar lo mejor de los argumentos del pacto con el énfasis del Despertar en la fe personal.

Las líneas de su argumento habían sido sugeridas un siglo antes por Samuel Bradford (1652-1731), el obispo anglicano de Rochester. En su *Discurso sobre la regeneración bautismal y espiritual* (1708), Bradford había llamado la atención sobre un versículo del tercer capítulo de la Epístola a Tito que declaraba que "[Dios] nos salvó. . . por el lavado de la regeneración y la renovación en el Espíritu Santo".[43] Bradford entendió que los versos decían que eran necesarios dos elementos para la vida cristiana: El lavado (es decir, el bautismo) y la renovación. Los episcopales del siglo XIX recogieron esta línea de razonamiento. En 1826, por ejemplo, la Cámara de Obispos recomendó por unanimidad que se añadiera la siguiente oración al oficio de confirmación:

> Dios todopoderoso y eterno, que en el bautismo has concedido la *regeneración* de estos siervos tuyos por el agua y el Espíritu Santo, dándoles así derecho a todas las bendiciones de tu pacto de gracia y misericordia en tu Hijo Jesucristo, y que ahora les confirmas bondadosamente, ratificando las promesas entonces hechas, todos sus privilegios; concédeles, te rogamos, oh Señor, la *renovación del Espíritu Santo. . .*[44]

Los episcopales creían que eran necesarias tanto la entrada en el pacto apostólico como la renovación de la fe por parte de los adultos.

Con todo, este compromiso no eliminó todo el debate teológico dentro de la Iglesia Episcopal. Dado el binomio de regeneración y renovación, los episcopales todavía tenían que decidir dónde poner su énfasis. Como es natural, los episcopales para los que la teología del pacto había sido más importante hicieron hincapié en la regeneración bautismal. Los que simpatizaban con el primer y segundo Gran Despertar hacían más hincapié en la renovación de los adultos.

Sin embargo, los participantes en este debate no se limitaron a conservar la distinción entre Nueva Inglaterra y los estados del centro y del sur. Los predecibles bloques geográficos del siglo XVIII fueron sustituidos por dos partidos eclesiásticos que en la década de 1820 tenían representantes en cada una de las diócesis. Así, los conflictos, a veces acalorados, entre estos dos grupos fueron un producto secundario de un fenómeno muy importante: La creación de una Iglesia nacional en lugar de las dos que la habían precedido.

Aquellos episcopales que enfatizaban el pacto bautismal se referían a sí mismos como miembros del partido de la alta iglesia, porque mantenían en alto la sucesión episcopal distintiva en el ministerio ordenado preservada en su Iglesia. Los que hacían hincapié en la renovación de los adultos se autodenominaban evangélicos, el término más utilizado por otros protestantes del siglo XIX que simpatizaban con el Segundo Gran Despertar. John Henry Hobart de Nueva York, el obispo que proporcionó un modelo más activo para el episcopado, fue el líder más eficaz del partido de la alta iglesia. Hobart se tomó el episcopado muy en serio y se negó a permitir que el clero de su diócesis participara en organizaciones benéficas con cristianos de denominaciones cuyo clero carecía de la sucesión episcopal. Por ejemplo, advirtió al clero de su diócesis que no participara en la Sociedad Bíblica Americana. El obispo formó su propia Sociedad del Libro de Oración y la Biblia para distribuir biblias y libros de oración.

Hobart también desconfiaba de participar en el gobierno civil que, a diferencia del gobierno de Inglaterra, estaba en gran parte en manos de los no anglicanos. Se negó a votar.[45] En los años anteriores a la Guerra Civil, muchos episcopales de la alta iglesia compartirían su sospecha. Tal vez recordaron la hostilidad al episcopado colonial que muchos legisladores presbiterianos y congregacionales habían mostrado antes de la Revolución. Ciertamente, creían que los cristianos estaban seguros de una sola jerarquía en este mundo: el episcopado histórico.

Hobart utilizó su considerable capacidad de persuasión y los recursos de su parroquia y diócesis para promover los estudios de los clérigos que estaban de acuerdo con él y para sugerir que los que no estaban de acuerdo encontraran empleos eclesiásticos en otro lugar. Siete de sus ayudantes en la Trinidad, y varios de sus otros asociados, se convertirían más tarde en obispos.[46] Esta influencia se extendió más allá de la zona de Nueva Inglaterra en la que la teología del pacto había sido tan importante. Hobart encontró partidarios, por ejemplo, en Carolina del Norte, donde los esfuerzos de Adam Empie por el renacimiento llevaron a la elección del obispo John Stark Ravenscroft (1772-1830). Ravenscroft, aunque era de Virginia, era un miembro comprometido del partido de la alta iglesia. Tras su muerte, los habitantes de Carolina del Norte eligieron al yerno de Hobart, Levi Silliman lves (1797-1867), para sucederle.

Frente a este partido de la alta iglesia había un grupo algo más joven de clérigos de la zona de Washington, D.C. En la década de 1790, el Congreso de los Estados Unidos estableció una nueva capital para la nación en un terreno cuadrado que incluía las ciudades existentes de Alexandria, en Virginia, y Georgetown, en Maryland. Aunque no rivalizaba con Nueva York en tamaño, la importancia política de la ciudad la convertía en un importante competidor.

Este grupo de jóvenes clérigos de la zona de Washington comenzó a tomar forma alrededor de 1812. Los más importantes fueron William H. Wilmer y William Meade. Wilmer escribió un *Manual Episcopal* (1815) en el que resumía su concepción de la doctrina episcopal, se presentó a la Convención General y en 1820 fue elegido presidente de la Cámara de Diputados. Meade se unió a Wilmer para traer a Richard Channing Moore a Virginia en 1814 como sucesor del obispo James Madison. Meade seguiría más tarde a Moore como obispo de Virginia. Wilmer moriría a una edad relativamente temprana, pero su hijo Richard Hooker Wilmer (1816-1900) y su sobrino Joseph Pere Bell Wilmer (1812-78) también serían obispos.

Wilmer, Meade y otros evangélicos de la zona de Washington empezaron a buscar clérigos afines, del mismo modo que lo hizo Hobart. Esta coincidencia en un enfoque teológico evangélico se vio a menudo reforzada por una conexión profesor-alumno o un vínculo familiar. Alexander Viets Griswold (1766-1843), obispo de la Diócesis del Este (Rhode Island, Massachusetts, Maine, Nuevo Hampshire y Vermont) cuyas simpatías eclesiásticas cambiaron a raíz de un avivamiento en 1811 en su parroquia de Bristol, en Rhode Island, se mantuvo en contacto con la zona de Washington a través de sus antiguos alumnos de teología John P.K. Henshaw (1792-1852) y Stephen H. Tyng (1800-85). Elizabeth Channing Moore (1728-1805), miembro de una sociedad religiosa femenina de la iglesia de la Trinidad de Nueva York que se reunía semanalmente en las casas de los feligreses, educó a su familia con unas convicciones evangélicas tan firmes que entre sus hijos y nietos habría tres sacerdotes y dos obispos evangélicos (Richard C. Moore, de Virginia, y Gregory T. Bedell, de Ohio).[47]

William Wilmer, Meade y otros evangélicos no hacían hincapié en la sucesión episcopal que se da en la pacto, sino en la importancia de la renovación de la fe por parte de los adultos. Simplificaron la liturgia separando el servicio de la antecomunión de la oración de la mañana con el fin de disponer de más tiempo para la predicación.[48] Dirigían servicios nocturnos informales basados en la oración y la exposición bíblica—una práctica que el obispo Griswold pudo haber iniciado en 1812—y desarrollaron una forma modificada de avivamiento, que llamaron la asociación.[49]

Aunque en general apoyaban el Segundo Gran Despertar, eran críticos con lo que consideraban sus excesos, especialmente los estilos de predicación histriónicos y calculados para excitar la emoción. Como explicó John Henshaw, "cuando hablamos de 'avivamiento' en la Iglesia Episcopal, nos referimos a una temporada de interés más que el habitual en el tema de la religión, producido por la influencia especial del Espíritu Santo que da eficacia a los medios ordinarios de gracia, como la predicación fiel de la palabra y la oración ferviente".[50] McIlvaine contrastó esto con los "modos y los predicadores… valorados, no por la verdad que enseñaban o promovían, sino por la cantidad de excitación que eran capaces de producir", lo que a su juicio "era muy lamentablemente deficiente en todo título legítimo para el nombre de predicación del Evangelio".[51]

El obispo White reconoció este desarrollo de los partidos en la Iglesia y lo presidió con pulcritud en su propia parroquia, eligiendo parejas de asistentes, uno de cada persuasión. Mucho tiempo después de su muerte se le consideraría como el patrón de ambos grupos. De hecho lo fue, ya que ambos partidos utilizaron su Curso de Estudios Eclesiásticos y leyeron su historia de la denominación. White presidió la Convención General y se esforzó por no ser identificado exclusivamente con ninguna de las dos posturas, al igual que había evitado ponerse exclusivamente del lado de Provoost o Seabury.

La existencia de los partidos eclesiásticos contribuyó a la formación de los seminarios teológicos. El Seminario General de Nueva York recibió su carta constitutiva en 1822 tras una prolongada lucha. Hobart insistió en tener el control sobre cualquier seminario de su diócesis. Los esfuerzos iniciales por establecer un seminario para toda la Iglesia en Nueva York, que habían comenzado en 1817, habían dado como resultado dos instituciones conflictivas: una escuela diocesana y una institución general que encontró a Hobart tan poco hospitalario que se trasladó a New Haven. Un generoso donante, que dejó fondos para un seminario *general* en *Nueva York*, resolvió el problema. Las dos instituciones tuvieron que combinarse para recibir la donación. Hobart obtuvo dos importantes concesiones. Su propio asistente sería el primer profesor de política eclesiástica (garantizando así un énfasis adecuado en el episcopado que separaba a la Iglesia Episcopal de otras denominaciones protestantes), y su diócesis recibiría una representación en el consejo de administración proporcional a las contribuciones. El Seminario General, mientras era una institución de la Iglesia en general, se convirtió en un exitoso defensor de la doctrina de la alta iglesia hobartiana.

Meade y Wilmer y otros muchos fundaron un seminario cerca de Alexandria, en Virginia, que se ajustaba mejor a su concepción evangélica de la Iglesia. Al igual que en el Seminario General, los estudiantes de Virginia utilizaban textos de la lista preparada por el obispo White, pero Wilmer, que fue el primer profesor de la escuela, adoptó una postura apologética muy diferente a la de sus homólogos en el General. Destacó las similitudes, más que las diferencias, entre los episcopales y otros protestantes.

Expansión y misiones

Al final de la Revolución estadounidense, la Iglesia Episcopal estaba mal preparada para atender la rápida expansión de la migración occidental. La Revolución había provocado una rápida disminución del número de clérigos disponibles, una pérdida de importantes fuentes de ingresos y una confusión sobre la organización. Puede que los obispos y los diputados de la Convención General adoptaran una constitución y un libro de oración en 1789, pero hasta la década de 1840 los trece estados originales no tendrían estructuras y obispos diocesanos.

Dado este desorden en el Este, no fue sorprendente que los episcopales concentraran sus esfuerzos iniciales en revitalizar la Iglesia en la costa oriental. Las sucesivas convenciones generales dieron cuenta de un creciente progreso en este esfuerzo. Se unieron a la convención delegaciones de Rhode Island (su participación continua en la Convención comenzó en 1808), Vermont (1811), Nuevo Hampshire (1811), Carolina del Norte (1817), Maine (1820) y Georgia (1823).

Mientras se concentraban en este esfuerzo, los episcopales adoptaron una política de laissez-faire hacia las misiones occidentales y extranjeras. Los laicos episcopales individuales y los clérigos ocasionales siguieron la migración hacia el Oeste; de ellos, algunos formaron congregaciones occidentales. Otros se ofrecieron como voluntarios para las sociedades misioneras extranjeras interdenominacionales. En la década de 1830, la Convención General estableció una política misionera más coherente y trató de superar un comienzo tardío en la frontera.

Durante estos años, sin embargo, un remanente del ministerio a los nativos americanos, que la SPG había apoyado durante el período colonial, continuó en la frontera occidental, en gran parte como resultado de los esfuerzos de los episcopales en Nueva York. El obispo Hobart designó a Eleazar Williams (1787-1858) como catequista de los oneida en los años posteriores a la Guerra de 1812. Williams, que pudo haber sido de herencia mohawk pero que afirmaba ser un descendiente perdido del rey de Francia, sirvió tanto en el oeste de Nueva York como en Green Bay, Wisconsin, a donde él y otros instaron a los oneida a trasladarse en 1823.[52]

Diócesis occidentales

El hecho de que algunas diócesis occidentales se formaran antes de 1835 fue un tributo al rudo individualismo de unos pocos pioneros excepcionales. Entre ellos estaban Philander Chase, Benjamin Bosworth Smith y James Otey. En 1805, tras seis años de ministerio parroquial en el oeste de Nueva York, Chase (1775-1852) decidió trasladarse al Oeste. Primero fue a Nueva Orleans, donde, como rector de la Iglesia de Cristo, presidió la primera congregación protestante en la recién adquirida Luisiana.[53] Tras una breve estancia en la iglesia de Cristo, en Hartford, Connecticut (1811-17), volvió a ir al Oeste, esta vez a Ohio. Al reunirse con laicos episcopales, entre los que se encontraba el hermano del obispo Griswold de Rhode Island, Chase pidió la formación de una convención diocesana. La segunda reunión anual de la convención eligió por unanimidad a Chase como obispo. Tras un viaje a Oriente para su consagración (1819), Chase se dedicó a construir instituciones educativas que ayudaran a formar al clero. En 1821, se convirtió en el presidente del Colegio Universitario de Cincinnati, y en 1824, utilizó las contribuciones que consiguió en un viaje de recaudación de fondos a Inglaterra para fundar el Kenyon College, una institución que incluía un departamento de teología (Bexley Hall, que desde 2012 forma parte de la Federación Teológica Occidental Bexley Hall Seabury). La escuela de Chase era un asunto modesto sobre el que ejercía un control total, eligiendo a los profesores y diseñando el curso de los estudios.[54] Cuando los miembros del profesorado cuestionaron el ejercicio de la autoridad del obispo, Chase dimitió como obispo y presidente

Tabla 2. La Iglesia Episcopal en los Trece Estados

Estado	Representados en la Convención General	Primer obispo	Nombres de los primeros obispos diocesanos[1]
Connecticut	1789	1784	Samuel Seabury (1784–96)
			Abraham Jarvis (1797–1813)
			Thomas Brownell (1819–65)
Pensilvania	1785	1787	William White (1787–1836)
Nueva York	1785	1787	Samuel Provoost (1787–1801)[2]
			Benjamin Moore (1801–16)
			John Henry Hobart (1816–30)
Virginia	1785	1790	James Madison (1790–1812)
			Richard Moore (1814–41)
Maryland	1785	1792	Thomas Claggett (1792–1816)
			James Kemp (1816–27)
Carolina del Sur	1785/1814[3]	1795	Robert Smith (1795–1801)
			Theodore Dehon (1812–17)
			Nathaniel Bowen (1818–39)
Massachusetts	1789	1797	Edward Bass (1797–1803)
			Samuel Parker (1804–04)
Rhode Island	1808[4]	1811	Alexander Griswold (1811–43)
Nueva Jersey	1785	1815	John Croes (1815–32)
Carolina del Norte	1817	1823	John Ravenscroft (1823–30)
Georgia	1823	1841	Stephen Elliott (1841–66)
Delaware	1785	1841	Alfred Lee (1841–87)
Nuevo Hampshire	1811	1844	Carlton Chase (1844–70)

1. Los nombres que aparecen son de obispos diocesanos que sirvieron antes de 1820, excepto en aquellos estados en los que el primer obispo fue consagrado después de esa fecha. Algunos de estos obispos diocesanos tuvieron obispos

> asistentes. Entre esos asistentes se encontraban: John Henry Hobart (obispo asistente de Nueva York, 1811-16), James Kemp (obispo asistente de Maryland, 1814-16) y William Meade (obispo asistente de Virginia, 1819-41). Los tres se convirtieron en obispos diocesanos tras el fallecimiento de sus predecesores.
>
> 2. El obispo Provoost se retiró en 1801. Sin embargo, intentó retomar un papel más activo en su diócesis en 1811. Murió en 1815.
>
> 3. Las delegaciones de Carolina del Sur asistieron a las convenciones generales entre 1785 y 1795. Sin embargo, ninguna delegación asistió entre ese año y 1814.
>
> 4. Alexander Viets Griswold residía en Rhode Island. Sin embargo, sirvió como obispo de la Diócesis del Este, un área que incluía todos los estados de Nueva Inglaterra que no tenían obispos residentes. Connecticut estuvo sin obispo residente desde 1813 hasta 1819. Los demás estados de Nueva Inglaterra estuvieron bajo el cuidado de Griswold durante mucho más tiempo. Vermont eligió a su primer obispo residente en 1832. Massachusetts eligió a un obispo asistente de Griswold en 1842. Nuevo Hampshire no eligió un obispo independiente hasta después de la muerte de Griswold en 1843.
>
> Rhode Island estuvo representada en las convenciones generales de 1799 y 1801, pero no envió delegaciones de forma constante sino hasta 1808.

del colegio y se dirigió al Oeste para fundar una nueva diócesis (Illinois) y un nuevo colegio (el fallido Jubilee College). Tras su dimisión, el clero y los laicos de Ohio eligieron como obispo a Charles P. McIlvaine (1799-1873), uno de los primeros miembros del grupo de evangélicos de Washington, D.C.[55]

Benjamin Bosworth Smith se convirtió en el primer obispo de Kentucky en 1832. Con la excepción de la disputa y la dimisión, su historia fue muy parecida a la de Chase. Ayudó a organizar una diócesis fronteriza y trabajó tanto en la educación pública (superintendente estatal de escuelas públicas) como en la eclesiástica. Smith fundó el Seminario Teológico Episcopal

La ortodoxia racional (1800–40)

Fig. 23 Philander Chase

Fig. 24 Benjamin Bosworth Smith

en Kentucky en 1834. (La escuela cerró a mediados de siglo, pero reabrió de 1951 a 1990).[56]

James Hervey Otey (1800-1863) se trasladó de Carolina del Norte a Tennessee, donde ejerció su ministerio en congregaciones de las ciudades de Franklin, Columbus y Nashville. Elegido obispo en 1834, fundó una escuela para niñas en Columbia y fue uno de los planificadores iniciales de la Universidad del Sur.

Estos tres primeros obispos actuaron de forma muy parecida a los comisarios originales. Fueron a zonas donde había un número mínimo de episcopales y trataron de fundar instituciones educativas básicas para sostener una iglesia. Fueron elegidos por el escaso número de clérigos y laicos que pudieron reunir, y solo recibieron un apoyo mínimo de las diócesis orientales. Teniendo en cuenta los obstáculos a los que se enfrentaron, obtuvieron logros considerables. A lo largo de la

Fig. 25 James Hervey Otey, Catedral de San Andrés, Jackson, Mississippi

década de 1820 y principios de 1830, el número de estados occidentales representados en la Convención General aumentó. Además de Ohio (1823), Kentucky (1829) y Tennessee (1832), llegaron delegaciones de Mississippi (1826), Alabama (1832) y Michigan (1832).

Los obispos y diputados de la Convención General reconocieron que era necesario un sistema más organizado. Por lo tanto, en 1835, reorganizaron la Sociedad Misionera Doméstica y Extranjera. La reorganización no era un elemento nuevo para la sociedad. Desde que la estableció por primera vez en 1820, la Convención General había revisado continuamente la constitución de la sociedad para establecer una base de financiación más segura. A su vez, hizo que la membresía fuera universal para los episcopales (1820); estableció una ofrenda especial en las sesiones de la Convención General y limitó la membresía a los miembros de la Convención General o a los que hicieran contribuciones de un tamaño determinado (1823); dejó de lado la membresía automática de los miembros de la Cámara de Diputados y abandonó la ofrenda de la Convención General (1832). Las contribuciones, la mayoría de las cuales provenían de la Diócesis de Nueva York, aumentaron gradualmente durante este período, y en 1835 la Convención General finalmente se sintió lo suficientemente segura de la estabilidad financiera de la sociedad como para dar dos pasos más. Volvió a la definición de miembros de 1820 y adoptó un procedimiento para la elección de obispos misioneros que serían pagados con los fondos de la sociedad. Estos obispos serían consagrados y enviados desde la Convención General. Los episcopales occidentales ya no tenían que esperar a ser suficientes en número para formar sus propias convenciones diocesanas y elegir a sus propios obispos.

Jackson Kemper (1789-1870) fue el primer obispo misionero de este tipo. Antiguo asistente del obispo White en las Iglesias Unidas de Filadelfia, Kemper fue consagrado en 1835 como obispo misionero de Missouri e Indiana, aunque en ocasiones su cura también incluía Iowa, Wisconsin, Nebraska y Kansas. Además, visitó Alabama, Arkansas, Mississippi, Luisiana, Georgia y Florida en una gran gira entre 1837 y 1838. En 1838, Leonidas Polk (1806-64) siguió a Kemper como segundo obispo misionero. Su responsabilidad incluía Arkansas y el Territorio Indio (Oklahoma).

A medida que la población de la frontera aumentaba y las congregaciones episcopales se hacían más numerosas, los episcopales de algunas partes de estos grandes distritos misioneros organizaron diócesis más pequeñas y eligieron a sus propios obispos. Los miembros de la Iglesia Episcopal de Luisiana formaron una diócesis y convencieron a Polk para que renunciara a su diócesis misionera y se convirtiera en su obispo en 1841. Los de Wisconsin formaron una diócesis y en 1859 eligieron a Kemper como obispo diocesano.

Fig. 26 Jackson Kemper

Sin embargo, no todos los obispos diocesanos de la frontera eran antiguos obispos misioneros. Michigan eligió a Samuel McCoskry (1804-86) como obispo en 1836. En 1844, Alabama eligió a Nicholas Hamner Cobbs (1796-1861), y el clero y los laicos de Missouri eligieron a Cicero Stephens Hawks (1812-68) en 1844.

A medida que estas nuevas diócesis llenaban el territorio de las diócesis más orientales, se establecían nuevos territorios misioneros aún más al Oeste.

Misiones en el extranjero

Aunque algunos sacerdotes habían participado en la labor de la Sociedad Americana de Colonización antes de 1820, la Sociedad Misionera Doméstica y Extranjera de la Iglesia Episcopal no envió un equipo misionero en nombre de toda la Iglesia hasta 1830. Los contribuyentes de la década de 1820 habían sugerido que la sociedad enviara misioneros a Liberia o Argentina.[57] El equipo misionero enviado en 1830, compuesto por el reverendo y la señora J.J. Robertson, el reverendo John (1791-1882) y la señora Frances (1799-1884) Hill, y el señor Solomon Bingham, fue, sin embargo, en una dirección diferente: Grecia. La exitosa guerra griega por la independencia contra Turquía había cautivado la imaginación de muchos en Estados Unidos e Inglaterra. El equipo misionero de Estados Unidos esperaba ayudar en la difícil tarea de reconstruir una nación cristiana tras siglos de ocupación musulmana. Como muchos de los misioneros occidentales en Estados Unidos, los miembros del equipo decidieron concentrar sus esfuerzos en la educación. Los Robertson y el Sr. Bingham, que era impresor de profesión, establecieron un programa de publicación en lengua griega. Los Hills fundaron una serie de escuelas de gran éxito que desempeñaron un papel esencial en la creación de un sistema escolar griego.

Conscientes de que se encontraban en una nación ortodoxa griega, los miembros del equipo no pretendían hacer proselitismo. Esperaban más bien vigorizar la Iglesia griega con sus esfuerzos educativos y la enseñanza de la Biblia. Los Hills tuvieron un exitoso ministerio que continuó hasta la década de 1880.[58] Entre las personas que colaboraron en su esfuerzo estaba la educadora Mary Briscoe Baldwin (1811-77), que dejó su carrera docente en Estados Unidos para trabajar en Grecia (1833-66) y en Siria (1871-77).[59]

A la labor en Grecia le siguieron pronto los esfuerzos misioneros en países no cristianos. Los dos primeros misioneros en China partieron de Nueva York en 1835. William Jones Boone (1811-64), que sería consagrado como el primer obispo misionero extranjero de la Iglesia en 1844, le siguió dos años después. Tres misioneros, entre ellos el que más tarde sería el obispo John Payne (1815-74), fueron nombrados en 1836 para trabajar en Liberia.

Tabla 3. Diócesis en estados admitidos en la Unión 1791-1859

Estado	Unida a la Unión	Primer obispo	Años después	Nombre del obispo
Vermont	1791	1832	41	John Henry Hopkins
Kentucky	1792	1832	40	Benjamin Bosworth Smith
Tennessee	1796	1834	38	James H. Otey
Ohio	1803	1819	16	Philander Chase
Louisiana	1812	1841	29	Leonidas Polk
Indiana[1]	1816	1844	28	Jackson Kemper
Mississippi	1817	1850	33	William M. Green
Illinois	1818	1835	17	Philander Chase
Alabama	1819	1844	25	Nicholas H. Cobbs
Maine	1820	1847	27	George Burgess
Missouri[2]	1821	1844	23	Cicero S. Hawkes
Arkansas[3]	1836	1844	8	George W. Freeman
Michigan	1837	1836	(1)	Samuel A. McCoskry
Florida	1845	1851	6	Francis H. Rutledge
Texas	1845	1859	14	Alexander Gregg
Iowa	1846	1854	8	Henry W. Lee
Wisconsin	1848	1859	11	Jackson Kemper
California	1850	1857	7	William I. Kip
Minnesota	1858	1859	1	Henry B. Whipple
Oregon	1859	1854	(5)	Thomas F. Scott

1. Desde 1835 hasta 1844, Indiana estuvo combinada con Missouri en un distrito misionero del que Jackson Kemper fue obispo.

2. En 1844, Missouri, que se había combinado en una diócesis misionera con Indiana, formó una diócesis separada. Kemper se fue a Wisconsin y George Upfold se convirtió en obispo de Indiana.

3. De 1838 a 1841 Arkansas y el Territorio Indio (Oklahoma) se combinaron en un solo distrito misionero del que Leonidas Polk fue obispo.

NOTAS

1. W.J. Rorabaugh, *The Alcoholic Republic* (Oxford: Oxford University Press, 1979), 8.

2. Gerald Bray, ed., *The Anglican Canons 1529-1947* (Woodbridge, Suffolk: the Boydell Press, 1998), 369; George Herbert, *The Country Parson, The Temple*, Classics of Western Spirituality (Nueva York: Paulist Press, 1981), 57; y Gilbert Burnet, *A Discourse of the Pastoral Care*, 14ª ed. corregida (Londres: Rivingtons and Cochran, 1821), 182. Disposiciones similares que instan al clero a no frecuentar las tabernas se encuentran en la *Admonitio Generalis* (siglo VIII), los *Cánones del Concilio de Cartago* (419) y los *Cánones del Concilio de Laodicea* (364).

3. *Journal of the General Conventions of the Protestant Episcopal Church in the United States, 1785-1835*, ed. William Stevens Perry, 3 vols. William Stevens Perry, 3 vols. (Claremont, N.H.: Claremont Manufacturing Company, 1874), 1:128.

4. Edwin Augustine White y Jackson A. Dykman, *Annotated Constitution and Canons for the Government of the Protestant Episcopal Church in the United States of America otherwise known as The Episcopal Church, Adopted in General Convention, 1789-1979*, 1981 edition, 2 vols. (Nueva York: The Seabury Press, 1982), 1:398.

5. Douglass Adair y Marvin Harvey, "¿Fue Alexander Hamilton un estadista cristiano?" *William and Mary Quarterly* (3ª serie) 12 (abril de 1955): 309. El obispo Moore visitó a Alexander Hamilton dos veces después del duelo. En su primera visita, le negó la Comunión a Hamilton. Sin embargo, cedió en su segunda visita.

6. William Meade, *Old Churches, Ministers, and Families of Virginia*, 2 vols. (1857; reimpresión, Baltimore: Genealogical Publishing Company, 1966), 1:23.

7. *Journal of the General Conventions*, ed. Perry, 1:458.

8. *Journal of the General Conventions*, ed. Perry, 2:494. Bruce Mullin ha argumentado en *Episcopal Vision/American Reality* que los episcopales de la alta iglesia tenían poco interés en la moralidad pública. Está en lo cierto dentro del marco limitado en el que formula su argumento: el clero blanco, masculino, de la alta iglesia tenía poco interés en las campañas morales, en particular las que involucraban a otros protestantes después de 1820. Sin embargo, todos los obispos de la alta iglesia presentes en la Convención General de 1817 votaron a favor de la resolución sobre moralidad. Las mujeres de la alta iglesia y los evangélicos de ambos sexos fueron más consistentes en su apoyo a las campañas de moralidad. Véase Robert Bruce Mullin, *Episcopal Vision/ American Reality: High Church Theology and Social Thought in Evangelical America* (New Haven: Yale

University Press, 1986), 78-85, y, para una opinión contrastada, Manross, *The Episcopal Church in the United States, 1800-1840: A Study in Church Life* (Nueva York: Columbia University Press, 1980), 186-93. Después de la década de 1820, cuando una nueva generación de líderes de la templanza comenzó a abogar por la abstinencia de alcohol incluso en la copa de la Comunión, los episcopales se volvieron menos activos en la campaña contra la bebida.

9. Edward T. James, Janet Wilson James y Paul S. Boyer, eds., *Notable American Women 1607-1950*, 3 vols. (Cambridge, Mass.: The Belknap Press, 1971), 2:202-4, 586-87, 649-50.

10. Manross, *Episcopal Church in the United States*, 189-90.

11. Linda K. Kerber, *Women of the Republic: Intellect and Ideology in Revolutionary America* (Chapel Hill: University of North Carolina Press, 1980), 193.

12. Dorothy Sterling, *We Are Your Sisters: Black Women in the Nineteenth Century* (Nueva York: W.W. Norton, 1984), 105; *Journal of the 29th Convention of the Protestant Episcopal Church in the State of Pennsylvania* (1815), 16.

13. Gary B. Nash, Race, *Class, and Politics: Essays on American Colonial and Revolutionary Society* (Urbana: University of Illinois Press, 1986), 329-30.

14. Nash, *Race, Class, and Politics*, 324, 330-31.

15. Los feligreses blancos interrumpieron a Jones y Allen durante sus devociones privadas antes del culto y les pidieron que se trasladaran a un balcón segregado. En su vejez, Richard Allen recordaba que el incidente del balcón había ocurrido en 1787, antes del comienzo de la campaña por una iglesia separada, pero los registros de construcción de la iglesia de San Jorge lo fecharían más tarde, quizás en 1792, ya que ese es el año en que se completó el balcón al que se les pidió que se trasladaran. Véase Milton C. Sernett, *Black Religion and American Evangelicalism: White Protestants, Plantation Missions and the Flowering of Negro Christianity, 1787-1865* (Metuchen, N.J.: Scarecrow Press and the American Theological Library Association, 1975), 116-19; y Nash, *Race, Class, and Politics*, 337.

16. Nash, *Race, Class, and Politics*, 331-42.

17. Rayford W. Logan y Michael R. Winston, eds., *Dictionary of American Negro Biography* (New York: W.W. Norton, 1982) s. v. "James Varick" de W. Logan y "Peter Williams, Jr.", de J. Carleton Hayden. Los primeros clérigos afroamericanos solían pasar un largo periodo de tiempo en el diaconado. La justificación habitual que daban los obispos era que los candidatos generalmente carecían de educación universitaria y necesitaban pasar un tiempo prolongado de estudio antes de la ordenación al presbiterado.

18. Craig D. Townsend, *Faith in their own Color: Black Episcopalians in Antebellum New York City* (Nueva York: Columbia University Press, 2005), 179-93.

19. Marie Conn, "The Church and the City, 1840-1865", *This Far by Faith: Tradition and Change in the Episcopal Diocese of Pennsylvania*, ed. David R. Contosta. David R. Contosta (University Park: Pennsylvania State University Press, 2012), 165-66.

20. Carleton Hayden, "The Black Ministry of the Episcopal Church: An Historical Overview", en *Black Clergy in the Episcopal Church: Recruitment, Training, and Deployment*, ed. Franklin D. Turner y Adair T. Lummis (Nueva York: Oficina de Ministerios Negros de la Iglesia Episcopal, s.f.), 7.

21. John J. Zaborney, *Slaves for Hire: Renting Enslaved Laborers in Antebellum Virginia* (Baton Rouge: Louisiana State University Press, 2012), 11.

22. Zaborney, *Slaves for Hire*, 12.

23. Zaborney señala un largo debate histórico sobre si el estatus de los esclavizados alquilados era mejor o peor que el de los no alquilados. Llega a la conclusión de que, aunque hay excepciones concretas, en general el estatus de los dos grupos no era significativamente diferente. Véase Zaborney, *Slaves for Hire*, 5, 163.

24. H. Shelton Smith, *In His Image, but...* (Durham: Duke University Press, 1972), 23-72.

25. Kevin R. C. Gutzman, *James Madison and the Making of America* (Nueva York: St. Martin's Griffin, 2012), 356.

26. Randall K. Burkett, "Elizabeth Mars Johnson Thomson (1806-1864): A Research Note", *Historical Magazine of the Protestant Episcopal Church* 55 (marzo de 1986): 21-30.

27. Thomas Fleming, *A Disease in the Public Mind: A New Understanding of Why We Fought the Civil War* (Boston: Da Capo Press, 175 Rational Orthodoxy (1800-40) 2013), 123-28; P.J. Staudenraus, *The African Colonization Movement*, 1816-65 (Nueva York: Columbia University Press, 1961), 180-84.

28. Sydney E. Ahlstrom, *A Religious History of the American People* (New Haven: Yale University Press, 1972), 652.

29. El llamamiento de Garnet habría recordado el levantamiento de esclavos de 1831 dirigido por Nat Turner en Virginia, que provocó la muerte de al menos cincuenta y siete europeos estadounidenses antes de ser finalmente reprimido.

Véase Ahlstrom, *Religious History*, 654, y E. Brooks Holifield, *Theology in America: Christian Thought from the Age of the Puritans to the Civil War* (New Haven: Yale, 2003), 316-17.

30. Ahlstrom, *Religious History*, 658.

31. Walter Stahr, John Jay: *Founding Father* (Nueva York: Hambledon y Continuum, 2006), 346-47.

32. Townsend, *Faith in their own Color*, 179-93.

33. Townsend, *Faith in their own Color*, 44-53.

34. William White, "The Case of the Episcopal Churches Considered", en *Readings from the History of the Episcopal Church* ed., Robert W. Prichard (Harrisburg, PA: Morehouse, 1986). Robert W. Prichard (Harrisburg, PA: Morehouse, 1986), 62.

35. Para un análisis del contenido de la lista de lecturas, véase George Blackman, *Faith and Freedom: A Study of Theological Education and the Episcopal Theological School* (Nueva York: Seabury Press, 1967), 7-17 y Robert W. Prichard, *The Nature of Salvation: Theological Consensus in the Episcopal Church, 1801-73* (Urbana: University of Illinois Press, 1997), 16-19.

36. El clero de la Iglesia de Inglaterra continuó teniendo titularidad hasta la primera década del siglo XXI, cuando la Iglesia inglesa adoptó la Medida de Disciplina del Clero, 2003 (n° 3, 2003), y la Medida de Oficios Eclesiásticos (Términos de Servicio), 2009 (n° 1, 2009.)

37. Una de las razones de la derrota de Ogden fue el prestigio de sus oponentes, uno de los cuales era Robert Morris de Nuevo Brunswick (1745-1818), miembro de la importante familia Morris de Morrisonia, Nueva York. En un artículo anterior confundí a este Robert Morris con el financiero Robert Morris (1734-1806) de Filadelfia, que estaba casado con la hermana del obispo White, Mary. Véase White y Dykman, *Annotated Constitution and Canons*, 2:866-67; Suzanne Geissler, "Too Methodistical: the Rejection of Uzal Ogden,". *Methodist History 36* (octubre de 1997): 33-43; y Robert W. Prichard, "Nineteenth Century Attitudes on Predestination and Election", *Historical Magazine of the Protestant Episcopal Church 51* (marzo de 1982): 28-30.

38. Mullin, *Episcopal Vision*, 54. Mullin señaló que en 1815 Hobart se convirtió en el primer obispo estadounidense en emitir una carta pastoral a su diócesis. Es posible que Hobart haya tomado la idea del obispo William White, quien en 1808 había comenzado a escribir cartas pastorales nacionales para la Cámara de Obispos. Hobart era el secretario de la Cámara de Diputados en ese año.

39. *Journal of the Proceedings of the Bishops, Clergy, and Laity of the Protestant Episcopal Church in the United States of American in a General Convention, 1835* (Nueva York: Protestant Episcopal Press, 1835), 140-42.

40. Lawrence Foushee London y Sarah McCulloh Lemmon, editores, *The Episcopal Church in North Carolina, 1701-1959* (Raleigh: Episcopal Diocese of North Carolina, 1987), 94-99.

41. En su *Three Hundred Years of the Episcopal Church in America* (1906) George Hodges argumentó que "la Guerra de 1812 fortaleció a la Iglesia" al poner "fin a gran parte de los prejuicios políticos que habían surgido de su posición en la época de la Revolución". Autores de mediados del siglo XX, como William Wilson Manross (*A History of the American Episcopal Church*, 1935), restaron importancia al efecto de la Guerra de 1812 y ofrecieron una explicación alternativa para la mejora de la suerte de la Iglesia después de 1812: fue el resultado de las consagraciones en 1811 de los obispos John Henry Hobart y Alexander Viets Griswold. Más recientemente, Richard Rankin ha argumentado en *Ambivalent Churchmen and Evangelical Churchwomen* que el crecimiento—al menos en Carolina del Norte—fue un subproducto del reavivamiento metodista. Rankin sugiere que los hombres que antes no iban a la iglesia se unieron a la Iglesia Episcopal en un intento de mantener a sus esposas alejadas del metodismo. Véase George Hodges, *Three Hundred Years of the Episcopal Church in America* (Filadelfia: George W. Jacobs and Co., 1906). 104; William Wilson Manross, *A History of the American Episcopal Church* (Nueva York: Morehouse Publishing Co., 1925); 213-14; y Richard Rankin, *Ambivalent Churchmen and Evangelical Churchwomen: the Religion of the Episcopal Elite in North Carolina* (Columbia: University of South Carolina Press, 1993).

42. En esta edición el autor ha utilizado el término "sucesión episcopal" para referirse a la transmisión del ministerio ordenado a través de la imposición de manos de los obispos, en lugar de utilizar los términos "sucesión apostólica" o "tradición apostólica", que antes eran comúnmente utilizados por los episcopales con ese significado. El cambio de lenguaje ha sido importante en las conversaciones ecuménicas, porque permite a la Iglesia Episcopal afirmar la presencia de elementos de "Tradición Apostólica" (entendida en sentido amplio como "continuidad en las características permanentes de la Iglesia de los apóstoles: el testimonio de la fe apostólica, el anuncio y la nueva interpretación del Evangelio, la celebración del bautismo y de la eucaristía, la transmisión de las responsabilidades ministeriales, la comunión en la oración, el amor, la alegría y el sufrimiento, el servicio a los enfermos y a los necesitados, la unidad entre las iglesias locales y el compartir los dones que el Señor ha dado a cada una") en las iglesias que carecen de sucesión episcopal. Véase *Bautismo, Eucaristía y Ministerio*, Documento de Fe y Constitución nº 111 (Ginebra: Consejo Mundial de Iglesias, 1982), 25.

43. Tito 3: 6, *RVA*.

44. William McGarvey, ed., *Liturgiae Americanae or the Book of Common Prayer as Used in the United States of America Compared with the Proposed Book of 1786 and with the Prayer Book of the Church of England* (Filadelfia, 1895), apéndice II, 88. [énfasis añadido].

45. Mullin, *Episcopal Vision*, 86.

46. Michael Taylor Malone, "Levi Silliman Ives: Priest, Bishop, Tractarian, and Roman Catholic" (tesis doctoral, Duke University, 1970), 10.

47. Gregory T. Bedell, *Sermons by the Rev. Gregory T. Bedell, Rector of St. Andrew's Church, Philadelphia with a Biographical Sketch of the Author by Stephen H. Tyng*, 2 vols. (Filadelfia: William Stavely, John C. Pechin, 1835), 1:ii; C. I. Gibson, "Sketch of Our First Four Bishops", *Addresses and Historical Papers before the Centennial Council of the Protestant Episcopal Church in the Diocese of Virginia, etc.* (Nueva York: Thomas Whittaker, 1885), 145.

48. A principios del siglo XIX, la mayoría de las parroquias episcopales celebraban la Eucaristía cuatro veces al año. El resto de los domingos, el clero parroquial o los lectores laicos leían la oración de la mañana y la antecomunión (la primera mitad de la liturgia eucarística). Meade y otros abandonaron la lectura de la antecomunión. Hobart protestó ante la Convención General de 1826, pero no pudo frenar la práctica.

49. Para un análisis de los servicios nocturnos, véase Prichard, *Nature of Salvation*, 118. Para una descripción de la asociación, véase Johns, *A Memoir of the Life of the Right Rev. William Meade, D.D.* (Baltimore: Innes and Company, 1867), 101-2.

50. John P. K. Henshaw, *Memoir of the Life of the Rt. Rev. Richard Channing Moore, Bishop of the Protestant Episcopal Church in the Diocese of Virginia* (Philadelphia: William Stavely, 1843), 94.

51. Charles Pettit McIlvaine, *Spiritual Regeneration with References to Present Times: a Charge Delivered to the Clergy of the Diocese of Ohio at the thirty-fourth Annual Convention of the Same Paul's Church, Cleveland, 11 de octubre de 1851* (New Haven: Harper and Brothers, 1851), 37-38.

52. Owanah Anderson, *Jamestown Commitment: The Episcopal Church and the American Indian* (Cincinnati: Forward Movement, 1988), 32-37.

53. "Christ Church Cathedral" (Nueva Orleans: Christ Church Cathedral, s.f.).

54. Para una descripción de primera mano de la vida en Kenyon, véase *America and the American Church de Henry Caswall* (Londres: J.G. y F. Rivington, 1839), 33-40.

55. Richard M. Spielmann, *Bexley Hall: 150 Years, A Brief History* (Rochester: Colgate Rochester Divinity School/Bexley Hall/Crozer Theological Seminary, 1974), 14-17.

56. *An Episcopal Dictionary of the Church: A User-Friendly Reference for Episcopalians*, ed. Donald S. Armentrout y Robert Boak Slocum (Nueva York: Church Publishing, 2000), s.v. "Episcopal Theological Seminary in Kentucky".

57. White y Dykman, *Annotated Constitution and Canons*, 1:214.

58. Wallace E. Rollins, "The Mission to Greece", en *History of the Theological Seminary in Virginia and Its Historical Background*, ed. W.A.R. Goodwin, 2 vols. W.A.R. Goodwin, 2 vols. (Rochester: Du Bois Press, 1924), 2:252-70.

59. Joanna B. Gillespie, "Mary Briscoe Baldwin (1811-1877): Single Woman Missionary and 'Very Much My Own Mistress", *Anglican and Episcopal History 57* (marzo de 1988): 63-92. La prima de Mary Briscoe Baldwin, Mary Julia Baldwin (1829-1897), fue la educadora que dio nombre al colegio de Staunton, en Virginia.

6
Reacción romántica (1840-80)

Una nación en transformación

Los episcopales del primer tercio del siglo XIX habían hecho grandes progresos para dejar atrás el caos y la confusión de los años de la Guerra de la Independencia. Habían encontrado un nuevo modelo más decidido para el episcopado, habían adoptado tanto los Treinta y Nueve Artículos como un Curso de Estudios Eclesiásticos común, y habían comenzado a enviar obispos a Occidente. A diferencia de la generación que les precedió, los episcopales que maduraron después de 1800 sabían cuál era la posición de su Iglesia en una serie de cuestiones y podían ser bastante explícitos sobre esa postura.

Esta ortodoxia, cada vez más segura, sirvió a los episcopales durante el primer tercio del siglo. Sin embargo, en 1840, Estados Unidos estaba cambiando y muchos estadounidenses se dieron cuenta de que el enfoque racional de la teología y la Iglesia ya no satisfacía sus necesidades. La ampliación de las fábricas textiles de Lowell, Massachusetts (década de 1820), el recién inaugurado Canal de Erie (1825) y el ferrocarril de Baltimore y Ohio (1828) anunciaron una nación más sofisticada e industrializada.[1] El triunfo de un norte industrial sobre un sur agrícola en la Guerra de Secesión estadounidense lo dejaría aún más claro. Los estadounidenses ya no eran ciudadanos de una nación agrícola fronteriza. Los valores de la nueva nación en proceso de industrialización eran diferentes, y muchos estadounidenses buscaban en el cristianismo la preservación de las virtudes (una conexión más estrecha con la naturaleza, la intimidad de la familia fronteriza, un sentido de asombro ante la creación y una forma de vida más espontánea y expresiva) que atribuían a su pasado. Sin embargo, una vez que los estadounidenses iniciaron la búsqueda de ese pasado, no se contentaron con examinar su propia historia reciente. Muchos miraron más allá, hacia Grecia y Roma.

Los cristianos griegos, súbditos del Imperio otomano musulmán desde mediados del siglo XV, se rebelaron y obtuvieron su independencia de Turquía en 1829. La victoria cautivó a los estadounidenses. Seguían las hazañas en Grecia del poeta británico George Gordon Byron (1788-1824). Leyeron la "Oda en una urna griega" de John Keats (1795-1821) y construyeron casas de estilo renacimiento griego. Los estudiantes universitarios estadounidenses formaron fraternidades usando letras griegas. Fue este entusiasmo por lo griego lo que llevó a la Iglesia Episcopal a enviar su primer equipo misionero oficial a Grecia en 1830. En 1844, llevaría a la Cámara de Obispos a aprobar la consagración de un obispo misionero (Horatio Southgate, 1813-94) para lo que resultaría ser un intento fallido de establecer una diócesis misionera en la propia Turquía. (Southgate interrumpió su labor en 1849).

La invasión griega fue de cultura e imaginación; la romana fue de otro tipo. La gran mayoría de los colonos americanos de los siglos XVII y XVIII eran protestantes. Reflejaban el carácter abrumadoramente protestante de la nación de la que procedían; en la época de la Revolución estadounidense, los católicos romanos representaban menos del uno por ciento de la población de Inglaterra o Estados Unidos.[2] Sin embargo, en la década de 1830 la situación había cambiado. Al dejar de ser una colonia, Estados Unidos acogió a inmigrantes procedentes de zonas europeas predominantemente católicas, que habrían sido excluidos por los británicos. Además, una serie de malas cosechas de patatas envió oleadas de irlandeses católicos romanos tanto a Inglaterra como a Estados Unidos. En Inglaterra, la población católica romana aumentó hasta alcanzar quizás el diez por ciento de la población. En Estados Unidos, los católicos romanos serían en 1926 más del doble de los miembros de la mayor confesión protestante.[3]

Los estadounidenses protestantes reaccionaron de dos maneras ante esta mayor presencia católica romana. Algunos respondieron con recelo y rabia. En 1844, por ejemplo, las turbas protestantes atacaron las iglesias católicas en Filadelfia. Otros encontraron en el catolicismo romano el pasado que añoraban y trajeron más perspectivas católicas a las iglesias de las que formaban parte o (como harían setecientos mil estadounidenses durante el siglo XIX) se convirtieron a la Iglesia Católica Romana.[4]

Esta atracción por un pasado griego y romano y la nostalgia producida por la industrialización de Estados Unidos desafiaron la ortodoxia racional de la primera parte del siglo. A mediados de siglo, muchos estadounidenses ya no acudían a sus iglesias en busca de una exposición clara de la doctrina. Más bien, buscaban en ellas el misterio, la belleza y el sentido de permanencia. Los episcopales tuvieron tanto éxito como cualquier iglesia protestante a la hora de adaptarse al nuevo estado de ánimo estadounidense, aunque incluso para ellos la transición fue difícil.

La Convención General de 1844

Los episcopales ortodoxos racionales de principios del siglo XIX habían asumido que eran necesarios dos elementos para la salvación: el bautismo en la comunidad del pacto apostólico y la renovación adulta de dicho pacto. Cuando los obispos y diputados se reunieron en Filadelfia para la Convención General de 1844, ambas premisas estaban siendo atacadas. Los católicos romanos desafiaban el monopolio episcopal sobre las órdenes apostólicas, y los teólogos de Oxford, líderes de un partido teológico anglicano romántico que atraía cada vez más atención en Inglaterra y Estados Unidos, cuestionaban la necesidad de la renovación de los adultos. Los obispos y diputados de la Convención, y los episcopales en general, se vieron obligados a replantearse algunos de sus supuestos teológicos básicos.

Desde los tiempos coloniales de la Sociedad para la Propagación del Evangelio (SPG), los episcopales habían insistido en la sucesión episcopal de su clero. Tal argumento distinguía a la Iglesia Episcopal de otras denominaciones protestantes, pero hacía poco por separarla de la creciente Iglesia de Roma. El tema era difícil de ignorar; la ciudad en la que se reunieron los obispos y diputados en octubre de 1844 (Filadelfia) aún se estaba recuperando de los disturbios antirromanos del mes de mayo anterior. Además, el obispo católico coadjutor de Filadelfia, Francis Patrick Kenrick (1796-1863), mantenía para el momento de la Convención un debate literario con el obispo episcopal de Vermont, John Henry Hopkins [padre] (1792-1868). Kenrick, un antiguo profesor de seminario que más tarde se convertiría en Arzobispo de Baltimore, impulsó una comprensión católica romana de la sucesión episcopal que era muy diferente de la comprensión de los episcopales (o cristianos ortodoxos). Para estos dos últimos grupos, la sucesión significaba una línea ininterrumpida de consagraciones que se remontaba a uno de los doce apóstoles, cuya integridad se garantizaba siguiendo una norma del Concilio de Nicea (325) que exigía al menos tres obispos para consagrar. Para los católicos romanos, la integridad de la sucesión episcopal estaba garantizada por el papa, que se presumía sucesor del apóstol Pedro, y la convención nicena sobre los tres obispos era una norma que el papa podía decidir suspender.[5] Desde el punto de vista de Kenrick, la concepción episcopal de la sucesión era defectuosa, y no dudó en decirlo. De hecho, en 1838 había escrito a los miembros de la Cámara Episcopal instándoles como individuos a unirse a la Iglesia Católica Romana. Los obispos deberían convertirse, advirtió, antes de que todos sus feligreses se unieran a Roma. Kenrick también había escrito específicamente a Hopkins en 1837 para criticar la obra del obispo episcopal sobre la historia de la Iglesia (*The Primitive Church*, 1835). Hopkins respondió como individuo y en nombre de la Iglesia sugiriendo que la doctrina y la liturgia en inglés de la Iglesia Episcopal eran más apropiadas para el entorno estadounidense que el latín utilizado por la Iglesia Católica Romana.[6]

Hopkins sugirió un tema que sería tocado con frecuencia por los autores episcopales a medida que avanzaba el siglo. La respuesta, sin embargo, no fue suficiente ante el creciente interés de algunos episcopales por la Iglesia Católica Romana. De hecho, varios de ellos, incluyendo al menos veintinueve sacerdotes y diáconos, y un obispo, se unieron a la Iglesia Católica Romana en las tres décadas posteriores a 1840.[7] Levi Silliman Ives (1797-1867), obispo de Carolina del Norte y yerno de John Henry Hobart, tras una profesión de lealtad hecha en secreto a Roma mientras estuvo en Nueva York en el otoño de 1852, pasó a hacer una declaración abierta en Roma.[8] George Hobart Doane (1830-1905), el hijo mayor del obispo George Washington Doane de Nueva Jersey; y James Kent Stone (1840-1921), un antiguo profesor de Kenyon cuyo padre (John S. Stone, 1795-1882) sería más tarde el primer decano de la Escuela Teológica Episcopal (actual Escuela Episcopal de Divinidad) de Cambridge, Massachusetts, también se hicieron católicos romanos.

El catolicismo romano no era el único desafío a la ortodoxia racional de la Iglesia Episcopal. Los obispos y diputados de la Convención General de 1844 también empezaban a comprender las implicaciones del movimiento inglés de Oxford. El movimiento fue en parte producto de la situación política británica en la década de 1830. En esa década, el Parlamento británico comenzó a reordenar la Iglesia estatal, ajustando el tamaño de las diócesis para adaptarlas a los cambios demográficos y transfiriendo a la administración pública algunas funciones que hasta entonces había desempeñado la Iglesia.

De acuerdo con esta política, el Parlamento redujo el número de diócesis y obispos en Irlanda en 1833. Un grupo de académicos del Oriel College de Oxford, entre los que se encontraban John Keble (1792-1866), John Henry Newman (1801-90), Richard Froude (1803-36) y Edward Pusey (1800-82), se opusieron, no a la decisión en sí, sino a la forma en que se tomó. La acción del Parlamento fue errónea, ya que convirtió a la Iglesia en poco más que un brazo del gobierno secular. Sólo la Iglesia podía iniciar tal reforma.

Keble predicó un encendido sermón en 1833 en el que calificó la acción del Parlamento de "Apostasía Nacional". Newman, Pusey y Froude siguieron con una serie de documentos llamados "Tracts for the Times" ["Tractos o ensayos para los tiempos"] (1833-41) en los que examinaron la historia y la teología de la Iglesia. Su queja inicial era política y tenía poca relación con la situación estadounidense. Sin embargo, a medida que avanzaban los tractos o ensayos, los teólogos de Oxford, o "tractarianos" (es decir, los autores de los tractos), empezaron a criticar también los patrones predominantes de la teología anglicana de su época. La misma historia patrística, prerreforma y reforma de la Iglesia que proporcionó ejemplos de la independencia de la Iglesia del Estado también sugirió fórmulas teológicas y litúrgicas que precedieron al Gran Despertar y su énfasis en la experiencia de los adultos. Los teólogos de Oxford, al encontrar pocos precedentes para la renovación sobre la que enseñaban la mayoría de los anglicanos ortodoxos racionales, se quejaron de que el cambio de corazón de los adultos se había convertido en un nuevo tipo de rectitud de obras. Los cristianos, advertían, creían que un simple ejercicio mental traería la salvación. Para evitar este peligro, subrayaban la importancia de la regeneración bautismal y negaban cualquier integridad aparte como resultado de la renovación de los adultos.[9]

Los miembros del partido evangélico en la Convención de 1844, ansiosos por proteger la renovación de los adultos que siempre habían destacado en la fórmula del pacto bautismal-renovación de los adultos, propusieron una condena general tanto de la teología católica romana como de la de Oxford. El obispo Charles P. McIlvaine de Ohio, cuyo compromiso con la doctrina evangélica era similar al de su compañero de universidad y amigo de muchos años, el presbiteriano Charles Hodge (1797-1878), sentó las bases para tal acción en su *Oxford Divinity* (1841).[10] Acusó a la teología de Oxford de ser idéntica a la de la Iglesia católica romana y sugirió además que ambas socavaban la doctrina protestante de la justificación por la sola fe al cuestionar la experiencia religiosa de los adultos.

Tabla 4. Respuesta al movimiento de Oxford en la Cámara de Diputados (1844)

Diócesis a favor de la resolución anti-Oxford[1]	Diócesis divididas[2]	Diócesis en contra de la resolución[3]
Georgia	Kentucky	Alabama
Illinois	Louisiana	Connecticut
Maine	Massachusetts	Delaware
Michigan	Missouri	Florida
Mississippi	Pensilvania	Indiana
Nuevo Hampshire	Carolina del Sur	Maryland
Ohio		Nueva Jersey
Rhode Island		Nueva York
Virginia		Carolina del Norte
		Tennessee
		Vermont
		Nueva York Occidental

1. La resolución señalaba que "las mentes de muchos de los miembros de esta Iglesia están muy afligidas y perplejas, por la supuesta introducción entre ellos de graves errores en la doctrina y la práctica, que tienen su origen en ciertos escritos que emanan principalmente de los miembros de la Universidad de Oxford", y pedía a la Cámara de Obispos "que se comuniquen con [los diputados] y tomen las medidas necesarias al respecto, según la naturaleza y la magnitud del mal aludido". La moción fracasó por falta de mayoría en ambas órdenes. En la orden laica, once delegaciones votaron a favor, once en contra y una dividida. En la orden clerical, ocho delegaciones apoyaron la moción, quince se opusieron y cuatro se dividieron. Véase la *Journal of the Proceedings of the Bishops, Clergy and Laity of the Protestant Episcopal Church in the United States of America in General Convention...* 1844 (Nueva York: James A Sparks, 1845), 63-64.

> El voto a favor de la resolución fue unánime en cinco estados (Georgia, Maine, Ohio y Virginia; y en Illinois, donde solo votó una delegación clerical). En Michigan y Rhode Island, los laicos votaron a favor de la resolución, pero el clero se dividió.
> 2. En Kentucky y Carolina del Sur el clero apoyó la resolución y los laicos se opusieron. Lo contrario ocurrió en Massachusetts y Missouri. En Luisiana la delegación clerical, que fue la única presente, se dividió, al igual que las dos órdenes en Pensilvania.
> 3. La votación fue unánime en ambas órdenes, excepto en Florida y Tennessee, en los que no votó ningún laico, y en Indiana, en la que la decisión fue decidida por mayoría.

Los antiguos dirigentes de la alta iglesia en la Cámara de Obispos solo estuvieron de acuerdo en cierta medida. Después de todo, los tractarianos no habían atacado directamente el elemento bautismal que siempre habían enfatizado en el binomio pacto bautismal-renovación de adultos. Sin embargo, los altos dirigentes de la Iglesia aceptaron una carta pastoral redactada por el Obispo Presidente Philander Chase que invertía el tono suave de la pastoral del Obispo Griswold de 1838. En lugar del llamamiento de Griswold hacia la "bondad y el amor" a los inmigrantes católicos romanos, Chase advirtió de las "terribles perversiones" de Roma que socavaban el "pacto evangélico".[11] Los obispos de la alta iglesia también estaban dispuestos a apoyar una investigación del profesorado del Seminario Teológico General que condujo a la salida del profesor John David Ogilby (1810-51).[12] Sin embargo, no estaban de acuerdo con una condena total del movimiento de Oxford. Había demasiadas cosas en los tratados (en particular, el fuerte énfasis en la institución del episcopado) que aprobaban.

Lo mismo ocurrió en la Cámara de Diputados, donde los evangélicos se encontraron con muy pocos votos para aprobar una resolución que aludía a "la supuesta introducción... de graves errores en la doctrina y la práctica, que tienen su origen en ciertos escritos que emanan principalmente de miembros de la Universidad de Oxford".[13] Tras un prolongado debate, los evangélicos acabaron aceptando una resolución suavizada que declaraba que

> La liturgia, los oficios y los artículos de la Iglesia [eran] suficientes exponentes de su sentido de las doctrinas esenciales de la Sagrada Escritura... y... que la Convención General [no era] un tribunal adecuado para el juicio y la censura de... los errores de los individuos.[14]

Los diputados y obispos de la Convención General de 1844 no quisieron pronunciarse sobre la validez del movimiento de Oxford.

La inacción de la Convención no resolvió, por supuesto, el debate sobre la teología de Oxford. El debate simplemente se trasladó a otros foros. Durante las dos décadas siguientes, se celebraron elecciones episcopales (la elección en 1859 de un obispo misionero para el Noroeste), juicios disciplinarios (para los obispos H.U. y B.T. Onderdonk en 1844 y George Washington Doane en 1852-53), y las visitas diocesanas (la muy pospuesta visita del obispo evangélico Manton Eastburn de Massachusetts a la Iglesia tractariana del Adviento en Boston) se convirtieron en ocasiones de disputa partidista entre los que se oponían al movimiento de Oxford y los que le daban cierta aprobación.

El continuo debate también contribuyó a la creación de nuevas instituciones. Un trío de nuevos seminarios compartió la orientación de la iglesia alta del Seminario General. Tres estudiantes del Seminario General de la promoción de 1841 fundaron el primero de ellos, Nashotah House (Wisconsin). En 1854, el obispo de Connecticut John Williams (1817-99) creó el seminario Escuela de Divinidad de Berkeley (Escuela de Divinidad de Berkeley en Yale desde 1971) a partir del departamento de teología del Colegio Universitario de la Trinidad (Hartford). Seis años después, James Lloyd Breck (1818-76), uno de los tres graduados del General que fundó Nashotah, creó la Escuela de Divinidad de Seabury (Seabury-Western tras la fusión en 1933 con el Seminario del Oeste de Chicago) en Faribault, Minnesota. El enérgico Sr. Breck, que también fue misionero de los ojibwa (Gull Lake, Minnesota) y fundador de seis parroquias en California, no tuvo éxito en su intento de fundar un nuevo cuarto seminario en la costa oeste (Benicia, California).

Los evangélicos fundaron dos nuevos seminarios y varias sociedades propias. En 1862, los evangélicos de Filadelfia, incapaces de enviar estudiantes a Virginia durante la Guerra Civil, formaron la Escuela de Divinidad de Filadelfia. En 1867, los evangélicos de Nueva Inglaterra siguieron su ejemplo y crearon la Escuela Teológica Episcopal en Cambridge, Massachusetts (ahora Escuela Episcopal de Divinidad de Cambridge como resultado de una fusión con el seminario de Filadelfia en 1974). Entre las nuevas sociedades se encuentran la Sociedad del Conocimiento Evangélico (1847), la Sociedad Misionera del Oeste (1851) y la Sociedad Misionera de la Iglesia Americana (1859).

La esclavitud y la Guerra Civil

La división sectorial sobre la esclavitud aumentó a partir de la década de 1830. A mediados de la década de 1840, tanto los metodistas (1844) como los bautistas (1845) se dividieron en Norte y Sur sobre la cuestión de si era permisible que una persona ordenada poseyera esclavos. La preocupación por los debates internos evitó que los presbiterianos (el conflicto entre la Vieja y la Nueva Escuela) y los episcopales (la división entre evangélicos y alta iglesia) sufrieran divisiones similares durante una década, pero en la década de 1850 ambas denominaciones se enfrentaron a graves conflictos sobre la respuesta de la Iglesia a la esclavitud. Los presbiterianos de la nueva escuela se dividieron en 1857 y los de la vieja escuela en 1861.[15]

Los episcopales, al igual que los presbiterianos de la vieja escuela con los que a menudo cooperaban, no se dividirían hasta después del comienzo de la Guerra Civil. Sin duda, hubo laicos episcopales como William Jay de Nueva York y Salmon P. Chase de Ohio (sobrino del obispo Philander Chase) que fueron firmes partidarios de la abolición inmediata, pero antes de la década de 1850 pocos clérigos episcopales habían seguido su ejemplo. Esto empezó a cambiar, especialmente en el partido evangélico, que a diferencia del partido de la alta iglesia, no argumentaba que fuera inapropiado discutir cuestiones políticas. En 1856 el clérigo evangélico Dudley Tyng comenzó a predicar abiertamente contra la esclavitud. En el otoño de ese mismo año, Phillips Brooks (1835-93) y otros estudiantes del Norte amenazaron con retirarse del Seminario Teológico de Virginia si la escuela no garantizaba la protección de los estudiantes que hablaban en contra de la esclavitud; había rumores de que los residentes del barrio habían amenazado a un estudiante predicador con alquitrán y plumas. El profesorado aceptó ofrecer protección y programó un debate en el campus sobre la moralidad de la esclavitud.[16]

Durante la Guerra Civil estadounidense (1861-65) los episcopales se reunieron en dos organismos distintos: la Convención General de la Iglesia Episcopal Protestante de los Estados Unidos de América y el Consejo General de los Estados Confederados de América. Este último organismo, organizado en gran parte como resultado de los esfuerzos del obispo Leonidas Polk de Luisiana y del obispo Stephen Elliott (1806-66) de Georgia, se reunió de 1861 a 1865. Cuando la lucha terminó, la Iglesia se reencontró (1865-66).[17] Sin embargo, pronto se hizo evidente que la guerra había cambiado a la Iglesia de manera significativa. Por ejemplo, el carácter del ministerio de la Iglesia hacia los negros estadounidenses adoptó nuevas formas, especialmente en el Sur. Además, la guerra afectó a los partidos teológicos de la Iglesia.

La Comisión Episcopal Protestante para los Libertos

El número de miembros negros de la Iglesia Episcopal había aumentado rápidamente en los años inmediatamente anteriores a la Guerra Civil, en gran parte debido al ministerio a los esclavos en los estados del Sur. A principios de siglo, los episcopales del Sur habían proporcionado instrucción religiosa a un pequeño número de sirvientes domésticos que asistían a la iglesia con ellos, aunque a menudo en balcones segregados. No fue sino hasta las décadas de 1840 y 1850 que los propietarios de esclavos iniciaron un esfuerzo importante para evangelizar al mayor número de esclavos dedicados principalmente a la agricultura. Los propietarios de esclavos, especialmente en las regiones bajas de Carolina del Sur, construyeron aproximadamente un centenar de capillas en las plantaciones. Como resultado, el número de comulgantes negros en el Sur aumentó rápidamente de 489 en 1830 (en comparación con 5,992 blancos) a 5,828 (en comparación con 22,051 blancos) en 1860, y el número de bautizados negros alcanzó aproximadamente 35,000. En 1860, los comulgantes negros eran más numerosos en la diócesis de Carolina del Sur que los blancos.[18]

La Guerra Civil puso fin a la institución de la esclavitud en la que se basaba gran parte del trabajo de la Iglesia y destruyó la base financiera para las nuevas formas de evangelización. Por lo tanto, el porcentaje de episcopales negros disminuyó en los años inmediatamente posteriores a la guerra.

La Convención General trató de abordar el cambio de circunstancias en el Sur estableciendo la Comisión Episcopal Protestante para los Libertos (1865-78). El organismo, un departamento de la Sociedad Misionera Doméstica y Extranjera también conocido como la Comisión de Misiones Domésticas para Personas de Color, se concentró inicialmente en la fundación de escuelas. En 1868 informó a la Convención General que había establecido sesenta y cinco instituciones con 5,500 estudiantes. Sin embargo, el número de estudiantes se redujo a unos 2,500, ya que las contribuciones disminuyeron (2,500 dólares en 1865-68, aproximadamente 50,000 dólares en 1869-71, 43.944 dólares en 1872-74 y 43,949 dólares en 1875-77), y la comisión se centró principalmente en el desarrollo de las congregaciones. En 1877, señaló que había treinta y siete congregaciones, quince clérigos negros y catorce candidatos a la ordenación en los antiguos estados esclavistas.[19] En 1878, el año después de que el Congreso pusiera fin a la Reconstrucción, la Sociedad Misionera disolvió la Comisión para los Libertos y transfirió los esfuerzos a su comité de misiones domésticas.

Los partidos de la Iglesia

La guerra había distraído a los episcopales de las disputas entre los partidos de la Iglesia que les habían preocupado desde 1844. Sin embargo, cuando concluyó, se hizo evidente para muchos que la lucha había hecho algo más que simplemente interrumpir la disputa. Había acelerado la desaparición de la ortodoxia racional y la transformación del carácter partidista de la Iglesia Episcopal.

En el lado de la alta iglesia, la guerra había llevado a muchos a replantearse uno de los principios centrales establecidos por el obispo Hobart. Hobart había distinguido cuidadosamente la responsabilidad religiosa del deber cívico. Creyendo que la sucesión episcopal proporcionaba a la Iglesia un tipo de verdad más profunda que la producida por el proceso político, se había negado a votar y había intentado mantener a su Iglesia al margen de las campañas morales seculares. Sin embargo, los sucesores de Hobart en el Norte no podían permanecer ajenos a una guerra que se cobró la vida de muchos de sus hijos. La antigua parroquia de Hobart, la iglesia de la Trinidad de Nueva York, comenzó a enarbolar la bandera estadounidense, y la Cámara de Obispos de los estados del norte empezó a emitir cartas pastorales apoyando la causa de la Unión.[20] Al final de la guerra, los altos principios eclesiásticos racionales de Hobart ya no eran válidos. Se necesitaría algo más que el ideal de la sucesión episcopal para captar los corazones de la generación de posguerra.

El partido evangélico también se vio afectado. Si bien gran parte de la fuerza de la alta iglesia se había concentrado en el Norte, el liderazgo evangélico procedía tanto del Norte como del Sur. La guerra dividió y, por tanto, debilitó el movimiento. Al mismo tiempo, el resultado de la guerra socavó las presunciones ortodoxas racionales de los evangélicos del Sur. Antes de la guerra, los episcopales habían formado parte del liderazgo cultural del Sur. En las ciudades del Sur, su clero, bien educado, era el segundo en número luego de los metodistas.[21] Robert E. Lee (1807-70) y otros líderes sureños eran miembros de la denominación. Los episcopales del Sur apoyaron a la Confederación y se alistaron en sus fuerzas armadas. En Carolina del Norte, la Iglesia Episcopal proporcionó quince capellanes para el ejército confederado; en Virginia, envió veintinueve.[22] El obispo Leonidas Polk de Luisiana sirvió como general de división y murió en la batalla.

Con la derrota del Sur, los episcopales evangélicos perdieron prestigio, recursos financieros, estructuras educativas y, hasta cierto punto, la propia convicción de que su proceso de razonamiento conducía a la verdad. Después de la guerra, el liderazgo más decidido del partido evangélico procedía de los estados del norte y de la frontera. Sin embargo, una década después del final de la guerra, el liderazgo evangélico en esas zonas también se debilitó. Frustrados por la incapacidad de su Iglesia para erradicar la teología de Oxford, un pequeño número de evangélicos, dirigidos por el obispo George David Cummins (1822-76) de Kentucky y el sacerdote de Chicago Charles E. Cheney (1836- 1916), formaron una Iglesia Episcopal Reformada independiente (1873).[23]

Nuevas opciones para la Iglesia Episcopal: católicos evangélicos y católicos anglicanos

En los años inmediatamente anteriores y posteriores a la Guerra Civil, los episcopales empezaron a buscar alternativas a los partidos de la alta iglesia y evangélicos que se estaban desvaneciendo. Las dos más importantes de estas nuevas alternativas fueron el catolicismo evangélico y el catolicismo anglicano. Los dos enfoques compartían elementos comunes; los defensores de ambos reivindicaban la palabra *católica* para la Iglesia Episcopal, introducían formas de culto más ornamentadas y se distanciaban del reavivamiento estadounidense. Sin embargo, había diferencias significativas entre ellos, sobre todo en su forma de entender la justificación por la sola fe y el ecumenismo.

En cuestiones litúrgicas, ambos grupos se inspiraron en gran medida en la Universidad de Cambridge. En una época en la que los defensores del movimiento de Oxford se habían preocupado principalmente por la teología y la relación entre la Iglesia y el Estado, John Mason Neale (1818-66) y otros en Cambridge habían formado la Sociedad Camden de Cambridge. Al principio, los miembros de la sociedad fomentaban las visitas a pie a las iglesias inglesas. Sin embargo, cuando sus visitas revelaron que los bancos daban la espalda al altar, que los presbiterios estaban cerrados e incluso que un guardián mayor se trepaba a un altar para abrir las ventanas durante los servicios de adoración, empezaron a hacer campaña a favor de la reforma litúrgica. Dos años después de su constitución, en 1839, la sociedad contaba con dieciséis obispos y sus finanzas eran lo suficientemente sólidas como para justificar la publicación de una revista regular, *The Ecclesiologist*.[24]

Los miembros de la Sociedad de Cambridge favorecieron un examen cuidadoso del ritual y la arquitectura de la Iglesia de Inglaterra. De su examen surgió un nuevo aprecio por los elementos del culto litúrgico que en muchos casos habían sido abandonados por los anglicanos en los siglos XVI o XVII. Los miembros de la sociedad abogaban, por ejemplo, por el uso de sobrepellices (en desuso en algunas partes de Inglaterra desde el siglo XVII) y sotanas (poco frecuentes desde el XVIII). Defendieron el uso de la sobrepelliz, en lugar de la toga más habitual, en el púlpito y también introdujeron las sobrepellices para su uso en los coros. En ocasiones, sus esfuerzos provocaron la animosidad popular, como en los disturbios de las sobrepellices en Exeter en 1840.[25]

El renacimiento litúrgico de la Sociedad de Cambridge cruzó rápidamente el Atlántico. Los anuncios del *Church Almanac*, el manual episcopal del siglo XIX, indicaban, por ejemplo, una aceptación gradual de las innovaciones inglesas en la vestimenta clerical. En 1851, los anuncios del *Almanaque* de Nelson Jarvis, sastre mercantil de Nueva York, incluían sotanas y sobrepellices junto con batas, chalecos, togas, pañuelos y bandas que eran más típicos del clero protestante y que habían sido usados por los episcopales a principios de siglo.[26] Hacia 1864, el Sr. Jarvis había ampliado su línea de productos para incluir trajes de obispo, chalecos clericales y de sotana, y estolas.[27]

Dos años más tarde, una empresa inglesa amplió aún más la línea de productos disponibles anunciando "casullas, dalmáticas, cofias, etc., fabricadas según los patrones anglicanos de los siglos XII y XIII".[28] El Obispo Presidente (1865-68), John Henry Hopkins [Sr.], dio un visto bueno a esta y otras innovaciones litúrgicas en su *Law of Ritualism* ["Ley de ritualismo"] (1866), que sugería que había modelos del Antiguo Testamento utilizables, pero no obligatorios, para los servicios cantados, el incienso, las velas del altar y los ornamentos eucarísticos.

Como indicaba el título de un segundo libro de Hopkins (*Essay on Gothic Architecture*, 1836), el creciente interés por la arquitectura gótica cruzó también el Atlántico. La Sociedad Eclesiológica de Nueva York (1848-55), formada en el Seminario Teológico General, popularizó el estilo gótico, y arquitectos como Richard Upjohn (1802-78) y Henry Congdon (1834-1922) lo aplicaron en el diseño de iglesias concretas. Upjohn, fundador y uno de los primeros presidentes (1857-76) del Instituto Americano de Arquitectura, proyectó varias iglesias, entre ellas un nuevo edificio para la iglesia de la Trinidad de Nueva York (1841-46).[29] Congdon fue responsable de la construcción o el rediseño de más de veinticinco iglesias entre 1860 y 1900.[30]

Fig. 27 Iglesia de la Trinidad. Portland. Connecticut (1873–88), diseñada por Henry Congdon

William Augustus Muhlenberg (1797-1877), el católico evangélico prototípico, introdujo la lectura diaria (en lugar de semanal) de la oración matutina y vespertina, las celebraciones semanales (en lugar de trimestrales) de la Eucaristía, y los primeros coros de niños revestidos en la ciudad de Nueva York en su Iglesia de la Santa Comunión.[31] Sin embargo, Muhlenberg mantuvo el énfasis en la experiencia personal que había sido típico de la teología protestante desde el Gran Despertar; la Iglesia era la institución que permitía a los individuos abrazar y afianzar una fe salvadora en Jesucristo.[32] Lo que diferenciaba a la Iglesia Episcopal de otras denominaciones protestantes no era esta premisa, sino los medios con los que la perseguía; fomentaba la fe personal con el culto ritual, en lugar de con las "nuevas medidas"—técnicas de renacimiento—introducidas en el Segundo Gran Despertar por el presbiteriano Charles Grandison Finney (1792-1875).

Fig. 28 William Augustus Muhlenberg

Al igual que los miembros del partido evangélico de principios de siglo, Muhlenberg era partidario de las relaciones ecuménicas con otros protestantes. Cuando, por ejemplo, la *Episcopal Church Review* criticó a John Williamson Nevin (1803-86), del Seminario Reformado Alemán de Mercersburg, por sugerir que el desarrollo histórico de la Iglesia implicaba algo más que la sucesión episcopal del ministerio ordenado que la Iglesia Episcopal había conservado, Muhlenberg salió en defensa de Nevin.[33]

En otro lugar, Muhlenberg describió su compromiso con lo que llamaba "la idea eclesiástica del cristianismo". La idea de que el cristianismo no era, explicó, "una abstracción, sino... una institución divina, adaptada a toda la humanidad en todas las épocas... la única congregación de Cristo en todas partes, ...la incorporación divina que se ha perpetuado de era en era, un cuerpo vivo e ininterrumpido, desde los días de la humanidad del Hijo de Dios".[34]

Muhlenberg nunca formó un partido eclesiástico en el sentido estricto de la palabra. Sin embargo, fue un incansable defensor del catolicismo evangélico. Utilizó el término, que había acuñado, como título de una revista que comenzó a publicar en 1851. Dos años más tarde puso a prueba algunas de sus ideas con un memorial (resolución) dirigido a la Cámara de Obispos. En él, Muhlenberg sugería que la Iglesia Episcopal flexibilizara "un poco la rigidez de sus servicios litúrgicos" y creara una institución eclesiástica integral (protestante) para la que la Iglesia Episcopal proporcionara la sucesión episcopal.[35] Aunque las únicas medidas que tomó la Convención General sobre la propuesta de Muhlenberg fueron el nombramiento de una comisión y la publicación de sus deliberaciones (*Memorial Papers*), el memorial resultó ser un medio eficaz para propagar el catolicismo evangélico de Muhlenberg. Entre los muchos que llegaron a compartir su perspectiva general estaban Alonzo Potter (1800-1865) y James Craik (1806-86). Antiguo profesor del Colegio Universitario de la Unión de Schenectady (Nueva York), Potter había sido elegido obispo de Pensilvania en 1845. Craik, hijo del médico de George Washington, era rector de la iglesia de Cristo, en Louisville, Kentucky, y más tarde sería presidente de la Cámara de Diputados (1862-74). Potter fue miembro de la comisión que investigó para el memorial; ambos contribuyeron a los documentos del *Memorial Papers*.[36]

Potter, que ingresó en la Iglesia Episcopal mientras trabajaba en Filadelfia poco después de su graduación en la universidad, tenía una formación completamente ecuménica. Sus padres eran cuáqueros; su esposa (Sarah Maria Nott), hija de un clérigo congregacional (el Dr. Eliphalet Nott, presidente del Colegio Universitario de la Unión); y un buen amigo (Francis Wayland, 1796-1865), rector bautista de la Universidad de Brown. Por lo tanto, Potter apoyó de corazón el interés de Muhlenberg por el ecumenismo y rechazó la insistencia de la alta iglesia (y del catolicismo anglicano) en la sucesión episcopal para la validez de la Iglesia. Sin embargo, también creía que los evangélicos se equivocaban al resistirse a la ola de cambios litúrgicos. Como explicó Potter en el capítulo con el que contribuyó a los *Memorial Papers*, "una exigencia demasiado estricta de uniformidad en la doctrina y el culto" solo creaba divisiones innecesarias en la Iglesia.[37]

Al igual que Muhlenberg, Potter creía que el enfoque en la moral personal, que había sido típico de los episcopales a principios de siglo, era también demasiado estrecho. Para él, la fe cristiana debía repercutir en toda la vida humana. Habló en contra de la esclavitud, ayudó a organizar un hospital episcopal, fomentó las visitas a las cárceles y apoyó la visita de una parroquia (San Marcos, en Frankford) a las familias de la clase trabajadora sin iglesia.[38] También era consciente de la necesidad de que la Iglesia se expandiera más allá de sus límites geográficos; su visita a una parroquia episcopal en Aspinwall (más tarde Colón), Panamá, en 1865, fue la primera de un obispo episcopal a Centroamérica.[39] Potter había contemplado un viaje a Cuba una década antes, pero lo impidió la enfermedad de su esposa.[40] El obispo Henry Benjamin Whipple (1822-1901) sí hizo un viaje a esa isla en 1871 y más tarde convenció a sus colegas obispos de que apoyaran una capellanía estadounidense allí. (El trabajo entre los cubanos comenzó como resultado de los inmigrantes cubanos en los Estados Unidos, como Pedro Duarte y Manuel Moreno, quienes ingresaron al ministerio episcopal en los Estados Unidos, sirvieron a las congregaciones de emigrantes cubanos y luego regresaron a su país para establecer congregaciones en Cuba).[41]

Alonzo Potter murió en 1865 al final del viaje que le había llevado a Panamá. Su familia siguió desempeñando un papel importante en la Iglesia mucho tiempo después. Su hermano (Horatio Potter, 1802-87) y su hijo (Henry Codman Potter, 1835-1908) fueron sucesivamente obispos de la diócesis de Nueva York.

James Craik compartía la visión de Muhlenberg y Potter de un ministerio más amplio para la Iglesia. Apoyó, por ejemplo, el movimiento de la iglesia libre, el intento de Muhlenberg de sustituir el alquiler de los bancos, que era la norma general en las iglesias protestantes del siglo XIX, por ofrendas voluntarias.[42] Sin embargo, la contribución más interesante de Craik puede haber sido su intento de proporcionar una base teológica para la visión católica evangélica. Conocedor de la teología inglesa, fue uno de los primeros episcopales estadounidenses en trabajar con los temas de la encarnación desarrollados por F. D. Maurice (1805-72).

Maurice había argumentado en *The Kingdom of Christ* ["El Reino de Cristo"] de 1837 que la encarnación proporcionaba una clave para escapar de una estrecha comprensión personal de la fe. Para Maurice, la encarnación de Cristo cambió no solo el carácter de las personas, sino las relaciones e instituciones humanas y la propia naturaleza. Por lo tanto, los esfuerzos cristianos por tratar seriamente los problemas corporativos de la sociedad moderna no eran solo un intento de eliminar los obstáculos a la conversión de las almas, como el hambre, la enfermedad, la delincuencia, el analfabetismo o el alcoholismo; eran una participación en la reconstrucción del mundo provocada por la encarnación. Craik sugirió a los lectores estadounidenses en su obra *The Divine Life and the New Birth* (1869) que dicha perspectiva liberaría a la Iglesia de los debates doctrinales sobre la cronología de la salvación personal (¿era más importante el bautismo o la renovación de los adultos?) y centraría una nueva atención en la labor de la Iglesia en el mundo.

Entre los principales católicos anglicanos (que también se denominaban a sí mismos miembros "avanzados" del partido de la alta iglesia, "ritualistas" o, algo más tarde, "anglocatólicos") se encontraban James DeKoven (1831-79), director del Colegio Universitario de Racine, en Wisconsin, y líder del partido en la Convención General; Ferdinand C. Ewer (1826-83), rector de la Iglesia de la Gracia, en San Francisco, la iglesia de Cristo, en Nueva York, y San Ignacio, en Nueva York, y el autor más prolífico del partido; John Henry Hopkins, Jr. (1820-91), el sacerdote y músico más conocido por su villancico "Nosotros, los tres reyes" ("We Three Kings"); y Charles C. Grafton (1832-1912), rector de la Iglesia del Adviento, en Boston, y segundo obispo de Fond du Lac. Aunque compartían algunas convicciones básicas con los católicos evangélicos, discrepaban con ellos en algunos puntos. (Craik y DeKoven, por ejemplo, mantuvieron un extenso debate.) Del mismo modo, aunque los católicos anglicanos compartían algunas simpatías con el antiguo partido de la alta iglesia, se separaron en muchos puntos y se refirieron al antiguo partido en ocasiones como "alto y seco".[43]

Los católicos anglicanos rechazaron cualquier ecumenismo con otros protestantes en favor de una visión de la identidad básica de la Iglesia Episcopal con el catolicismo romano y la ortodoxia oriental. Para el antiguo partido de la alta iglesia, había sido suficiente que la Iglesia Episcopal custodiara

Fig. 29 James DeKoven

la sucesión episcopal en una nación protestante en la que no se apreciaba debidamente. Para los católicos anglicanos, en cambio, la sucesión episcopal era solo el punto de partida. Para ellos, la identidad católica básica de la Iglesia Episcopal había sido oscurecida por los errores protestantes, que debían ser eliminados si la Iglesia quería tener vida. Ewer explicó en su *Catholicity in its Relationship to Protestantism and Romanism* (1878) que:

> una secta, desde el momento en que es cortada de la Iglesia católica, nunca se recupera; se marchita; su carrera es siempre descendente hacia la muerte. Pero la Iglesia anglicana demuestra que tiene vida católica. Porque incluso después de haber sido abrumada con protestantes en el púlpito, en el trono episcopal, en el seminario teológico y en las bancas, se está recuperando; porque está arraigada en el árbol católico; y contra ninguna parte de la Iglesia católica pueden prevalecer las puertas del infierno.[44]

La vida misma de la Iglesia dependía de su conexión con una tradición que estaba en peligro de perder.

Al igual que los católicos evangélicos, los católicos anglicanos encontraron en la teología inglesa de la encarnación una herramienta útil para interpretar su tradición. Para ello, se apoyaron en el autor de Oxford Robert Isaac Wilberforce (*The Doctrine of the Incarnation*, 1848). Partiendo del *Kingdom of Christ* (Reino de Cristo) de F.D. Maurice, Wilberforce había vinculado la encarnación con el sistema sacramental católico. Los beneficios de la encarnación se transmitían, sugería, a través del bautismo, la Eucaristía y la absolución sacerdotal. Por eso los católicos anglicanos consideraron tan importante la reintroducción de la celebración semanal (o diaria) de la Eucaristía y de la confesión privada. Eran literalmente los canales por los que Cristo redimió al mundo.

Los evangélicos y los católicos evangélicos, que valoraban sus vínculos con otras iglesias protestantes, y los episcopales de la alta iglesia, que nunca habían entendido que renunciaban a sus principios católicos, se sentían algo incómodos con este enfoque católico anglicano. Sin embargo, debilitados como estaban los partidos, no pudieron desalojar al partido católico anglicano de la Iglesia. Los evangélicos, los católicos evangélicos y el antiguo partido de la alta iglesia llegaron a un acuerdo en la Convención General de 1871 sobre una declaración (redactada por el obispo de la alta iglesia William R. Whittingham de Maryland y el evangélico Charles P. McIlvaine) que rechazaba el principio de que el "cambio moral" tenía lugar en el bautismo de los niños.[45] Tres años después, la convención condenó "cualquier acción de adoración de o hacia los Elementos".[46] Además, algunos individuos (a menudo líderes de la alta iglesia irritados por la imputación de que no entendían los principios católicos) emprendieron acciones contra los católicos anglicanos. La facultad de Nashotah House, por ejemplo, bloqueó con éxito la aprobación de la elección de James DeKoven como obispo de Wisconsin (1874) e Illinois (1875).

Sin embargo, a pesar de estos esfuerzos, los católicos anglicanos pudieron establecer posiciones en Baltimore (Monte

Calvario), Filadelfia (San Marcos y San Clemente), Boston (Iglesia del Adviento) y Nueva York (Santa María la Virgen y San Albano), y consolidaron un bastión católico anglicano en el Medio Oeste, en zonas como la nueva diócesis de Fond du Lac (1874) en el norte de Wisconsin.

Una tradición anglicana

Una de las consecuencias del continuo debate sobre la Iglesia Episcopal y su fe fue que los episcopales llegaron a considerar cada vez más a su iglesia como una categoría única en su clase.

A principios del siglo XIX, la mayoría de los episcopales estarían de acuerdo con la *Historia Eclesiástica* de John Lawrence Mosheim. El texto, sugerido por el obispo White y utilizado en los seminarios episcopales, clasificaba a la Iglesia anglicana como parte de la tradición reformada.[47] Sin embargo, a medida que avanzaba el siglo y los episcopales adquirían más confianza en su propia denominación, algunos empezaron a buscar formas alternativas de entender su relación con otras iglesias. En la década de 1840, el obispo John Williams de Connecticut preparó una edición estadounidense de la *Exposición de los Treinta y Nueve Artículos* de Edward Harold Browne, que sugería que las opiniones episcopales sobre la predestinación eran más luteranas que reformadas. En 1862, la Convención General estableció un comité permanente de relaciones con la Iglesia de Suecia para explorar la relación de la Iglesia Episcopal con esa rama del luteranismo que había conservado el episcopado histórico. Otros episcopales sugirieron lazos comunes con las iglesias ortodoxas; la Convención General de 1862 también creó un comité conjunto para comunicarse con lo que llamó la "Iglesia Ruso-Griega", y algunos episcopales individuales se unieron a la Asociación de Iglesias Orientales, que se formó en Inglaterra en 1864 y se reorganizó en 1893.[48] Sin embargo, otros se sintieron atraídos por la sugerencia de James DeKoven de que la Iglesia Episcopal afirmara su identidad católica básica eliminando la palabra *protestante* de su título oficial.

La pregunta de si la Iglesia Episcopal se parecía más a las iglesias luterana, ortodoxa o católica romana que a la reformada fue respondida en parte por el consejo de obispos convocado en el Palacio de Lambeth, en Inglaterra, en 1867.

Esta primera Conferencia de Lambeth era algo por lo que los episcopales llevaban haciendo campaña desde 1838, cuando los obispos John Henry Hopkins y Charles Pettit McIlvaine habían convencido a la Cámara de Obispos para que apoyara el contacto con los arzobispos de Canterbury y Armagh, y el primus de Escocia. Trece años más tarde, Hopkins dio continuidad a ese esfuerzo con una carta propia dirigida al arzobispo de Canterbury John Bird Sumner (1780-1862) en la que dejaba claro el resultado final que deseaba: "la comunión según el uso primitivo, reuniéndose al buen estilo antiguo de la acción sinodal". Algunos participantes en los sínodos diocesanos y provinciales que se estaban creando entonces en las colonias británicas—Toronto (1854); Nueva Escocia, Adelaida y Melbourne (1856); Tasmania y Ciudad del Cabo (1857); y Montreal y Quebec, Nueva Zelanda (1859) y Canadá (1861)— apoyaron la idea de una reunión. El obispo de Montreal Francis Fulford (1803-1868), por ejemplo, dio su apoyo individual a la petición de Hopkins (1853). Luego fue refrendada por la Cámara de los Obispos de los Estados Unidos (1859) y en el Sínodo General de Canadá (1861).

Los episcopales de Estados Unidos tenían múltiples razones para desear una reunión. Desde un punto de vista apologético, añadiría sustancia a las afirmaciones hechas por John Henry Hopkins en su *Primitive Church* (1835) de que la Iglesia Episcopal se asemejaba a la iglesia primitiva en el sentido de que estaba gobernada por concilios generales en los que los obispos se reunían como iguales en lugar de por un único obispo que reclamaba la primacía sobre todos. Un sínodo general podría coordinar los esfuerzos misioneros. También podría corregir las disposiciones desiguales relativas a la intercambiabilidad del clero. El clero inglés podía trasladarse a la Iglesia Episcopal, pero la legislación adoptada por el Parlamento Británico tras la Revolución estadounidense prohibía al clero episcopal servir en Inglaterra.[49]

El arzobispo Sumner dio los primeros pasos para responder a este llamado a una reunión de toda la Comunión. Incluyó a obispos representantes de los Estados Unidos y Escocia entre los invitados a la celebración del aniversario de la Sociedad para la Propagación del Evangelio (1852). También apoyó la reactivación de las convocatorias de Canterbury (1852) y York (1861).

Sin embargo, fue el sucesor de Sumner, Charles Longley (arzobispo de Canterbury, 1862-68), quien finalmente convocó la primera Conferencia de Lambeth en 1867. El motivo inmediato de la reunión fue una disputa sobre la interpretación del Génesis entre el arzobispo de Ciudad del Cabo Robert Gray (1809-72) y el obispo de Natal John Colenso (1814-83). Los setenta y seis de los ciento cuarenta y cuatro obispos de la Comunión que aceptaron la invitación apoyaron al arzobispo Gray, pero se mostraron cautelosos ante cualquier pretensión de autoridad sobre la situación. Adoptaron una resolución en la que se deploraba la situación en Sudáfrica y se sugerían las medidas que podrían adoptarse si se destituía a Colenso. Los obispos tenían menos reservas sobre la idea de la reunión en sí; alentaron la creación de sínodos diocesanos y provinciales y la programación de otras conferencias de forma regular. Con la excepción de las interrupciones durante la Primera y la Segunda Guerra Mundial, las Conferencias de Lambeth se han reunido en cada década desde entonces.[50]

Animados por la confraternidad en tales eventos, los episcopales estadounidenses veían cada vez más a su denominación como una tradición por derecho propio. Ya no formaban parte de una expresión de fe reformada, luterana, católica romana u ortodoxa. Aunque su número era reducido en el ámbito estadounidense, formaban parte de una importante tradición religiosa.

Llevaría algún tiempo encontrar un lenguaje para esta comunidad de Iglesias. Ya en la década de 1780, la Convención General se había referido sin más a los obispos de la Iglesia de Inglaterra como "obispos extranjeros". En 1841 la Convención General cambió la referencia en los cánones a "obispos en comunión". En la misma década el *Almanaque de la Iglesia* (que fue publicado por la Sociedad Episcopal Protestante de los Tratados) indicó "Obispos en la rama reformada de la Iglesia". En 1870 el *Almanaque* lo cambió por "Obispos en la Comunión Anglicana".[51]

En la década de 1880, los ejemplares del *Almanaque de la Iglesia* dejaban claro la importancia numérica de esta Comunión Anglicana. Incluía "Estadísticas sobre la Comunión Anglicana" que mostraban una denominación mundial con 205 obispos, 28,000 clérigos y un ministerio para una enorme población que los editores del Almanaque inflaron creativamente sumando las poblaciones enteras de Inglaterra, Gales, Escocia, Irlanda, India y Estados Unidos.[52]

"Anglicano" se convirtió en el término preferido para la comunión de iglesias nacionales relacionadas con la Iglesia de Inglaterra. En Estados Unidos, sin embargo, no sería un término común de autorreferencia para los episcopales hasta la segunda mitad del siglo XX. Hasta entonces, el término "episcopal" o el término prerrevolucionario *"Churchman"* (de la Iglesia de Inglaterra) seguían siendo más comunes.

William I. Kip (1811-93) captó la nueva autocomprensión episcopal en su *Double Witness of the Church* de 1843. Las apologías de principios de siglo, como el Orden Apostólico de John Henry Hobart, habían identificado a la Iglesia Episcopal principalmente en términos de sucesión episcopal y la amplitud en el debate arminiano-calvinista que la distinguía de las iglesias congregacionalistas y presbiterianas. Sin embargo, a mediados de siglo, Kip consideró necesario contrastar la Iglesia Episcopal no solo con el protestantismo, sino también con el catolicismo romano. Para él, la Iglesia Episcopal era una entidad separada que tenía que dar testimonio de las tradiciones protestantes y católicas romanas. Con veinticuatro ediciones hasta 1898, *Double Witness* se convirtió en el tratado episcopal más vendido de finales del siglo XIX. Su inmediata popularidad contribuyó a la elección de Kip como primer obispo misionero de California (1853).

Al principio, los misioneros anglicanos y episcopales en América Latina no encontraron de utilidad la idea de presentar a su Iglesia (ante los medios de comunicación) como una vía media distinta de las tradiciones católica romana o protestante por una sencilla razón: a menudo no existían otras iglesias no católicas romanas para el momento de la formación de las primeras congregaciones anglicanas y episcopales en América Latina. El catolicismo romano mantenía prácticamente el monopolio, apoyado por los concordatos con Roma y las leyes que limitaban el culto protestante. No será, por ejemplo, sino hasta finales del siglo XIX cuando sea legal la celebración del culto protestante en Perú (1897), Ecuador (1903) y Bolivia (1906). Los anglicanos del Reino Unido eludieron inicialmente esta prohibición firmando acuerdos comerciales que permitían a sus nacionales construir iglesias en las ciudades involucradas en el comercio. Por este motivo, a menudo se les permitió a los anglicanos celebrar el culto antes que los demás protestantes. Establecieron las primeras congregaciones, por ejemplo, en Caracas, Venezuela (17 de febrero de 1834), Valparaiso, Chile (1841), Montevideo, Uruguay (1845), y Lima, Perú (1849). Además, los anglicanos establecieron capillas en la década de 1840 en São Paulo, Santos y Pernambuco, en Brasil.[53]

Sus acuerdos, sin embargo, limitaron generalmente la evangelización de los nacionales y dieron lugar a congregaciones compuestas por miembros de comunidades empresariales, políticas y militares extranjeras. Siguió una segunda estrategia anglicana: centrar la atención en los grupos que la Iglesia católica romana pasaba por alto o no atendía: Los anglicanos de Gran Bretaña y más tarde los episcopales de Estados Unidos atendieron a los trabajadores afroantillanos que llegaron a Centroamérica, a los inmigrantes japoneses en Brasil y a los grupos indígenas de Honduras, Paraguay, Argentina, Chile y Venezuela. En el último cuarto del siglo XIX, los misioneros episcopales de Estados Unidos en Cuba, Haití, México y Brasil se desplazaron más allá de estos enclaves, con intentos de evangelizar a la población mayoritaria de esas zonas.

Ante esta situación, los planteamientos que los episcopales empezaron a hacer en Estados Unidos en la segunda mitad del siglo XIX—presentar la denominación como vía media (ante los medios de comunicación) entre católicos y protestantes—tuvieron poco sentido hasta mediados del siglo XX, cuando el número de protestantes—a menudo de tradición pentecostal y metodista—había empezado a aumentar en América Latina.

Cambio de roles para las mujeres

La suerte de las mujeres en los estados del este, y particularmente en Nueva Inglaterra, estaba cambiando rápidamente en los años cercanos a 1840.[54] En el período colonial, la mayoría de las empresas no agrícolas se llevaban a cabo en el hogar. Los hombres y las mujeres trabajaban juntos en diversas actividades. Las empresas lo suficientemente grandes como para emplear a personas ajenas a la familia contrataban a aprendices que vivían en la casa como si fueran miembros de una familia extensa. Sin embargo, a mediados del siglo XIX, la revolución industrial británica había comenzado a llegar a América. El capitalismo fabril empezó a sustituir a las industrias artesanales.

Las nuevas fábricas influyeron en la vida doméstica estadounidense de dos maneras: sacaron a los hombres adultos y a los niños mayores de los hogares como trabajadores de las fábricas, y produjeron bienes lo suficientemente baratos como para que ciertas técnicas de producción doméstica resultaran antieconómicas. Las mujeres casadas se quedaron en casa con hijos pequeños

Fig. 30 Confirmación de Levi Silliman Ives, obispo de Carolina del Norte, 1831–53

y con poca demanda para algunas de sus actividades tradicionales. Las mujeres solteras, un grupo cuyo número aumentó después de que la Guerra Civil redujera drásticamente el número de varones elegibles, entraron en el mercado en número creciente. Sin embargo, a menudo no encontraban el empleo disponible de particular agrado. Por ello, ambos grupos de mujeres se dirigieron a la Iglesia, con la esperanza de encontrar en ella una vía para un trabajo significativo y una garantía de su valor. Descubrieron que los católicos evangélicos, deseosos de cooperar con otros en el ministerio del orden social, y los católicos anglicanos, atraídos por el monacato medieval, se encontraban entre sus aliados más entusiastas.

En 1855, Mary Black y Catherine Minard aceptaron la oferta del clérigo de Baltimore Horace Stringfellow y entraron en el diaconado femenino. Stringfellow, rector de la iglesia de San Andrés en Baltimore, había estado en Inglaterra a principios de año, donde había hablado con participantes en el renacimiento europeo del diaconado femenino.[55] Stringfellow se convenció de que las diaconisas eran la mejor solución a la creciente demanda de un ministerio social que se planteaba en su comunidad. Black y Minard respondieron a su llamamiento de candidatas interesadas y, con el apoyo del obispo Whittingham de Maryland, iniciaron un ministerio de enfermería en lo que pronto llamaron Enfermería de San Andrés. Otros le seguirían en la Iglesia Episcopal. El obispo Richard H. Wilmer (1816-1900) de Alabama apoyó un esfuerzo de las diaconisas para fundar un orfanato en 1864. Tres años más tarde, el Sr. y la Sra. William Welsh de Filadelfia encabezaron un esfuerzo para fundar una escuela de formación para mujeres (Bishop Potter Memorial House), que para 1872 había formado a treinta y siete personas. En ese año, el obispo Abram Littlejohn (1824-1901) apartó a siete mujeres como diaconisas en Long Island.[56]

Los obispos y diputados de la Convención General comenzaron a discutir sobre el diaconado femenino en 1868, pero no adoptaron finalmente un canon sobre el diaconado sino hasta 1889.[57] El nuevo canon contemplaba las exigencias (una comulgante devota y soltera de veinticinco años o más con las recomendaciones de dos presbíteros y doce laicos), las funciones (ayudar en el cuidado de los pobres y los enfermos, la formación religiosa de los jóvenes y otros, y trabajar para la reforma moral), lo administrativo (designada por el obispo y con una tarea específica dada por este, y sirviendo bajo su autoridad o la de un rector), el cese de funciones o renuncia (en todo momento), lo disciplinario (mediante una causa dictada por un obispo después de una audiencia), y la liturgia (la forma de inducción a ser especificada). Poco después, los episcopales establecieron nuevas escuelas de formación para diaconisas en Nueva York (Escuela de Formación de Diaconisas de Nueva York, 1890), Filadelfia (Escuela de Formación de la Iglesia y de Diaconisas de la Diócesis de Pensilvania, 1891) y Berkeley, California (Escuela de Formación de Diaconisas del Pacífico, 1908).[58]

Mientras que la mayoría de las iglesias protestantes aceptaron el resurgimiento del diaconado femenino, la Iglesia Episcopal fue la única entre las Iglesias protestantes que revivió las órdenes monásticas para las mujeres. El día de Todos los Santos de 1845, Anne Ayres (1816-96), una feligresa nacida en Inglaterra de la Iglesia de la Santa Comunión de William Muhlenberg en la ciudad de Nueva York, hizo los votos monásticos. Otras se unieron a ella, formando la Hermandad de la Santa Comunión (1852), posiblemente la primera orden episcopal de monjas en América. Las hermanas de la orden atendían a los enfermos en el Hospital de San Lucas.[59]

Las obras de caridad a las que se dedicaban las diaconisas y las monjas eran a menudo posibles gracias a las mujeres filántropas. Muchos proyectos de la Iglesia de la Santa Comunión fueron posibles, por ejemplo, gracias a la hermana de Muhlenberg, Mary A. Rogers, que era una viuda rica. Sus contribuciones

Fig. 31 Constanza y sus compañeros, Iglesia de la Ascensión, Knoxville, Tennessee

hicieron posible que la congregación funcionara sin el alquiler de las bancas.[60] Fue con Rogers, además, con quien Ayres había llegado por primera vez a la Iglesia de la Santa Comunión.

Algunos episcopales consideraban que el monacato femenino era una institución católica romana que no pertenecía a su Iglesia. Sin embargo, las valientes acciones de la hermana de la Comunidad de Santa María hicieron mucho para acallar esas críticas. La comunidad, formada en la ciudad de Nueva York por Harriet Starr Cannon (1823-96) y otras mujeres que querían una vida comunitaria más intensa que la que habían encontrado en la Hermandad de la Santa Comunión de Ayres, tenía una sucursal en Memphis, Tennessee, durante la época de la epidemia de fiebre amarilla de la ciudad en 1878. Las hermanas y sus laicos asociados, sin tener en cuenta los peligros para su propia salud, atendieron a los enfermos y a los niños blancos y negros que quedaron huérfanos a causa de la enfermedad. La hermana Constance, otras tres hermanas y un asociado laico murieron a consecuencia de ello. Semejante heroísmo se ganó a muchos críticos.[61]

Dos años después de la epidemia de Memphis, el *Almanaque de la Iglesia* enumeraba trece hermandades episcopales. De ellas, cuatro estaban en la ciudad de Nueva York y dos en Baltimore. Las siete restantes se encontraban en Washington, D.C.; Newark; San Luis; Albany; Boston; Nueva Orleans; y Louisville. Las hermanas de estas instituciones trabajaban en hospitales, escuelas e instituciones para los pobres.[62]

En contraste con estas órdenes femeninas, las instituciones monásticas para hombres eran menos numerosas y su organización fue más tardía. Los Padres Cowley Ingleses (Sociedad de San Juan Evangelista), por ejemplo, establecieron su primera rama americana en 1872, veintisiete años después de que Anne Ayres tomara sus votos monásticos. Los hombres interesados en las órdenes monásticas solían buscar orientación en el ejemplo femenino. El padre James O.S. Huntington (1854-1935) modeló su Orden de la Santa Cruz (1881), la primera orden religiosa episcopal estadounidense para hombres, siguiendo el ejemplo de las Hermanas de San Juan Bautista (de Nueva York).[63]

Al igual que en el caso de las diaconisas, la Convención General siguió, más que dirigió, la formación de las órdenes monásticas. Hasta 1913 la Convención no adoptó su primer canon sobre el tema.[64]

Misiones en las fronteras

En 1858, unos exploradores encontraron oro en la zona de Pikes Peak, en lo que entonces era el oeste de Kansas. Al difundirse la noticia, los colonos se dirigieron a la zona que hoy es Colorado. Entre ellos se encontraba un viudo de sesenta y tres años llamado John Henry Kehler. Había oído hablar de la zona por medio de su hijo, entonces sheriff de un condado del oeste de Kansas. Kehler era un sacerdote episcopal con veinte años de experiencia en Virginia y Maryland. Al llegar a la ciudad de Denver, ayudó a organizar la primera congregación episcopal, a la que sirvió hasta que fue reclutado como capellán del ejército.

Al mismo tiempo que Kehler se desplazaba hacia el oeste, Joseph C. Talbot (1816-83) también lo hacía. Elegido Obispo del Distrito Misionero del Noroeste, se refería a sí mismo como el "Obispo para los de afuera". Su territorio incluía Nebraska, Dakota del Norte, Dakota del Sur, Wyoming, Colorado, Nuevo México, Arizona, Utah, Montana e Idaho.

Tanto Kehler como el obispo Talbot señalaron la importancia de la participación femenina en las congregaciones de la frontera. Las primeras siete confirmandas de Talbot en Colorado eran todas mujeres. Kehler señaló que una de las fuentes importantes de apoyo financiero para su parroquia era un grupo de "mujeres devotas siempre dadas a las buenas obras" que habían "conseguido 165 dólares" a través de una sociedad de beneficencia.[65]

Su experiencia no era inusual. Las mujeres solían ejercer el poder real en las parroquias de la frontera, dejando a los feligreses masculinos en puestos de la junta. Las mujeres de la Parroquia de Todos los Santos en Northfield, Minnesota, por ejemplo, organizaron la parroquia, reclutaron hombres para servir en la junta, recaudaron fondos para un edificio de la iglesia y la rectoría, enseñaron en la escuela dominical y se encargaron de la música de la congregación. Su experiencia se repitió en numerosas parroquias de la frontera.[66]

Los episcopales de la frontera intentaron recuperar parte del liderazgo en el ministerio a los nativos americanos que el clero de la SPG había proporcionado antes de la Revolución. Enmegahbowh, un indio ottawa ordenado diácono por el obispo Kemper en 1859, se unió al obispo Henry Benjamin Whipple para establecer un ministerio activo de la Iglesia Episcopal en las comunidades nativas americanas de Minnesota. Tras ocho años en el diaconado, Enmegahbowh fue ordenado sacerdote por el obispo Whipple (20 de junio de 1867). Dos años más tarde, Paul Mazakute se convertiría en el primer sacerdote dakota (sioux).

Cuando el presidente Ulysses Grant nombró a los miembros de la Junta de Comisionados Indios en 1869 para supervisar las reservas de los nativos americanos, incluyó a dos prominentes laicos episcopales de Pensilvania: William Welsh (ca. 1810-1878) y Felix R. Brunot (1820-1898). Los miembros del consejo eligieron a Welsh como presidente. Cuando este dimitió en una disputa sobre la autoridad del organismo, el comité eligió a Brunot para sustituirle (presidente, 1869-74). La junta nominaba candidatos como agentes indios, sustituyendo los sistemas anteriores en los que los cargos eran nominados

Fig. 32 Enmegahbowh

por el Congreso o seleccionados por el presidente entre los oficiales militares.

En 1872 los episcopales eran responsables de ocho reservas: Yankton, Ponca, alto Missouri, Fort Berthold, Whetstone, Cheyenne River y Red Cloud en las Dakotas, y la reserva Shoshone & Bannock en Wyoming.[67] Welsh, que siguió participando activamente en los asuntos de los nativos americanos, a pesar de su dimisión de la junta, impulsó a la Junta Episcopal de Misiones a adoptar una política que la separaba de las demás denominaciones: La negativa a utilizar cualquier fondo de la asignación del gobierno destinado a los nativos americanos para financiar escuelas u otros proyectos dignos.[68] El sobrino de Welsh, Herbert Welsh, formó más tarde la Asociación de Derechos de los Indios (1882) para hacer campaña por un mejor trato a los nativos americanos.

En 1881 Oakerhater (literalmente "Haciendo Medicina", fallecido en 1931) se convirtió en el primer diácono cheyenne. La entrada de Oakerhater en la Iglesia Episcopal fue el resultado del contacto con un círculo de episcopales (muchos de ellos que estaban de vacaciones) en San Agustín, Florida, donde estuvo preso en Fort Marion por su papel en la batalla de Adobe Walls de 1874. Alice Pendleton (1823-86), hija de Francis Scott Key, visitaba regularmente a Oakerhater para hablarle de la fe cristiana. El capitán Pratt de la prisión militar fomentaba el estudio de la Biblia y permitía a Oakerhater y a otros prisioneros nativos americanos dar clases de tiro al blanco con arco y flecha a las mujeres de la comunidad. (Pratt se interesó tanto por los nativos americanos que más tarde fue el primer superintendente del Instituto Carlisle en Pensilvania, una escuela para nativos americanos en cuya creación contribuyó el marido de Alice Pendleton, el senador de Ohio George Hunt Pendleton). Cuando Oakerhater expresó su interés por compartir su fe cristiana con otros miembros de su tribu, la diaconisa Mary Douglass Burnham (1823-1904) hizo los arreglos necesarios para que realizara estudios teológicos en Nueva York. Oakerhater, que adoptó el nombre inglés de David Pendleton, fue uno de los primeros misioneros cristianos en el Territorio Indio (Oklahoma).[69]

Reacción romántica (1840–80)

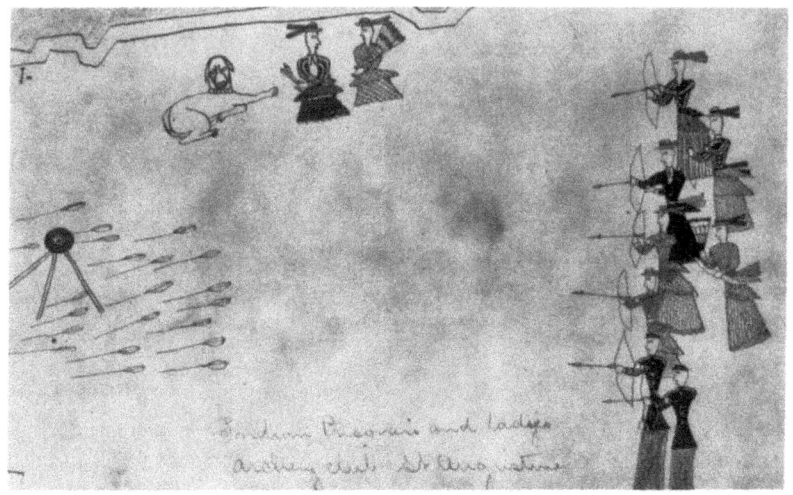

Fig. 33 Prisioneros indios en el club de señoras de tiro al blanco con arco y flecha por Oakerhater

En 1880 la Iglesia Episcopal era una institución muy diferente a la de 1840. El enfoque racional de principios de siglo había cedido, y para muchos la Iglesia Episcopal se identificaba más por su enfoque en el culto y el ministerio social que por su doctrina. Cuando Harriet Beecher Stowe (1811-96), una autora con un interés continuo en la Iglesia Episcopal a pesar de que su padre y su marido eran clérigos de otras denominaciones, escribió en *The Minister's Wooing* (1859) que el amigo de una futura novia "vistió la mejor habitación... [con] coníferas y... coronas, y... ramas verdes sobre los cuadros, de modo que la habitación parecía la Iglesia Episcopal en Navidad", la mayoría de sus lectores lo entendieron.[70]

NOTAS

1. E. Brooks Holifield, *A History of Pastoral Care in America: From Salvation to Self-Realization* (Nashville: Abingdon Press, 1983), 113; Ann Douglas, *The Feminization of American Culture* (Nueva York: Alfred A. Knopf, 1977), 70.

2. Sydney E. Ahlstrom, *A Religious History of the American People* (New Haven: Yale University Press, 1972), 517; Robert Currie, Alan Gilbert y Lee Horsley, *Churches and Churchgoers: Patterns of Church Growth in the British Isles since 1700* (Oxford: Clarendon Press, 1977), 4.

3. Ahlstrom, *Religious History*, 518; Currie, Churches, 4.

4. Ahlstrom, *Religious History*, 548.

5. La concepción católica romana de la sucesión episcopal se basa en una lectura específica de dos versículos que solo se encuentran en el Evangelio de Mateo: "Tú eres Pedro, y sobre esta piedra edificaré mi iglesia, y las puertas del Hades no prevalecerán contra ella. Te daré las llaves del reino de los cielos, y todo lo que ates en la tierra quedará atado en el cielo, y todo lo que desates en la tierra quedará desatado en el cielo". (Mateo 16:18-19). La lectura católica romana de los versículos se basa en tres premisas (i) que estos versículos describen un papel jerárquico que Pedro desempeñaba en relación con otros discípulos y primeros cristianos; (ii) que este papel jerárquico era transferible a un único sucesor geográficamente localizado; y (iii) que el Obispo de Roma es ese sucesor. Aunque alguna forma de este argumento católico romano puede rastrearse hasta principios del siglo III, hay motivos para cuestionar estas premisas. No hay constancia en la Biblia de que Pedro ejerciera ninguna función jerárquica del tipo que reclamaron posteriormente los papas. Los Hechos de los Apóstoles y Gálatas registran el ministerio de Pedro en Jerusalén, Samaria, Lida, Jope, Cesarea y Antioquía, pero la Biblia no menciona ninguna visita de Pedro a Roma. Para una explicación anglicana del siglo XVII sobre la sucesión episcopal, véase Gilbert Burnet, *A vindication of the ordinations of the Church of England: In which it is demonstrated that all the essentials of ordination, according to the practice of the primitive and Greek churches, are still retained in our church* (London: R. Chiswel, 1677). Para ejemplos de consagraciones católicas romanas en la Inglaterra medieval que carecían de tres consagradores, véase William Stubbs, *Registrum Sacrum Anglicanum: An Attempt to Exhibit the Course of Episcopal Succession in England from the Records and Chronicles of the Church* (Oxford: Clarendon Press, 1897).

6. El debate entre Hopkins y Kenrick duró más de treinta años. Hopkins siguió a su *The Church of Rome Contrasted* (1837) con una serie de cartas a Kenrick, que se publicaron colectivamente como *The End of the Controversy Controverted* (1854). Una década más tarde escribió *A Candid*

Examination of the Question of Whether the Pope of Rome is the Great AntiChrist, que apareció póstumamente en 1868. Kenrick contestó con *The Primacy of the Apostolic See* (1838), *A Review of the Second Letter... of the Right Rev. John Henry* [Hopkins] (1843) y *A Vindication of the Catholic Church* (1855). Para el argumento de Hopkins sobre la superioridad de la Iglesia Episcopal en la cultura americana, véase *The End of Controversy Controverted*, 2 vols. (Nueva York: Pudney & Russell, 1854), 1:17. Para un relato de la controversia desde la perspectiva católica romana, véase Margaret Mary Reher, *Catholic Intellectual Life in America* (Nueva York: Macmillan, 1989), 38-39.

7. E. Clowes Chorley, *Men and Movements in the American Episcopal Church* (Nueva York: Charles Scribner's Sons, 1946), 224.

8. El obispo Kenrick estaba al tanto de las conversaciones con Ives mucho antes de que se hiciera pública la noticia de su profesión a Roma. Véase "Letters of Francis Patrick Kenrick to the Family of George Bernard Allen, 1849-1863, gift of Mr. George B. Keen to Historical Society,109 in number", *Records of the American Catholic Historical Society* 32 (September, 1920), 199.

9. Robert W. Prichard, *The Nature of Salvation: Theological Consensus in the Episcopal Church* (Urbana: University of Illinois Press, 1997), 177-80.

10. Charles Hodge, *El camino de la vida*, ed. Mark A. Noll (Nueva York: Paulist Press, 1987), 8.

11. *Cartas Pastorales de la Casa de los Obispos*, etc. (Filadelfia: Edward C. Biddle, 1845), 229, 264-66.

12. Llegaron a la Convención General rumores de conversiones a Roma del alumnado del Seminario Teológico General. Temiendo que una enseñanza inadecuada pudiera ser la causa de las conversiones, un grupo de visitantes designados por la Cámara de Obispos dirigió una serie de preguntas al profesorado. Los obispos pronto redujeron su interés a un hombre, John David Ogilby. Ogilby, profesor de historia eclesiástica, era el heredero de Bird Wilson (1777-1859), el veterano profesor de divinidad. Los obispos se enteraron de que Ogilby utilizaba la *Historia del Arrianismo* de Newman (el único texto de un teólogo del movimiento de Oxford en la lista de cursos de cualquier seminario episcopal) y que no estaba dispuesto a condenar a la Iglesia Católica Romana como herética "en el sentido más estricto". No tomaron ninguna medida formal contra él, pero su investigación desacreditó tanto a Ogilby que el Consejo de Administración convenció a Bird Wilson de que retrasara su jubilación hasta que encontraran a otra persona que no fuera Ogilby para la cátedra de divinidad. Ogilby alegó mala salud y dimitió. Véase el *Diario de la Convención General... (Journal of the General Convention...)* 1844, 239-42.

13. *Diario de la Convención General de la Iglesia Episcopal Protestante en los Estados Unidos...* 1844 (impreso para la Convención, 1844), 64.
14. *Diario de la Convención General* (1844), 64-65.
15. Ahlstrom, *Religious History*, 660-63.
16. Robert W. Prichard, *¡Salve! ¡Holy Hill! A Pictorial History of the Virginia Theological Seminary* (Brainerd, Minnesota: RiverPlace Communications for the Virginia Theological Seminary, 2012), 50.

17. Una vez terminada la lucha, el Obispo Presidente John Henry Hopkins (Vermont) escribió al Obispo Atkinson (Carolina del Norte), invitándolo a la Convención General de octubre de 1865. Atkinson, que entre los obispos del sur había sido el menos entusiasta sobre la formación de una iglesia separada, asistió a la Convención junto con su sobrino, Henry Lay (Obispo de Arkansas). Algunos obispos del sur se mostraron más reticentes a la reunión. El obispo Wilmer de Alabama, por ejemplo, instruyó a sus congregaciones que no rezaran por el presidente. Sin embargo, para mayo de 1866, todas las diócesis del sur habían indicado su regreso a la Convención General. Véase D. Murphey, "The Spirit of Primitive Fellowship: The Reunion of the Church", *Historical Magazine of the Protestant Episcopal Church 17* (diciembre de 1948): 435-48; y Edwin S. Gaustad, ed., *A Documentary History of Religion in America Since 1865* (Grand Rapids: Eerdmans, 1983), 6-8.

18. Stiles Bailey Lines, "Slaves and Churchmen: The Work of the Episcopal Church among Southern Negroes, 1830-1860" (tesis doctoral, Universidad de Columbia, 1960), i, 240-2.

19. *Journal of the Proceedings of the Bishops, Clergy, and Laity of the Protestant Episcopal Church in the United States of America, Assembled in a General Convention...* 1865 (Boston: William A. Hall, 1865), 189; Journal... 1818, 369; Journal... 1871, 215; Journal... 1878, 493-94.

20. Robert Bruce Mullin, *Episcopal Vision/American Reality: High Church Theology and Social Thought in Evangelical America* (New Haven: Yale University Press, 1986), 195-211.

21. E. Brooks Holifield, *The Gentlemen Theologians: American Theology in Southern Culture, 1795-1860* (Durham, N.C.: Duke University Press, 1978), 26.

22. Lawrence Foushee London y Sarah McCulloh Lemmon, eds., *The Episcopal Church in North Carolina, 1701-1959* (Raleigh: Episcopal Diocese of North Carolina, 1987), 245-46.

23. La causa inmediata de la división fue una pelea sobre el lenguaje del oficio bautismal. Cheney, rector de la iglesia de Cristo, en Chicago, era uno de los clérigos evangélicos que había comenzado a omitir la palabra *regeneración* en el bautismo de los niños. En 1869, el obispo de Cheney,

Henry John Whitehouse (1803-74) de Illinois, presentó cargos contra él por la omisión. El obispo McIlvaine de Ohio y otros ocho obispos evangélicos redactaron un llamamiento a la clemencia; Whitehouse respondió suspendiendo a Cheney del ministerio. McIlvaine y el obispo de la alta iglesia William Whittingham de Maryland elaboraron una declaración de compromiso sobre el bautismo en la Convención General de 1871 que acalló algunas quejas evangélicas. Sin embargo, tras la muerte de McIlvaine en 1873, Cheney y el obispo Cummins lideraron la formación de una denominación separada. Cummins compartía la preocupación de Cheney por el lenguaje bautismal. Aunque no había sido uno de los nueve obispos originales que firmaron la petición de clemencia de McIlvaine, posteriormente añadió su nombre a la declaración. La Iglesia Episcopal Reformada adoptó un nuevo libro de oración, que seguía el modelo del Libro Propuesto de 1785-86. No incluía la palabra regeneración en el oficio bautismal.

24. James McAllister, "¿Cambio arquitectónico en la diócesis de Virginia?" *Revista histórica de la Iglesia Episcopal Protestante 65* (septiembre de 1976): 297-323.

25. Janet Mayo, *A History of Ecclesiastical Dress* (Nueva York: Holmes and Meier, 1984), 84, 88, 96-99.

26. *The Church Almanac for the Year of Our Lord 1851* (Nueva York: The Protestant Episcopal Tract Society, 1851), n.p.

27. *Almanaque de la Iglesia...* 1864, 65.

28. *Almanaque de la Iglesia...* 1866, 78.

29. Dumas Malone, ed., *Dictionary of American Biography*, (Nueva York: Charles Scribner's Sons, 1953), s.v. "Richard Michell Upjohn" de Talbot Faulkner Hamlin.

30. Anne Pettit, "The Architecture of Henry Martyn Congdon (1834-1922)" (tesis de maestría, George Washington University, 1990).

31. Anne Ayres, *The Life and Work of William Augustus Muhlenberg* (Nueva York: Harper & Brothers, 1880), 223-25.

32. Después de leer a los teólogos de Oxford, Muhlenberg reflexionó que su fe descansaba en "la sólida roca de la verdad evangélica, tal y como la publicaron los reformadores". Véase Ayres, Muhlenberg, 173.

33. Ayres, Muhlenberg, 239; John F. Woolverton, "John Williamson Nevin and the Episcopalians: The Debate on the 'Church Question,' 1851-1874", *Historical Magazine of the Protestant Episcopal Church 49* (diciembre de 1980): 374.

34. William Augustus Muhlenberg, "The Evangelical Catholic", citado en Ayres, Muhlenberg, 238-39. William Reed Huntington se basaría posteriormente en la visión de Muhlenberg en un libro titulado *The Church Idea* (1870).

35. Alonzo Potter, introducción a *Memorial Papers: The Memorial etc.* (Filadelfia: E.H. Butler, 1857), vi.

36. Ni Potter ni Craik adoptaron el uso de la etiqueta "católico evangélico". Sin embargo, ambos eligieron un lenguaje que transmitía prácticamente la misma idea. En sus discursos pastorales al clero de Pensilvania, el obispo Potter trató de distinguir el "catolicismo espurio de Roma" de un "catolicismo de todas las épocas y de todos los pueblos" más amplio, que identificaba con la Biblia y creía compatible con la Reforma (M. A. DeWolfe Howe, *Memoirs of the Life and Services of the Rt. Rev. Alonzo Potter* [Filadelfia: J.B. Lippincott, 1871], 173, y Alonzo Potter, *Third and Fourth Charges to the Clergy of the Diocese of Pennsylvania... May de 1851, 1852* [Filadelfia: King and Baird, 1852], 31.) En su *Divine Life and New Birth* (1869), Craik sugirió que era posible reivindicar las mejores ideas de las tradiciones católica y evangélica.

37. Potter, *Memorial Papers*, 107.

38. Howe, *Alonzo Potter*, 206-21.

39. La iglesia de Aspinwall fue la primera congregación protestante de Panamá. El pueblo recibió el nombre de William H. Aspinwall (1807-1875), un comerciante de Nueva York. Aspinwall y su hermano John se casaron con Anna y Jane Breck, hermanas de James Lloyd Breck. Los Aspinwall apoyaron los esfuerzos misioneros de Breck y también donaron los fondos para construir el edificio principal del Seminario Teológico de Virginia. La empresa de William Aspinwall, que construyó una línea de ferrocarril a través de Panamá, pagó la construcción de un edificio para la iglesia de Aspinwall y, hasta 1872, proporcionó apoyo a su clero. El obispo Potter consagró la iglesia a mitad de una visita a California en 1865. Potter murió antes de que el barco desembarcara en San Francisco. Para más detalles, véase John L. Kater, Jr., "The Beginnings of the Episcopal Church in Panama", *Anglican and Episcopal Church History 57* (junio de 1988): 147-58.

40. El biógrafo de Potter supone que el viaje a Cuba tuvo lugar, pero la correspondencia que cita se refiere a los planes del viaje y a la enfermedad de la señora Potter, y carece de cualquier descripción del viaje en sí. Véase Howe, *Alonzo Potter*, 304-305.

41. Ian S. Markham, et al., *The Wiley-Blackwell Companion to the Anglican Communion* (Chichester, West Sussex: Wiley- Blackwell, 2013), s.v. "The Episcopal Church of Cuba" de A. Hugo Blankingship, Jr.

42. James Craik, "The Financial Question in the Church", *American Church Review 39* (1882): 57-66. La iglesia de la Santa Comunión de Muhlenberg en la ciudad de Nueva York puede haber sido la primera gran "iglesia libre" urbana en la América del siglo XIX. Véase Esther Barnhart McBride, *Open Church: History of an Idea* (EE.UU.: n. p., 1983), para

conocer los detalles del liderazgo de la Iglesia Episcopal en el movimiento de las iglesias libres.

43. John Henry Hopkins, [Jr.], introducción a *The Collected Works of the Late Milo Mahan*, 3 vols. (Nueva York: Pott, Young and Company, 1875), 1: xxxvii.

44. Ferdinand C. Ewer, *Catholicity in its Relationship to Protestantism and Romanism* (Nueva York: G.P. Putnam's Sons, 1878), 165.

45. *Journal of the General Convention of the Protestant Episcopal Church in the United States...* 1871 (impreso para la Convención, 1871), 283.

46. *Journal of the Proceedings of the Bishops, Clergy, and Laity of the Protestant Episcopal Church in the United States of America, Assembled in a General Convention... in the Year of Our Lord 1874* (Hartford, Conn.: impreso para la Convención por M. H. Mallory, 1875), 185.

47. John Lawrence Mosheim, *An Ecclesiastical History, Ancient and Modern*, trans. Archibald MacLaine, 4 vols. (Nueva York: Collins y Hannay, 1821).

48. Los episcopales de la costa oeste estaban interesados en la relación con la ortodoxia por el número de cristianos ortodoxos que encontraban, la escasez de clero ortodoxo y la posibilidad de evangelizar. El Dr. Stephen Thrall, de San Francisco, fue el autor de la resolución para crear un comité que investigara una relación. La resolución explicaba que "hay muchos miembros de la Iglesia rusa-griega emigrando [sic] a la costa del Pacífico de nuestro país, a los que es importante presentar esta Iglesia como una parte verdadera y fiel de la Iglesia Católica, de tal manera que le permita [a la Iglesia Episcopal] guiar más fácilmente a dichos emigrantes en la fe y la práctica cristianas". Véase *Journal of the Proceedings of the Bishops, Clergy, and Laity of the Protestant Episcopal Church in the United States of American Assembled in a General Convention... 1862* (Boston: E. P. Dutton and Company, 1863), 100, 104, 108-9, 160-61.

49. Markham, *Wiley-Blackwell Companion to the Anglican Communion*, s.v. "The Lambeth Conferences" por Robert W. Prichard.

50. Markham, *Wiley-Blackwell Companion to the Anglican Communion*, s.v. "Lambeth" por Prichard.

51. En el latín medieval la palabra *anglicanus* significa "inglés". En el siglo XVII la palabra se utilizaba en inglés para referirse al ministerio ordenado de la Iglesia de Inglaterra. La aplicación del término para describir una familia de iglesias relacionadas con Inglaterra fue, sin embargo, una innovación de mediados del siglo XIX. No sería sino hasta 1967 cuando se modificó el preámbulo de la Constitución de la Iglesia Episcopal para incluir su primera referencia explícita a la Comunión Anglicana.

52. *Almanaque de la Iglesia Episcopal Protestante...* 1880, 24.

53. En el caso de Chile, el culto privado en los hogares se remonta a 1825. Véase Douglas Milmine, *The History of Anglicanism in Latin America* (Tunbridge Wells, Kent: South American Missionary Society, 1994), 9-10 y Custis Fletcher, "Beginnings of the Anglican Communion in Brazil" (documento inédito, n.d.).

54. Ann Douglas, *The Feminization of American Culture* (Nueva York: Alfred A. Knopf, 1977), 44-79.

55. El resurgimiento del oficio bíblico de diaconisa comenzó en 1836 en la Iglesia Luterana de Alemania con Gertrude Reichardt. En ese año, ella se dedicó al diaconado femenino con el apoyo del pastor Theodore (1800-1864) y la señora Frederica (1800-1842) Fliedner. Otras naciones y denominaciones siguieron rápidamente el ejemplo de Kaiserswerth. Las primeras diaconisas en América pueden haber sido dos diaconisas luteranas enviadas a Pittsburgh desde Kaiserswerth en 1849.

56. Mary Sudman Donovan, *A Different Call: Women's Ministries in the Episcopal Church, 1850-1920* (Harrisburg, PA: Morehouse, 1986), 61-63.

57. El retraso en la adopción de un canon sobre las diaconisas fue el resultado de un prolongado debate sobre la diferencia entre diaconisas y monjas. Los primeros partidarios de los ministerios femeninos en la Iglesia Episcopal utilizaban a menudo el término hermandades y apelaban al precedente del diaconado y el monacato femenino. Sin embargo, tal y como los episcopales lo entendieron más tarde, las diaconisas eran diferentes de las monjas. Las diaconisas no hacían votos de celibato y, por tanto, eran libres de abandonar sus órdenes para casarse. No hacían votos de pobreza y a menudo sostenían sus esfuerzos con sus propios ingresos personales. Por lo general, participaban en la vida de culto de las parroquias en las que trabajaban, en lugar de observar sus propios oficios monásticos. La Convención General adoptó su canon sobre las diaconisas más o menos al mismo tiempo que los metodistas (Iglesia Metodista Episcopal, 1888; Iglesia Metodista Episcopal del Sur, 1902; e Iglesia Metodista Protestante, 1908). Además de las iglesias luteranas, episcopales y metodistas, las diaconisas acabarían siendo activas en las iglesias bautistas, congregacionales y evangélicas y reformadas. Para más detalles sobre el carácter ecuménico del movimiento de las diaconisas, véase Jackson W. Carroll, Barbara Hargrove y Adair T. Lummis, *Women of the Cloth: A New Opportunity for the Churches* (San Francisco: Harper & Row, 1981), 28.

58. Donovan, *A Different Call*, 106-117.

59. Marion Hughes había hecho votos monásticos ante Edward Pusey en Inglaterra en 1841. En 1845, formó la Hermandad de Park Village. Véase Donovan, *A Different Call*, 30.

60. En la década de 1850 el término "hermandad" era ambiguo, pues se aplicaba tanto a las diaconisas como a las monjas. En su excelente estudio

sobre los ministerios femeninos, Mary Donovan juzgó que la Hermandad de la Santa Comunión "no podía definirse estrictamente como una orden religiosa" porque "carecía de una vida religiosa estructurada". Sin embargo, Donovan no clasificó a la hermandad como una orden de diaconisas, sino que se refirió a ella como si desempeñara "un importante papel de transición". La Comunidad de Santa María, formada en 1863 por hermanas que abandonaron la Hermandad de la Santa Comunión sería, en cambio, en opinión de Donovan, "una orden más tradicional". Véase Anne Ayres, *Muhlenberg*, 178; y Donovan, *A Different Call*, 31, 37.

61. Donovan, *A Different Call*, 41.

62. *The Protestant Episcopal Almanac for the Year of Our Lord 1880* (Nueva York, 1880), 29-30.

63. Donovan, *A Different Call*, 11.

64. Edwin Augustine White y Jackson A. Dykman, *Annotated Constitution and Canons of the Protestant Episcopal Church in the United States of America*, 2d ed. revisada, 2 vols. (Nueva York: Seabury Press, 1954), 2:952.

65. Allen Du Pont Breck, *The Episcopal Church in Colorado* (Denver: Big Mountain Press, 1963), 5-24.

66. Joan R. Gundersen, *"Before the World Confessed": All Saints Parish, Northfield, and the Community* (Northfield, Minn.: Northfield Historical Society, 1987), 5-23.

67. *Executive Documents Printed by the Order of the House of Representatives, 1872-1873*, 12 vols. (Washington: Government Printing Office, 1873), 3:460.

68. *Spirit of Missions 36* (diciembre de 1870), 653.

69. Henry Benjamin Whipple, *Lights and Shadows of a Long Episcopate* (Nueva York: Macmillan, 1899), 31; Robert H. Keller, Jr, *American Protestantism and U. S. Indian Policy 1869-1882* (Lincoln: University of Nebraska Press, 1983); Sandra Boyd, "Mary Douglass Burnham" (conferencia pronunciada en la tercera Conferencia Bienal sobre la Historia de la Iglesia Episcopal, Nueva Orleans, Luisiana, 22 de junio de 1988); Lois Clark, *David Pendleton Oakerhater: God's Warrior* (Oklahoma City: Episcopal Diocese of Oklahoma, 1985), 6-9.

70. Harriet Beecher Stowe, *The Minister's Wooing* (Hartford: Stowe-Day Foundation, 1978), 560.

7
Una Iglesia amplia (1880-1920)

La Convención General de 1886

Cuando los obispos y diputados se reunieron en Chicago en 1886 para la trigésima quinta Convención General debieron ser conscientes del gran cambio que se estaba produciendo en su nación. Estados Unidos ya no era una nación de agricultores y pequeñas fábricas; se estaba convirtiendo rápidamente en un gigante industrial. El edificio de la Home Insurance Company de Chicago (el primer rascacielos de Estados Unidos, terminado el año anterior a la convención) era un indicio de lo que estaba por venir. Las nuevas ciudades de gran altura crecían para presidir un vasto sistema económico, unido por las líneas telegráficas transcontinentales (terminadas por primera vez en 1861) y los ferrocarriles (terminados en 1869). Ocho nuevos estados occidentales se unirían pronto a la Unión (Washington, Dakota del Norte, Dakota del Sur y Montana en 1889; Idaho y Wyoming en 1890; Nuevo México y Arizona en 1912), completando los cuarenta y ocho estados contiguos. Los grandes empresarios industriales y financieros, como el presbiteriano Andrew Carnegie (1835-1919), el episcopal J.P. Morgan (1837-1913) y el bautista John D. Rockefeller (1839-1937), estaban creando enormes imperios económicos.

En los años que van de 1880 a 1920 la población estadounidense pasaría de 50 a 105 millones de personas. En el censo de 1920, la mayoría de los estadounidenses viviría en pueblos o ciudades antes que en granjas rurales. América era más complicada y se necesitaban medios de organización más eficaces para coordinar la complicada vida financiera, política y social de la nación.

La Iglesia Episcopal también estaba creciendo. Los ejemplares del *Living Church Annual* de la primera década del siglo XX comenzaron a presentar un gráfico muy confiable indicador del crecimiento porcentual constante de la Iglesia en relación con la población nacional. El gráfico "Proporción de comulgantes" muestra que mientras uno de cada 416 estadounidenses era episcopal en 1830, uno de cada 95 era miembro de la Iglesia en 1906.[1] A medida que la Iglesia se extendía por todo el país, necesitaba nuevos seminarios occidentales (Seminario Teológico del Oeste en Chicago, 1883; Escuela de Divinidad de la Iglesia del Pacífico en San Mateo, California, 1893). Ese movimiento occidental se combinó con un crecimiento continuo en el Este para aumentar el número de diócesis o distritos misioneros en los Estados Unidos de cincuenta y ocho en 1880 a ochenta y siete en 1910.

Los episcopales reconocieron que tal crecimiento requería la adopción de sistemas de organización más sofisticados. Los obispos y diputados de la Convención General reformaron gradualmente la Iglesia para convertirla en una institución más eficiente y moderna. Al darse cuenta de que la Iglesia era demasiado grande para ser administrada desde las oficinas de los diversos clérigos y obispos elegidos para los cargos nacionales, establecieron la sede nacional de la Iglesia en el edificio 281 de la Cuarta Avenida en la ciudad de Nueva York (1894).

La Convención General también inició un serio examen de su Constitución y Cánones. Este fue el trabajo de un comité conjunto (1892-1904) de la Cámara de Obispos y la Cámara de Diputados. Los miembros del comité identificaron tres objetivos:

> (1) de hacerlos [*la Constitución y los Cánones*] más enteramente armoniosos y liberarlos de ambigüedades;
> (2) de adaptarlos al nuevo crecimiento y ampliación

de la Iglesia; y (3) de revestirlos de tal exactitud y precisión de lenguaje que alivien al compendio de los tecnicismos y objeciones que se hacen a su fraseología por juristas y canonistas.[2]

La referencia a los juristas y canonistas deja claro que los miembros de la comisión mixta eran conscientes de que no estaban trabajando en un vacío. En la década de 1890, cuando la comisión mixta comenzó su trabajo, había un número creciente de autores episcopales que escribían sobre derecho canónico, entre ellos Murray Hoffman, Francis Vinton, John Wallingford Andrews, George H. Humphrey; William Stevens Perry y Edwin Augustine White.[3] Otras iglesias, como la Iglesia de Inglaterra (1874-1879) y la Iglesia Católica Romana (1904-17), revisaron sus cánones más o menos al mismo tiempo.[4]

Algunas de las ideas del comité se adoptaron inmediatamente, como añadir a la constitución material que antes estaba en los cánones, ampliar el sistema de tribunales de la Iglesia, añadir una descripción del trabajo de los comités permanentes diocesanos y reelaborar los cánones sobre las diócesis misioneras. En la década siguiente se adoptarían otras más, como las propuestas de creación de provincias (1913), un canon sobre

Fig. 34 La Cámara de Obispos en 1892

prácticas comerciales (1916) y la previsión de un obispo presidente elegido (1919). Otras ideas, como las disposiciones para un tribunal nacional de revisión y una forma de representación más proporcional, estaban previstas en la constitución, pero no se promulgaron mediante la adopción de cánones de habilitación.[5]

La principal sociedad misionera independiente (Sociedad Misionera de la Iglesia Americana) se fusionó gradualmente con la Sociedad Misionera Nacional y Extranjera oficial (1904-1930). En 1919, la Convención General adoptó la Campaña Nacional (una encuesta nacional para todos los miembros que logró sustituir el sistema de alquiler de bancas por promesas individuales) y creó el Consejo Nacional (un órgano ejecutivo que pasó a llamarse Consejo Ejecutivo en 1964). El experto en cánones Edwin Augustine White consideró que la creación del Consejo Nacional marcó "un cambio mayor en la política de la Iglesia estadounidense que cualquier otro canon jamás promulgado por la Convención General", porque sustituyó una forma de "vida nacional prácticamente sin cabeza ejecutiva y sin poder de gobierno central" por "una fuerte forma de gobierno centralizado", en la que el obispo presidente y el Consejo Nacional tenían autoridad no solo para llevar a cabo "el trabajo que la Convención General pudiera encomendar a ese órgano, sino también el poder de iniciar y desarrollar los nuevos trabajos que considere necesarios".[6]

En 1919 la Convención General adoptó la propuesta de un obispo presidente elegido que había sido sugerida por la comisión mixta en 1901. Desde los días del obispo William White hasta 1919, el obispo más antiguo por fecha de consagración había presidido la Cámara de Obispos. Con el nuevo canon el cargo pasó a ser electivo con un mandato de seis años.[7] La Convención General ejerció por primera vez esta disposición con la elección en 1925 de John Gardner Murray (1857-1929), obispo de Maryland.

Necesidades sociales de los Estados Unidos industrial

El nuevo Estados Unidos industrial no estaba exento de problemas. La industrialización había traído grandes fortunas a unos pocos, pero una vida dura para muchos. Esto era especialmente cierto para los nuevos inmigrantes que trabajaban en muchas de las fábricas y para los agricultores que descubrían cada vez más que las grandes industrias controlaban los precios de sus productos.

Los episcopales, aún profundamente afectados por la creencia de que tenían una responsabilidad no solo con sus propios feligreses sino con la sociedad en general, vieron la necesidad de actuar. Su reacción no siempre fue inmediata, pero colectivamente, como denominación, respondieron más rápidamente que cualquier otro organismo religioso estadounidense.[8] La experiencia de la iglesia de la Trinidad, en Nueva York, puede haber sido típica. En la década de 1880, los miembros de la junta parroquial observaron un cambio de uso en las propiedades inmobiliarias de la parroquia. La parroquia de la Trinidad era propietaria de grandes extensiones de terreno en la ciudad de Nueva York, gran parte de las cuales estaban arrendadas a constructores que habían levantado casas de apartamentos. Cuando el centro de la ciudad pasó de ser residencial a comercial, los constructores vieron pocas ventajas en invertir dinero en la mejora de sus propiedades. Apretujaron a más y más inquilinos en los edificios en decadencia, mientras esperaban el momento en que el terreno pudiera convertirse en un uso comercial más rentable. Conmocionada por las acusaciones de que la parroquia era un "señor de los barrios bajos", la junta parroquial pidió una investigación e inició un programa para mejorar las condiciones de las viviendas en la ciudad.[9]

La inmigración que la junta parroquial de la iglesia de la Trinidad detectó estaba cambiando radicalmente el carácter de la nación. En el momento del censo estadounidense de 1790, el setenta y ocho por ciento de los estadounidenses blancos eran de origen británico. Las oleadas de inmigración irlandesa, alemana, escandinava, del este y sur de Europa y asiática alteraron ese porcentaje, de modo que en 1920 solo el cuarenta y uno por ciento de la población a saber era de origen británico o norirlandés.[10]

Los problemas a los que se enfrentaban los nuevos inmigrantes no se limitaban a la vivienda. A menudo, por ejemplo, solo encontraban empleos peligrosos en las industrias pesadas que Upton Sinclair (1878-1968) y otros autores sensacionalistas de principios de siglo dramatizarían como un escándalo nacional. Por tanto, las parroquias debían ir más allá de la sola preocupación inicial de la iglesia de la Trinidad por los bienes inmuebles para abordar toda una serie de problemas sociales y económicos relacionados.

La iglesia de San Jorge de la ciudad de Nueva York fue líder en este esfuerzo de mayor alcance. Comenzó un ambicioso programa social en 1883, que fue posible gracias al apoyo de J. P. Morgan y otros miembros ricos de la parroquia. Las actividades de la parroquia incluían un club de niños, una escuela de oficios, un batallón de cadetes, organizaciones de niñas y mujeres, un club de hombres y un gimnasio.[11]

Fig. 35
Mary Abbot Emery Twing

Las organizaciones de niñas y mujeres de San Jorge estaban vinculadas a organismos nacionales. Las mujeres se unieron para formar todo un conjunto de estas organizaciones a fin de proporcionar medios tanto para la misión como para el compañerismo. Cuatro hermanas—Mary Abbot Emery Twing (1843-1901), Julia Chester Emery (1852-1922), Susan Lavinia Emery y Margaret Theresa Emery—proporcionaron gran parte del liderazgo de la primera de estas agrupaciones, la Organización Auxiliar de Mujeres de la Junta de Misiones (organizada en 1871; primera reunión trienal en 1874). Mary Abbot (secretaria nacional 1872-74; secretaria honoraria, 1882-1901) aportó el impulso inicial; Julia Chester (secretaria nacional 1874-1916), el liderazgo a largo plazo, Susan Lavinia (editora de *The Young Christian Soldier*, la revista para jóvenes de la Junta de Misiones)

Una Iglesia amplia (1880–1920)

aportó las habilidades editoriales necesarias; y Margaret Theresa (coordinadora del "trabajo con las cajas", la recogida de suministros de la organización auxiliar de mujeres para los misioneros), aportó un conocimiento organizativo práctico.[12] Bajo la guía de las hermanas Emery, la organización demostró ser una agencia extremadamente valiosa para las misiones nacionales y extranjeras. De los fondos fiduciarios disponibles para la Junta de Misiones en 1900, por ejemplo, casi la mitad de los que se conocía el sexo del donante provenían de mujeres. Sin embargo, el apoyo femenino no era solo financiero. En 1916 la proporción de misioneros episcopales que eran mujeres era del treinta y nueve por ciento, una cifra que no incluía el gran número de cónyuges no remuneradas de los misioneros varones. Las auxiliares también demostraron ser defensoras eficaces de las mujeres dentro de la Iglesia Episcopal. Cuando las mujeres obtuvieron su primera representación en el gobierno nacional de la Iglesia Episcopal, fue a través de las auxiliares. La reorganización de la Iglesia en la posguerra (1919) clasificó a esta organización femenina como auxiliares del Consejo Nacional y no como un apéndice de la Junta de Misiones. Una Convención General posterior (1934) concedió a las auxiliares el derecho a nombrar a cuatro de los treinta y dos miembros del Consejo.[13]

Fig. 36
Julia Chester Emery

Fig. 37
Margaret Theresa Emery

A la organización auxiliar de mujeres le siguieron otras nuevas organizaciones y programas para mujeres: la Sociedad Amiga de las Niñas (1877), que se dedicaba a atender las necesidades de las trabajadoras de las fábricas; el Church Periodical Club (1888), que compraba literatura cristiana para las parroquias del oeste americano; las Hijas del Rey (Daughters of the King) (1885), que se dedicaban a la oración y a la evangelización; y la Ofrenda Unida de Acción de Gracias (United Thanking Offering) (1889), que proporcionaba fondos para las misioneras.[14]

Durante el mismo período en que las hermanas Emery guiaron el esfuerzo organizativo de las laicas episcopales, Susan Knapp (fallecida en 1941) se convirtió en la principal portavoz del movimiento de diaconisas. Decana de la Escuela de Formación de Diaconisas de Nueva York de 1897 a 1916, hizo campaña para lograr un mayor nivel académico y un mayor reconocimiento profesional.[15] El número de mujeres episcopales en el diaconado seguiría creciendo hasta alcanzar un máximo de doscientas veintiséis en 1922.[16]

Mary Kingsbury Simkhovitch (1867-1951) y otras mujeres episcopales también participaron activamente en el movimiento de las casas de acogida. Once de los treinta y ocho asentamientos iniciados antes de 1900 fueron creados por episcopales.[17]

Además de estas organizaciones femeninas, había grupos exclusivamente masculinos, como la Orden de la Santa Cruz y la Hermandad de San Andrés, que ejercían ministerios sociales. El padre James O.S. Huntington fundó la Orden de la Santa Cruz (1881) en los barrios bajos del East Side de Nueva York, y el profesor de la Escuela Dominical de adultos James Houghteling (1855-1910) creó la Hermandad de San Andrés (primera reunión el 30 de noviembre de 1883) en la iglesia de Santiago Apóstol de Chicago para evangelizar y prestar servicios sociales a hombres no practicantes.

Más numeroso era el gran número de organismos no explícitamente masculinos ni femeninos. El *Anuario de la Iglesia viva* ["Living Church Annual"] de 1910 enumeraba diez organizaciones de este tipo: cuatro organizaciones que ministraban a los sordos, tres sociedades defensoras de la sobriedad, una para el avance del Trabajo, una que continuaba la campaña de Mary Rogers y William Muhlenberg en favor de las "iglesias libres y abiertas", y una para los que trabajaban entre la "gente de color".[18]

Esta última organización, la Conferencia de Trabajadores de la Iglesia entre la Gente de Color, fue formada por John Peterson (un diácono de la Iglesia de San Felipe de Nueva York) y otros opositores a la segregación. Alexander Crummell (1819-98), un sacerdote negro que había regresado a Estados Unidos tras veinte años en Liberia para convertirse en rector de la iglesia de San Lucas, en Washington, D.C., fue el primer presidente de la organización. La conferencia se formó en 1883 en respuesta a una propuesta hecha por un grupo de obispos y clérigos blancos que se reunieron en Sewanee, Tennessee, en preparación de la Convención General. El grupo consideró y rechazó una estrategia adoptada por la Iglesia Metodista Episcopal del Sur en 1870, que había agrupado a todos los metodistas negros en una única jurisdicción no geográfica. En su lugar, acordaron una propuesta de canon (el "Canon de Sewanee") que, de ser adoptada, habría separado a los episcopales negros en "organizaciones misioneras especiales" dentro de sus diócesis. Cada una de estas organizaciones podría tener sus propias convocatorias y la dirección de uno o más arcedianos nombrados por el obispo, pero no tendría ninguna garantía de representación en la convención diocesana.[19] La conferencia envió representantes a la Convención General que presionaron con éxito contra el canon.[20]

Sin embargo, la derrota del canon de Sewanee no puso fin a la amenaza de la segregación en la Iglesia. A partir de la década de 1880, las diócesis individuales del sur tomaron medidas que no pudieron persuadir a la Convención General para que las adoptara como política nacional. Agruparon al clero negro y a los feligreses en "arcedianías para el trabajo de color", crearon "convocatorias de color" separadas y nombraron arcedianos para que se encargaran de la supervisión. En lugar de enviar delegados directamente a las convenciones diocesanas, el clero y las congregaciones afroamericanas se limitaban a un número fijo de personas—generalmente dos clérigos y dos laicos elegidos por la convocatoria de color—que podían representar sus intereses en las convenciones diocesanas.

Florida, donde Ernest McGill se convirtió en archidiácono en 1890, pudo haber sido la primera diócesis en instituir este sistema, aunque pronto fue seguido en otros lugares. Otras diócesis que crearon arcedianatos fueron Carolina del Sur (1892), Carolina del Norte (1901), Virginia (1901), Arkansas (1914) y Georgia (1918).

Incluso antes de la Conferencia de Sewanee, las actitudes de los blancos en el Sur eran lo suficientemente claras para los episcopales negros como para que algunos buscaran otros vínculos confesionales. Cuando, por ejemplo, la diócesis de Carolina del Sur se negó a admitir a la iglesia de San Marcos, de Charleston, en su consejo diocesano en 1875, otras seis congregaciones afroamericanas abandonaron a la Iglesia Episcopal para unirse a la recién organizada Iglesia Episcopal Reformada.[21]

Los episcopales que organizaron agencias denominacionales a menudo también participaron activamente en los esfuerzos sociales interdenominacionales. Alexander Crummell, por ejemplo, creó la Academia Estadounidense de Negros, precursora de la Asociación Nacional para el Progreso de las Personas de Color (NAACP, por sus siglas en inglés). Los miembros de la Hermandad de San Andrés participaron en la formación de la Hermandad Interdenominacional de Andrés y Felipe.[22] Un trío de reformadores sociales—la profesora del Colegio Universitario Wellesley, Vida Scudder (1861-1954), el rector de la Iglesia del Carpintero (Boston) William Dwight Porter Bliss (1856-1926) y el economista Richard T. Ely (1854-1943)—desempeñaron papeles importantes en la causa del sindicalismo y del socialismo cristiano. Bliss fundó o ayudó a dirigir la Asociación de la Iglesia para el Fomento del Interés Laboral (1887), la Sociedad de Socialistas Cristianos (1889), la Unión Social Cristiana (1891) y la Liga de la Reforma de la Unión. Scudder, cofundadora de la Sociedad de Socialistas Cristianos y miembro de la Iglesia del Carpintero de Bliss, participó activamente en la Liga de la Iglesia por la Democracia Industrial y en la campaña presidencial de la Comunidad Socialista Cristiana de 1912. Ely fue directivo de la Unión Social Cristiana y fundó la Asociación Económica Americana (1885) para desafiar la teoría económica conservadora entonces imperante, según la cual las demandas sindicales de aumentos salariales eran intentos inmorales de alterar los niveles de compensación justos establecidos por la ley natural.[23]

El nuevo énfasis en el ministerio social se reflejó en los nuevos materiales escolares que se utilizaban en las parroquias episcopales. La serie *Fomento cristiano* (*Christian Nurture*), producida en 1916 por William E. Gardner (1872-1965) y Lester Bradner (1867-1929) incluía un énfasis en el servicio social para que los niños que crecían en la Iglesia fueran conscientes de las necesidades de los demás.

Ministerios especiales y nuevas congregaciones

Los múltiples ministerios especiales en los que participaban los episcopales daban a las congregaciones de finales de siglo un carácter diferente al de muchas de las que se habían fundado a principios del siglo XIX. Esas congregaciones anteriores reflejaban los distintos estratos de miembros de la Iglesia Episcopal. Negros y blancos, ricos y pobres habían adorado juntos, aunque a menudo en circunstancias que subrayaban sus diferencias sociales más que su unidad en Cristo. (Era habitual, por ejemplo, que negros y blancos entraran en las iglesias del sur por entradas separadas). Sin embargo, a finales de siglo, los defensores de los ministerios especiales solían crear congregaciones compuestas por miembros de un único grupo económico o racial.

La escuela de la iglesia solía desempeñar un papel fundamental en la formación de estas nuevas congregaciones. Los episcopales organizaban clases en las zonas geográficas periféricas para grupos específicos como los trabajadores industriales, los sordos, los negros, los asiáticos o los pobres de las zonas rurales. Cuando las clases alcanzaban cierto tamaño, se organizaban como congregaciones separadas.

La educación secundaria y superior también desempeñó un papel fundamental en el intento de la Iglesia Episcopal de reclamar un ministerio para los negros estadounidenses en el Sur. La Junta de Misiones y el Instituto de la Iglesia Americana para los Negros apoyaron una serie de escuelas. El Instituto era un organismo semiindependiente fundado en 1906 por el obispo David Hummell Greer (1844-1919) de Nueva York y el industrial y filántropo George Foster Peabody (1852-1938) para apoyar las escuelas episcopales. El Instituto concentró inicialmente sus esfuerzos en tres instituciones: el San Agustín de Raleigh, Carolina del Norte (1867); San Pablo de Lawrenceville, Virginia (1882-2013); y la Escuela de Divinidad Bishop Payne en Petersburg, Virginia (1878-1949). El número de escuelas afiliadas al Instituto aumentó en las dos décadas siguientes hasta llegar a once, entre ellas la Escuela Industrial de Okolona, en Mississippi, y la escuela de Denmark, en Carolina del Sur, que se convertiría en el Colegio Universitario Voorhees (1897).[24]

Los que estudiaron en estas escuelas hicieron sus propias contribuciones. Artemesia Bowden, que había estudiado en el San Agustín de Raleigh, por ejemplo, aceptó la invitación del obispo James Steptoe Johnston (1843-1924) y llegó a San Antonio en 1902, donde a lo largo de una carrera de cincuenta y dos años consiguió ampliar una pequeña clase de costura para mujeres afroamericanas hasta convertirla en una escuela técnica (Escuela Técnica San Felipe). (En 1942 la escuela renunciaría a su condición de iglesia y pasaría a formar parte del sistema educativo superior de Texas.)[25] Anna Julia Haywood Cooper (¿1858?-1964), que se graduó en San Agustín, Oberlin y la Sorbona, enseñó en Washington, D. C., en la Escuela secundaria de la calle M y en la Universidad de Frelinghuysen.[26]

Los episcopales blancos esperaban que la atención a la educación tuviera un efecto positivo en el número de miembros negros de la Iglesia. Esa membresía había aumentado como resultado de la evangelización de los esclavizados en la década de 1850, disminuyó bruscamente después de la Guerra Civil, y revivió un poco como resultado de los esfuerzos de la Comisión para los Libertos, la Junta de Misiones y el Instituto de la Iglesia Americana para Negros. Sin embargo, la ambivalencia de los blancos respecto a la afiliación de los negros limitaría la eficacia de estos esfuerzos.

Los episcopales aún no habían llegado a una opinión común en 1916, cuando discutieron la legislación para la selección de obispos negros. Un grupo de la Convención General abogó por jurisdicciones negras separadas que pudieran elegir obispos negros. Una segunda coalición, que finalmente se impuso, creía que un canon de 1910 para los obispos sufragáneos (obispos asistentes sin derecho a sucesión) ofrecía mayores posibilidades de promover el liderazgo negro. En 1918, Henry B. Delany (1858-1928), de Carolina del Norte, y Edward T. Demby (1869-1957), de Arkansas, se convirtieron en los primeros obispos episcopales negros (sufragáneos) que ejercieron en Estados Unidos.[27]

Fue más o menos durante el mismo período que la Iglesia Episcopal asumió un papel de liderazgo en el ministerio a los sordos. Aunque el obispo White y otros habían participado en la fundación de instituciones para sordos durante la primera mitad del siglo XIX, fue con la ordenación de Thomas Gallaudet (1822-1902) en 1850 cuando la Iglesia Episcopal comenzó su esfuerzo por ofrecer un culto en lenguaje de signos. Gallaudet, profesor de la Institución para Sordomudos de Nueva York e hijo de un educador pionero (el clérigo congregacional Thomas Hopkins Gallaudet, fundador en Hartford, Connecticut, en 1817, de la primera escuela permanente para sordos de Estados Unidos), fundó en 1852 lo que se convertiría en la Iglesia de Santa Ana para Sordomudos de Nueva York. En 1858, comenzó a viajar, alentando la formación de congregaciones de sordos en Albany, Baltimore, Boston, Chicago, Washington y otra serie de ciudades.

Gallaudet, cuya madre era sorda, se convenció de que los propios sordos debían liderar las congregaciones de signos. Reclutó a varias personas con discapacidad auditiva para que le ayudaran. El primero de ellos fue Henry Winter Syle (fallecido en 1890). Como profesor de la Institución para Sordomudos de Nueva York, participó activamente en la congregación de Gallaudet. Cuando un nuevo trabajo le llevó a Filadelfia, transfirió sus esfuerzos a la congregación episcopal de allí, que entonces se reunía en la iglesia de San Esteban. Ordenado dos años más tarde como el primer clérigo sordo de la Iglesia Episcopal (diácono, 1876; sacerdote, 1883), Syle fortaleció a la congregación de San Esteban hasta el punto de que pudo trasladarse a sus propias instalaciones (Iglesia de Todas las Almas para Sordos, 1888). En 1930, otros veinticuatro sordos entrarían en las órdenes episcopales. La gran mayoría de ellos (veintiuno de los veinticuatro) serían graduados del nuevo colegio para sordos (Gallaudet College, Washington, D.C.) establecido por el hermano de Thomas Gallaudet, Edward Miner Gallaudet.[28]

Los episcopales de Washington, D. C. apoyaron su ministerio a los sordos creando un hospital especial para proporcionarles atención médica. El Hospital Episcopal de Ojos, Oídos y Garganta abrió sus puertas en 1896. El obispo de la diócesis de Washington fue el presidente de la Junta de Gobierno.[29]

Los episcopales del oeste tomaron nota de la creciente población china ya en la década de 1850, pero se lamentaron de las "dificultades insuperables" que suponía atenderlos.[30] Los esfuerzos de evangelización se detuvieron durante la Guerra Civil, pero se reanudaron en la década de 1870. Gran parte del trabajo inicial fue realizado por lectores laicos chinos, como Ah Foo, que fundó dos congregaciones en Nevada en la década de 1870 para los trabajadores ferroviarios chinos.[31] En 1879, Walter Ching Young (Ah Ching) ejercía su ministerio entre los chinos de San Francisco. Había estudiado en el Kenyon College y en una institución de Filadelfia (probablemente la Escuela de Divinidad de Filadelfia) antes de ser ordenado diácono (1879) y sacerdote (1882 o 1883). Es posible que haya sido el primer chino ordenado por una de las principales denominaciones de los Estados Unidos.[32] Después de su regreso a China, la diaconisa Emma B. Drant continuó la obra entre los chinos en la Misión True Sunshine para los chinos-americanos (1905). Paul Murakami trabajó en una misión japonesa (1916).

En Dakota del Sur, el obispo misionero William Hobart Hare (1838-1909) continuó la tradición del ministerio entre los dakota y los lakota iniciada por el obispo Whipple y el diácono Enmegahbowh de Minnesota y apoyada por laicos activos como Felix Brunot y William Welsh. Al final del episcopado de Hare, la mitad de los nativos americanos de Dakota del Sur eran episcopales.[33]

En Wyoming, el obispo Ethelbert Talbot (1848-1928) y otros llevaron a cabo un ministerio entre los Arapahoe y los Shoshone en la reserva de Wind River.[34] En 1893, Eliza W. Thacara comenzó el ministerio de la Iglesia Episcopal entre los Navajo con un hospital del Fuerte Militar Defiance de Arizona. En Wisconsin, Cornelius Hill (fallecido en 1907), hijo de un jefe, se convirtió en el primer sacerdote oneida. En 1905, los episcopales comenzaron a trabajar en la reserva de Uintah y Ouray, en Utah, cerca de la frontera con Colorado.

Los episcopales no siempre estaban de acuerdo sobre cuál era el mejor enfoque para el ministerio con los nativos americanos. En las Dakotas, por ejemplo, el obispo Hare, que creía que parte de su función era introducir los beneficios de la "civilización" a los nativos americanos, se vio envuelto en una larga disputa canónica y legal con Samuel Dutton Hinman (1839-90), un sacerdote que era más tolerante con las prácticas religiosas tribales que el obispo.[35] El sobrino de William Welsh, Herbert Welsh, creó en 1882 la Asociación por los Derechos de los Indios para hacer campaña a favor de lo que él entendía como un mejor trato para los nativos americanos.

La Iglesia Episcopal no solo creó ministerios especiales para la gente de color. En 1908, las diócesis de Virginia, Virginia Occidental y Lexington habían nombrado archidiáconos con responsabilidades especiales para los residentes de los Apalaches.[36]

Empleando esta técnica de ministerios especiales focalizados en la expansión, los episcopales duplicaron el número de sus iglesias entre 1880 y 1920 (de 4,151 a 8,365) y triplicaron el número de feligreses (de 345,433 a 1,070,820).[37] El patrón de crecimiento de las congregaciones contrastó fuertemente con el seguido en la Iglesia después de 1920. En el periodo de 1880 a 1920, el número de congregaciones aumentó más rápidamente que el número de feligreses por congregación (un crecimiento del 102% en el número de parroquias frente a un aumento del 55% en el tamaño promedio de las congregaciones). De 1920 a 1965, el número de parroquias disminuyó un 10% (de 8,365 a 7,539), mientras que el número medio de comulgantes por congregación aumentó un 127% (de 128.61 a 292.16).[38]

El Congreso de la Iglesia

Los episcopales de principios de siglo mantuvieron unida esta impresionante coalición de agencias y ministerios especiales con una nueva visión de su Iglesia. La principal manifestación institucional de esta visión fue el Congreso de la Iglesia (1874-1934), una serie de conferencias nacionales sobre temas de interés social y religioso. Edwin Harwood (1822-1902), Edward A. Washburn (1819-1881) y Phillips Brooks fueron algunos de los organizadores del congreso. Harwood y Washburn habían enseñado en la Escuela de Divinidad de Berkeley antes de pasar a servir a las parroquias de New Haven y Nueva York, respectivamente. Harwood había asistido a una sesión del Congreso de la Iglesia Inglesa (1861-1938) en 1864; Washburn había presidido un grupo de discusión local en Nueva York. Brooks había hecho algo similar en Filadelfia y Boston. Junto con otras personas, acordaron un plan de funcionamiento sencillo: Un "comité organizador" designaba los temas y contrataba a los ponentes. Los oradores eran laicos y clérigos, blancos y negros, y (después de 1911) tanto hombres como mujeres. Las reuniones estaban abiertas al público de todas las denominaciones y eran ampliamente cubiertas por la prensa secular. George Wildes (1819-98), de la iglesia de Cristo, Nueva York, fue secretario general hasta mediados de la década de 1890, recogiendo y publicando los resultados de cada conferencia.[39]

Los miembros del comité organizador se ocuparon de invitar a participar a los representantes de los principales partidos eclesiásticos. James DeKoven, líder de un catolicismo anglicano que fue madurando hasta convertirse en un partido anglocatólico cada vez más definido, intervino, por ejemplo, en el congreso de 1876, al igual que el obispo Alfred Lee (1807-87) de Delaware, uno de los obispos evangélicos más antiguos. Sin embargo, las actitudes en el comité directivo y en el comité de disposiciones eran más centradas. Phillips Brooks caracterizó a los miembros iniciales del comité directivo comentando que "todos nosotros [éramos] hombres de iglesia amplios" que "harían todo lo posible para mantener o hacer que la Iglesia fuera liberal y libre".[40] Los miembros de la Iglesia de Inglaterra, en particular los colaboradores de *Essays and Reviews* (1860), habían acuñado la expresión *iglesia amplia* a mediados de siglo. En el ámbito estadounidense, el término fue utilizado por Phillips Brooks y otros que combinaron la apertura litúrgica y el compromiso con el ministerio social del catolicismo evangélico de William Muhlenberg con la voluntad de aceptar los retos intelectuales presentados por estudiosos como el geólogo Charles Lyell (1797-1875), el naturalista Charles Darwin (1809-82) y el psicoanalista Sigmund Freud (1856-1939).

A menudo criados en familias episcopales evangélicas, los episcopales de la iglesia amplia rechazaban la idea de un único modelo de conversión que llevara a uno del temor legal a la confianza en Cristo. Como explicó Brooks en sus *Lectures on Preaching* (1877), la verdad del Evangelio era "un elemento fijo y estable", pero la forma en que se predicaba y escuchaba dependía de las personalidades individuales, que no encajaban todas en el mismo molde.[41] Reconoció, como sostendría el filósofo y psicólogo William James (1842-1910), que había *Variedades de experiencia religiosa* (1902).

Los planificadores del movimiento de los Congresos de la Iglesia esperaban que, al proporcionar un foro para el debate de cuestiones importantes—en el que estuvieran representados todos los puntos de vista y no se votara ni se tomara ninguna medida oficial—podrían inculcar en su iglesia una amplia tolerancia hacia la diversidad de pensamiento. Alexander Vinton, que presidió el primero de los Congresos de la Iglesia, sugirió que las reuniones podían contribuir al mismo tiempo a la unidad de la Iglesia. Podían hacerlo de dos maneras. En primer lugar, destacando la unidad implícita en "la obra misionera... cuando los hombres se reúnen con el corazón de Cristo, y trabajan codo a codo y mano a mano para hacer su obra".[42] En concreto, esto significaba que las invitaciones periódicas a quienes participaban en los distintos ministerios especiales de la Iglesia proporcionaban un punto de coincidencia. En el congreso de 1875, por ejemplo, los oradores incluyeron a William Welsh (el laico de Filadelfia que sirvió como el primer jefe de la Junta de Comisionados Indios del Congreso y también fue un importante partidario de los ministerios de las mujeres), Thomas Gallaudet, el obispo Henry Whipple (activo en el ministerio de la Iglesia a los Nativos Americanos), y el obispo Samuel Isaac Joseph Schereschewsky (obispo misionero en Shanghai). Los temas, además, incluían "Los ministerios de la Iglesia a las clases trabajadoras" y "La predicación libre".

Vinton esperaba que los congresos también pudieran proporcionar un elemento unificador para la Iglesia desde una segunda perspectiva. Creía que los congresos podrían marcar la pauta para la Iglesia en general, de modo que todos los episcopales llegaran a compartir la amplia creencia de la Iglesia en "una plataforma más amplia, en la que nuestros puntos de vista distintivos tengan cada uno una posición acreditada e igualmente válida... [un] estado en el que los prejuicios y las pasiones se adormezcan".[43] En la década de 1880 ya era evidente que su esperanza estaba justificada, al menos en lo que respecta al liderazgo nacional de la denominación. Cada vez más, el Congreso de la Iglesia servía de "grupo de reflexión" para la Convención General. Los congresistas respaldaron las principales leyes aprobadas en la Convención: las resoluciones sobre los trabajadores industriales, los cánones que regularizaban el oficio de las diaconisas, la revisión del Libro de Oración Común y una declaración sobre el ecumenismo. Los líderes eclesiásticos que no habían apoyado inicialmente el movimiento de los congresos se unieron a sus filas y algunos organizadores de estos, como Phillips Brooks, fueron elegidos para el episcopado.

Fue en gran medida gracias al tono que el biblista R. Heber Newton (1840-1914) y otros establecieron en los congresos que la Iglesia Episcopal evitó las divisiones sobre la erudición bíblica que marcaron algunas otras denominaciones estadounidenses. Hubo un juicio ocasional de un sacerdote por herejía, como el que llevó a la condena de Thomas Howard MacQuery por la negación del nacimiento virginal (Ohio, 1891) o a la condena de Algernon Sidney Crapsey por la negación del nacimiento virginal, la resurrección y la Trinidad (oeste de Nueva York, 1906), pero no hubo inquisiciones al por mayor de las facultades de seminarios o universidades. Cuando tales juicios tuvieron lugar en otras partes, algunos eruditos, como el estudioso presbiteriano del Antiguo Testamento Charles A. Briggs (1841-1913), buscaron refugio en la Iglesia Episcopal. Edward Lambe Parsons (1868-1960), más tarde obispo de California, se encontraba entre los alumnos de Briggs en el Seminario Union. Al verse en dificultades con un presbiterio que sospechaba que abandonaba la doctrina presbiteriana tradicional, Parsons se dirigió a William Lawrence (1850-1941) para entrar en la Iglesia Episcopal.[44]

Lawrence, que fue decano de la Escuela Teológica Episcopal en Cambridge, Massachusetts, antes de ser elegido obispo de Massachusetts, al parecer tuvo varios encuentros de este tipo. En su autobiografía relata otro caso:

> Recuerdo ahora el rostro angustiado de un estudiante de Harvard que entró apresuradamente en la Sala del Predicador y dijo: "Me crié en casa como un muchacho cristiano; vine aquí a la universidad y esperaba seguir siendo un seguidor de Cristo: pero ya no soy cristiano; mi fe ha desaparecido". "¿Cuál es el problema?" pregunté. "Ya no puedo creer que el mundo fue creado en seis días, y un amigo me

ha dicho que no puedo negarlo y seguir siendo cristiano". ¿Creen ustedes que esa conversación tuvo lugar a finales de los años ochenta, y supongo que puede tener lugar incluso ahora? Con qué consternación me miró el muchacho cuando le contesté: "Si así fuera, yo tampoco soy cristiano"; y cómo se le iluminó el rostro cuando le hablé del propósito espiritual de las Escrituras y de sus verdades esenciales.[45]

Lawrence estaba de acuerdo con Phillips Brooks, su predecesor como obispo de Massachusetts y el predicador más conocido de la Iglesia Episcopal a finales de siglo. Brooks había argumentado que la investigación intelectual era muy diferente de la herejía.[46] Esta apertura a la investigación llevó a menudo a los episcopales a líneas de pensamiento que reforzaban su percepción de que la Iglesia debía participar en la acción social. Edward Parsons, que tras su ordenación y un curato con William Reed Huntington fundó el departamento de filosofía de la Universidad de Stanford, explicó su compromiso con la acción social como el resultado de una conversión al "socialismo filosófico".

Fig. 38 Phillips Brooks

De repente, mientras trabajaba en el Nuevo Testamento, me di cuenta de que toda la estructura era errónea, que la competencia, tal como la conocíamos, era totalmente incoherente con la fe cristiana, y que, puesto que el ambiente del ser humano influye tan profundamente en su vida, a la Iglesia le correspondía respaldar los movimientos que pretendían cambiar las bases de la sociedad en lugar de limitarse a mejorar sus amargas condiciones".[47]

Para Parsons, fue el estudio de la Biblia lo que le llevó a la convicción de que era necesario un cambio social radical.

La Iglesia estadounidense

Si el movimiento del Congreso de la Iglesia fue la principal manifestación institucional de las actitudes de la Iglesia Episcopal de principios de siglo, la teología "estadounidense" fue su principal vehículo intelectual. Los defensores de esta teología estadounidense compartían ciertas premisas básicas: que solo una iglesia nacional podía hacer frente a las complejidades sociales e intelectuales de los Estados Unidos industrial moderno; que el episcopado era una forma lógica de liderazgo para dicha iglesia; y que, aunque dicha iglesia nacional aún no existía, la Iglesia Episcopal podía desempeñar un papel destacado en su formación.

Los episcopales creían que su Iglesia podía desempeñar un papel destacado en la formación de una iglesia nacional por varias razones. Era una denominación nacional, no dividida en áreas geográficas (como los bautistas, metodistas y presbiterianos) o segmentos étnicos (como los luteranos). Su fuerza tradicional estaba en las ciudades, que sustituían cada vez más a las zonas agrícolas como centro de la vida estadounidense. Reconoció e intentó abordar los graves problemas sociales estadounidenses. Con una forma de gobierno representativa y un compromiso con la fe cristiana tradicional, ya ofrecía un modelo de lo que W.D.P. Bliss llamó "democracia organizada en Cristo".[48]

Además, los miembros laicos estaban proporcionando liderazgo nacional en el ámbito político. Esto fue particularmente evidente para los diputados de la Convención General de 1880, entre cuyos miembros había un máximo histórico de quince antiguos, actuales o futuros miembros del Congreso de los Estados Unidos.[49]

Entre los autores que desarrollaron estos temas se encuentran William Montgomery Brown (1855-1937), William Porcher DuBose (1836-1918) y William Reed Huntington. En su *Church for Americans* (1895), Brown explicaba que la Iglesia Episcopal era más apta para liderar una iglesia nacional que la Iglesia católica romana porque tenía un gobierno representativo y no estaba atada a ninguna potencia extranjera. El libro, lo suficientemente popular como para tener once ediciones en cinco años, contribuyó a la elección de Brown como obispo de Arkansas.

DuBose fue capellán y profesor de la escuela de teología de la nueva Universidad del Sur desde 1871 hasta 1908. (Aunque se fundó en 1858, la Universidad del Sur en Sewanee, Tennessee, no empezó a funcionar plenamente sino hasta después de la Guerra Civil. El departamento preparatorio se abrió en 1868, y el colegio en 1870. El primer decano de la escuela teológica fue nombrado en 1878). DuBose luchó con la concreción de la vida cristiana. La divinidad, señaló en una ponencia en el quinto Congreso de la Iglesia (1878), se manifestaba siempre "en y a través" de la humanidad. Eso le llevó a concluir, como explicó más tarde en su *Turning Points* (1912), que la "pretensión de la Iglesia Episcopal de ser una Iglesia católica debe significar solo esto, y nada más, que deseamos y pretendemos y creemos estar dentro de todos los principios esenciales y necesarios de la fe, la vida y el culto católicos, y de la única Iglesia de Cristo". Esto, a su vez, significaba que los episcopales "debían volver el rostro hacia [la teoría de la única Iglesia de Cristo] y moverse... en dirección a ella".[50]

Huntington combinó el interés intelectual por la idea de la iglesia nacional (evidente en obras como *The Church-Idea* de 1870 y *A National Church* de 1899) con esfuerzos legislativos concretos en la Convención General. En la década de 1880, por ejemplo, se convirtió en uno de los principales defensores de la flexibilidad litúrgica, argumentando que la Iglesia Episcopal necesitaba revisar su liturgia para hacerla útil a un segmento más amplio de la población estadounidense. El *Libro Anexo* (1883), una revisión del Libro de Oración Común propuesta por una comisión de la Convención General en la que Huntington desempeñó un papel importante, habría proporcionado oraciones para los trabajadores industriales, breves oficios diarios adecuados para los servicios de mediodía y una mayor variedad en el culto. Sin embargo, la Convención General de 1886 a 1892 decidió que la propuesta era demasiado radical y adoptó un Libro de Oración Común menos innovador (1892). Sin embargo, las ideas litúrgicas de Huntington no se perdieron del todo. Aunque la edición de 1892 del Libro de Oración Común incorporó pocas de sus propuestas, una sugerencia que hizo en 1886 para la publicación de un *Book of Offices* ["Libro de oficios"] independiente con material innovador sí encontró una amplia audiencia. Al menos tres libros diferentes nuevos con ese mismo título se publicarían en la primera mitad del siglo XX: *A Book of Offices and Prayers for Priest and People, Compiled by Two Presbyters of the Church* (trece ediciones entre 1897 y 1927), que combinaba servicios del Libro de Oración Común con una serie de oraciones individuales; *A Book of Offices: Services for Occasions not provided for in the Book of Common Prayer, Published by Authority of the House of Bishops* (1914 y 1917), que contenía una serie de servicios públicos, algunos de los cuales estaban tomados del *Book Annexed* de 1883 y otros, como un servicio de ordenación para diaconisas; y *The Book of Offices: Services for Certain Occasions Not Provided for the Book of Common Prayer* ["El Libro de oficios: Servicios para ciertas ocasiones no previstas en el Libro de Oración Común"] (tres ediciones de 1940 a 1960), que era una versión revisada del libro de 1917 aprobada por ambas cámaras de la Convención General.

Fig. 39 William Reed Huntington

Huntington tuvo un éxito más inmediato con una segunda propuesta. En 1886, convenció a la Cámara de Obispos para que adoptara el *cuadrilátero*, un esquema de cuatro elementos básicos que la Iglesia Episcopal esperaría en cualquier iglesia nacional que ayudara a crear (las Sagradas Escrituras, el Credo Niceno, los sacramentos del bautismo y la Eucaristía, y el episcopado histórico adaptado a las circunstancias locales). Las sesiones posteriores de la Convención General (1895, 1907, 1922,

1949, 1961, 1973 y 1982) aprobaron la declaración, que la Iglesia Episcopal añadió a una sección de documentos históricos del Libro de Oración Común de 1979.[51]

Más o menos en la época en que Huntington proponía el cuadrilátero, W. H. Fremantle y Herbert Symonds (fallecido en 1921) sugerían temas eclesiásticos nacionales a la Iglesia de Inglaterra y a la Iglesia de Canadá.[52] Por lo tanto, cuando los obispos anglicanos de todo el mundo se reunieron en la tercera Conferencia de Lambeth (1888), conocían bien la importancia de la propuesta que había hecho Huntington. Antes de que terminara la sesión, adoptaron los cuatro principios de Huntington con una introducción muy abreviada en la que solo se decía que eran la "base sobre la que, con la bendición de Dios, se puede avanzar hacia el Retorno a Casa".[53] Las conferencias de 1920, 1930, 1948 y 1978 también respaldaron la declaración, que se conoció como el Cuadrilátero Chicago-Lambeth.

Aunque el cuadrilátero no condujo a la incorporación inmediata con otras denominaciones, sí abrió una puerta que había estado cerrada durante dos siglos. Desde que la Sociedad para la Propagación del Evangelio de Thomas Bray había popularizado la teología anglicana del pacto en América, una parte importante de los episcopales se había negado a participar en asociaciones ecuménicas con protestantes que carecían del episcopado histórico. Para muchos episcopales de la alta iglesia que aceptaron tal entendimiento, el cuadrilátero ofrecía una forma de sortear este obstáculo. Al designar desde el principio a los obispos con sucesión episcopal como un elemento necesario en cualquier iglesia reunificada, los episcopales sintieron que podían salvaguardar su tradición y dialogar con los demás.

Charles Henry Brent (1862-1929), obispo misionero de Filipinas y posteriormente obispo del oeste de Nueva York, fue un líder en la apertura de este diálogo. Después de asistir a la Conferencia Mundial de Misiones de Edimburgo de 1910 con la líder de las Comité Auxiliar de Mujeres Julia Emery, persuadió a la Convención General de 1910 para que solicitara una reunión internacional sobre el cristianismo y el orden eclesiástico. Casi al final de su vida, Brent presidió la primera sesión de la Conferencia Mundial de Fe y Constitución (Lausana, Suiza, 1927). Robert H. Gardiner (1855-1924), un activo laico de Maine, realizó gran parte del trabajo preliminar para organizar la reunión. La conferencia se unió a otros organismos para conformar el Consejo Mundial de Iglesias en 1948.

Aunque la mayoría de los episcopales acogieron con satisfacción esta apertura del diálogo con los protestantes, algunos no lo hicieron. Esto fue especialmente cierto en el caso del partido anglocatólico, cuyos miembros tenían una agenda para la unión cristiana algo diferente a la de los defensores de la teología estadounidense. En lugar de buscar una iglesia nacional protestante a la que la Iglesia Episcopal proporcionaría solo una de las numerosas tradiciones litúrgicas, instaron a la Iglesia Episcopal a abrazar una tradición litúrgica occidental de la que la Iglesia Católica Romana era el guardián más consistente. Así, mientras figuras eclesiásticas del calibre de William Reed Huntington hacían campaña a favor de una modernización de la liturgia para adaptarse a las circunstancias de la vida moderna, los anglocatólicos pedían que se siguieran recuperando los elementos litúrgicos que se habían abandonado en la Reforma. Francis J. Hall (1857-1932), el profesor del Seminario Occidental y del General que fue el principal teólogo anglo-católico del cambio de siglo, escribió con orgullo que la reintroducción de la confesión auricular era "una recuperación de la sana doctrina y práctica... a la que los eclesiásticos evangélicos se opusieron amarga pero vanamente".[54] En Chicago y más tarde en la iglesia de San Ignacio de Nueva York, Arthur Ritche (1849-1921) introdujo la Bendición del Santísimo Sacramento en aparente contradicción con la prohibición de la Convención General de 1874 de la adoración eucarística y con los deseos de los obispos de Chicago y Nueva York. El obispo de la iglesia amplia de Nueva York, Henry Codman Potter, acabó por convencerle de que abandonara esta práctica.[55]

Cuando los anglocatólicos imaginaron la reunión con otros cristianos, sus esperanzas estaban puestas en las iglesias ortodoxas y católicas romanas. Los estadounidenses formaron una rama de la Unión de Iglesias Anglicanas y Orientales

(Inglaterra 1906-1914; EE.UU. 1908-1914) y participaron en su sucesora (La Asociación Anglicana y Oriental, 1914).

Algunos episcopales desarrollaron estrechas relaciones con los líderes ortodoxos de América. La estudiosa de las lenguas eslavas Isabel Hapgood (1851-1928), de Nueva York, pasó varios años en Rusia y tradujo la liturgia ortodoxa rusa al inglés (Libro de servicios de la Santa Iglesia Ortodoxa-Católica, 1906). En Nueva York entabló amistad con el obispo Raphael Hawaweeny, el primer obispo siro-árabe de América. El obispo Grafton de Fond du Lac entabló amistad con el obispo Tikhon (1865-1925), el arzobispo ruso de Alaska que más tarde se convertiría en el patriarca ortodoxo ruso. En 1910, los episcopales de Nueva York firmaron un acuerdo con el obispo Hawaweeny según el cual los cristianos ortodoxos podían recibir las ministraciones del clero episcopal en caso de emergencia en el que no hubiera clero ortodoxo disponible, pero ese acuerdo se rompió dos años después.[56]

Los episcopales observaron con interés el diálogo anglicano-católico romano en curso, en el que el laico inglés Lord Halifax (Charles Wood, 1839-1934) de la Unión de Iglesias Inglesas desempeñó un papel destacado, y se sintieron desanimados por el aparente rechazo de esos esfuerzos por parte de los papas León XIII y Pío XI. La *Apostolicae Curae* de León (1896) declaró inválidas las órdenes anglicanas, y la *Mortalium Animas* de Pío (1928) prohibió la repetición de conferencias anglicano-católicas del tipo que Lord Halifax ayudó a organizar en Malinas, Bélgica (1921-26).[57]

Algunos anglocatólicos temían que las discusiones ecuménicas con los protestantes pusieran en peligro la posibilidad de una eventual reunión con Roma o la Ortodoxia Oriental. Cuando la Convención General de 1907 modificó los cánones para permitir al clero episcopal invitar a predicadores protestantes, los miembros de los Compañeros del Santo Salvador se mostraron especialmente molestos. Los Compañeros eran una orden anglocatólica con sede en Nashotah House, Wisconsin, y en la zona de Filadelfia, que abogaba por el celibato clerical, la confesión privada y una intensa vida espiritual personal. William McGarvey y varios otros miembros de los Compañeros se convirtieron a la Iglesia Católica Romana.[58]

Una Iglesia amplia (1880-1920)

Fig. 40 El presidente Theodore Roosevelt en la colocación de la primera piedra de la Catedral Nacional de Washington en 1907.

Aunque los anglocatólicos y los episcopales de la Iglesia amplia no abrazaron los mismos objetivos del ecumenismo, hubo una serie de puntos en los que sí coincidieron. Uno de ellos era el movimiento catedralicio. Mientras estaba en Faribault, Minnesota, en la década de 1850, James Lloyd Breck había comenzado a reclamar la creación de una catedral, una institución eclesiástica que los episcopales estadounidenses abandonaron en la época de la Revolución por considerarla inadecuada para su nación democrática. Breck y otros de su generación veían la catedral como una institución con la que los episcopales podían ennoblecer la sociedad de la que formaban parte. El ejemplo de la Catedral de los Santos Pedro y Pablo de Chicago (edificio ya existente designado como catedral en 1861) y de la Catedral de Nuestro Salvador Misericordioso de Minnesota (primer servicio en un edificio construido para ser catedral, 1869) fue pronto seguido en otras diócesis.[59] En 1892, los episcopales de la diócesis de Nueva York, entre los que se encontraba el empresario financiero J. P. Morgan, iniciaron la construcción de la catedral de San Juan el Teólogo, que se proyectaba como la más grande del mundo. Los planos del edificio se modificaron en 1910 para reflejar un diseño gótico más puro que también se utilizaría en la Catedral Nacional (iniciada en 1907) de Washington, D.C., y en la Catedral de la Gracia de San Francisco (iniciada en 1910). La Iglesia Episcopal era una Iglesia nacional capaz de proporcionar casas de culto elegantes y hermosas para el pueblo estadounidense.

Misiones en el extranjero

A finales del siglo XIX, Estados Unidos estaba en camino de convertirse en una importante potencia mundial. La victoria de Estados Unidos en la guerra hispano-estadounidense (1898) y su éxito con una política de puertas abiertas en China dieron a los diplomáticos y representantes comerciales estadounidenses acceso a grandes partes del mundo que antes les estaban vedadas. El crecimiento del poderío estadounidense también abrió nuevas posibilidades para los misioneros estadounidenses. En el caso de la Iglesia Episcopal, el número de comulgantes en los distritos y diócesis misioneras extranjeras pasó de cuatrocientos ocho a veintiocho mil ciento treinta y seis en los cuarenta años transcurridos entre 1880 y 1920.[60]

Gran parte de la expansión se produjo en Oriente y el Pacífico. Los obispos Channing Moore Williams (obispo misionero en China y Japón, 1866-74) y Samuel Isaac Joseph Schereschewsky (obispo de Shanghai, 1877-83) se basaron en la labor que el obispo William Jones Boone (1811-64) había iniciado en la diócesis de Shanghai. En la primera década del siglo XX, los episcopales habían organizado tres diócesis misioneras chinas (Shanghai, 1844; Hankow, 1901; y Anking, 1910). Schereschewsky, un lituano converso del judaísmo con grandes dotes lingüísticas, tradujo la Biblia y partes del libro de oración a los dialectos mandarín y wenli. Williams (1829-1910) también trabajó en Japón, país del que se convirtió en obispo único en 1874. Fundó la Universidad Rikkyo (de San Pablo) en Tokio, formó dos diócesis (Tokio y Kioto) y comenzó la traducción del libro de oración al japonés.

Tras la victoria estadounidense en la guerra hispano-estadounidense, Charles Henry Brent (obispo de Filipinas, 1901-18) encabezó la creación de una misión episcopal; también fue líder de una campaña multinacional contra el comercio del opio. Aproximadamente en la misma época (1902), la Iglesia estadounidense arrebató a los británicos la jurisdicción de la Diócesis Misionera de Hawai. La labor de la Iglesia de Inglaterra había comenzado allí durante el reinado de Kamehameha IV (1852-63). Kamehameha acogió a los misioneros anglicanos en la isla y tradujo personalmente partes del Libro de Oración Común al hawaiano. Su reina, Emma Rooke (fallecida en 1885), fue la principal patrona de la Iglesia. Entre los proyectos que apoyó se encuentran el Hospital de la Reina (1860), el Priorato de San Andrés (una escuela para niñas) y la Catedral de San Andrés.[61]

Los episcopales de principios de siglo también estaban avanzando más allá de su esfuerzo inicial en las misiones latinoamericanas en Panamá y Cuba. Un equipo de misioneros estadounidenses del Seminario Teológico de Virginia (James W. Morris, Lucien Lee Kinsolving, Ida Mason Dorsey y William Cabell Brown, John G. Meem y Mary Packard) llegó al estado de Rio Grande do Sul, Brasil, por ejemplo, en 1890 y 1891, poco después de la exitosa revolución de esa nación contra el emperador Dom Pedro II (1889). Su trabajo inicial tuvo suficiente éxito para justificar la visita del obispo George W. Peterkin (1841-1916) de Virginia Occidental en 1893. El obispo administró la confirmación y ordenó a los primeros episcopales brasileños al diaconado (Vicente Brande, Antonio Machado Fraga, Americo Vespucio Cabral y Boaventura Oliveira). En 1898, Kinsolving (1862-1929) se convirtió en el primer obispo de la iglesia brasileña. La Iglesia Episcopal de Brasil (Igreja Episcopal do Brasil) ejerció con especial éxito su ministerio entre los japoneses-brasileños, muchos de los cuales llegaron a Brasil para trabajar en las plantaciones a principios de siglo.[62]

Fig. 41 Kamehameha IV

Fig. 42 Emma

Los episcopales que defendían la teología estadounidense en casa reconocieron el valor de una teología nacional en estas misiones de ultramar. Aunque no fueron constantes en sus esfuerzos, a menudo se apoyaron en el liderazgo y la iniciativa locales. En 1874, la Convención General acordó consagrar a James Theodore Holly (fallecido en 1911) como obispo de la Iglesia Ortodoxa Apostólica de Haití. El núcleo inicial de la Iglesia era un grupo de expatriados negros estadounidenses, que habían abandonado los Estados Unidos en 1861. En 1898, las dos diócesis estadounidenses y las cuatro británicas de Japón se unieron para formar la Nippon Sei Ko Kai (la Santa Iglesia Católica de Japón). En 1904 la Iglesia Episcopal recibió la jurisdicción de Inglaterra para la Zona del Canal de Panamá, que había declarado la independencia de Colombia el año anterior.[63] Ese mismo año, la Cámara de Obispos eligió a Henry Danerel Aves (1853-1936), un sacerdote de Houston, como obispo misionero de México, una resolución no del todo satisfactoria de un compromiso entre la Iglesia (Mexicana) de Jesús y la Iglesia Episcopal que había comenzado cuarenta años antes. La Iglesia mexicana comenzó como un intento de los católicos romanos liberales de reformar su propia Iglesia, pero pronto se convirtió en un organismo independiente, sujeto en ocasiones a la violencia popular. (El estadounidense J. H. Hobart informó en 1877 que cuarenta miembros de la Iglesia habían sido martirizados). Los líderes de la nueva Iglesia buscaron a la Iglesia Episcopal de Estados Unidos para consagrar obispos y ofrecer apoyo material. Los episcopales consideraron las peticiones y nombraron comités y comisiones para investigar, pero regularmente decidieron en contra de tales consagraciones. Ofrecieron una variedad de explicaciones para ese rechazo: preguntas sobre la liturgia utilizada; dudas sobre las calificaciones de los candidatos; preocupación por las divisiones dentro de la Iglesia, que su demora en responder puede haber contribuido a crear, etc. La identidad del único candidato aprobado para la consagración por los obispos antes de Aves—Henry Chauncey Riley, de una familia británica expatriada en Chile (consagrado en 1879)—sugiere que los obispos estadounidenses se sentían más cómodos con el liderazgo anglo que con el indígena, incluso para una iglesia indígena. Los episcopales estadounidenses con sentimientos evangélicos ofrecieron ayuda financiera con el tiempo; las asignaciones de la Sociedad Misionera Doméstica y Extranjera de la Iglesia Episcopal, sin embargo, no comenzaron hasta el establecimiento del Distrito Misionero de México y la elección de Aves como obispo. A los dos años de estos acontecimientos, los miembros de la Iglesia de Jesús votaron para que su Iglesia dejara de existir como cuerpo separado, y el clero y los comulgantes buscaron entrar en el nuevo distrito misionero de la Iglesia Episcopal.[64]

Hubo otros esfuerzos por parte de los latinoamericanos que finalmente condujeron a la extensión del ministerio de la Iglesia Episcopal en América Latina y el Caribe. En Puerto Rico (1923), la Iglesia Episcopal apoyó y finalmente se fusionó con otra iglesia local que había tomado el nombre de La Iglesia de Jesús. Obispos sufragáneos... a la República Dominicana".

En 1916 la Junta de Misiones sugirió que la Convención General asumiera la responsabilidad de las misiones en el resto de Centroamérica de la Iglesia de Inglaterra. La Convención se negó a dar ese paso.[65]

Un debate que estalló en la Iglesia sobre la participación episcopal en el Congreso Misionero de Panamá (1916) sugirió que había cuestiones teológicas y de liderazgo que contribuyeron a la indecisión de la Convención General respecto a las misiones en América Latina. En 1913, la Cámara de Obispos había rechazado una resolución de la Cámara de Diputados que habría reconocido la autoridad de la Junta de Misiones para enviar representantes a las conferencias misioneras ecuménicas.[66] A falta de la resolución—pero también de cualquier otra instrucción contraria de la Convención General—la junta envió representantes al Congreso de Panamá, una acción que irritó a algunos anglocatólicos. El obispo Charles Palmerston Anderson (1865-1930) de Chicago explicó los motivos de la oposición anglocatólica a cualquier participación oficial en el Congreso. El obispo caracterizó el Congreso como "propaganda panprotestante en un condado católico..." Advirtió que la participación en el Congreso "despertaría los perros de guerra de la controversia en toda la Comunión Anglicana". Desde la perspectiva del obispo, la herencia católica de la Iglesia Episcopal era loable; el protestantismo, en cambio, era algo malo, un "conglomerado heterogéneo de cien iglesias" que olía a "paganismo rural" y no lograba "tocar la mente nacional de la conciencia industrial". En el mejor de los casos, argumentó, los episcopales deberían atender "a nuestra propia gente en su medio, ... tratando de dar un buen ejemplo" para "ayudarles a ser mejores católicos".[67] Anderson sería posteriormente elegido Obispo Presidente de la Iglesia Episcopal.

Puede haber sido con este pensamiento en mente que la siguiente Convención General designó a la Zona del Canal de Panamá como un distrito misionero completo (1919) y eligió a un candidato para servir como obispo (1919), pero ignoró a otros países centroamericanos, donde la población de habla inglesa representaba un porcentaje menor de la población. El obispo electo, James Craik Morris (1870-1944), fue consagrado en 1920, y poco después se le dio jurisdicción eclesiástica sobre Puerto Rico, que también había sido convertido en distrito misionero. La Convención General también tomó la jurisdicción de la Iglesia de Inglaterra para las Islas Vírgenes de Estados Unidos (1918), que Estados Unidos había comprado a Dinamarca en 1917.[68] La expansión geográfica del papel de la Iglesia Episcopal en América Latina tendría que esperar hasta las décadas de 1950 y 1960.

Al igual que en Estados Unidos, las esposas de los clérigos, las trabajadoras laicas y las diaconisas solían llevar a cabo la labor misionera. Mary Elizabeth Wood (1861-1931) es un ejemplo de ello. Bibliotecaria de formación, visitó a su hermano Robert en Wuchang, China, en 1899. Él, que era misionero episcopal, la convenció de que se quedara en China para trabajar en la escuela de la misión. Se quedó, no solo enseñando en la escuela, sino ampliándola hasta convertirla en un colegio universitario. Construyó una magnífica biblioteca, la abrió al público y creó bibliotecas auxiliares. Con el tiempo, creó una escuela de bibliotecología en la universidad que formaría a quinientos chinos en técnicas bibliotecarias modernas antes de 1949. La

Una Iglesia amplia (1880–1920)

Srta. Wood, que era una excelente recaudadora de fondos, logró convencer al Congreso de Estados Unidos en 1924 de que devolviera una parte del dinero de la indemnización por la rebelión de los bóxers para proyectos culturales en China.[69]

Los acontecimientos políticos de la segunda década del siglo XX indicaron lo mucho que había cambiado la Iglesia Episcopal desde principios del siglo XIX. Cuando Estados Unidos volvió a involucrarse en una guerra con una gran potencia europea, ya no se cuestionó el patriotismo de la confesión ni su reticencia a apoyar la política estadounidense. Por el contrario, la denominación apoyó de corazón la causa americana. Los episcopales señalaron con orgullo la confirmación del líder de la fuerza expedicionaria, el general John Joseph Pershing (1860-1948), poco antes de partir hacia Europa.

La Iglesia también participó activamente en la provisión de capellanes. Los miembros del profesorado de la Escuela Teológica Episcopal se unieron a otros de las escuelas teológicas de la zona de Boston para formar al clero de las fuerzas armadas.[70] En Europa, el general Pershing se dirigió al obispo Charles Henry Brent, que se encontraba en el continente en 1919 por encargo de la YMCA, para pedirle consejo sobre la organización de los capellanes militares. Brent sugirió, y Pershing aceptó, la creación de un comité ejecutivo permanente. Brent, un civil para el momento en que hizo la propuesta, fue comisionado como mayor y sirvió como presidente de esa junta ejecutiva, y utilizó el título de "Jefe de Capellanes de la Fuerza Expedicionaria Americana".[71]

La Cámara de Obispos acalló al único portavoz antibélico entre ellos, el obispo Paul Jones (1880-1941) de Utah, que renunció a su sede en 1918. La oposición del obispo Jones a la guerra lo dejó en franca

Fig. 43 John Joseph Pershing

minoría, pero no era el único episcopal con reservas sobre la guerra. John Nevin Sayre (1884-1977), cuyo hermano Francis se casó con la hija del presidente Woodrow Wilson, Jessie, fue en 1915, por ejemplo, miembro fundador de la rama estadounidense de una organización pacifista conocida como Comunidad de la Reconciliación (Fellowship of Reconciliation). El obispo Jones fue secretario de la organización y Sayre co-secretario y presidente.[72]

NOTAS

1. *The Living Church Annual*, 1910 (Milwaukee, 1910), 48.

2. *Journal of the Proceedings of the Bishops, Clergy and Laity of the Protestant Episcopal Church of the United States of America, Assembled in a General Convention... 1895* (n.p.: impreso para la Convención General, 1896), 646.

3. Murray Hoffman, *Treatise on the Law of the Protestant Episcopal Church in the United States* (1850); Francis Vinton, *A Manual Commentary on the General Canon Law and the Constitution of the Protestant Episcopal Church in the United States* (1870), John Wallingford Andrews, *Church Law; Suggestions of the Law of the Protestant Episcopal Church in the United States of America* (1883), George H. Humphrey, *The Law of the Protestant Episcopal Church* (1890); William Stevens Perry, *The General Ecclesiastical Constitution of the American Church* (1891); y Edwin Augustine White, *American Church Law* (1898).

4. Gerald Bray, *The Anglican Canons 1529-1947* (Woodbridge, Suffolk: the Boydell Press for the Church of England Record Society in Association with the Ecclesiastical Law Society, 1998), lxxxii-lxxiii. Los cánones ingleses propuestos fueron rechazados. Bray atribuyó la derrota al temor de que los cánones hubieran dado lugar a más litigios en las luchas litúrgicas que se estaban produciendo entonces en la Iglesia de Inglaterra. James A. Coriden, *An Introduction to Canon Law* (Nueva York: Paulist Press, 1991), 26.

5. La propuesta de cambiar el nombre de la Convención General fue hecha por el comité en 1895.

6. Las convenciones generales de 1919 y 1922 (que hicieron más ajustes en el canon del Consejo Nacional) pueden haber pretendido el tipo de cambio radical del que habló Edwin Augustine White. Sin embargo, no modificaron la Constitución para aclarar la relación de la autoridad diocesana y la central, que había quedado poco clara en el momento de la adopción de la Constitución en 1785 y 1789. Para la descripción rapsódica de Edwin Augustine White sobre la adopción del canon en el Consejo Nacional, véase White, *Constitution and Canons for the Government of the Protestant Episcopal Church in the United States of America Adopted in General Conventions 1789-1922, Annotated, with an Exposition of the Same, and Reports of Such Cases as have arisen and been decided thereunder* (Nueva York: Edwin S. Gorham, 1924), 958-59.

7. El canon de 1919 preveía un mandato de seis años para el obispo presidente. La Convención de 1936 hizo que el mandato continuara hasta la edad de jubilación obligatoria de sesenta y ocho años. El Convenio de 1967 limitó el mandato a doce años y a la edad de sesenta y cinco años. El Convenio de 1985 aumentó la edad de jubilación a setenta años. El

Convenio de 1994 redujo el mandato a nueve años, mientras que el de 2006 elevó la edad de jubilación obligatoria a setenta y dos años.

8. Charles Howard Hopkins, *The Rise of the Social Gospel in American Protestantism, 1865-1915* (New Haven: Yale University Press, 1940), 38, y Henry F. May, *Protestant Churches and Industrial America* (Nueva York: Harper & Brothers, 1949), 182-83. Hopkins fechó la participación de la Iglesia Episcopal en el Congreso de la Iglesia de 1874; May, en la Convención General de 1886.

El historiador Frank Sugeno (1924-2008) sugirió que la creencia de la Iglesia Episcopal de que debe atender las necesidades de los que están fuera de sus límites es el resultado de un "ideal conservador" que se extiende a lo largo de la historia de la Iglesia Anglicana. Véase "The Establishmentarian Ideal and the Mission of the Episcopal Church" de Sugeno, *Historical Magazine of the Protestant Episcopal Church 53* (diciembre de 1984): 285-92.

9. Phyllis Barr, "Trinity's Slum Tenements: The Real Story", *Trinity News* (boletín parroquial de Trinity, Nueva York) 30 (octubre de 1983): 14-15.

10. Sydney E. Ahlstrom, *A Religious History of the American People* (New Haven: Yale University Press, 1972), 515-16.

11. James Thayer Addison, *The Episcopal Church in the United States, 1789-1931* (Nueva York: Charles Scribner's Sons, 1951), 282.

12. Mary Donovan, *A Different Call: Women's Ministries in the Episcopal Church, 1850-1920* (Harrisburg, PA: Morehouse, 1986), 67-68.

13. Donovan, *Different Call*, 78, 128, 162.

14. Donovan, *Different Call*, 81-85.

15. Donovan, *Different Call*, 108-14.

16. *The Living Church Annual and Churchman's Almanac, 1922* (Milwaukee: Morehouse, 1922), 202-6.

17. Donovan, *A Different Call*, 147.

18. *Living Church Annual*, 1910, 116-20.

19. Don. S. Armentrout y Robert Boak Slocum, *Documents of Witness: A History of the Episcopal Church, 1782-1985* (Nueva York: Church Hymnal, 1994), 196-200.

20. George F. Bragg, *History of the Afro-American Group of the Episcopal Church* (Baltimore: Church Advocate Press, 1922), 150-61. Algunos blancos del sur, como el obispo Wilmer de Alabama, se opusieron al canon de Sewanee.

21. Gardiner H. Shattuck, Jr., *Episcopalians and Race: Civil War to Civil Rights* (Lexington: University Press of Kentucky, 2000), 12.

22. Esther Barnhart McBride, *Open Church: History of an Idea* (EE. UU.: n.p., 1983), 41.

23. John C. Cort, *Christian Socialism: An Informal History* (Maryknoll, Nueva York: Orbis Books, 1988), 231-36, 261-65.

24. Eric Anderson y Alfred A. Moss, Jr., *Dangerous Donations: Northern Philanthropy and Southern Black Education, 1902-1930* (Columbia; University of Missouri Press, 1999), 100-13, 160-62.

25. El hermano de Bowden, Henry Bowden, era sacerdote episcopal. Marie Thurston, "Artemisia Bowden: The Savior of St. Philip's", (conferencia, Tri-History Conference on The Episcopal Church on the Borderlands, 13 de junio de 2013, San Antonio, Texas).

26. David Hein y Gardiner H. Shattuck, Jr., *The Episcopalians* (Westport, Connecticut: Praeger, 2004), 185-86.

27. El canon de 1910 no permitía a los obispos sufragáneos el derecho a votar en la Cámara de Obispos, un derecho que también se negaba a sus homólogos ingleses. En 1925, la Cámara de Diputados derrotó un intento de los obispos de ampliar el derecho de voto a los sufragáneos. No será sino hasta 1943 cuando los obispos sufragáneos obtengan el derecho de voto. Véase Edwin Augustine White y Jackson A. Dykman, *Annotated Constitution and Canons for the Government of the Protestant Episcopal Church in the United States of America, Otherwise Known as the Episcopal Church*, 2 vols. (Nueva York: Oficina de la Convención General, 1982), 1:57-62.

28. Otto Benjamin Berg, *A Missionary Chronicle: Being a History of the Ministry to the Deaf in the Episcopal Church, 1850-1980* (Hollywood, Md.: St. Mary's Press, 1984), xiii-xxviii.

29. *First Annual Report of the Episcopal Eye, Ear and Throat Hospital, Corner of seventeenth and L Streets* (1897).

30. Joshua Paddison, *American Heathens: Religion, Race, and Reconstruction in California* (Berkeley: University of California Press for the Huntington-USC Institute on California and the West, 2012), 29.

31. Fred Vergara, *Mainstreaming: Asian Americans in the Episcopal Church* (Nueva York: Office of Asian American Ministries, 2005), 54. Vergara señala que el nombre del lector laico también podría haber sido *Ah For* o *Ah Fook*.

32. Ah Ching fue ordenado diácono el 10 de mayo de 1879. En mayo de 1883 aparecía en las listas del clero de su diócesis sin la designación de "diácono" junto a su nombre, pero no he podido encontrar ningún registro en el *Diario* de la Diócesis de California de su ordenación sacerdotal. El *Directorio Clerical de Lloyd* registró su nombre y dirección, pero no las fechas de ordenación. El Directorio de 1903 lo mostraba todavía trabajando en San Francisco, pero en el Directorio de 1911 había regresado a China. Su nombre apareció en los directorios clericales de Stowe en 1917 y 1924 como clérigo no parroquial que vivía en Tienstin, China, pero ya no figuraba en 1926. Véase Paddison, *American Heathens*, 178; *Journal*

of the Twenty-ninth Annual Convention of the Diocese of California (San Francisco: Bacon & Company, 1879), 24-25; *Journal of the Thirty-third Annual Convention of the Diocese of California* (Stockton: Berdine and Atwell, 1883) 7; *Lloyd's Clerical Directory*; y *Stowe's Clerical Directory.*

33. Francis Prucha, *The Great Father*, 2 vols. (Lincoln: University of Nebraska Press, 1984), 1:263.

34. Ethelbert Talbot, *My People of the Plains* (Nueva York: Harper & Brothers, 1906), 242.

35. Hinman había comenzado su ministerio en Minnesota y fue el único misionero blanco que siguió a los dakota cuando fueron expulsados del estado tras un levantamiento en 1862. Véase Robyn Neville, "Scandal on the Mission Frontier: the Trial of Samuel D. Hinman", (conferencia, Tri-History Conference on The Episcopal Church on the Borderlands, 13 de junio de 2013, San Antonio, Texas); Hein y Shattuck, Episcopalians, 216-18.

36. Owanah Anderson, *Jamestown Commitment: The Episcopal Church and the American Indian* (Cincinnati: Forward Movement Publications, 1988), 36-37, 84; Sarah T. Moore, "Utah Church Revived", *Living Church 198* (12 de marzo de 1989): 8; Walter Hughson, *The Church's Mission to the Mountaineers of the South* (Hartford, Conn.: Church Missions Publishing, 1908).

37. *The Episcopal Church Annual 1968* (Nueva York: Morehouse Barlow, 1968), 18-19.

38. *The Episcopal Church Annual* 1968, 18-19.

39. Richard M. Spielmann, "The Episcopal Church Congress, 1874-1934", *Anglican and Episcopal Church History 58* (marzo de 1989), 50-80.

40. Spielmann, "Episcopal Church Congress", 55.

41. Philips Brooks, *Lectures on Preaching delivered before the Divinity School of Yale College in January and February, 1877* (Nueva York: E. P. Dutton and Company, 1877), 28-29.

42. *Authorized Report of the Proceedings of the First Congress of the Protestant Episcopal Church in the United States, Held in the City of New York, Oct. 6 and 7, 1874* (New York: T. Whittaker, 1875), 10.

43. *Actas del Primer Congreso*, 10.

44. Edward L. Parsons, "Autobiography of Edward L. Parsons" (Address to the Pacific Coast Theological Group, c. 1951), 2-5.

45. William Lawrence, *Fifty Years* (Boston: Houghton Mifflin, 1923), 42-43.

46. Phillips Brooks, *Essays and Addresses* (Nueva York: E.P. Dutton, 1894), 7-19.

47. Parsons, "Autobiography", 6.

48. W.D.P. Bliss citado en Cort, *Christian Socialism*, 233.

49. David L. Simpson, Jr., "A Data Base for Measuring the Participation Levels of Episcopalians in Elected Office and Including a List of the Lay Delegates to the General Convention of the Church from 1789 to 1895" (Tesis de maestría, Seminario Teológico Episcopal Protestante de Virginia, 1987), 13-14. Simpson descubrió que el número de antiguos, actuales o futuros miembros del Congreso en la Convención General variaba entre cero (1795, 1799, 1801, 1808, 1832, 1850) y quince (1880). Aunque el patrón fue algo inconsistente, en general aumentó desde un mínimo a principios del siglo XIX hasta un máximo en la década de 1880 (1880, quince; 1883, once; 1886, cuatro; 1889, once) con un ligero descenso en las dos convenciones estudiadas en la década de 1890 (siete cada una). El tamaño tanto de la Convención General como del Congreso fue, por supuesto, creciente a lo largo del siglo.

50. Jon Alexander, ed., *William Porcher DuBose: Selected Writings* (Nueva York: Paulist Press, 1988), 23, 71.

51. J. Robert Wright, "Heritage and Vision: The Chicago Lambeth Quadrilateral", *Anglican Theological Review, supplemental series no. 10* (marzo de 1988): 8-46.

52. Paul T. Phillips, "The Concept of a National Church in Late Nineteenth-century England and America", *Journal of Religious History* (Sydney, Australia) 14 (junio de 1986): 29-37.

53. *Book of Common Prayer* (Nueva York: Seabury Press, 1979), 877.

54. Francis J. Hall, *The Sacraments*, vol. 9 de Dogmatic Theology, 10 vols. (Nueva York: Longmans, Green, and Co., 1921), 219.

55. E. Clowes Chorley, *Men and Movements in the American Episcopal Church* (Nueva York: Charles Scribner's Sons, 1946), 334-36.

56. Entre las causas de la ruptura de las relaciones estaban la reordenación ortodoxa de un sacerdote episcopal expulsado y la evangelización episcopal de los laicos ortodoxos. Véase Oliver Herbel, "American Restorationism: the Public Sphere, and Anglican-Orthodox Relations: the Case of Ingram Nathaniel Washington Irvine", *Anglican and Episcopal History 83* (marzo de 2014): 42-66; y Raphael Hawaweeny, "Pastoral Direction and Instruction on Orthodox/Episcopal Relations and Ministrations in America (1912)", http://orthodoxinfo.com/ecumenism/hawaweeny.aspx (consultado el 20 de marzo de 2014); y *Holy Women, Holy Men: Celebrating the Saints* (Nueva York: Church Publishing, 2010), 312.

57. León XIII consideró que las órdenes anglicanas eran inválidas en parte por un defecto de forma. El ordinal anglicano no nombraba a la persona ordenada al sacerdocio como "sacerdote sacrificador". Los arzobispos ingleses respondieron inmediatamente con su *Respuesta a la Carta Apostólica del Papa León XIII sobre el Ordinal inglés*, en la que señalaban que los primeros formularios utilizados en la Iglesia de Roma también carecían de ese

lenguaje. Tras la ruptura de las conversaciones ecuménicas en la década de 1920, la Iglesia de Inglaterra firmó el Acuerdo de Bonn (1931), por el que se reconocía a las Iglesias veterocatólicas de Europa, una confederación de iglesias que se separaron de la Sede de Roma durante los siglos XVIII y XIX. La Iglesia Episcopal ratificó el acuerdo de Bonn en 1934.

58. Edward Hawks, *William McGarvey and the Open Pulpit* (Filadelfia: Dolphin Press, 1935), 36-39, 147, 171.

59. David A. Kalvelage, *Cathedrals of the Episcopal Church in the U.S.A.* (Cincinnati: Forward Movement Publications, 1993), 58-60.

60. *The Living Church Annual and Churchman's Almanac* (Milwaukee: Morehouse Publishing Co., 1921), 446-49; *The Episcopal Church Annual*, 1968, 18. El *Annual* de 1921 enumeraba 21.075 comulgantes en las diócesis misioneras de China (tres diócesis), Japón (dos), Cuba, Haití, Liberia, México, Panamá y Brasil; y 7.161 comulgantes en los territorios americanos de Filipinas, Alaska, Hawai y Puerto Rico.

61. *Notable American Women, 1607-1950*, ed. Edward T. James, s.v. "Emma Rooke" de Alfons L. Korn (Cambridge: Belknap Press of Harvard University Press, 1971).

62. James W. Morris, "The History of the Brazil Mission", en *History of the Theological Seminary in Virginia and Its Historical Background*, ed. W.A.R. Goodwin, 2 vols. W.A.R. Goodwin, 2 vols. (Rochester, N.Y.: Edwin S. Gorham, the DuBois Press, 1924), 2:371-86. Los ingleses habían fundado capellanías de habla inglesa a principios de siglo en Río de Janeiro, São Paulo, Santos y Pernambuco. La congregación de Río, que podría ser la más antigua, se remonta al menos a 1819. Dos clérigos estadounidenses, W. H. Cooper, de Pensilvania, y Richard Holden (fallecido en 1886), de Ohio, también intentaron sin éxito a mediados de siglo fundar misiones episcopales en Brasil. Un naufragio impidió a Cooper llegar a Brasil; Holder, que se concentró en la traducción de textos al portugués, se trasladó a Portugal. Véase Custis Fletcher, "Beginnings of the Anglican Communion in Brazil" (documento inédito, sin fecha).

63. Ian T. Douglas, *Fling Out the Banner! The National Church Ideal and the Foreign Mission of the Episcopal Church* (New York: Church Hymnal corporation, 1996), 111.

64. Para un relato detallado de la relación de la Iglesia Episcopal y la Iglesia de Jesús, véase John L. Kater, "Through a Glass Darkly: The Episcopal Church's Response to the Mexican Iglesia de Jesús," *Anglican and Episcopal History 85* (June 2016): 194-227.

65. Douglas, *Fling Out the Banner!* 111-12.

66. General Convention, *Journal of the General Convention . . .1913*, (New York, printed for the convention, 1914), 127-28, 145.

67. Charles Palmerston Anderson, *The Panama Congress, the Board of Missions and the Episcopal Church* (New York: Edwin S. Gorham, 1916), 3 y 8.

68. Douglas, *Fling Out the Banner!* 110.

69. *Notable American Women 1607-1950*, 6ª edición (1982), 3 vols., s.v. "Mary Elizabeth Wood" por A Kaiming Chu.

70. John F. Piper, Jr., *The American Churches in World War I* (Athens, Ohio: Ohio University Press, 1985), 123.

71. Roy J. Honeywell, *Chaplains of the United States Army* (Washington: Office of the Chief of Chaplains, 1958), 199.

72. Nathaniel W. Pierce y Paul L. Ward, *The Voice of Conscience: The Episcopal Peace Fellowship* (Charleston, Mass.: Charles River Publishing for the Episcopal Peace Fellowship, 1989), 2-7.

8
Los años veinte, la depresión y la guerra (1920-45)

El periodo de entreguerras

Los años transcurridos entre el final de la Primera Guerra Mundial y el final de la Segunda fueron inestables para los cristianos estadounidenses. Los estadounidenses descubrieron que la Prohibición, el objetivo por el que una alianza de grupos eclesiásticos había estado trabajando durante un siglo, era insatisfactoria e inaplicable; ese descubrimiento llevó a muchos, a su vez, a cuestionar la conveniencia de la participación religiosa en el establecimiento de la política pública. El juicio del profesor de Tennessee John Thomas Scopes (1925) llevó el aparente conflicto de la evolución y la creación divina a las primeras páginas de los periódicos estadounidenses. La Iglesia Metodista, que había sido la mayor iglesia protestante del país en la última mitad del siglo XIX, redujo su ritmo de crecimiento, en parte debido a la aparición de nuevas denominaciones pentecostales y de santidad. Los bautistas del norte, los presbiterianos del norte y los discípulos de Cristo se dividieron en facciones enfrentadas, mientras sus líderes se lanzaban acusaciones unos a otros.

A grandes rasgos, el conflicto fue un referéndum religioso sobre un conjunto de opciones intelectuales y sociales derivadas de la creciente secularización de las instituciones estadounidenses. Cincuenta años antes, las iglesias estadounidenses habían desempeñado un papel destacado en la medicina, la educación e incluso el entretenimiento. Las iglesias y los grupos eclesiásticos formaron hospitales en los que las monjas y las diaconisas proporcionaban gran parte de los cuidados continuos. Muchos colegios superiores y universidades se fundaron para proporcionar un suministro de clero educado, e incluso cuando comenzaron a asumir programas de estudio más amplios, un porcentaje significativo de profesores y administradores eran clérigos ordenados. En muchas zonas, las escuelas públicas fueron el resultado de un intento anterior de impartir clases en la escuela dominical. Los grupos femeninos de la Iglesia eran a menudo la principal fuente de entretenimiento y cultura de la comunidad.

En la década de 1920, Estados Unidos estaba inmerso en lo que algunos estudiosos han llamado una "segunda desestructuración" de la religión. Las universidades más importantes empezaron a abandonar sus afiliaciones religiosas, a prescindir de los clérigos para los puestos del profesorado y del consejo de administración, y a elegir a sus profesores entre los que habían obtenido un doctorado en campos de estudio cuidadosamente delimitados.[1] Los médicos, que empleaban técnicas sofisticadas, dieron forma a un aparato cada vez más secular para la prestación de asistencia médica. Las enfermeras y trabajadoras sociales laicas sustituyeron a las diaconisas, las monjas y las trabajadoras de la Iglesia en las salas de los hospitales y los organismos de beneficencia. Una industria del entretenimiento con sede en Hollywood ofrecía formas alternativas de distracción barata.

Los cristianos se enfrentaron, por tanto, a la cuestión de si debían aceptar el liderazgo y las ideas de estas nuevas instituciones seculares. Un grupo de cristianos, que a menudo aceptaron la etiqueta de *modernistas*, dijeron que sí; intentaron reconciliar la erudición moderna con sus puntos de vista religiosos. Muchos, como los mil doscientos presbiterianos que firmaron la Afirmación de Auburn (1923), creían que el literalismo bíblico era un obstáculo para esa reconciliación.

Los firmantes de la Afirmación de Auburn se opusieron a una declaración de fe presbiteriana anterior (la Liberación de Cinco Puntos de 1910), que había afirmado la inerrancia bíblica, la verdad literal del nacimiento virginal, la expiación sustitutiva, la resurrección del cuerpo y los milagros de Jesús. Otros, como

John Wallace Suter (1859-1942), un erudito litúrgico episcopal que más tarde se convertiría en el custodio del Libro de Oración Común, identificó como falsa la "creencia anteriormente vigente en el pecado original" como objetable para la mente moderna.[2]

Los modernistas también esperaban incorporar los avances de las instituciones seculares a la vida de la Iglesia. En la década de 1920 y principios de 1930, por ejemplo, la Conferencia de Seminarios y Colegios Teológicos (formada en 1918 y rebautizada como Asociación Americana de Escuelas Teológicas en Estados Unidos y Canadá en 1936) intentó crear normas académicas para los seminarios similares a las de las instituciones seculares. Otras dos asociaciones (el Consejo para la Formación Clínica de los Estudiantes de Teología, 1930, y el Comité de las Escuelas de Teología de Nueva Inglaterra para la Formación Clínica, 1933) trataron de aportar los conocimientos de la profesión médica a la práctica de la atención pastoral.[3] Como explicó Helen Flanders Dunbar (1902-59), una episcopal que fue la primera directora del Consejo para la Formación Clínica de Estudiantes de Teología.

> [Si] el sacerdote que viene a ser sospechoso y condenado al ostracismo desde terrenos sociales cada vez más amplios... ha de recuperar su lugar en una población que se ha imbuido profundamente del método científico, debe beber en el mismo pozo.[4]

Un segundo grupo de cristianos, que tomó el nombre de *fundamentalista* de una colección de panfletos anteriores a la guerra sobre los fundamentos de la fe cristiana (*The Fundamentals*, 1910-14), equiparó el abrazo de las nuevas instituciones seculares con la infidelidad. Apoyaron instituciones educativas alternativas (colegios bíblicos), formaron alianzas interconfesionales (la Asociación Cristiana Fundamentalista Mundial, 1918), presionaron para que se realizaran pruebas doctrinales y, cuando todo lo demás falló, formaron nuevas estructuras confesionales (Convención Cristiana Norteamericana de los Discípulos de Cristo, 1927; Asociación General de Bautistas Regulares, 1931; e Iglesia Presbiteriana Ortodoxa, 1936).

En 1929, la caída de la bolsa agravó esta crisis de fe y razón. Los recursos financieros de la Iglesia disminuyeron. Las donaciones anuales a las misiones extranjeras de la Iglesia Episcopal, por ejemplo, cayeron de 2.25 dólares a 0.96 dólares per cápita en la década siguiente a la crisis.[5] Además, tanto los cristianos fundamentalistas como los modernistas se dieron cuenta de que sus visiones de la fe—basadas en una creencia optimista en el progreso de Estados Unidos—no servían para abordar la situación de los estadounidenses en la Depresión.

La experiencia de la pastoral social de principios de siglo proporcionó algunos modelos para aquellos episcopales, como el presidente Franklin Roosevelt (1882-1945) y su Ministra del Trabajo Frances Perkins (1880-1965), que comenzaron a abordar algunos de los peores males de la época de la Depresión. Perkins, que fue la primera mujer que ocupó un puesto en el gabinete (1933-45), era una episcopal activa que sacaba regularmente tiempo para el retiro y la reflexión en el convento de Todos los Santos de Catonsville (Maryland).[6] En su libro sobre los Roosevelt, Perkins explicó la filosofía que había detrás del programa de reformas del presidente. El presidente se identificaba como "un cristiano y un demócrata". Para Perkins,

> Esas dos palabras expresaban el alcance de su radicalismo político y económico. Estaba dispuesto a hacer experimentalmente todo lo que fuera necesario para promover la Regla de Oro y otros ideales que consideraba cristianos, y todo lo que pudiera hacerse bajo la Constitución de los Estados Unidos y bajo los principios que han guiado al partido demócrata.[7]

La Segunda Guerra Mundial sacó a Estados Unidos de la Depresión, pero no condujo inmediatamente a una recuperación de la posición financiera de las iglesias estadounidenses anterior a la Depresión. A principios de la década de 1940, los recursos nacionales se concentraban en el esfuerzo bélico. Cualquier resurgimiento de las iglesias en Estados Unidos tuvo que esperar hasta la finalización de la contienda.

Los años veinte, la depresión y la guerra (1920–45)

Fig. 44 Misión de San Francisco, North End, Boston en la década de 1920

El debate sobre los credos

Aunque el liderazgo de la Iglesia Episcopal, que se había nutrido de la amplia visión eclesiástica del Congreso de la Iglesia, simpatizaba claramente con la opción modernista, no era inmune al debate modernista-fundamentalista. Muchas de las premisas que los fundamentalistas se esforzaban en defender aparecían en la liturgia que los episcopales recitaban con regularidad. Así lo reconocieron los ponentes del Congreso de la Iglesia de 1924 sobre el tema "Cómo debe manejar la Iglesia al fundamentalismo". Aunque, por ejemplo, el obispo de Albany George Ashton Oldham (1877-1963) sugirió que algunos fundamentalistas "pueden estar obsesionados o sufrir algún 'complejo' que solo los psicólogos pueden explicar", tuvo que estar de acuerdo con el "principio fundamentalista de que hay ciertos fundamentos subyacentes en la religión que en esencia son permanentes".[8] El obispo Arthur A. C. Hall (1847-1930) de Vermont sugirió que el mejor depósito de esas verdades permanentes eran los credos, ya que contenían las "grandes verdades" de la Biblia.[9]

Esta convicción, que muchos compartían, dio un carácter particular al debate modernista-fundamentalista en la medida en que tuvo lugar en la Iglesia Episcopal. Los eruditos episcopales de tendencia modernista podían hablar del valor de la psicología y la medicina moderna o cuestionar la lectura literal de los pasajes del Antiguo Testamento con relativa impunidad. Sin embargo, cuando empezaron a cuestionar la verdad literal de los pasajes del Credo de los Apóstoles y del Credo de Nicea, los problemas no se hicieron esperar.

Tal problema sería una sorpresa para algunos de los participantes en el Congreso de la Iglesia. Muchos asumieron, como lo hizo John Wallace Suter en un discurso del Congreso de la Iglesia de 1919, que había "disposición por parte de toda la Iglesia, en todos sus partidos o escuelas de pensamiento" para las revisiones modernistas de la doctrina.[10]

Los hechos ocurridos cuatro años después demostraron que tal confianza era infundada. En ese año (1923), el venerable obispo William Lawrence de Massachusetts publicó su autobiografía. Titulada *Cincuenta años*, era una franca discusión de su vida y pensamiento. Entre sus observaciones estaba el comentario de que no había "ninguna conexión esencial entre la creencia en el nacimiento virginal y la encarnación".[11] Lawrence argumentó que la creencia de un cristiano de que Jesús era plenamente hombre y plenamente Dios no requería que ese cristiano aceptara la concepción virginal de Jesús como un hecho literal. El obispo Lawrence no afirmó que él mismo no creyera en el nacimiento virginal, pero sí dejó claro que muchos clérigos mantenían esa postura.

Pronto se hizo evidente que muchos de los laicos no se sentían muy cómodos con esa interpretación modernista de un artículo del Credo. Un grupo de laicos de Filadelfia, entre ellos el senador estadounidense George Wharton Pepper (1867-1961), escribió una carta de protesta a la Convención General. El obispo de Nueva York William T. Manning (1866-1949), que no estaba entre los líderes del Congreso de la Iglesia, se comunicó con otros sobre la cuestión y, cuando la Cámara de Obispos se reunió en Nueva York para la elección de varios obispos misioneros a finales de ese año, marcó la pauta para el comité que redactó una respuesta a la solicitud.

Los años veinte, la depresión y la guerra (1920-45)

La posición de Manning sobre la cuestión podría resumirse mejor con el título de un sermón que pronunció poco antes de la reunión de los obispos: "Ni fundamentalismo ni modernismo, sino creencia en Jesucristo el Hijo de Dios".[12] Creía que era posible evitar la polarización entre el modernismo y el fundamentalismo que preocupaba a otras denominaciones en ese momento.

En la carta pastoral del comité en el que se encontraba Manning, se intentó evitar esa polarización distinguiendo *la creencia*, que los miembros del comité definieron como "entrega total a", de *los hechos en los que creemos*. El comité sugirió que esta *creencia* implicaba el compromiso con "algo más profundo y elevado, y más personal" que los meros *hechos en los que creemos*. No fue, por ejemplo, "el hecho del nacimiento virginal lo que [nos hizo] creer en nuestro Señor como Dios". Así pues, las declaraciones de *los hechos que creemos* "en los credos... [dieron] un punto de partida para el libre pensamiento y la especulación sobre el significado y las consecuencias de los hechos revelados por Dios". La Verdad nunca [fue] una barrera para el pensamiento. En la creencia, como en la vida, [fue] la Verdad la que [nos hizo] libres".[13]

Fig. 45 George Wharton Pepper (izquierda) con Henry J. Heinz

La carta pastoral advertía, sin embargo, que este pensamiento libre y esta especulación no podían llevarnos directamente a contradecir las afirmaciones tradicionales *en las que creemos*. Por ello, recordaba a los episcopales que

> un clérigo, ya sea diácono, sacerdote u obispo, [estaba] obligado como condición para recibir su comisión ministerial, a prometer conformidad con la doctrina, disciplina y culto de esta Iglesia. Entre los delitos por los que [era] susceptible de ser presentado para ser juzgado [estaba] el sostener y enseñar pública o privadamente, y con conocimiento de causa, doctrina contraria a la de esta Iglesia... [Además,] explicar la afirmación "concebido por el Espíritu Santo y nacido de la Virgen María", como si se refiriera a un nacimiento en la forma ordinaria, de dos padres humanos, bajo condiciones quizás excepcionalmente santas, [era] claramente un abuso del lenguaje.[14]

Contentos de haber encontrado un camino para sortear el impase entre modernistas y fundamentalistas, los miembros del comité completaron su declaración señalando que "las objeciones a la doctrina del nacimiento virginal, o a la resurrección corporal de nuestro Señor Jesucristo, [eran] no solo contrarias a la tradición cristiana, sino que [habían] sido abundantemente tratadas por la mejor erudición de la época".[15] La Cámara de Obispos aprobó la declaración por unanimidad.

Al parecer, la Cámara de Obispos no entendió la acción como una reprimenda al obispo Lawrence, pues nunca lo llevó a juicio. Sin embargo, el obispo Lawrence expresó su pesar por el papel que había desempeñado en la agitación del debate. Dijo a los participantes del Congreso de la Iglesia de 1924, el cual había dedicado una buena parte de su agenda al debate fundamentalista-modernista, que sospechaba haberle dado "quizás poco peso a la tradición frente a la ansiedad por mantener a la Iglesia atenta al pensamiento del día". Temía haber impulsado "interpretaciones de ciertos artículos del Credo con demasiado poco respeto por los sentimientos de los más conservadores". Seguía creyendo que "la convicción de la verdad revelada por el pensamiento moderno y la crítica bíblica" obligaba a veces al cristiano a "actuar para salvar lo que cree que es la vida de la fe cristiana", pero sugería que cualquier esfuerzo de este tipo debía hacerse con "la mayor reverencia y simpatía" y con la habilidad de "un cirujano".[16]

No todos los participantes en el debate adoptaron la postura irenista de Lawrence. Algunos adoptaron posiciones más partidistas con la esperanza de forzar a la Cámara de Obispos a adoptar una postura más abiertamente modernista. El reverendo Dickenson Sergeant Miller (1868-1963), por ejemplo, renunció a su puesto de profesor de apologética en el Seminario General en protesta por la carta pastoral. Se trasladó a un puesto en el Colegio Universitario Smith. Leighton Parks (1852-1938), rector de la iglesia de San Bartolomé, en Nueva York, cuyo libro *What is Modernism?* (1923) había elogiado el movimiento modernista, eligió otro vehículo para su protesta: un sermón en el que cambió su sobrepelliz y su estola por una toga académica para subrayar la oposición entre la erudición y la jerarquía eclesiástica. Parks dijo a su congregación que estaba de acuerdo con el obispo Lawrence y que consideraba que la Biblia, y no la Cámara de Obispos, era el juez de la herejía. Tres miembros del profesorado de la Escuela Teológica Episcopal (que luego se fusionó en 1974 con la Escuela de Divinidad de Filadelfia) se unieron al debate sugiriendo que las opiniones de las cartas pastorales no eran canónicamente vinculantes para la Iglesia.[17]

Miller y Parks se sumaron voluntariamente al debate teológico; otros lo hicieron bajo coacción. En Texas, el reverendo Lee W. Heaton (1889-1973) de Fort Worth fue criticado por un clérigo de otra denominación por su postura sobre el nacimiento virginal. Su diócesis carecía de procedimientos para los juicios por herejía. Por lo tanto, la adopción de cánones para cubrir tales asuntos fue vista por el clero y los laicos de la diócesis como un paso preliminar para llevarlo a juicio. Como causa célebre, Heaton se dirigió al Este para recabar el apoyo de los seminarios de la costa este y consiguió que las facultades del General, la Escuela de Divinidad de Filadelfia (PDS) y la ETS respaldaran su posición.[18] Con un apoyo tan formidable, Heaton pudo evitar el juicio. Sin embargo, le pareció prudente abandonar la diócesis.

Sin embargo, el debate en la Iglesia en general no se calmó con la salida de Heaton de Texas. Una nueva figura, William Montgomery Brown (obispo de Arkansas, 1898-1912), pronto ocupó el centro del escenario. Brown había estado profundamente comprometido con el ministerio social de la Iglesia. Tras su jubilación como obispo de Arkansas, se sintió atraído por los informes de la Revolución Rusa de 1917. Poco a poco, pasó de la creencia de que el matrimonio entre el cristianismo y el comunismo ofrecía una esperanza para la Iglesia a la creencia de que el comunismo había dejado anticuada la fe cristiana. En su obra *El comunismo y el cristianismo* (1920), sugirió que era hora de "desterrar a los dioses de los cielos y a los capitalistas de la tierra y hacer el mundo seguro para el comunismo industrial".[19] Aunque la mayoría de los episcopales atribuyeron su comportamiento aberrante a la locura y no temían que otros siguieran su camino, se sintieron profundamente perturbados por su explicación de por qué permanecía dentro de la Iglesia. Creía, explicó, en los credos de forma simbólica. Esto era permisible porque "no hay nadie en la Iglesia [Episcopal] ni en ninguna de las Iglesias que crea literalmente todos los artículos del credo". Cuando las iniciativas personales no lograron calmar a Brown, un tribunal de obispos lo juzgó y lo depuso (1924).[20]

Al año siguiente, la Convención General en pleno se reunió por primera vez desde que la publicación de la biografía del obispo Lawrence había desencadenado el malestar. La sesión, cuyos trabajos incluyeron la adopción en primera lectura de un nuevo libro de oración común, transcurrió con sorprendente fluidez. Sin embargo, una acción despertaría la preocupación de los críticos del modernismo. El borrador de la convención de una nueva edición del libro de oración eliminó los Treinta y Nueve Artículos como declaración de fe. Cuando los obispos y diputados se reunieron en 1928 para deliberar sobre la segunda lectura del libro, fueron recibidos con una serie de peticiones—una de ellas contenía 34,057 firmas—exigiendo la restauración de los Artículos.[21] Tanto la Cámara de Obispos como la de Diputados se inclinaron ante lo evidente y revirtieron unánimemente su posición.[22]

Otra área en la que la Iglesia Episcopal mostró vacilación para seguir un enfoque modernista fue respecto al uso de la copa común en la Eucaristía. Los modernistas empezaron a cuestionar a finales del siglo XIX el potencial de la copa común para propagar enfermedades. La epidemia de gripe española de 1918-19 convenció a la mayoría de las denominaciones protestantes de que esta era una preocupación legítima y llevó a la adopción de copas individuales para la Comunión. Algunos episcopales evangélicos y modernistas instaron a su Iglesia a seguir el ejemplo, pero con éxito limitado. El uso de la intinción para la Comunión se hizo más común, aunque en realidad pudo haber aumentado la posibilidad de propagación de gérmenes. En los años siguientes al final de la pandemia, los anglocatólicos lideraron el regreso a la práctica tradicional.[23]

El declive del movimiento del Congreso de la Iglesia

Una de las víctimas de la guerra doctrinal fue el movimiento del Congreso de la Iglesia y la amplia coalición eclesiástica que representaba. Tras las escaramuzas de mediados de los años veinte, los participantes de todas las partes empezaron a perder la confianza en la capacidad de la organización para lograr el consenso mediante el debate abierto. La muerte del presidente general y obispo de Massachusetts, Charles Lewis Slattery (1867-1930), y la elección de Harold Adye Prichard (1882-1944) como su sustituto, no hicieron sino confirmar tales sospechas. Prichard, un clérigo neoyorquino nacido en Inglaterra, había dejado claras sus propias simpatías modernistas el año anterior a la muerte de Slattery, cuando había calificado el Credo de los Apóstoles como "una pieza de museo de venerada antigüedad" que la Iglesia Episcopal debería sustituir por un "Credo del siglo XX como medio eficaz para traer el Reino de Dios". Tal credo, parecían sugerir las observaciones de Prichard, se centraría menos en "cosas negativas" como la muerte y el sufrimiento de Jesús y más en su "hacer el bien".[24] En 1934, el Congreso interrumpió sus reuniones periódicas. Las actas de la última sesión ni siquiera se publicaron.[25]

Cuando el Congreso empezó a tambalearse, los episcopales crearon nuevas instituciones y organizaciones para ayudarles a lidiar con el conflicto fundamentalista-modernista. Tres profesores de la ETS se unieron a otros episcopales modernistas para crear la Unión de Clérigos Modernos (*Modern Churchman's Union*). Shirley Carter Hughson (1867-1949), superiora de la Orden de la Santa Cruz (1918-21, 1930-36), desempeñó un papel destacado en el nuevo Congreso Anglo-Católico (1923), que más tarde tomó el nombre de Unión de la Iglesia Americana (1936).[26] Walter Russell Bowie, (1882-1969), rector de la iglesia de la Gracia, en la ciudad de Nueva York (1923-39) y miembro de la facultad del Seminario Teológico de la Unión, en Nueva York (1939-50), desempeñó un papel importante en la organización de un conjunto similar de congresos para los episcopales de la iglesia amplia con una inclinación más evangélica (1933).[27]

Muchos de los que habían participado en los Congresos de la Iglesia transfirieron sus esfuerzos a estos nuevos organismos menos amplios. Bowie había sido miembro del comité ejecutivo de los Congresos de la Iglesia desde 1924. Harold Adye Prichard, que había presidido los últimos Congresos de la Iglesia, le ayudó. Frank Gavin, del Seminario General, y el padre James O. S. Huntington, que habían participado en el movimiento de los Congresos de la Iglesia, colaboraron con los nuevos congresos anglocatólicos.

Al sentir que los títulos de los partidos del siglo XIX no se ajustaban del todo a su propia situación, los miembros de la Iglesia se apresuraron a buscar nuevas etiquetas de partido. Frank Gavin, del Seminario General, sugirió el *catolicismo liberal* en su *Liberal Catholicism in the Modern World* (1934). Walter Russell Bowie y quienes cooperaron con él en la creación de un sustituto más evangélico del Congreso de la Iglesia eligieron el nombre de *evangélico liberal* para sus reuniones.

Como indicaban los títulos *liberales*, ambos grupos creían tener más en común con los modernistas que con los fundamentalistas. Sin embargo, ambos esperaban también evitar lo que consideraban una falsa oposición entre la fe y la ciencia moderna. Para ello, los católicos liberales recurrieron a la tradición; los evangélicos liberales, a una relación personal con Dios.

Así, Frank Gavin expresó una esperanza liberal católica común cuando escribió que "todo lo que hemos aprendido de la verdad, tanto de la tradición de la Iglesia como de las aventuras del pensamiento humano, es de la misma clase, ya que el conocimiento del hombre sobre la verdad deriva de Aquel que es toda la verdad".[28] Ese mismo año (1934), el obispo de California Edward Lambe Parsons (1868-1960) explicaba que los evangélicos liberales hacían hincapié en "la unidad de toda la verdad y en la revelación en el descubrimiento científico e histórico de los significados más amplios de la Personalidad de Dios", con el fin de ir detrás de "los dogmas... para descubrir que no son sino el ropaje de una relación personal profunda y esencial".[29]

El clérigo de Nueva York y Pittsburgh Samuel Shoemaker (1893-1963) desarrolló un fructífero ministerio pastoral al vincular el énfasis en la relación personal que los evangélicos liberales pretendían continuar con los conocimientos sobre el trabajo en grupo que había adquirido en el ministerio en el extranjero y en la capellanía universitaria. En lugar de pedir a los que evangelizaba que aceptaran ciertas premisas teológicas, Sam les pedía que fueran francos sobre los fallos en sus vidas y que buscaran cambios concretos en una comunidad de apoyo de compañerismo y culto. Su colaboración con Bill Wilson sería clave en la creación de Alcohólicos Anónimos.[30]

Como siempre, hubo diferencias que separaron a los partidos eclesiásticos reconstituidos. Los líderes evangélicos liberales apoyaron las propuestas para estrechar las relaciones ecuménicas con las denominaciones protestantes que siguieron a la primera reunión de la Conferencia Mundial de Fe y Constitución (1927). El obispo Charles Henry Brent convenció a la Convención General de 1928 para que creara una comisión que explorara la posibilidad de unión con metodistas y presbiterianos, y la

Convención de 1931 añadió a los luteranos a la lista de posibles socios ecuménicos. Los luteranos y los metodistas estaban preocupados por los intentos de unir las distintas facciones dentro de sus propias tradiciones y se negaron a participar, pero la rama norte de la Iglesia Presbiteriana mostró interés. Una comisión sobre la unión presidida por el obispo Parsons convenció a la Convención General de 1937 para que invitara a los presbiterianos a iniciar conversaciones bilaterales, y la Asamblea General Presbiteriana de 1938 estuvo de acuerdo. Las conversaciones continuaron hasta que se cancelaron en 1946 debido a la fuerte oposición anglo-católica y de la alta iglesia.

El obispo Manning, que había desempeñado un papel central en el debate sobre el nacimiento virginal, se encontraba entre los críticos de las discusiones en curso.[31] Aunque no es amigo de las conversaciones ecuménicas con los presbiterianos, el obispo Manning habló en términos ecuménicos e interreligiosos al menos en una ocasión. Asistió y habló en el mitin antinazi en el Madison Square Garden en marzo de 1933, a pesar de la cancelación de última hora por parte del obispo católico romano John Dunn. En sus declaraciones, Manning no se limitó al trato que los alemanes dieron a los judíos, sino que denunció de forma más amplia todas las "persecuciones tiránicas y crueles llevadas a cabo contra los representantes de todas las confesiones religiosas" por el gobierno nazi en Alemania y "el intento brutal de acabar con todas las religiones" por parte de los soviéticos.[32]

Una innovación en la vestimenta secular dio lugar a otra diferencia entre los evangélicos liberales y los católicos liberales. Los líderes evangélicos liberales se unieron al clero protestante de otras denominaciones en la adopción de las camisas con cuello adherido en su vestimenta de los días de semana; los católicos liberales conservaron los cuellos almidonados desmontables de la época victoriana.[33]

El debate sobre el modernismo también afectó a los seminarios teológicos de la Iglesia. Los miembros del profesorado, muchos de los cuales habían participado en el debate nacional a favor del modernismo, empezaron a sospechar que los laicos no compartían todas sus opiniones. Ante el temor de perder su independencia intelectual, varios seminarios se trasladaron a nuevas ubicaciones más cercanas a las grandes universidades, donde esperaban conservar la libertad académica. El decano William Palmer Ladd (1870-1941) diseñó el traslado de la Escuela de Divinidad de Berkeley de Middletown a New Haven, Connecticut, y los alrededores de la Universidad de Yale (1917). La Escuela de Divinidad de la Iglesia del Pacífico se trasladó a Berkeley, California (1930), y la Escuela de Divinidad de Seabury dejó Minnesota para unirse al Seminario del Oeste (Western Seminary), cerca de la Universidad del Noroeste (Northwestern University), en la zona de Chicago (1933).

Ministerios especiales y segregación

Durante los años que van de 1880 a 1920 los líderes de la Iglesia Episcopal habían perseguido una visión expansiva basada en una amplia variedad de programas especiales. En lugar de emplear el enfoque de "talla única" de principios del siglo XIX, habían adaptado iniciativas especiales para los inmigrantes, los nativos americanos, los afroamericanos, los residentes de los Apalaches, los trabajadores industriales, los discapacitados auditivos, los alcohólicos, los jóvenes, los ancianos y una serie de otros grupos demográficos. Esta estrategia de iniciativas especiales fue en general un éxito, y no fue en sí misma objetable.[34] Sin embargo, cuando se vinculan con prejuicios raciales y de otro tipo, los ministerios especiales pueden convertirse en vehículos para la segregación forzada. Al parecer, esto empezó a suceder en la Iglesia Episcopal. A principios del siglo XX, la existencia de nuevas convocatorias de color en las diócesis del sur no significaba que los afroamericanos solo fueran bienvenidos en las congregaciones exclusivamente negras; en la década de 1920 la segregación se había convertido en la norma general. El patrón estadístico era claro, por ejemplo, en la Diócesis de Virginia. El *Journal* de 1881 enumeraba un total de ochenta y nueve miembros negros dispersos entre unas treinta y una parroquias predominantemente blancas (con seiscientos nueve miembros y veintidós nativos americanos en parroquias totalmente no blancas). El *Journal* de 1903—para una diócesis más pequeña, desde la creación de una diócesis separada del sur de Virginia en 1892—incluía a cuarenta y seis afroamericanos dispersos en trece congregaciones predominantemente blancas. Veintiséis años después, el culto interracial era cosa del pasado. El *Journal* de 1929 enumeraba quinientos setenta y tres comulgantes negros, todos ellos en congregaciones de la Convocatoria de Color.[35]

Los veteranos afroamericanos que regresaron a Estados Unidos después de servir en la Primera Guerra Mundial y los que abandonaron el Sur en la "Gran Migración" hacia las ciudades del norte que tuvo lugar durante la guerra para suministrar la mano de obra necesaria fueron más reivindicados en sus derechos que antes de la guerra. Algunos estadounidenses blancos respondieron con indignación y violencia a esta nueva asertividad. 1919—el año que siguió a la guerra—fue especialmente violento, con setenta y seis linchamientos y veinticinco disturbios raciales en todo el país.[36] Los peores disturbios se produjeron en Chicago (veintitrés afroamericanos y quince blancos muertos) y en Tulsa (cuarenta y cuatro manzanas del barrio afroamericano de Greenwood destruidas y hasta doscientos afroamericanos muertos).[37]

La Iglesia Episcopal no pudo aislar a sus miembros de los efectos de la violencia racial de otros. En 1921, una turba del sur de Florida cubrió de alquitrán y emplumó al archidiácono irlandés-estadounidense P. S. Irwin, por temor a que su ministerio con los inmigrantes de Bahamas los llevara a ser más autónomos.[38] En 1925, un granjero blanco disparó y mató a Robert W. Patton, un veterano afroamericano que ejercía de superintendente industrial en la escuela de Okolona, en Mississippi. El agricultor quedó impune; los esfuerzos del director afroamericano de la escuela, Wallace A. Battle, por convencer a las autoridades locales de que tomaran medidas contra el agricultor dieron lugar a amenazas contra la vida de Battle, lo suficientemente graves como para que tuviera que pedir un permiso para ausentarse de la escuela en 1927.[39] En

1928, el obispo William Alexander Guerry (1861-1928) intentó seguir el ejemplo de Arkansas y Carolina del Norte pidiendo la elección de un sufragáneo negro en Carolina del Sur; fue asesinado por un sacerdote blanco opuesto al plan.[40] Cuando el obispo Delany murió ese mismo año, la diócesis de Carolina del Norte decidió no elegir un sustituto.[41]

La Iglesia Episcopal no era inmune a la discriminación racial propia, incluso en el Norte. En 1929, el reverendo William Blackshear, de la iglesia de San Mateo de Brooklyn, dijo a los antillanos que acudían a la congregación que debían marcharse y buscar parroquias afroamericanas. La junta de la parroquia apoyó su decisión. Tres años después, la junta parroquial de Todos los Santos, en Harlem, sugirió que los feligreses afroamericanos siguieran el ejemplo de los de San Mateo y se marcharan. Ese mismo año, la convención de la diócesis de Arkansas que eligió a un nuevo obispo, trató de impedir que los afroamericanos—incluido el obispo sufragáneo Demby—participaran en el servicio de apertura y utilizó argumentos racistas para hacer campaña a favor del eventual ganador de la elección.[42]

En algunos casos, las autoridades eclesiásticas se resistieron a ese comportamiento. En Todos los Santos, en Harlem, por ejemplo, el rector se opuso a la junta parroquial, y el obispo Manning apoyó al rector. Los miembros descontentos de la junta se marcharon, y los feligreses afroamericanos se quedaron. En el caso de la elección en Arkansas, la Cámara de Obispos negó el consentimiento para la elección de 1932, y finalmente se celebró una nueva elección en 1938.[43] Sin embargo, el obispo Demby se retiró como obispo sufragáneo de Arkansas en 1939, dejando a la Iglesia Episcopal sin ningún obispo negro activo en Estados Unidos.

Del mismo modo, cuando el Obispo Sufragáneo Manuel Ferrando de Puerto Rico murió en 1934, la Convención General no hizo ningún movimiento para reemplazarlo. La Cámara de Obispos aprobó a tres obispos negros sucesivos para Liberia (Theophilus Momolu Firah Gardiner, sufragáneo en 1921; Bravid W. Harris, en 1945; y Dillard Houston Brown, en 1961), pero con esa excepción no hubo personas de herencia africana en la Cámara de Obispos hasta la década de 1960, cuando John Burgess, de Massachusetts, se convirtió en el tercer negro en servir como obispo sufragáneo estadounidense (1962) y el primero en servir como diocesano (1970). En la misma década, Romualdo González Agueros (1906-66) y Francisco Reus Froylán (nacido en 1919) se convirtieron en los primeros latinos en servir como obispos diocesanos en Cuba (1961) y Puerto Rico (1964).[44]

La creciente segregación de los años 20 hizo que algunos episcopales negros se preguntaran por qué debían formar parte de una denominación dirigida por blancos. George Alexander McGuire (1866-1934), por ejemplo, dirigió un pequeño grupo de episcopales negros para formar la Iglesia Ortodoxa Africana en 1921. McGuire era un antillano que se unió a la Iglesia Episcopal tras llegar a los Estados Unidos. Ordenado diácono (1896) y sacerdote (1897) por el obispo Boyd Vincent (1845-1935) del sur de Ohio, sirvió en parroquias y ocupó cargos administrativos en rápida sucesión en Cincinnati, Filadelfia, Richmond, Little Rock (archidiácono de la Convocatoria de Color), Cambridge y Nueva York (secretario de campo del Instituto de la Iglesia Episcopal para Negros). Tras pasar seis años en Antigua (1913-19), McGuire regresó a Estados Unidos como partidario activo de la Asociación para el Mejoramiento de los Negros del Mundo de Marcus Garvey (1887-1940). Con el apoyo de Garvey, McGuire organizó la Iglesia Ortodoxa Africana y fue su primer obispo.[45]

Ganancias y pérdidas para las mujeres episcopales

En 1919, dos mujeres de la clase obrera violaron las reglas normales de orden del Congreso de la Iglesia (que solo permitían formular preguntas por escrito a los oradores) y exigieron ser escuchadas. Su audacia era indicativa de una creciente confianza por parte de las mujeres en la Iglesia. En 1920 los Estados Unidos aprobarían la decimonovena enmienda de la Constitución, otorgando a las mujeres el derecho al voto que se les había negado en la mayoría de los estados. La Conferencia de Lambeth, que se reunió en ese año, daría a las mujeres más esperanzas de que la Iglesia Episcopal también viera la conveniencia de una mayor inclusión de las mujeres.

La Conferencia de Lambeth adoptó nueve resoluciones relativas a "la posición de las mujeres en los consejos y ministerios de la Iglesia". La resolución[46] sugería que "las mujeres deberían ser admitidas en los consejos de la Iglesia a los que son admitidos los laicos, y en igualdad de condiciones". La resolución 47 afirmaba que "el diaconado de las mujeres debe ser restaurado formal y canónicamente, y debe ser reconocido en toda la Comunión Anglicana". La Resolución 48 expresaba la creencia de que el diaconado para las mujeres tenía "el sello de la aprobación apostólica", y la Resolución 50 sugería que "una forma y manera de crear diaconisas... podría encontrar un lugar adecuado en el Libro de Oración Común".[47]

La promulgación de las resoluciones de Lambeth se deja en manos de cada una de las iglesias nacionales, y la Iglesia Episcopal tardó en tomar medidas. La Convención General rechazó un llamamiento de las mujeres misioneras de la diócesis de Hankow (China) para que estuvieran representadas en su Consejo Diocesano Asesor (1916) y una resolución de la diócesis de Maine para conceder plenos derechos y privilegios a las mujeres en la Iglesia (1919). Las diócesis individuales tomaron decisiones sobre la inclusión de mujeres en las convenciones diocesanas, pero lo hicieron a un ritmo penosamente lento. En 1961, cuarenta y siete de las ciento cuatro diócesis tenían mujeres.

La reorganización de 1919 convirtió a las Mujeres Auxiliares de la Junta de Misiones en auxiliares del Obispo Presidente y del Consejo Nacional. Las mujeres no fueron nombradas inmediatamente en ese órgano, aunque ya en la década de 1920 empezaban a aparecer en otras juntas de la Iglesia.[48] En 1934 la Convención General añadió cuatro puestos para mujeres en el Consejo.[49]

Las convenciones de 1925 y 1928 rechazaron la petición de las diaconisas de incluir un oficio de ordenación de diaconisas en la edición del Libro de Oración Común de 1928. Sin embargo, el oficio había sido incluido en el *Libro de Oficios: Servicios para ocasiones no previstas en el Libro de Oración Común, publicado por autoridad de la Cámara de Obispos* (*Book of Offices: Services for Occasions not provided for in the Book of Common Prayer, Published by Authority of the House of Bishops*) en 1914 y 1917 y se incluiría en el libro de título casi idéntico *Libro de Oficios: Servicios para ciertas ocasiones no previstas en el Libro de Oración Común* (*Book of Offices: Services for Certain Occasions not provided for in the Book of Common Prayer*) de 1940, aprobado por ambas Cámaras de la Convención General.

La Conferencia de Lambeth de 1930 matizó su postura de diez años al eliminar la frase "el sello de la aprobación apostólica" de la descripción del diaconado femenino, y al prescribir que las diaconisas no fueran ordenadas en los servicios juntos con diáconos o sacerdotes varones[50]. La Convención General de 1931, confundida sobre el estatus de las diaconisas, suspendió el requisito de que las diaconisas que se casaran abandonaran sus órdenes. La siguiente Convención revirtió la política, exigiendo de nuevo que todas las que ejercieran el diaconado femenino no estuvieran casadas.[51]

Fig. 46 Diaconisa Harriet Bedell

Los años veinte, la depresión y la guerra (1920–45)

Cada vez más, las mujeres más jóvenes interesadas en la vocación eclesiástica se orientaron hacia otra vía de servicio, la de trabajadora eclesiástica profesional. Las trabajadoras de la Iglesia, que a menudo, aunque no exclusivamente, se dedicaban a la educación cristiana, trabajaban como empleadas de la Iglesia sin tomar los votos de diaconisas o monjas. Mientras que el número de diaconisas comenzó a disminuir después de 1922, el número de estos trabajadores de la Iglesia creció rápidamente. Las instituciones educativas existentes se adaptaron al cambio de interés, a menudo dejando de lado los títulos orientados al ministerio de las diaconisas y aumentando su enfoque en la educación cristiana. En 1939, por ejemplo, la Escuela de Capacitación de la Iglesia y de Diaconisas de la Diócesis de Pensilvania se afilió a la Escuela de Divinidad de Filadelfia como departamento femenino y designó a Katharine Arnett Grammer como decana de mujeres. En 1942, la Escuela de Formación de Diaconisas del Pacífico, en Berkeley, comenzó a anunciarse en las publicaciones periódicas de la Iglesia como Casa de Santa Margarita. Tres años más tarde, Katharine Grammer se trasladó desde Filadelfia para ejercer de decana. También se abrieron dos nuevas instituciones: Casa Windham (Nueva York, 1928) y la Escuela de Formación Obispo Tuttle (Raleigh, Carolina del Norte, 1925).

Las mujeres habían servido como bibliotecarias en los seminarios episcopales desde el siglo XIX, pero no sería hasta la década de 1930 que comenzaron a enseñar a los estudiantes del seminario. Entre las primeras en hacerlo estuvieron Lillian Pierce Rudd, instructora de Lectura y Oratoria en el Seminario Teológico de Virginia (1932-44), y Adelaide Teague Case (1887-1948), profesora de Educación Cristiana (1941-48) en la Escuela Teológica Episcopal de Cambridge, Massachusetts.[52]

Durante los años de la Depresión, las mujeres perdieron terreno en términos económicos. Desde mediados del siglo XIX, la capacidad de las mujeres para recaudar dinero había sido una de las principales fuentes de su poder. A menudo, por ejemplo, fueron los círculos de mujeres los que sufragaron la compra de rectorías y las mejoras en los edificios de la Iglesia. Sin embargo, los eventos sociales y comunitarios que las mujeres de principios de siglo habían encontrado como los mecanismos más valiosos para la recaudación de fondos resultaron ser cada vez menos eficaces durante la Depresión y los austeros años de la guerra. Muchas personas simplemente carecían de fondos para contribuir. Además, incluso cuando se disponía de fondos, los actos eclesiásticos tenían que competir con el cine (la quinta industria más importante de Estados Unidos, con unos ingresos brutos anuales de 1,500 millones de dólares en 1926) y con otros elementos de la creciente industria del entretenimiento.[53]

Los ministerios sociales en los que las mujeres desempeñaban un papel tan importante también se vieron afectados. El estado de ánimo más conservador y la dramática pérdida de fondos que siguió al inicio de la Depresión significaron que había menos dinero disponible para los muchos ministerios especiales que habían caracterizado a la Iglesia Episcopal a principios de siglo. Por ejemplo, el número de hombres sordos que se incorporaron al sacerdocio disminuyó considerablemente. Entre 1922 y 1931 se ordenaron once, y solo dos entre 1932 y 1941.[54] Si el clero de las que habían sido parroquias fuertes y autosuficientes estaba muy necesitado de fondos, ¿cómo podrían los ministerios especiales de la Iglesia encontrar un apoyo óptimo?

Los ingresos combinados de las parroquias episcopales en 1927 eran de 44.7 millones de dólares. En 1934, esta suma había descendido a 30.6 millones de dólares. Un rector rural dejó constancia de su frustración en una autobiografía. Contando lo que no fue una experiencia única, explicó que su salario fue recortado tan dramáticamente por la junta que él y su esposa ya no podían sobrevivir con lo que la iglesia les proporcionaba:

> Poco después, la junta parroquial me notificó un inminente recorte de sueldo. Me negué a aceptarlo, pero presenté mi dimisión con fecha de dos años, cuando, por mi edad, debería tener derecho a una pensión. La junta parroquial respondió, creo que con toda sinceridad, que ya no podían aumentar la miseria

que daban. Yo dije, con la misma sinceridad, que no podía vivir con ese salario reducido. La discusión se llevó a cabo, por supuesto, de la mejor manera anglicana, pero condujo a un completo atolladero.

El resultado fue que [mi mujer] Susie se fue a vivir con nuestras hijas mientras yo me dedicaba a la misión cerca de Richmond. Había más dinero del que recibí en [Berryville], pero no había rectoría. Mi querida esposa y yo por fin nos separamos, después de cuarenta años.[55]

El clero, que ya había perdido terreno en los económicamente volátiles años 20 hasta el punto de que los salarios medios del clero protestante en 1928 eran inferiores a los de los trabajadores de las fábricas, pasó a menudo durante la Depresión de ser un miembro respetado de la comunidad a ser el destinatario de la caridad. Incluso en 1960, algunos clérigos no habían recuperado los salarios en un nivel equivalente al que tenían sus predecesores en puestos similares en la década de 1920.[56]

La Segunda Guerra Mundial

Los episcopales abrazaron la causa de los ejércitos estadounidenses en la Segunda Guerra Mundial de forma similar a como lo hicieron en la Primera. Los laicos, así como los capellanes del clero, partieron a la guerra llevando consigo libros de oración abreviados (el *Libro de oraciones para soldados y marineros*, 1941) y cruces de servicio episcopales. Los seminarios acortaron la duración de los estudios añadiendo clases de verano y graduaciones en enero para poder proporcionar los capellanes y el clero parroquial que se necesitaban.[57] El *Anuario de la Iglesia viva* de 1945 enumeraba 505 clérigos episcopales que servían en el ejército: 306 como capellanes del Ejército, 168 como capellanes de la Marina y treinta en funciones no religiosas.[58]

Sin embargo, no todos los episcopales apoyaron el esfuerzo bélico. En octubre de 1939, John Nevin Sayre, la Sra. Henry Hill (Katharine Pierce, fallecida en 1967) y unas quinientas personas más se reunieron en la iglesia de la Encarnación, en la ciudad de Nueva York, para crear la Agrupación Episcopal Pacifista. Sayre había participado activamente en el Movimiento de Reconciliación interconfesional. Hill fue miembro del Consejo Nacional de la Iglesia y la primera mujer en formar parte de una junta parroquial en la ciudad de Nueva York. Fue la primera secretaria de la Agrupación Episcopal Pacifista y miembro activo durante casi treinta años.

La nueva organización, que más tarde cambiaría su nombre por el de Fraternidad Episcopal por la Paz, presionó al Consejo Nacional para que estableciera la lista de objetores de conciencia que la Convención General había autorizado en 1934 y para que nombrara una Comisión de Objetores de Conciencia (1943) con el fin de proporcionar asesoramiento y materiales publicados sobre el pacifismo. Durante 1943 y 1944, los miembros de la Hermandad Pacifista eran unos ochocientos. La organización enumeró entre sus logros la inclusión de seis nuevos himnos por la paz en el Himnario de 1940, como "Lord Christ, When First Thou Cam'st to Earth", compuesto por el partidario de la confraternidad Walter Russell Bowie.[59]

Uno de los resultados del esfuerzo bélico fue la elevación temporal de las mujeres en la Iglesia a más puestos de liderazgo. Aunque en los Estados Unidos no siguieron el ejemplo del obispo R. O. Hall, de la diócesis del sur de China, que ordenó sacerdote a la diaconisa Florence Li Tim Oi (1907-92) en 1944, las mujeres alcanzaron niveles de liderazgo que no habían ejercido anteriormente. La Sra. Randolph Dyer, por ejemplo, asistió a la Convención General de 1946 como una de las diputadas de Missouri.

Sin embargo, estos acontecimientos se considerarían como desviaciones de la norma. En 1949, la Convención General negó la voz y el voto a las mujeres. Del mismo modo, la Conferencia de Lambeth de 1948 rechazó una propuesta del sur de China que habría validado la ordenación sacerdotal de la diaconisa Li, advirtiendo que tal acción "iría en contra de la tradición y el orden [anglicano] y afectaría gravemente a las relaciones internas y externas de la Comunión Anglicana".[60] Su diócesis la inhibió de ejercer su sacerdocio.

En busca de nuevos comienzos

Cuando la guerra terminó y los estadounidenses pudieron disfrutar de cierta paz y prosperidad, las semillas para un nuevo crecimiento ya estaban sembradas. Durante la Depresión, los episcopales, por necesidad, se tomaron el tiempo de buscar un nuevo sentido a su fe. Dos resultados particulares de esta búsqueda—el inicio de un renacimiento litúrgico y el descubrimiento de la teología continental de la crisis—serían importantes para el futuro.

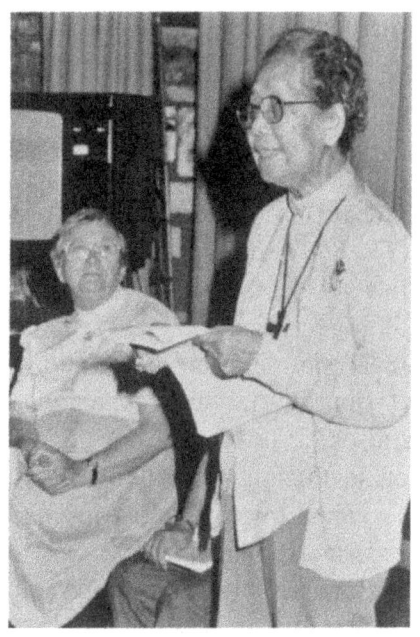

Fig. 47 Foto de 1988 de las dos primeras mujeres sacerdotes. Li Tim Oi (1944) y Joyce Bennet (1970)

El renacimiento litúrgico comenzó en varios seminarios teológicos de la Iglesia. El decano William Palmer Ladd, de Berkeley Divinity, visitó Europa en los años de entreguerras y regresó con noticias de un movimiento litúrgico entre los católicos romanos centrado en el monasterio de Maria Laach, en Alemania. Frank Gavin, de los seminarios Nashotah y General, preparó un Misal Anglicano e interesó a un grupo cada vez más amplio de colegas y estudiantes en el enriquecimiento litúrgico. El obispo de California Edward L. Parsons se unió a Bayard Hale Jones (1887-1957) para producir el *Libro de Oración Americano* en 1937, un comentario sobre el nuevo Libro de Oración Común (1928).

El autor inglés Arthur Gabriel Hebert sugirió un motivo detrás de este nuevo interés por la liturgia. Escribió en *Liturgy and Society* (1935) que el significado compartido de la liturgia ofrecía una salida a la confusión del debate modernista-fundamentalista.[61] Un segundo autor inglés, Dom Gregory Dix (1901-1952), preparó un estudio exhaustivo de los primeros ritos eucarísticos (*The Shape of the Liturgy*, 1945) cuya tesis principal—que las primeras celebraciones se construían en torno a las cuatro acciones de tomar, bendecir, partir y dar el pan y el vino—afectó a las revisiones del Libro de Oración Común en las décadas siguientes.

Una de las preocupaciones compartidas por estos estudiosos de la liturgia era una mayor participación de los laicos en la misma. Los innovadores litúrgicos introdujeron nuevos servicios que utilizaban la acción dramática en un intento de incorporar a los feligreses a la acción litúrgica. Muchas congregaciones iniciaron, por ejemplo, las procesiones del Domingo de Ramos y los servicios de Nochebuena durante estos años. El Libro de Oración Común de 1928 no preveía este tipo de adiciones a la liturgia, pero la versión de 1940 del *Libro de Oficios* de la Convención General incluía un formulario para muchas de estas celebraciones parroquiales.

Mientras algunos abogaban por la renovación litúrgica, otros encontraban consuelo en la teología de la crisis que los teólogos reformados Karl Barth (1886-1968) y Emil Brunner (1889-1966) habían forjado tras la Primera Guerra Mundial. Sus predecesores modernistas habían apoyado con confianza el esfuerzo bélico alemán como un avance de la cultura alemana. Sin embargo, las pérdidas alemanas en los campos de batalla llevaron a Barth y a sus colegas a rechazar cualquier ecuación simple de cultura y fe. Sin ignorar el fruto de un siglo de erudición bíblica alemana, inyectaron una nueva nota de juicio: Dios era el que ponía en entredicho todos los esfuerzos intelectuales y sociales del ser humano. Los estadounidenses de los años veinte, que celebraban su victoria en Europa, tenían poco interés en ese mensaje, pero esta teología de la crisis encontró un terreno fértil en los Estados Unidos de la Depresión. El luterano Paul Tillich (1886-1965) llegó de Alemania a Nueva York, donde combinó fuerzas con el evangélico y reformado Reinhold Niebuhr (1892-1971) para convertir el Seminario de la Unión en un baluarte de lo que los estadounidenses llegaron a llamar neo-ortodoxia. Walter Lowrie (1868-1959), rector episcopal de San Pablo en Roma (1907-30) y traductor de las obras de Søren Kierkegaard (1813-55), fue otro de los estudiosos que llevó la teología continental de la crisis a la América de los años treinta.

Los contornos de la teología de la crisis se desdibujaron en el entorno estadounidense, ya que los norteamericanos combinaron tendencias europeas contradictorias. Sin embargo, el objetivo de esta nueva teología estaba claro. Los cristianos estadounidenses querían una teología que se tomara en serio la situación moderna—con sus fracasos y sus éxitos—sin dejar de proclamar la esencia de un cristianismo ortodoxo. El movimiento del modernismo anterior había sido en muchos casos unidireccional; la razón científica descartó lo que no era moderno en la tradición cristiana. Los defensores de esta nueva ortodoxia, por el contrario, estaban ansiosos por avanzar en dos direcciones. La razón científica podría cuestionar algunas interpretaciones tradicionales de las Escrituras, pero la fe del cristiano podría cuestionar los objetivos y los engaños de la vida contemporánea.

Frederick Clifton Grant (1891-1974), un prolífico teólogo episcopal que había enseñado de forma consecutiva en Bexley Hall, Berkeley y Seabury-Western, se incorporó al profesorado del Seminario de la Unión en 1938. Al año siguiente lideró un esfuerzo por revivir el movimiento del Congreso de la Iglesia como vehículo para la teología de crisis. Sólo se celebraron dos de los Congresos (rebautizados como Congreso Trienal de la Iglesia ante la modesta expectativa de que se reunieran con menos regularidad que el organismo anterior), pero proporcionaron la primera oportunidad a muchos episcopales de escuchar directamente la teología de la crisis de la mano del colega de Grant, Paul Tillich. Tillich tocó a los episcopales de otras maneras también. Albert T. Mollegen (1906-84) y Clifford L. Stanley (1902-94), de la facultad del Seminario de Virginia, pasaron períodos de estudio con Tillich en el Seminario de la Union, en Nueva York.

NOTAS

1. La Fundación Carnegie ofreció fondos para establecer pensiones a las escuelas que no fueran sectarias. Brown, Princeton, Rutgers, Vanderbilt, Swarthmore y al menos otras siete escuelas abandonaron sus vínculos confesionales para poder optar a los fondos. Para el ejemplo de la secularización de una escuela, véase P. C. Kemeny, *Princeton in the Nation's Service: Religious Ideals and Educational Practice, 1868-1928* (Nueva York: Oxford University Press, 1998), 11, 139-43

2. John Wallace Suter, "The Essentials in Prayer Book Revision", en *The Church and Its American Opportunity: Papers by Various Writers Read at the Church Congress in 1919* (Nueva York: Macmillan, 1919), 106.

3. Robert W. Lynn, "Why the Seminary? An Introduction to the Report of the Auburn History Project" (Documento presentado a la facultad de la Escuela de Teología Candler el 15 de septiembre de 1978), 90, 95; E. Brooks Holifield, *A History of Pastoral Care in America: From Salvation to Self-Realization* (Nashville: Abingdon Press, 1983), 234.

4. Helen Flanders Dunbar citada en Stephanie Muravchik, *American Protestantism in the Age of Psychology* (Cambridge: Cambridge University Press, 2011), 25. El abuelo materno de Dunbar era un sacerdote episcopal. Para un análisis de sus logros, véase Curtis W. Hart, "Helen Flanders Dunbar: Physician, Medievalist, Enigma", *Journal of Religion and Health* 35 (primavera de 1996): 47-58.

5. David L. Holmes, "The Anglican Tradition and the Episcopal Church", en *Encyclopedia of American Religious Experiences*, ed. Charles Lippy y Peter Williams (Nueva York: Scribner's, 1987), 411. Charles Lippy y Peter Williams (Nueva York: Scribner's, 1987), 411.

6. Naomi Pasachoff, *Frances Perkins: Champion of the New Deal* (Nueva York: Oxford, 1999), 146-49.

7. Francis Perkins, *The Roosevelts I Knew* (Nueva York: The Viking Press, 1946), 330.

8. George Ashton Oldham, "How Shall the Church Deal with Fundamentalism", en *Honest Liberty in the Church: A Record of the Church Congress in the United States on Its Fiftieth Anniversary* (Nueva York: Macmillan, 1924), 375.

9. Arthur A.C. Hall, "How Shall the Church Deal with Fundamentalism", en *Honest Liberty*, 398.

10. Suter, "Essentials", en *Church and Its American Opportunity*, 106.

11. William Lawrence, *Fifty Years* (Boston: Houghton Mifflin, 1923), 72.

12. *The Living Church* 69 (6 de octubre de 1923): 730.

13. *Journal of the General Convention of the Protestant Episcopal Church in the United States ... 1925* (impreso para la convención,1925), 470-71.

14. *Journal of the General Convention...* 1925, 470-71.

15. *Journal of the General Convention ...* 1925, 470-71.

16. William Lawrence, "The Present Situation in the Church", en *Honest Liberty*, 406-7.

17. Hugh Martin Jansen, Jr, "Heresy Trials in the Protestant Episcopal Church, 1890-1930" (tesis doctoral, Universidad de Columbia, 1965), 234, 238-39, 251-52.

18. Jansen, "Heresy", 259.

19. William Montgomery Brown, *Communism and Christianity* (Galion, Ohio: Bradford-Brown Educational Company, 1922), 3.

20. Jansen, ""Heresy", 294-301.

21. *Journal of the General Convention 1928*, 197.

22. *Journal of the General Convention 1928*, 350, 357.

23. Lauren Winner, "The Common Cup and the Body Politic: Episcopalians, Other Protestants, and the Turn-of-the-Century Debate about Germs", (Ponencia presentada en la Conferencia Tri-History celebrada en Raleigh, Carolina del Norte, el 23 de junio de 2010).

24. H. Adye Prichard, "¿Hasta qué punto los artículos de la fe cristiana contenidos en el Credo de los Apóstoles están sujetos a cambios o revisiones?", en *The Church and the Future: A Record of the Church Congress in the United States on its Fifty-Fifth Anniversary* (Nueva York: Edwin S. Gorham, 1919), 79-81.

25. Richard M. Spielmann, "The Episcopal Church Congress, 1874-1934", *Anglican and Episcopal Church History 58* (marzo de 1989): 78.

26. C. Clarke Kennedy, "The American Church Union-A Rebirth", *The Living Church 110*, (6 de junio de 1936), 729.

27. Spielmann, "The Episcopal Church Congress", 78. La English Churchman's Union (1898; rebautizada como Modern Churchman's Union, 1928) y el Anglo-Church Congress (1920) sirvieron de inspiración para los organismos estadounidenses de los mismos nombres.

28. Frank Gavin, Belief, vol. 1 de *Liberal Catholicism and the Modern World* (Milwaukee: Morehouse Publishing, 1934), vi, 23.

29. Edward Lambe Parsons, *The Liberal Evangelical Message in Our Church Today, Liberal Evangelical Pamphlets no. 2* (Cambridge, Mass.: Cosmos Press, 1934), 2.

30. Helen Smith Shoemaker, *I Stand by the Door: The Life of Sam Shoemaker* (Nueva York: Harper and Row, 1967), 28-29, 190-93.

31. David Hein y Gardiner H. Shattuck, Jr., *The Episcopalians* (Westport, Connecticut: Praeger, 2004), 114-15.

32. William Manning citado en Robert G. Waite, "'Raise My Voice Against Intolerance,' The Anti-Nazi Rally in Madison Square Garden, March 27, 1933, and the American Public's Outrage over the Nazi Persecution of Jews", *New York History Review*, (20 de octubre de 2013), http://nyhrarticles.blogspot.com/2013/10/raise-my-voiceagainst-intolerance-anti.html (consultado el 24 de marzo de 2014).

33. El obispo William Scarlett de Missouri (1883-1973) fue uno de los líderes en la adopción de la corbata como norma de vestimenta clerical para los evangélicos liberales. El *Stowe's Clerical Directory* de 1953, el primero en incluir fotografías de todo el clero episcopal, mostraba seis diócesis (Missouri, Bethlehem, Georgia, Oregón oriental, Nuevo México y suroeste de Texas, y Ohio meridional) en las que entre un tercio y una quinta parte del clero aparecía con cuello blando y corbata, y otras cinco diócesis (Michigan septentrional, Carolina del Este, Virginia, Virginia meridional y Idaho) con al menos diez de los clérigos de la misma manera. En algunos casos, sin embargo, el clero aparece con vestimenta litúrgica. Véase *Stowe's Clerical Directory of the Protestant Episcopal Church in the United States of America*, 1953 (Nueva York: Church Hymnal Corporation, 1953), P1-P84.

34. El ministerio especial sigue vivo en la Iglesia Episcopal del siglo XXI. Más del diez por ciento del presupuesto 2012-15 aprobado por la Convención General de 2012 se dedicó, por ejemplo, a los Ministerios Étnicos. Véase Comité Permanente Conjunto de Programa, Presupuesto y Finanzas, "Budget 2013-2015: La Iglesia Episcopal", (10 de julio de 2012).

35. Las pruebas sobre la frecuencia del culto interracial en la Iglesia Episcopal en el siglo XIX y su declive a principios del siglo XX son en gran medida anecdóticas, pero parecen coincidir con la información de los *Journals* de la Diócesis de Virginia. Charles Bracelen Flood relató una historia sobre Robert E. Lee recibiendo la Comunión en la iglesia de San Pablo, en Richmond, junto a un hombre afroamericano en la primavera de 1865. C. Van Woodward citó a Charles Dudley Warner sobre la integración en una iglesia episcopal y en un festival comunitario en Nueva Orleans en la época de la Exposición Internacional de 1885. Al parecer, ambos autores daban por sentado que ese tipo de culto mixto era poco frecuente en el siglo XX. Woodward advirtió que los lectores modernos no debían interpretar los relatos sobre el culto mixto en el siglo XIX como indicativos de una época dorada de relaciones raciales. Las estadísticas del *Journal* de Virginia de 1903 incluían una parroquia–iglesia de Cristo, Gordonsville– que contaba con veintiséis comulgantes afroamericanos. Para 1929 los negros y los blancos de la congregación figuraban en dos congregaciones separadas. Véase C. Vann Woodward, *The Strange Career of Jim Crow*, 3d rev. ed. (Nueva York: Oxford University Press, 1974), 42-43. (Nueva York: Oxford University Press, 1974), 42-43; Charles Bracelen, *Lee: the Last Years* (Boston: Houghton Mifflin, 1981), 66; *Journal of the Eighty-Ninth*

Annual Council of the Protestant Episcopal Church in Virginia ... 1884 (Richmond: Wm Ellis Jones, 1884); *Journal of the 108th Annual Council of the Protestant Episcopal Church in Virginia ... 1903* (Richmond: Wm Ellis Jones, 1903); y *Journal of the 134th Annual Council of the Protestant Episcopal Church in Virginia ... 1929.*

36. Mark Robert Schneider, *"We Return Fighting": the Civil Rights Movement in the Jazz Age* (Boston: Northeastern University Press, 2002), 14; y J. Douglas Smith, *Managing White Supremacy: Race, Politics and Citizenship in Jim Crow Virginia* (Chapel Hill: University of North Carolina Press, 2002), 52.

37. Schneider, *"We Return Fighting"*, 27-28, 157-58.

38. Michael J. Beery, *Black Bishop: Edward T. Demby and the Struggle for Racial Equality in the Episcopal Church* (Urbana: University of Illinois Press, 2001), 165.

39. Eric Anderson y Alfred A. Moss, Jr., *Dangerous Donations: Northern Philanthropy and Southern Black Education, 1902-1930* (Columbia: University of Missouri Press, 1999), 168-69.

40. Beery, *Black Bishop*, 182; y J. Kenneth Morris, *Elizabeth Evelyn Wright 1872-1906, Founder of Voorhees College* (Sewanee: University of the South, 1983), 242. Tras el atentado, el asesino, el reverendo Joseph Herbert Woodward, se suicidó.

41. Lawrence Foushee London y Sarah McCulloh Lemmon, eds., *The Episcopal Church in North Carolina, 1701-1959* (Raleigh: Episcopal Diocese of North Carolina, 1987), 348.

42. En la elección de la diócesis de Arkansas, se les instruyó a los afroamericanos que celebraran el culto por separado en un sótano sin terminar; ellos se negaron, se sentaron en la parte trasera de la iglesia y se abstuvieron de recibir la Comunión. El clero afroamericano tenía derecho a votar para la elección de obispo, pero no para otras cuestiones. En las primeras rondas de votación, un candidato considerado partidario del clero negro recibió la mayoría de los votos del clero, pero no pudo conseguir la mayoría en el orden laico. Durante una pausa para la cena, los partidarios del candidato que finalmente ganó las elecciones de 1932 utilizaron argumentos racistas para cambiar la tendencia a favor de su candidato. Véase Beery, *Black Bishop*, 166-90.

43. Beery, *Black Bishop*, 163, 167-69.

44. La mayor excepción a la retirada episcopal de los obispos nativos en América Latina fue México. Como resultado de la revolución de esa nación, la ley nacional prohibía al clero extranjero servir a las congregaciones nativas. El obispo sufragáneo Efraín Salinas y Velasco fue elegido obispo diocesano en 1934. José Saucedo le sucedió en 1957.

45. Donald S. Armentrout, *Episcopal Splinter Groups: A Study of Groups Which Have Left the Episcopal Church, 1873-1985* (Sewanee, Tennessee: School of Theology of the University of the South, 1985), 2-7.

46. *Journal of the General Convention*, 1916, 41, 74; Spielmann, "Episcopal Church Congress", 76. La Convención General rechazó la petición de las misioneras de la diócesis de Hankow. El procedimiento normal en el Congreso de la Iglesia, que las dos mujeres de la clase obrera violaron, era abordar las cuestiones solo por escrito.

47. Sitio web oficial de la Conferencia de Lambeth, "Resoluciones de 1920", http://www.lambethconference.org/resolutions/1920/ (consultado el 25 de marzo de 2014).

48. En 1927, por ejemplo, la Sra. Thomas P. Bryan, de Richmond, y la Sra. Henry P. Gilpin, de Winchester, se convirtieron en las dos primeras mujeres en formar parte del Consejo de Escuelas de la Iglesia en la Diócesis de Virginia. Véase John Page Williams, *A History of Church Schools in the Diocese of Virginia: the Working out of a Partnership, 1920-1950*, ed., Robert W. Prichard (Harrison). Robert W. Prichard (Harrisburg: Morehouse, 1999), 89.

49. Donovan, *Different Call*, 173.

50. V. Nelle Bellamy, "Participation of Women in the Public Life of the Church from Lambeth Conference, 1867-1978", *Historical Magazine of the Protestant Episcopal Church 51* (marzo de 1082): 91.

51. William Wilson Manross, *A History of the American Episcopal Church* (Nueva York: Morehouse-Barlow, 1935), 353.

52. El profesor Case fue el primer miembro a tiempo completo de la facultad de un seminario episcopal. Maria B. Worthington trabajó en la biblioteca del Seminario Teológico de Virginia a partir de 1891, y fue la bibliotecaria principal desde 1894 hasta 1935. Le siguió en esa función Anne Lee Laird Bell (1875-1857), que ejerció hasta 1944. Sin embargo, la Asociación de Escuelas de Teología no clasificó a los bibliotecarios como miembros del profesorado hasta la década de 1950. Véase Robert W. Prichard, *Hail! ¡Holy Hill! A Pictorial History of the Virginia Theological Seminary*, con Julia E. Randle (Brainerd, Minn.: *Riverplace Communication Art for the Virginia Theological Seminary*, 2012), 131; y Hein y Shattuck, *Episcopalians*, 180-81.

53. Véase, por ejemplo, Joan R. Gundersen, "Before the World Confessed": *All Saints Parish, Northfield, and the Community, 1858-1985* (Northfield, Minn.: Northfield Historical Society, 1987), 99 y 153. Gundersen señala que las organizaciones femeninas de Todos los Santos de principios de siglo controlaban un presupuesto mayor que el desembolsado por la junta de la parroquia. En la década de 1950 ya no era así. Las cifras sobre la industria cinematográfica proceden de John Gregory Dunne, "Goldwynism", *New York Review* (18 de mayo de 1989): 29.

54. Otto Benjamin Berg, *A Missionary Chronicle: Being a History of the Ministry to the Deaf in the Episcopal Church (1850-1980)* (Hollywood, Md.: St. Mary's Press, 1984), 121, 262. Sin embargo, Berg señaló que, incluso con el declive, la Iglesia Episcopal se mantuvo, junto con las iglesias luteranas, como líder en el ministerio a los sordos.

55. Louis Tucker, *Clerical Errors* (Nueva York: Harper & Brothers, 1943), 346.

56. Holifield, *A History of Pastoral Care*, 217; Raymond Albright, *A History of the Protestant Episcopal Church* (Nueva York: Macmillan, 1964), 345. El salario medio del clero protestante en 1928 era de 1,407 dólares.

57. Prichard, *Hail! Holy Hill!*, 138-40.

58. La mayoría de los que no eran capellanes servían como instructores de un tipo u otro. Véase *The Living Church Annual: The Yearbook of the Episcopal Church... 1945* (Nueva York: Morehouse-Gorham, 1945), 367-70.

59. Nathaniel W. Pierce y Paul L. Ward, *The Voice of Conscience: A Loud and Unusual Noise? The Episcopal Peace Fellowship 1939-1989* (Charlestown, Mass.: Charles River Printing for the Episcopal Peace Fellowship, 1989), 7-10. Walter Russell Bowie asistió a la conferencia de organización en 1939 y sirvió como consejero de la hermandad.

60. Bellamy, "Participation of Women", 93.

61. Hebert criticó lo que consideraba un alejamiento medieval del misterio hacia las proposiciones dogmáticas defendidas por la lógica, un movimiento que coincidió "en el tiempo con el cambio en los hábitos de culto que se produjo en la cristiandad occidental a principios de la Edad Media, y en particular con la pérdida de la comunión del pueblo del gran servicio dominical". Pidió una nueva apreciación del misterio en la que "el secreto del significado de Dios tanto para su mundo como para nuestras pequeñas vidas" se conociera mejor a través del "culto y la vida de nuestra propia iglesia parroquial". Véase Urban Holmes, "Education for Liturgy", en *Worship Points the Way: a Celebration of the Life and Work of Massey Hamilton Shepherd, Jr.,* ed. Malcolm C. Burson (Nueva York: Seabury Press, 1981), 118; y A. G. Hebert. *Liturgy and Society: the Function of the Church in the Modern World* (Londres: Faber and Faber Limited, 1935), 98, 258.

9
La Iglesia triunfante (1945-65)

La expansión de la posguerra

Cuando los soldados volvieron a casa tras la guerra, Estados Unidos entró en un período de crecimiento y expansión sin precedentes. El ejército había sacado a muchos jóvenes de sus comunidades y les había mostrado un mundo más amplio. Equipados con esta experiencia y con la "G.I. Bill", que subvencionaba su educación, los soldados que regresaban se casaban y acudían a los nuevos suburbios en desarrollo, donde ellos y sus cónyuges tenían un número récord de hijos. Las iglesias siguieron a las nuevas familias a los suburbios. Las denominaciones crecieron a un ritmo asombroso, y el porcentaje de estadounidenses que afirmaban estar afiliados a una iglesia alcanzó un máximo histórico.

Fueron años buenos para la Iglesia Episcopal desde el punto de vista estadístico. El *Anuario de la Iglesia viva* de 1951 se abría con una sección titulada "Análisis de las estadísticas", que señalaba felizmente que "en diez casos las cifras de 1950 son las más altas registradas". Las diez áreas serían el número de clérigos, el número de ordenaciones al diaconado, las ordenaciones al sacerdocio, el número de postulantes, el número de lectores laicos, el número de bautizados, los ingresos económicos totales y el número de académicos de la Iglesia. Esta última cifra es especialmente impresionante, ya que había subido a un máximo histórico desde un mínimo de cuarenta años en 1944.[1]

Los gráficos de proporción de comulgantes que aparecen en los ejemplares del *Anuario de la Iglesia* desde principios de siglo dejaban claro que la experiencia de 1950 no era una anomalía. El gráfico mostraría un aumento constante tanto en números absolutos como en porcentaje de la población hasta mediados de la década siguiente. En 1960, uno de cada cincuenta y cinco estadounidenses era miembro de la Iglesia Episcopal.[2]

Los carteles con el sello de la Iglesia Episcopal (adoptado por la Convención General de 1940) y anunciando que "La Iglesia Episcopal le da la bienvenida" se convirtieron en elementos habituales en los suburbios en expansión. Este crecimiento suburbano no fue accidental; fue el resultado de programas intencionales de los líderes de la Iglesia y del amplio apoyo de los miembros de la misma.

El obispo Richard S. Emrich (1910-97), por ejemplo, dirigió la diócesis de Michigan en un programa de construcción de cinco años y varios millones de dólares que pretendía crear "todo un anillo de iglesias [que surgiera] rodeando el área metropolitana de Detroit, para servir al explosivo crecimiento de los suburbios".[3] Otras diócesis estaban comprometidas con programas similares. El obispo Edward R. Welles (1907-91) del oeste de Missouri informó en 1955 que las confirmaciones en su diócesis habían aumentado un cuarenta y dos por ciento con respecto a los cuatro años anteriores y que el número de parroquias autosuficientes había aumentado de doce a veintidós.[4] El número de congregaciones en la diócesis de Texas se duplicó con creces en los diez años (1945-55) en los que el entonces obispo coadjutor de Texas, John E. Hines, era responsable de las nuevas misiones.[5] En el sur de Florida, el obispo Henry I. Louttit (1903-84) presidió un período de crecimiento que hizo que el número de congregaciones se duplicara y el número de feligreses casi se cuadruplicara.[6] La Convención General aprobó una campaña nacional de "Constructores para Cristo", que comenzó en 1954, para recaudar fondos para los seminarios teológicos (que estaban saturados y necesitaban mejoras), la misión en el extranjero y la plantación de iglesias.[7]

Tabla 5. Proporción de miembros y comulgantes de la Iglesia Episcopal
con respecto a la población de Estados Unidos desde 1830

Año	Población	Miembros de la Iglesia (Personas bautizadas)		Comulgantes	
		Número	Proporción	Número	Proporción
1830...	12,866,020	....	....	30,939	1–416
1840...	17,069,453	....	....	55,477	1–308
1850...	23,191,876	....	....	98,655	1–235
1860...	31,443,321	....	....	150,591	1–209
1870...	38,558,371	....	....	231,591	1–166
1880...	50,155,783	....	....	341,155	1–147
1890...	62,947,714	....	....	531,525	1–118
1900...	75,994,575	....	....	742,569	1–102
1910...	91,972,266	....	....	930,037	1–99
1920...	105,710,620	....	....	1,073,832	1–98
1930...	122,775,046	1,886,972	1–65	1,261,167	1–97
1940...	131,669,275	2,073,546	1–64	1,437,820	1–92
1950...	150697,361	2,478,813	1–61	1,640,101	1–92
1960...	179,323,195	3,269,325	1–55	2,095,573	1–86

Fuente: *The Episcopal Church Annual*, 1966

Tal y como explicó Reinicker durante unas conferencias en el Seminario Teológico de Virginia en 1951, el obispo Emrich pensaba que el único obstáculo real para el crecimiento continuo sería la falta de visión.

> No somos débiles. Lo único que es débil es nuestra incapacidad para ver el gran destino que Dios tiene para su Iglesia; eso es lo único que es débil en nosotros. Lo único que es débil está justo en medio de nosotros. Creo que estamos en medio de un gran renacimiento religioso, y que debemos evitar que la gente se esconda de Dios en el agujero de la desesperanza. Debemos predicar la esperanza, y una de las formas de predicar la esperanza es predicar las misiones.[8]

Emrich vio el crecimiento en número y recursos como señales de que la Iglesia estaba en medio de un gran renacimiento religioso.

Un joven clérigo inglés llamado Bryan Green (1901-93) vio al mismo tiempo signos de un renacimiento evangélico más tradicional. Green, rector de la iglesia de San Martín en el Bull Ring, Birmingham, Inglaterra, dirigió misiones de predicación consecutivas en la Catedral Nacional de Washington y en la Catedral de San Juan el Teólogo de Nueva York en noviembre y diciembre de 1949.[9] Volvería a Estados Unidos con frecuencia durante las tres décadas siguientes, hablando de una relación personal con Cristo en términos que no exigían rigidez fundamentalista. Muchos episcopales encontraron atractivo su mensaje, y otros se acercaron a la Iglesia Episcopal gracias a su predicación.

Fig. 48 La Iglesia Episcopal le da la bienvenida.

Teología

Los cristianos estadounidenses del período posterior a la Segunda Guerra Mundial se sintieron atraídos por una fe personal más profunda a través de una predicación como la de Bryan Green, descubrieron a menudo que la teología neo-ortodoxa abordaba muchas de las cuestiones que les preocupaban. Francis Lincoln y otros laicos del área de Washington, D.C., por ejemplo, comenzaron a reunirse semanalmente en 1946 para discutir la fe cristiana en el contexto del mundo moderno. La asistencia aumentó tan rápidamente que los participantes superaron rápidamente tanto las dimensiones de la casa en la que se reunían como el formato de debate informal. En 1947, se trasladaron a la biblioteca de la Catedral Nacional y pidieron a los profesores del Seminario de Virginia Albert T. Mollegen y Clifford Stanley que dieran una conferencia.[10] Los organizadores continuaron la serie, que titularon "El cristianismo y el hombre moderno", hasta la década de 1960.[11] Además de Mollegen y Stanley, entre los conferenciantes estarían el teólogo luterano Paul Tillich; el decano de la catedral de San Pablo (Los Ángeles) y posterior obispo del sur de Ohio, John Krumm (1913-95); y el teólogo del Seminario de Virginia y predicador de la Universidad de Harvard, Charles P. Price (1920-99).

El deseo de exponer la fe cristiana no era un fenómeno local del área de Washington. Desde Nueva York, por ejemplo, el deán James Pike (1913-69) de la Catedral de San Juan el Teólogo, antiguo director del departamento de religión de la Universidad de Columbia, emitió un programa religioso de televisión que fue transmitido por una importante cadena durante seis años.

La Iglesia nacional intentó cubrir la necesidad de una explicación seria de la fe para los adultos. De 1949 a 1955, la nueva editorial de la Iglesia Episcopal, Seabury Press, publicó una serie de seis volúmenes sobre la enseñanza de la Iglesia, destinada a proporcionar a los adultos interesados una base de la fe cristiana y de la tradición episcopal. Robert C. Dentan (1907-95), profesor de Antiguo Testamento en el Seminario Teológico General, elaboró un primer volumen sobre las Sagradas Escrituras. Powel Mills Dawley (1907-85), su colega en el General y profesor de historia eclesiástica, escribió volúmenes sobre la historia del cristianismo y el quehacer de la Iglesia Episcopal. El decano Pike colaboró con W. Norman Pittenger (1905-97), que entonces era profesor de apologética en el General, para producir un volumen sobre la fe de la Iglesia. Massey H. Shepherd, Jr. (1913-90), miembro de la facultad de la Escuela Teológica Episcopal y de la Escuela de Divinidad de la Iglesia del Pacífico, escribió un volumen sobre el culto de la Iglesia; y Stephen Bayne, Jr. (1908-74), entonces obispo de Olympia y más tarde funcionario ejecutivo de la Comunión

Anglicana, escribió el volumen sobre la vida cristiana. En conjunto, los seis volúmenes constituían una impresionante presentación de la fe cristiana que, en consonancia con los objetivos neo-ortodoxos de la época, combinaba una sofisticación en el trato con el mundo moderno con un esfuerzo constructivo por presentar la fe cristiana en un lenguaje claro.

En 1954, el Consejo Nacional de la Iglesia Episcopal había añadido otro elemento a este conjunto de recursos para la educación de adultos. El consejo autorizó un conjunto de folletos sobre *Opciones creativas en la vida*, diseñados para su uso en grupos de discusión de adultos en las "Conferencias de Vida Cristiana". Advertían a los adultos que no debían confiar demasiado en los beneficios materiales de la vida suburbana:

> El modelo suburbano, enseñado por el cine, la radio y las revistas populares, se ha convertido en algo ampliamente aceptado. No hay nada malo en tratar de vivir cómodamente en un entorno limpio y bonito. Pero el énfasis suburbano implica la acumulación o el uso de cosas para el consumo conspicuo; implica competencia y ostentación antes que hacer las cosas por necesidad o deseo propio; implica la autosatisfacción y la ceguera ante cómo vive la otra mitad que resulta de la preocupación por los valores suburbanos. En otras palabras, el énfasis suburbano es una expresión práctica de una actitud común y falsa hacia el lado material de la vida: la buena vida se mide en gran medida por las comodidades de las criaturas.[12]

Los panfletos concluían con la afirmación de que "el uso del dinero por parte del cristiano debe basarse en la Doctrina Cristiana del Hombre (sic) y en los principios de la Mayordomía Cristiana", lo que implicaba "una sólida y bien definida tradición que se remonta a los tiempos del Antiguo Testamento y que fue aprobada por Cristo" de diezmar "el diez por ciento de los ingresos netos... después de pagar los impuestos sobre la renta".[13]

En la década de 1950, Randolph Crump Miller (1910-2002) y los miembros del consejo de educación de la Iglesia Episcopal prepararon la *Serie Seabury* para reemplazar los materiales de la escuela dominical *Christian Nurture* ["*Fomento cristiano*"] de 1915. Miller, profesor de educación religiosa primero en el CDSP y después en la Escuela de Divinidad de Yale, explicó la teoría y el método del nuevo plan de estudios en su obra *Education for Christian Living* de 1956. El educador de la escuela de la Iglesia debía utilizar una variedad de técnicas para dar vida al material bíblico para los estudiantes:

Fig. 49 Los conferenciantes de Vida Cristiana Carl Asplund y Ruth Taylor de la Iglesia de la Trinidad, Asbury Park, Nueva Jersey.
Crédito: Cortesía de *The Living Church*, 4 de abril de 1954.

> La narración de los acontecimientos bíblicos tiene por objeto dejar que Dios hable al que lee u oye.
>
> A veces, esto puede lograrse contando la historia bíblica y luego relatando un cuento moderno del entorno del grupo que tenga exactamente el mismo argumento. Ejemplos tan obvios como la oveja perdida, la moneda perdida o las monedas de la viuda pueden adaptarse a las condiciones modernas de casi cualquier grupo de edad. Los personajes que ya están establecidos y que los niños reconocen como sus favoritos pueden tener experiencias paralelas

a las de las personas de la Biblia, y así se hace vívida la relevancia de la Biblia para la escena contemporánea.

Las paráfrasis bíblicas son esenciales para los niños pequeños y eficaces con casi cualquier grupo de edad. La narración de una historia conocida con un vocabulario diferente y con una interpretación que ponga de manifiesto su significado más profundo, a menudo enviará a los oyentes a la Biblia para obtener más información.[14]

La serie prestaba menos atención a la acción social que el anterior material de *Fomento cristiano* y se centraba más en las complejidades de la vida moderna. Miller esperaba que la narración de historias en entornos contemporáneos pudiera proporcionar a los niños la misma base de fe que la *Church's Teaching Series* ["Serie de enseñanza de la Iglesia"] proporcionaba a sus padres. El padre que pidió a sus hijos que trabajaran en la viña de Mateo 21 se convirtió en el padre que quería que le lavaran el coche, y la Cuaresma se convirtió en el "entrenamiento de primavera" de la Iglesia.

Aunque todos los materiales educativos tienen sus puntos débiles, la *Serie de enseñanza de la Iglesia, Creative Choices in Life* ["Opciones creativas en la vida"] y la *Serie Seabury* tenían puntos fuertes muy evidentes, aportando a una iglesia en crecimiento una identidad como denominación comprometida con los problemas de la vida moderna y preocupada por la proclamación del Evangelio.

Si bien la neo-ortodoxia influyó en la educación de los seminarios en los años posteriores a la Segunda Guerra Mundial, hubo otro componente añadido a la educación teológica de la época que animó a los futuros clérigos a centrarse más en la escucha compasiva que en la identificación y la denuncia del pecado social y personal: La formación pastoral clínica (CPT, por sus siglas en inglés) o, como se conoció posteriormente, la educación pastoral clínica (CPE). Se trataba de unas prácticas de verano en un hospital que habían sido introducidas en los años treinta por el Consejo para la Formación Clínica de los Estudiantes de Teología y el Comité de Formación Clínica de las Escuelas de Teología de Nueva Inglaterra. En 1945, Reuel L. Howe (1905-85), del Seminario Teológico de Virginia, convenció a la escuela para que exigiera el programa a todos los candidatos a la ordenación.[15] Otras escuelas adoptaron requisitos similares.

Lo que los seminaristas aprendieron de la educación pastoral clínica y de la lectura de obras psicológicas de autores como Carl Rogers (1902-87) estaba más en línea con el modernismo de los años 20 que con la neo-ortodoxia. Salieron del seminario convencidos de que una buena atención pastoral implicaba escuchar, cuidar y permitir a los feligreses tomar sus propias decisiones, pero que rara vez implicaba críticas o dar consejos no solicitados. El hermano de Reinhold Niebuhr, H. Richard Niebuhr, de Yale, advirtió en un estudio sobre la educación teológica de 1955 sobre el impacto que este énfasis en la atención pastoral tenía en el currículo teológico en su conjunto, pero pocos hicieron caso a su advertencia.[16]

Relaciones sociales cristianas

Los teólogos neo-ortodoxos que los seminaristas episcopales encontraron en las clases de teología (pero no en el CPE) estaban de acuerdo en que la cultura moderna debía ser tomada en serio, pero nunca fueron ciegos a la pecaminosidad inherente a toda la vida humana. El teólogo evangélico y reformado Reinhold Niebuhr había advertido en *El hombre moral y la sociedad inmoral* (1932), por ejemplo, que "ninguna sociedad será nunca tan justa como para que el corazón puro no busque algún método para escapar de sus crueldades e injusticias". La cruz, escribió, "no triunfó en el mundo y en la sociedad. La sociedad, de hecho, conspiró contra la cruz. Tanto el Estado como la Iglesia se vieron involucrados en ello, y probablemente lo harán hasta el final".[17]

Dicha teología proporcionaba una herramienta con la cual poder examinar los males sociales contemporáneos. Algunos episcopales estaban dispuestos a hacer esa crítica. El amigo de Reinhold Niebuhr, el obispo William Scarlett (1883-1973) de Missouri, por ejemplo, editó volúmenes para la Comisión Conjunta de Reconstrucción Social de la Convención General, titulados *Christianity Takes a Stand* (1946) y *The Christian Demand for Social Justice* (1949). El primer volumen contenía ensayos críticos hacia la segregación racial (de Walter Russell Bowie y Eleanor Roosevelt), el confinamiento de los japoneses estadounidenses en tiempos de guerra (de Edward L. Parsons) y el desempleo (Frances Perkins). El segundo volumen exploraba cuestiones económicas y políticas. Los volúmenes representaban las opiniones de sus autores y no las declaraciones oficiales de la Convención General en su conjunto.[18]

En los mismos años, el Obispo Presidente (1947-58) Henry Knox Sherrill fue nombrado miembro del Comité de Derechos Civiles del Presidente Truman (1946-48).[19] El informe del Comité, *To Secure These Rights* (1947), fue crítico con la segregación y sentó las bases para la orden ejecutiva de Truman de 1948 que puso fin a la segregación en el ejército y la administración pública.[20]

La Iglesia Episcopal de finales de la década de 1940 estaba completando el primero de lo que sería un proceso de desegregación en tres etapas: el desmantelamiento de las políticas diocesanas de segregación institucional. El sur de Virginia, por ejemplo, empezó a nombrar delegados laicos afroamericanos en el consejo diocesano en 1946 y eliminó por completo su convocatoria de color en 1948. La zona septentrional de Carolina del Sur, Georgia y Arkansas admitieron a las parroquias negras en sus consejos o convenciones en 1947.[21]

Las relaciones comenzaron a cambiar al mismo tiempo en las diócesis con población indígena. En 1947, la diócesis de Dakota del Sur abandonó un sistema racial que distinguía a los miembros blancos de la iglesia de los nativos americanos y adoptó un modelo geográfico que reconocía el estatus especial del deanato de Niobrara, en el que vivían la mayoría de los feligreses indios.

A excepción de las convenciones de 1889 y 1892, ninguna diócesis envió diputados negros a la convención. El patrón comenzó a cambiar en la década de 1940, con la asistencia de al menos algunos diputados negros a cada convención.[22] En 1952, las Mujeres de la Iglesia votaron para integrar sus reuniones trienales, que se reunían al mismo tiempo que la Convención General.[23]

A finales de los años 40, algunos episcopales blancos creían con optimismo que el racismo y la segregación eran cosas del pasado. Cuando Clifford P. Morehouse de Nueva York presentó una resolución en la Convención General de 1949 para enmendar el canon sobre la membresía de la Iglesia para declarar que: "Ningún comulgante será excluido del culto o de los sacramentos de la Iglesia, ni de la pertenencia a la parroquia, por motivos de raza, color o nacionalidad", la resolución fue presentada por recomendación del Comité de Cánones porque el comité era "de la opinión de que la Constitución, los Cánones y las rúbricas de esta Iglesia ya aseguran la igualdad de derechos y estatus a todo comulgante o bautizado..."[24]

Esto era cierto en un sentido limitado. La Convención General nunca había adoptado formalmente una prohibición de color, y las diócesis—con la excepción de la Diócesis de Carolina del Sur, que no otorgaría plena representación a las parroquias afroamericanas hasta 1954—habían desmantelado sus convocatorias de color separadas.[25] Sin embargo, la segregación seguía existiendo en otros dos niveles—la enseñanza de la teología y las parroquias, escuelas y campamentos—que la Iglesia se esforzaría por abordar en las dos décadas siguientes.

Los episcopales comenzaron a abordar el problema de la educación teológica en 1951. En ese año, John Walker (1927-89), posteriormente obispo de Washington, ingresó en el Seminario Teológico de Virginia. Walker, que contó con el firme apoyo del obispo Richard S. Emrich de Michigan, fue el primer estudiante afroamericano de la escuela.[26] Dos años después, la Escuela de Divinidad Obispo Payne, la institución para la preparación de hombres negros para el ministerio que había estado ubicada en Petersburg, Virginia, se fusionó oficialmente con el Seminario de Virginia. El Seminario Teológico Episcopal del Suroeste de Austin adoptó una política pro-integración desde su fundación en 1951. La Facultad de Teología de la Universidad del Sur le siguió con reservas. En la primavera de 1953, el consejo administrativo de Sewanee aceptó la dimisión de seis profesores a tiempo completo y el traslado de treinta y cinco de los cincuenta y seis estudiantes que regresaban en protesta por su política de admisión segregada. Poco después, los fideicomisarios dieron marcha atrás. En el otoño de 1953, el primer estudiante negro ingresó en la escuela de posgrado de Sewanee, y al año siguiente, Merrick William Collier, de Savannah, se convirtió en el primer estudiante negro del seminario.[27]

El Consejo Nacional se vio obligado a abordar la cuestión de las instalaciones segregadas en 1955, cuando la Convención General tenía previsto reunirse en Houston. El obispo Clinton S. Quinn (1883-1956) y el obispo coadjutor John Hines, de Texas, al parecer creyeron que podían organizar instalaciones integradas para la convención. Cuando se hizo evidente que habría límites a tales acuerdos, la Conferencia de Trabajadores de la Iglesia Episcopal decidió conferenciar. Thomas W. S. Logan (1912-2012, Presidente de la Conferencia), Tollie L. Caution (1902-1985, Subsecretario de Misiones Domésticas del Consejo Nacional), John M. Burgess (Canónigo de la Catedral Nacional), y otros se reunieron en abril de 1954 en una sesión especial de la conferencia en la Iglesia de San Jorge en Washington D. C. Adoptaron una declaración que criticaba la sede de Houston.[28] Dos meses después, el Obispo Presidente Sherrill declaró que "la Convención General no se reunirá en Houston". Se encontró una sede alternativa en Honolulu.[29]

Fig. 50 John Walker

La tercera etapa del proceso de integración afectaría a las congregaciones, las escuelas y los campamentos. Aunque los seminarios episcopales se integraron antes de la decisión del Tribunal Supremo contra la segregación en el caso Brown contra el Consejo de Educación (1954), no sería sino hasta la década de 1960 cuando muchas de estas instituciones cambiaran.

El Consejo Administrativo de la Universidad del Sur votó a favor de la integración del departamento de licenciatura en Sewanee en 1961.[30] En 1963, el Consejo de la Diócesis de Texas adoptó una resolución que permitía a las juntas diocesanas integrar las instalaciones sin más consultas.[31]

El primer estudiante afroamericano entró en una escuela de la Diócesis de Virginia en 1961. Cuando la solicitud de admisión de Martin Luther King III fue rechazada por motivos de raza en 1963 por una escuela de Atlanta vinculada a la Iglesia Episcopal, el obispo Randolph R. Claiborne, Jr. (1906-86), de Atlanta, prohibió que ningún clérigo episcopal trabajara en la escuela, y el director clérigo dimitió.[32] Los campamentos diocesanos también fueron desegregados en la década de 1960. El primer afroamericano que asistió a una conferencia en el Campamento McDowell de la Diócesis de Alabama, por ejemplo, sería un adulto que asistió a una conferencia de Educación Cristiana en 1963.[33]

En 1962, John M. Burgess (1909-2003) fue elegido obispo sufragáneo de Massachusetts, convirtiéndose en el primer afroamericano de la Iglesia Episcopal nacional en ejercer su jurisdicción sobre los europeos. Más tarde sería elegido obispo diocesano.

La integración a nivel parroquial también sería lenta. De hecho, aunque las estructuras formales de la segregación estaban desapareciendo en los años 50, Estados Unidos se había vuelto en cierto modo más segregado en esa década. Las políticas discriminatorias en materia de vivienda, salarios y préstamos hicieron que pocos afroamericanos encontraran casa en los nuevos y prósperos suburbios, incluso fuera del sur, y, a medida que los blancos se trasladaban a esos suburbios, los barrios del centro de la ciudad eran cada vez menos blancos. Los episcopales prácticamente no plantaron nuevas congregaciones en los barrios afroamericanos en el boom de crecimiento posterior a la Segunda Guerra Mundial; la plantación de iglesias se centró en los suburbios. Sin embargo, la composición racial de algunas congregaciones del centro de la ciudad cambiaría a medida que la población se desplazara. Otras congregaciones del centro de la ciudad cerrarían o permanecerían como refugios para los que se desplazaban al centro de la ciudad para los servicios dominicales.

John B. Morris (nacido en 1930) y Cornelius C. Tarplee, que eran clérigos blancos, convocaron a un grupo de personas interesadas en el Colegio Universitario de San Agustín de Raleigh en 1959 para crear una nueva organización que abordara la existencia continua del racismo. Los miembros del nuevo organismo, que adoptó el nombre de Sociedad Episcopal para la Unidad Cultural y Racial (ESCRU, por sus siglas en inglés), se prepararon para la Convención General de Detroit de 1961 haciendo un recorrido en autobús por los lugares segregados del sur. Veintisiete miembros del clero episcopal—un grupo formado por cuatro quintas partes de europeos estadounidenses y que incluía al yerno del gobernador Nelson Rockefeller— visitaron lugares como el Colegio Universitario de Todos los Santos de Vicksburg, Mississippi (un colegio episcopal femenino exclusivamente blanco que se convirtió en escuela secundaria en 1962 y dejó de funcionar en 2006) y el segregado Sewanee Inn y el Claramont Restaurant, un establecimiento de propiedad privada en terrenos de la Universidad del Sur.[34]

La ESCRU proseguiría sus esfuerzos hasta la Convención General de 1970 y, en su apogeo, contaría con más de mil miembros. Sin duda, empujó a la Convención General a adoptar una postura más activa en materia racial. La Cámara de Obispos, por ejemplo, adoptó en 1963 una resolución de apoyo a la legislación sobre derechos civiles que propuso el presidente John F. Kennedy (1919-22 de noviembre de 1963) y que, tras su asesinato, fue aprobada como ley por el Congreso bajo el liderazgo del presidente Lyndon B. Johnson (1908-73).[35]

Los obispos del sur se encontraron a menudo en posiciones difíciles cuando la lucha por los derechos civiles continuó en la década de 1960. El obispo Charles Cook Jones Carpenter (1899-1969) y el sufragáneo George M. Murray (1919-2006), por ejemplo, fueron aclamados por firmar una carta pública con otros seis clérigos en enero de 1963 en la que se instaba al gobernador de Alabama, George C. Wallace (1919-98), a seguir las indicaciones de los tribunales federales y permitir la integración, solo para ser objeto de críticas generalizadas tres meses después por una carta de seguimiento en la que se aconsejaba a los líderes de los derechos civiles que renunciasen a las manifestaciones públicas y se instaba de nuevo a que "los asuntos raciales... se tratasen en los tribunales". La segunda carta se convirtió en la ocasión de la famosa "Carta desde la cárcel de Birmingham" de Martin Luther King, Jr.[36]

Cambio institucional

El motivo principal de los años 50 y principios de los 60 fue el crecimiento. En Nueva York, la Iglesia empezó a desbordar las oficinas del edificio 281 de la Cuarta Avenida que había ocupado desde 1894. Henry Knox Sherrill convenció al Consejo Nacional para crear un centro de conferencias en Connecticut (Seabury House).[37] Su sucesor, el Obispo Presidente (1958-64) Arthur Lichtenberger pidió a la Convención General un nuevo complejo de oficinas. En 1960, las oficinas nacionales se trasladaron a un nuevo edificio en el 815 de la Segunda Avenida, con el triple de espacio que la sede anterior y una residencia para el obispo presidente.

Una denominación tan creciente no podía seguir siendo dirigida por un obispo presidente a tiempo parcial. En 1944, Henry St. George Tucker (1874-1959), obispo presidente de 1938 a 1946, renunció a su cargo de obispo de Virginia. La Convención General adoptó una legislación que exige a los siguientes obispos presidentes que renuncien a sus diócesis en los seis meses siguientes a su elección.[38] En 1964, la Convención General, reconociendo la creciente carga de trabajo del presidente de la Cámara de Diputados, creó el cargo de vicepresidente del organismo.[39] En 1958, preocupaciones similares llevaron a la Comunión Anglicana a crear el nuevo cargo de oficial ejecutivo, del que el obispo de Olympia Stephen F. Bayne, Jr. fue el primero.

Los seminarios crecieron rápidamente en la década de 1950. La Comisión Conjunta de Educación Teológica de la Convención General informó en 1952 que el número de seminaristas había aumentado de 508 en 1947-48 a 1,043 en 1950-51.[40] Algunos seminarios ampliaron sus instalaciones y sus facultades para dar cabida a sus crecientes clases. Además, el Obispo Presidente Henry Knox Sherrill y el entonces Obispo de Texas John Elbridge Hines (1910-97) lideraron la creación de un nuevo seminario teológico en Austin, Texas. En 1952, Gray M. Blandy (1910-90) se convirtió en el primer decano de la escuela, que tomó el nombre de Seminario Teológico Episcopal del Suroeste (nombre que se acortaría a Seminario del Suroeste en 2008).

La Iglesia de los años posteriores a la Segunda Guerra Mundial también estaba más dispuesta a participar en organizaciones ecuménicas que la Iglesia de principios de siglo. La Iglesia Episcopal, que se había negado a formar parte del Consejo Federal de Iglesias (1908) y rechazó una propuesta de fusión con los presbiterianos (1946), se unió al Consejo Mundial de Iglesias (formado en 1948) y al Consejo Nacional de Iglesias (formado en 1950). La decisión de unirse a estos organismos reflejaba la cada vez mayor confianza de una Iglesia en crecimiento, el reconocimiento de la naturaleza interrelacionada de la vida moderna que había traído la Segunda Guerra Mundial, y la creencia de que el movimiento de Fe y Constitución en el que los episcopales habían participado activamente estaba tratando con seriedad las diferencias en temas como la sucesión episcopal. El movimiento Fe y Constitución fue una de las organizaciones que participaron en la creación del Consejo Mundial.

Modelos de vida eclesiástica

Los patrones institucionales de la Iglesia en estos años reflejaban los patrones sociales estadounidenses predominantes. Aunque la Convención General había tomado una decisión pragmática en 1946 para permitir que se volvieran a casar por la Iglesia aquellos que se divorciaron a causa de una serie de obstáculos o impedimentos especificados, el supuesto general de la vida eclesiástica y cívica era que la familia nuclear constituía la unidad en la que se apoyaba todo lo demás.[41] Los miembros de la familia tenían roles específicos dentro del hogar que luego se reflejaban en la participación comunitaria. Normalmente, un liderazgo exclusivamente masculino presidía una organización gubernamental, mientras que las mujeres adultas participaban en una serie de organizaciones paralelas y los niños de ambos sexos participaban en actividades planificadas para sus grupos de edad.

En 1961, el cincuenta y cinco por ciento de las diócesis no permitía que las mujeres participaran en las convenciones o consejos diocesanos, y el setenta por ciento les prohibía ser elegidas para las juntas parroquiales.[42] Las convenciones generales de los años 50 y 70 reafirmarían repetidamente su principio de liderazgo masculino y negarían la participación femenina.

Las mujeres auxiliares y los gremios femeninos no tenían el peso financiero que habían tenido organizaciones similares antes de la Depresión. Los grupos de mujeres de antes de la Depresión, al menos en algunas partes del país, disponían de presupuestos de igual cuantía que los controlados por las juntas.[43] Sin embargo, la Depresión y el continuo alejamiento de las actividades patrocinadas por la Iglesia redujeron los ingresos que podían producir los bazares de mujeres y otras actividades tradicionales de recaudación de fondos. En la década de 1950, incluso los grupos de mujeres más ambiciosos recaudaban presupuestos que solo representaban un pequeño porcentaje de los fondos generales de la parroquia.

Los patrones de liderazgo de las mujeres en la Iglesia estaban cambiando. A partir de 1922, el número de mujeres que entraban en el oficio de diaconisas había comenzado a disminuir. En el *Anuario de la Iglesia viva* de 1930 figuraban 222 diaconisas (activas). En el Anuario de 1950, el número había descendido a 164 (activas y retiradas); en 1960, a 86 (activas y retiradas).[44] El declive se debió en parte a la eliminación de los mismos puestos de trabajo que las diaconisas habían ocupado. Las enfermeras seculares sustituyeron a las diaconisas en los pasillos de los hospitales, y las pequeñas congregaciones en las que muchas diaconisas habían servido desaparecieron rápidamente. La disponibilidad generalizada del automóvil hizo posible la consolidación de pequeñas congregaciones rurales y urbanas y la construcción de grandes congregaciones nuevas en los suburbios. Así, el número de bautizados aumentó (de 1,939,453 en 1930 a 3,615,643 en 1965) en un momento en que el número de congregaciones disminuía (de 8,253 parroquias y misiones en 1930 a 7,539 en 1965).[45] Las congregaciones más grandes resultantes rara vez contaban con diaconisas, llamando en su lugar a uno o más clérigos masculinos.

Sin embargo, si el movimiento de las diaconisas había pasado su mejor momento, el movimiento de las trabajadoras profesionales de la Iglesia que había comenzado en la década de 1920 estaba entrando en su edad de oro.[46] Las mujeres con una sólida formación teológica se dieron cuenta de que necesitaban habilidades que las equiparan para trabajar en las congregaciones más grandes de la década de 1950. Pronto descubrieron que los rectores de las parroquias, abrumados por el rápido aumento del número de hijos de los padres y madres de la posguerra, estaban deseosos de contratar a mujeres como directoras asalariadas de la educación cristiana.

Diversos programas, la mayoría de ellos estrechamente vinculados a seminarios teológicos, ofrecían formación a las mujeres interesadas en el trabajo profesional de la Iglesia. Los estudiantes de la Casa Windham de Nueva York (que empezó a conceder un título de educación religiosa en un programa conjunto con la Universidad de Columbia y el Seminario de la Unión en 1946) y de la rebautizada Casa Santa Margarita de Berkeley recibieron algunas de sus clases del profesorado del Seminario Teológico General y de la Escuela de Divinidad de la Iglesia del Pacífico. La Escuela de Divinidad Obispo Payne de Petersburg, Virginia, aceptó estudiantes femeninas en un programa especial de educación cristiana de 1945 a 1950, y la Escuela de Divinidad de Filadelfia continuó su programa para estudiantes femeninas hasta 1952.

En 1949, la Casa Windham patrocinó una conferencia que condujo a la formación de la Asociación de Mujeres Profesionales de la Iglesia. En 1958, la asociación presentó un memorial a la Convención General que dio lugar a la creación de una Comisión Conjunta sobre la Situación y la Formación de las Trabajadoras

Profesionales de la Iglesia. Esa comisión, a su vez, convenció a la Convención General de 1964 para que adoptara un canon titulado "De las mujeres profesionales que trabajan en la Iglesia".[47]

Las mujeres siguieron enseñando en los seminarios episcopales. Martha Pray (Escuela de Divinidad Obispo Payne, instructora de Educación Cristiana, 1945-49), y Marian T. Kelleran (Seminario de Virginia, profesora adjunta 1949-62, y profesora de Educación Cristiana 1963-72) siguieron los ejemplos anteriores de Adelaide Teague Case (profesora de Educación Cristiana de la Escuela Teológica Episcopal a partir de 1941) y Katharine Arnett Grammar (tutora residente de Educación Cristiana en la Escuela de Divinidad de Filadelfia, 1943; decana de la Casa Santa Margarita, 1945).

Las alumnas, que en un principio centraron sus estudios en la educación cristiana, aparecieron en los campus de los seminarios teológicos más o menos al mismo tiempo. Clara O. Loveland, graduada de la Escuela de Divinidad de Berkeley en 1939, puede haber sido la primera mujer en recibir una licenciatura en Divinidad de un seminario episcopal. En 1947, las tres graduadas (Lillian Clarke, Iris King y Matilda Syrette) completaron un programa de dos años en Educación Cristiana para mujeres negras en la Escuela de Divinidad Obispo Payne, copatrocinado por la Auxiliar Femenina de la Junta de Misiones.[48] Ocho años después, Jane Buchanan completó sus estudios en la Escuela de Divinidad de la Iglesia del Pacífico. Le siguieron un número cada vez mayor, como Muriel James y Marianne H. Micks (1923-97) en la clase de 1957 de la Escuela de Divinidad de la Iglesia del Pacífico.[49] La Escuela Teológica Episcopal y el Seminario de Virginia matricularon a sus primeras mujeres al año siguiente.[50]

Al mismo tiempo que las profesionales pasaban del liderazgo en las misiones aisladas a desempeñar funciones dentro de parroquias y seminarios más grandes y dirigidos por hombres, las representantes de las Mujeres Auxiliares de la Junta de Misiones pudieron influir en la organización del Consejo Nacional (el órgano ejecutivo de la Convención General que cambiaría su nombre en 1964 por el de Consejo Ejecutivo). Desde 1934 hay cuatro puestos designados para mujeres en el Consejo Nacional y las mujeres han participado activamente en el Departamento de Misiones, uno de los cinco departamentos del Consejo Nacional. A raíz de una petición de la Auxiliar Femenina, en 1958 el Consejo reconoció el papel de la Auxiliar en los departamentos de Educación Cristiana y Relaciones Sociales Cristianas. Sólo los departamentos de Finanzas y Publicidad permanecieron por el momento como cotos masculinos.

El Consejo Nacional también elevó el estatus de la Auxiliar Femenina al de División General para el Trabajo Femenino. La Reunión Trienal de las Mujeres de la Iglesia de 1958 aplaudió los cambios y recomendó que los grupos diocesanos de mujeres adoptaran el nombre de Mujeres de la Iglesia Episcopal en lugar del título de "Mujeres Auxiliares" que había implicado un estatus subordinado.[51]

Misiones en el extranjero

El enfoque de las actividades misioneras en el extranjero cambió en la década de 1950. La victoria de Mao Tse-tung en 1949 cerró el campo misionero chino justo en el momento en que la primera generación de graduados de los seminarios posteriores a la Segunda Guerra Mundial completaba su formación. Muchos, que habían estado en el extranjero durante la guerra, estaban ansiosos por regresar con el Evangelio ahora que la lucha había terminado. En el Seminario de Virginia, por ejemplo, una cuarta parte de la clase de 1950 se alistó en el trabajo misionero en el extranjero.[52]

Mientras que muchos de estos nuevos graduados fueron a Japón o a Filipinas, otros sirvieron en el hemisferio occidental. La elección de William Gordon, Jr. (1918-94), como obispo de Alaska, incluso antes de cumplir la edad canónica de treinta años, captó la atención de muchos de los que se ofrecieron como voluntarios para el servicio en lo que entonces era un territorio estadounidense. Otros se dirigieron hacia América Latina, donde la Iglesia Episcopal estaba asumiendo gradualmente las responsabilidades de la misión de la Iglesia de Inglaterra.

En Brasil, donde la Iglesia Episcopal tenía una base firme, los episcopales se dividieron en tres diócesis en 1949. Los episcopales ampliaron su labor a Colombia y Ecuador y comenzaron a nombrar obispos misioneros en Centroamérica. En 1957 David Richards se convirtió en obispo del distrito misionero de América Central. En 1967 William Frey se convirtió en obispo de Guatemala con responsabilidad sobre Honduras. Al año siguiente, la Iglesia Episcopal completó la subdivisión de la Diócesis de Centroamérica en cinco diócesis nacionales. En 1964, la Iglesia Episcopal creó la Novena Provincia para que las diócesis latinoamericanas pudieran trabajar hacia una mayor autonomía.

Liturgia

Por primera vez en su larga historia, la Iglesia Episcopal tenía tantos sacerdotes como congregaciones en 1956.[53] Este aumento en el número de clérigos se combinó con la mayor velocidad del transporte en automóvil para facilitar que las parroquias desarrollaran su vida litúrgica de una forma que las pequeñas misiones dispersas de principios de siglo no pudieron lograr. El ritmo litúrgico de las pequeñas congregaciones con clero compartido dependía a menudo más del tiempo y del horario del sacerdote que del año eclesiástico.

La creciente generación del baby boom que siguió a la Segunda Guerra Mundial puede haber contribuido también a una mayor flexibilidad litúrgica. Los niños llegaron a ser tan numerosos que muchas congregaciones sintieron la necesidad de separarlos de los adultos el domingo por la mañana. Las capillas infantiles separadas y las sesiones dobles de la escuela dominical proporcionaban educación y religiosidad a los niños más pequeños. Los niños mayores participaron en el culto con sus padres hasta el sermón, momento en el que se fueron a sus propias clases. Su éxodo creó congregaciones compuestas enteramente por adultos, que estaban más dispuestos e interesados en las sutilezas del año eclesiástico que las congregaciones intergeneracionales de los años treinta. Las parroquias pudieron dramatizar el año eclesiástico y enfocarse en la centralidad de la Eucaristía de una manera que antes no había sido posible.

En 1946, Massey Shepherd, entonces profesor de historia de la Escuela Teológica Episcopal, pero más tarde profesor de liturgia en la Escuela de Divinidad de la Iglesia del Pacífico, se unió a una serie de clérigos parroquiales para crear las Parroquias Asociadas. La organización, que programaba conferencias y publicaba materiales litúrgicos, fue una de las más eficaces para llevar el movimiento litúrgico de los seminarios de los años 30 al ámbito parroquial. Su *The Parish Eucharist* (1951) abogaba por la celebración semanal de la Eucaristía. Los *Holy Week Offices* ["Oficios de Semana Santa"] (1958) complementaron las devociones disponibles en el Libro de Oficios que había sido aprobado por la Convención General de 1937. El volumen de las Parroquias Asociadas añadió, por ejemplo, una forma para el Vía Crucis y la Tenebrae, y un Oficio de Viernes Santo. La obra *Before the Holy Table* (1956), también de Parroquias Asociadas, explicaba la razón de ser del cambio de postura de los celebrantes:

> Se suele alegar a favor de las celebraciones de la Eucaristía, en las que los ministros están de cara al pueblo, que la participación corporativa de la congregación en el rito es mayor de este modo. El pueblo puede ver, y no solo imaginar, todas las ceremonias necesarias, no menos que simbólicas, que se asocian a la fracción del Pan. El rito se visualiza claramente en su carácter esencial como la santa Cena del Señor, el banquete festivo de la Iglesia, que es nuestro anticipo de la Fiesta Mesiánica en el Reino de Dios.[54]

El celebrante, situado de frente a la congregación, hizo más vívido el paralelismo entre la Última Cena de Cristo y la Eucaristía parroquial. La adopción de esta postura en la Eucaristía requirió en la mayoría de los casos un rediseño del presbiterio, ya que en 1950 la mayoría de los edificios de las iglesias episcopales tenían altares fijados a la pared. El canónigo Edward West (1909-90) de la catedral de San Juan el Teólogo de Nueva York, uno de los primeros defensores de la celebración de cara al pueblo, fue uno de los primeros en ver las múltiples posibilidades que se derivaban de ese rediseño. Era partidario de unos presbiterios más amplios y abiertos en los que fuera posible realizar procesiones dramáticas y celebraciones eucarísticas con múltiples clérigos.

La única autoridad del canónigo West sobre la liturgia fuera de su catedral procedía de la persuasión de los argumentos personales y del ejemplo de la liturgia en San Juan el Teólogo. Las Parroquias Asociadas eran solo una organización voluntaria dentro de la Iglesia. Sin embargo, tanto West como las Parroquias Asociadas fueron extremadamente influyentes. Las ideas de West se incorporaron a muchos de los nuevos edificios eclesiásticos de la década de 1950. Además, varias de las sugerencias litúrgicas de las Parroquias Asociadas acabarían apareciendo en el Libro de Oración Común de 1979.

En 1949, la Convención General autorizó a la Comisión Permanente de Litúrgica a elaborar una serie de estudios sobre los libros de oración. *Estudios sobre el Libro de Oración IV* (1953) propuso una revisión del rito eucarístico. En él, la comisión litúrgica sugería tres cambios básicos que la Convención

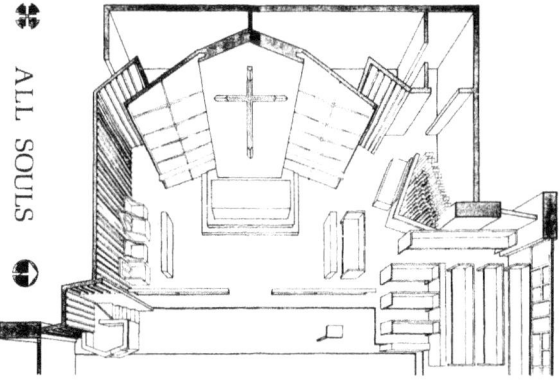

Fig. 51 Diseño del coro de la Iglesia de Todas las Almas, Berkeley, California, hacia 1955

General incorporaría posteriormente en el Libro de Oración Común de 1979: (1) trasladar la fracción del pan de la mitad de la oración de consagración a inmediatamente después del Padre Nuestro; (2) reintroducir el intercambio verbal de la paz, que había estado ausente de los libros de oración anglicanos desde 1552; y (3) reubicar el *Gloria in Excelsis* en la introducción del rito, donde había estado en el *Libro de Oración Común* de 1549.

En 1953, la Cámara de Obispos autorizó "el uso especial en una ocasión particular" de la forma propuesta por la comisión.[55] Aunque este permiso se extendió a cualquier forma litúrgica preparada por la comisión, sería el rito eucarístico, publicado posteriormente como un folleto separado con la resolución de los obispos, el que se utilizaría con mayor frecuencia. Debido a que la resolución prohibía su uso en el "culto público regular", la mayoría de los miembros de la Iglesia Episcopal nunca asistieron a un servicio eucarístico de los *Estudios sobre el Libro de Oración IV*, pero varios líderes de la Iglesia sí participaron en dichas celebraciones.

NOTAS

1. *The Living Church Annual*, 1951 (Nueva York: Morehouse-Gorham, 1950), 12-13.

2. *The Episcopal Church Annual 1962* (Nueva York: Morehouse-Barlow, 1962), 12.

3. *The Living Church 130* (6 de febrero de 1955): 20-21.

4. *The Living Church 130* (22 de mayo de 1955): 12.

5. El número pasó de treinta y siete a setenta y ocho. Véase Kenneth Kesselus, *John E. Hines: Granite on Fire* (Austin: Episcopal Theological Seminary of the Southwest, 1995), 141.

6. Entre 1945 (cuando Louttit fue consagrado sufragáneo) y 1970 (cuando se retiró de la recién creada Diócesis de Florida Central) las congregaciones en la zona que había sido Florida del Sur crecieron de 92 a 204, y los feligreses de 21,000 s 80,769. Véase "Bishop Louttit Dead at 81," Episcopal News Service (9 de agosto de 1984).

7. Douglas M. Carpenter, *A Powerful Blessing: The life of Charles Colcock Jones Carpenter, Sr. 1899-1969, Sixth Episcopal Bishop of Alabama, 1938-1968* (Birmingham: Transamerica Printing, 2012), 223; y "Building Begins", *The Living Church 128* (7 de febrero de 1954), 8-9.

8. Richard S. Emrich, *A Missionary Strategy for Today*, conferencias Reinecker, pronunciadas en el Seminario Teológico Episcopal Protestante de Alexandria, Virginia, 13 y 14 de diciembre de 1951, impresas por Henderson Services, Washington D.C.), 1-2.

9. "Rev. Bryan Green to Conduct Mission", *Living Church 119* (23 de octubre de 1949): 19; Peter Vaughn, "Obituary: Canon Bryan Green", *The Independent* (20 de marzo de 1993) http://www.independent.co.uk/news/people/obituary-canon-bryan-green-1498761.html (consultado el 27 de marzo de 2014).

10. A.T. Mollegen, *"Classical Christianity" en Christianity and Modern Man* (Washington, D.C.: Ward and Paul mimeograph, 1947), 1.

11. El programa continuó después de esa época como una oferta de educación para adultos del Seminario Teológico de Virginia bajo el nombre de '"Escuela de Teología para Laicos" (rebautizada como Escuela de Teología Vespertina en la primera década del siglo XXI).

12. El Consejo Nacional, *Creative Choices in Life: Money and a Satisfying Life* (Nueva York, The National Council, [1954]), 8.

13. The National Council, *Money*, 14-15.

14. Randolph Crump Miller, *Education for Christian Living* (Englewood Cliffs, N.J.: Prentice-Hall, 1956), 193.

15. Robert W. Prichard, *¡Salve! ¡Holy Hill! A Pictorial History of the Virginia Theological Seminary*, con Julia E. Randle (Brainerd, Minnesota: RiverPlace Communication Arts for the Virginia Theological Seminary, 2012), 160.

16. Brooks Holifield, *A History of Pastoral Care in America: from Salvation to Self-Realization* (Nashville: Abingdon Press, 1983), 234, 259, 269-76; Charles P. Price, "The Episcopal Church in the 1950s, 60s, and 70s" (Conferencia pronunciada en el Seminario de Virginia el 6 de diciembre de 1989).

17. Reinhold Niebuhr, *Moral Man and Immoral Society* (Nueva York: Charles Scribner's Sons, 1960), 81-82.

18. La Cámara de Diputados de 1946 se negó a patrocinar el primer volumen. Scarlett incluyó una nota en el segundo volumen dejando clara la responsabilidad individual de los informes. Véase Nathaniel W. Pierce y Paul L. Ward, *The Voice of Conscience: A Loud and Unusual Noise? The Episcopal Peace Fellowship, 1939-1989* (Charlestown, Mass.: Charles River Publishing for the Episcopal Peace Fellowship, 1989), 15; y William Scarlett, ed., *The Christian Demand for Social Justice*, (New York: New American Library of world Literature, 1949), 6.

19. Henry Knox Sherrill, *Among Friends* (Boston: Little, Brown and Company, 1962), 225.

20. William E. Juhnke, ed., "Introduction" to President Truman's Committee on Civil Rights (Frederick, Maryland: a microfilm project of University Publications of America, Inc, 1984) http://www.lexisnexis.com/documents/academic/upa_cis/10739_TrumanCommCivilRts.pdf (consultado el 26 de marzo de 2014).

21. Southern Churchman CXIV (28 de mayo de 1948), 11-12 y CXV (28 de mayo de 1949), 11.

22. J. Carleton Hayden, "The Black Ministry of the Episcopal Church: An Historical Overview", en *Black Clergy in the Episcopal Church: Recruitment, Training, and Deployment*, ed. Franklin Turner y Adair T. Lummis (Nueva York: Office for Black Ministries of the Episcopal Church, s.f.), 19.

23. *The Journal of the General Convention of the Protestant Episcopal Church in the United States of America... 1952* (impreso para la convención, 1952), 121-23.

24. *Journal of the General Convention of the Protestant Episcopal Church in the United States of America... 1949* (n.p.: impreso para la Convención, 1949), 164-65.

25. Gardiner H. Shattuck, Jr., *Episcopalians and Race: Civil War to Civil Rights* (Lexington: University Press of Kentucky, 2000), 55.

26. El Seminario Teológico General y el Kenyon College habían tenido estudiantes afroamericanos antes de la Guerra Civil estadounidense. El General aceptó a un Isaiah DeGrasse de piel clara en 1836 pero, una vez conocida su raza, le explicaron que tendría que vivir separado de los demás estudiantes. En lugar de aceptar las condiciones, se retiró para estudiar en privado. William Alford ingresó en Bexley Hall en 1856. Tres estudiantes liberianos estudiaron en el Seminario Teológico de Virginia en los años 1840 y 50, y los estudiantes asiáticos habían llegado allí por primera vez en la década de 1870. Sin embargo, John Walker fue el primer afroamericano en Virginia. Véase Wilson Jeremiah Moses, Alexander Crummell: *A Study of Civilization and Discontent* (Nueva York: Oxford University Press, 1989), 27-28; Richard M. Spielmann, *Bexley Hall: 150 Years, A Brief History* (Rochester: Colgate Rochester Divinity School./Bexley Hall/Crozer Theological Seminary, 1974), 27; y Prichard, 35, 82.

27. Donald Smith Armentrout, *The Quest for the Informed Priest: A History of the School of Theology* (Sewanee: School of Theology of the University of the South, 1979), 307-12.

28. "No solo un perro guardián". *The Living Church 128* (6 de mayo de 1954): 6-7.

29. Sherrill, *Among Friends*, 258-59; Kesselus, *John E. Hines*, 156-67.

30. Armentrout, *Quest for the Informed Priest*, 418.

31. Kesselus, *John E. Hines*, 170.

32. La escuela que rechazó a Martin Luther King, III fue la Escuela Lovett de Atlanta, Georgia. Para saber más sobre la historia de la integración en las escuelas de Virginia y de la consulta con el obispo de Atlanta tras el rechazo de King, véase John Page Williams, *A History of Church Schools in the Diocese of Virginia: the Working out of a Partnership*, 1920-1950, ed., Robert W. Prichard (Harrisburg: Morehouse, 1999), 186-87, 191, 230.

33. Douglas M. Carpenter, *A Powerful Blessing: The life of Charles Colcock Jones Carpenter, Sr. 1899-1969, Sixth Episcopal Bishop of Alabama, 1938-1968* (Birmingham: Transamerica Printing, 2012), 205.

34. Shattuck, *Episcopalians and Race*, 98-102, 110-13, 116. El restaurante se integró en 1963.

35. Shattuck, *Episcopalians and Race*, 102, 131.

36. Para las cartas que firmaron los obispos, véase Carpenter, *A Powerful Blessing*, 332-35.

37. Knox, Among Friends, 222-23.

38. Si bien las convenciones generales desde 1943 han sido consistentes en requerir que el obispo presidente renuncie a la responsabilidad diocesana, han hecho cambios en la duración del cargo para el oficial presidente. Véase la nota 7 en la página 265 para una discusión de esos cambios.

39. Edwin Augustine White y Jackson A. Dykman, *Annotated Constitution and Canons for the Government of the Protestant Episcopal Church in the United States of America, Otherwise known as The Episcopal Church*, 2 vols. (Nueva York: Oficina de la Convención General, 1982), 1:169.

40. *Journal of the General Convention of the Protestant Episcopal Church in the United States... 1952* (impreso para la Convención, 1952), 642.

41. La lista de nueve impedimentos para un correcto matrimonio cristiano incluía elementos que parecían tener en cuenta los problemas que podían acarrear los matrimonios rápidos de posguerra. Por ejemplo, "la enfermedad venérea en cualquiera de las partes no revelada al otro" era uno de los impedimentos enumerados. La persona que deseaba volver a casarse o (tras un nuevo cambio en 1949) deseaba conocer de antemano esa posibilidad tenía que solicitarlo al obispo y demostrar que uno o más de los impedimentos habían existido en el matrimonio original. Véase White y Dykman, *Annotated Constitution and Canons*, 410-12, 417-18.

42. Mary Sudman Donovan, *A Different Call: Women's Ministries in the Episcopal Church, 1859-1920* (Wilton, Conn.: Morehouse-Barlow, 1986), 173.

43. Joan R. Gundersen, "The Local Parish as a Female Institution: The Experience of All Saints Episcopal Church in Frontier Minnesota", *Church History 55* (septiembre de 1986): 307-22.

44. *The Living Church Annual* (Milwaukee: Morehouse Publishing, 1929), 180-83; *The Living Church Annual* (Nueva York: Morehouse-Gorham, 1939), 131-33; *The Episcopal Church Annual* (Nueva York: Morehouse-Barlow, 1960), 133-34.

45. *The Episcopal Church Annual 1983*, (Wilton, Conn.: Morehouse-Barlow, 1983), 18-19.

46. Heather Ann Huyck, "To Celebrate a Whole Priesthood: the History of Women's Ordination in the Episcopal Church" (tesis doctoral, Universidad de Minnesota, 1981), 9-10.

47. White y Dykman, *Annotated Constitution and Canons*, 959.

48. Odell Greenleaf Harris, *Bishop Payne Divinity School, Petersburg, Virginia, 1878-1949: A History of the Seminary to Prepare Black Men for the Ministry of the Protestant Episcopal Church* (Alexandria, Va.: Protestant Episcopal Theological Seminary, 1980), 17.

49. Marianne Micks, "Forty Years in the Wilderness", *The Witness 70* (julio-agosto de 1987): 7.

50. Heather Huyck, "Indelible Change: Woman Priests in the Episcopal Church", *Historical Magazine of the Protestant Episcopal Church 51* (diciembre de 1982): 386. Al fechar la primera admisión de mujeres en Virginia en 1961, Huyck pasó por alto a Marian Smollegan, que asistió a Virginia durante el año académico 1958-59.

51. Margaret Marston Sherman, *True to their Heritage* (Nueva York: Consejo Nacional de la Iglesia Episcopal, 1964), 1-4.

52. Robert W. Prichard, "Virginia Seminary Since World War II", *Virginia Seminary Journal 37* (junio de 1985): 34.

53. *The Episcopal Church Annual 1960*, 20.

54. Massey H. Shepherd, Jr. y otros, *Before the Table: A Guide to the Celebration of the Holy Eucharist, Facing the People, According to the Book of Common Prayer* (Greenwich, Conn.: Seabury Press, 1956), 5.

55. The Standing Liturgical Commission of the Protestant Episcopal Church in the United States of America, *Prayer Book Studies XVII: The Liturgy of the Lord's Supper, A Revision of Prayer Book Studies IV* (New York: Church Pension Fund, 1966), 4.

10
Una Iglesia reorganizada (1965-90)

Tiempos difíciles

La mitad de la década de 1960 fue una época extraordinariamente tumultuosa para los estadounidenses, marcada por los asesinatos políticos (John F. Kennedy, 1963; Martin Luther King, Jr., 1968; Robert F. Kennedy, 1968), los disturbios urbanos (Harlem y Bedford-Stuyvesant en Nueva York, 1964; Watts en Los Ángeles, 1965; Chicago, 1966; etc.) y la creciente discordia sobre la participación estadounidense en Vietnam (manifestaciones contra la guerra en Washington, 1969).

Las iglesias estadounidenses se habían beneficiado del crecimiento de los suburbios en la década de 1950, y habían apoyado y contribuido a un conjunto de valores culturales basados en la familia nuclear, el voluntariado cívico, el patriotismo y la asistencia regular a la iglesia. Algunos estadounidenses—sobre todo los jóvenes—empezaron a cuestionar esos valores. Las iglesias comenzaron a hacer lo mismo. El Concilio Vaticano II (1962-65), por ejemplo, comprometió a la Iglesia Católica Romana a reexaminar a fondo las actitudes mantenidas anteriormente sobre la moralidad, la justicia social, la política y el culto litúrgico.

John E. Hines fue obispo presidente de la Iglesia Episcopal de 1965 a 1974. Le siguieron John M. Allin (1974-85) y Edmond L. Browning (1986-97). Hines fue un profeta, que trató de remodelar la Iglesia para adaptarse a los tiempos cambiantes. Allin fue un reconciliador que ayudó a calmar a

Fig. 52 John Elbridge Hines, vigésimo segundo obispo presidente

Fig. 53 John Maury Allin, vigésimo tercer obispo presidente

algunos de los miembros más tradicionales de la Iglesia que se oponían al alcance del cambio iniciado por Hines. Browning, que había pasado gran parte de su ministerio ordenado fuera de los Estados Unidos continentales, centró inicialmente su atención en el papel de la Iglesia Episcopal en la Comunión Anglicana y en el mundo en general. Los tres líderes eran personas muy diferentes, pero presentaban una imagen sorprendente de la Iglesia Episcopal a finales de los años sesenta, setenta y ochenta: una Iglesia con profetas que desafiaban las suposiciones cómodas, pastores con compasión por aquellos miembros de la Iglesia que estaban confundidos y preocupados por una época turbulenta, y diplomáticos que miraban más allá de las fronteras inmediatas de la nación.

Declive estadístico

La reorientación de la Iglesia iniciada por el obispo Hines tendría un coste. Entre 1965 y 1990, los optimistas gráficos de crecimiento que habían adornado los anuales de la Iglesia y habían aparecido como apéndices en los volúmenes de la Serie de Enseñanza de la Iglesia desaparecieron de repente. Tras casi dos siglos de crecimiento sostenido, la Iglesia comenzó a disminuir en su porcentaje demográfico y en números absolutos. De un máximo de 3.64 millones en 1966, los miembros bautizados cayeron a 2.44 millones en 1990.[1] En las décadas siguientes se produjeron más pérdidas de miembros. Metodistas, presbiterianos, congregacionalistas, discípulos de Cristo y luteranos perdieron miembros durante los mismos años.

Múltiples elementos se combinaron para producir esta caída estadística: Un descenso en la tasa de natalidad estadounidense, un alejamiento de la sociedad de la familia nuclear que había sido el pilar de la vida eclesiástica de la década de 1950, la controversia sobre las formas de reordenar la Iglesia para llevar a los no blancos y a las mujeres a un estatus más igualitario, la creciente secularidad de la sociedad estadounidense y el conflicto sobre la forma de responder teológicamente a la situación cambiante.

Estados Unidos se hacía joven y viejo al mismo tiempo: Joven porque los hijos del baby boom posterior a la Segunda Guerra Mundial alcanzaban la mayoría de edad y creaban una cultura juvenil con valores diferentes a los de sus padres, y viejo porque esa misma generación joven retrasaba el matrimonio y la maternidad, poniendo fin al baby boom. Tras mantenerse por encima de los 4 millones anuales desde 1954, el número anual de nacimientos en Estados Unidos descendió a 3.76 millones en 1965. En 1973 alcanzó un mínimo de 3.13 millones, y no volvió a subir a 4 millones hasta 1989. El número anual de bautismos y de alumnos de la Escuela Dominical en la Iglesia Episcopal descendió en consecuencia. Los bautismos descendieron un treinta y nueve por ciento (de 105,322 en 1965 a 64,706 en 1990), y la asistencia a la escuela de la iglesia, un cuarenta y cuatro por ciento (de 880,912 en 1965 a 495,537 en 1990).[2]

El evidente éxito en los suburbios de los años 50 había reducido las perspectivas de muchos cristianos. Empezaron a ver los nuevos edificios y las crecientes escuelas dominicales de niños blancos de clase media como el único objetivo de la Iglesia. Cuando la tasa de natalidad descendió y los grupos étnicos que habían sido excluidos del nuevo centro suburbano de la vida estadounidense empezaron a exigir un trato más equitativo, estos cristianos se vieron obligados a reexaminar sus premisas. El Obispo Presidente Hines y otros líderes intentaron rehacer la Iglesia en respuesta a este desafío. Trataron de hacer la liturgia más accesible a los laicos, eliminaron las limitaciones a la participación de las mujeres en la Iglesia, pidieron mayores oportunidades para las minorías y ajustaron el ministerio pastoral de la Iglesia a los problemas de una nueva década. Otros, preocupados por un ritmo de cambio que consideraban demasiado rápido o demasiado lento, abandonaron la Iglesia Episcopal.

Este fue un período de inusual fluidez en la membresía de la Iglesia. Aquellos que deseaban que la Iglesia se abriera más hacia los de fuera de la denominación tuvieron éxito, de modo que en 1978 se estimaba que el cuarenta y ocho por ciento de los episcopales adultos se habían criado en otras tradiciones. El Comité del Estado de la Iglesia de la Convención General estimó que esta cifra aumentó al 58% en 1981.[3] Sin embargo, fue precisamente este esfuerzo el que alejó a muchos miembros de la Iglesia, que abandonaron la denominación en un número aún mayor. Las peores pérdidas de afiliados se produjeron en 1973 y 1974, con una caída de más del cuatro por ciento de los afiliados en cada uno de esos años. A partir de entonces, las pérdidas continuaron a un ritmo mucho más lento. Si se corrige por un importante ajuste estadístico, esa tasa sería de aproximadamente cuatro décimas de pérdida anual después de 1980.[4]

La pérdida de miembros se combinó con acontecimientos simbólicos como las decisiones de las diócesis de Washington y Nueva York que en la década de 1970 detuvo la construcción de sus catedrales góticas creando en muchos la percepción de una crisis en la vida de la Iglesia. Sin embargo, la paralización de la construcción de la catedral fue temporal. En 1979, la diócesis de Nueva York reanudó las obras de la catedral de San Juan el Teólogo. Al año siguiente, la diócesis de Washington hizo lo propio, reanudando las obras de la Catedral Nacional de Washington (la Iglesia Catedral de San Pedro y San Pablo) y completándola el 29 de septiembre de 1990, ochenta y tres años después de que se iniciara su construcción.

El descenso de las cifras de afiliación no se invirtió. Sin embargo, la asistencia mejoró. Entre 1974 (un año marcado por la baja asistencia) y 1979 la asistencia aumentó un diecinueve por ciento.[5] En conjunto, la disminución del número de miembros y el aumento de la asistencia sugieren un alto nivel de compromiso por parte de los que permanecen en la denominación o se unen a ella.

Cambio litúrgico

Para muchos episcopales el signo más visible de la reorientación de la Iglesia fue la revisión del Libro de Oración Común. Los miembros de la Comisión Permanente de Litúrgica creían que la revisión era necesaria tanto por los nuevos avances en la erudición litúrgica como por la "creciente conciencia de la profunda relación que existe entre el culto de la Iglesia y su misión en todo tipo de sociedades y culturas de nuestro mundo contemporáneo".[6] En pocas palabras: una sociedad cambiante requería una liturgia cambiante.

Fig. 54 La Catedral Nacional de Washington, 1907–1990

Daniel Stevick (nacido en 1927) explicó el cambio percibido en la sociedad mediante su obra de 1987: *Baptismal Moments, Baptismal Meanings* ["Momentos bautismales, significados bautismales"]. El cristianismo había estado en una "'relación constantiniana' con la cultura occidental" en la que "en toda la sociedad había una amplia aceptación, incluso entre personas cuya fe personal era nominal o inexistente, del mito, las enseñanzas, las formas de piedad y la ética cristianas". La edición de 1928 del libro de oración había asumido este solapamiento y había "dotado a la cultura de ritos de paso".

Sin embargo, en la década de 1970, explicó Stevick, "este acuerdo 'constantiniano' se estaba desmoronando. Occidente se había secularizado profundamente. Las principales decisiones, individuales y sociales, [se estaban] tomando sin referencia a la revelación cristiana, la fe o las sanciones éticas". En consecuencia, "la comunidad cristiana [buscaba]... una base más independiente para su vida y su misión. Si se ha identificado en exceso con un momento cultural, solo puede ser fiel a sí misma criticando, con su propio Evangelio, esa sobreidentificación".[7] Un área en la que este reajuste sería claro fue en el tratamiento del patriotismo. Las banderas americanas, que se llevaban habitualmente en procesión y se exhibían en el presbiterio de las iglesias episcopales al menos desde la Primera Guerra Mundial, desaparecieron, y la oración "por las fuerzas armadas de nuestro país" de la edición de 1979 del Libro de Oración Común se emparejó con una "por los que sufren por causa de la conciencia" (es decir, por los que fueron encarcelados por negarse a servir en las fuerzas armadas).[8]

La Convención General de 1964, que eligió a John Hines como obispo presidente, también revisó el artículo décimo de la constitución de la Iglesia para establecer el "uso provisional en toda la Iglesia". La experimentación con los *Estudios del Libro de Oración IV* en la década de 1950 se había limitado a unas pocas ocasiones cuidadosamente reguladas; esta nueva disposición de la constitución permitió a la Convención General autorizar su uso regular en las parroquias los domingos. Las Convenciones posteriores autorizaron tres productos de la

Comisión Permanente de Litúrgica para dicho uso provisional: La *Liturgia de la Cena del Señor* (aprobada por la convención de 1967), los *Servicios provisionales* (el "Libro Verde") aprobados por la convención de 1970, y los *Servicios autorizados* (el "Libro Cebra") aprobados por la convención de 1973.

El proceso de utilización de los provisionales fue menos elaborado en español. Sólo se publicó una revisión provisional, aunque se editó en dos volúmenes: *La Santa eucaristía: liturgia para la proclamación de la palabra de Dios y la celebración de la Santa Comunión* (1971) y *Libro de oficios* (1974). Ambos fueron preparados por la Novena Provincia de la Iglesia Episcopal (América Latina y el Caribe) y publicados en San Salvador.

Todas estas revisiones incorporaron los tres cambios litúrgicos que se habían propuesto en los *Estudios del Libro de Oración IV* (1953): separaron la fracción del pan de la oración eucarística, restauraron el intercambio de la paz y trasladaron el *Gloria in excelsis* al rito de entrada. No obstante, el obispo W. R. Chilton Powell (1911-94), Charles Mortimer Guilbert (1908-98), Massey H. Shepherd, Jr. y otros miembros de la Comisión Permanente de Litúrgica fueron mucho más allá de la propuesta de 1953. Ellos lucharon, por ejemplo, con la cuestión del lenguaje isabelino presente en el Libro de Oración Común en inglés de 1928. Aunque la belleza del "vos" (*thee's* y *thou's*) de la liturgia de 1928 era innegable, para algunos estadounidenses resultaba difícil de entender. En *La Liturgia de la Cena del Señor*, la comisión de liturgia trató de resolver el problema mediante un acuerdo entre el lenguaje tradicional y el contemporáneo; el libro se referiría a Dios con el "usted" antiguo (*thou*), mientras que a las personas individuales con el "tú" (*you*) moderno. En los *Servicios provisionales* y los *Servicios autorizados*, la comisión llevó el acuerdo más allá, preparando dos alternativas para la Eucaristía y el oficio diario, una en lenguaje isabelino y otra en lenguaje contemporáneo.

Los miembros de la Comisión también intentaron crear alternativas más inclusivas a la "Oración por todo el estado de la Iglesia de Cristo" de 1928. La oración de intercesión de la liturgia provisional de 1967 incluía peticiones por los trabajadores industriales, los profesores, los padres y los agricultores. También preveía un estribillo de la congregación ("Escúchanos, buen Señor"). Los *Servicios provisionales* y los *Servicios autorizados* ampliaron las posibilidades litúrgicas ofreciendo siete formas diferentes de intercesión, algunas de las cuales permitían a los miembros de la congregación añadir sus propias peticiones verbalmente.

Bonnell Spencer (1909-96) y otros miembros del subcomité de la Comisión Permanente de Litúrgica sobre los ritos de iniciación llegaron a creer que el bautismo traía consigo la plena pertenencia a la Iglesia y, por lo tanto, la rúbrica de los libros de oraciones de 1928 y anteriores que limitaba la recepción de la Sagrada Comunión a los preparados para la confirmación era ilógica. La Comisión en su conjunto aceptó esta concepción del bautismo como iniciación plena, al igual que la mayoría de los obispos en la Conferencia de Lambeth de 1968. La Convención General comenzó a avanzar en esa dirección autorizando a la Comisión Permanente a preparar textos provisionales sobre la iniciación (1967), aprobando la recepción de la Comunión para los visitantes adultos bautizados (que no habrían sido confirmados en la Iglesia Episcopal) "cuando la disciplina de su propia iglesia lo permita" (1967), y permitiendo la recepción de la Comunión a los niños bautizados pero no confirmados (1969).[9] Sin embargo, cuando la Comisión Permanente de Litúrgica de los *Estudios del Libro de Oración XVIII* (1970) trató la confirmación como un acto repetitivo que podía ser delegado a un párroco, la Cámara de Obispos se opuso. Si bien los *Servicios provisionales*, los *Servicios autorizados* y el Libro de Oración Común (1979) incluyeron las principales revisiones textuales propuestas en los *Estudios sobre el Libro de Oración XVIII*—la adición de un nuevo lenguaje que identificaba al bautismo como "iniciación plena" y el traslado de la oración por los siete dones del Espíritu del oficio de la confirmación, donde había estado en todos los libros de oración anteriores, al oficio del bautismo—los textos también dejaron claro que solo un obispo podía confirmar.[10]

Sin embargo, otros cambios en la liturgia se debieron al hecho de que pocas congregaciones, si es que alguna, seguían el modelo original de Thomas Cranmer de oración matutina, letanía y Santa Eucaristía los domingos por la mañana.[11] La oración matutina y vespertina y la Santa Eucaristía se ampliaron para compensar su uso por separado (aunque una nueva rúbrica indicaba que la Eucaristía debía ser el principal servicio dominical). El sermón y la ofrenda (que antes solo se encontraban en la Eucaristía), se añadieron a la oración de la mañana y de la tarde. Del mismo modo, se añadieron a la Eucaristía una lección y un salmo del Antiguo Testamento (parte del oficio diario). En aras de la brevedad, también se hicieron otras concesiones. Las rúbricas indicaban, por ejemplo, comenzar la Eucaristía en el ofertorio, si seguía el oficio diario, el bautismo, la confirmación, el matrimonio o el entierro de los muertos.

Aunque el largo proceso de revisión rompió muchas pautas de culto conocidas, tuvo un efecto deseado. Puso a los recién llegados en pie de igualdad con los comulgantes veteranos, haciendo que la denominación fuera más atractiva para los que no pertenecen a la tradición. La instrucción litúrgica que el clero y los maestros laicos debían impartir a los miembros de larga data abrió la Iglesia a otros y contribuyó a una nueva conciencia de la necesidad de la educación cristiana para adultos.

Algunos miembros de la Iglesia, sin embargo, no encontraban mucho que recomendar a los cambios propuestos. Un grupo que compartía este sentimiento se reunió en Sewanee, Tennessee, en 1971 para formar la Sociedad para la Preservación del Libro de Oración Común. La sociedad, que más tarde acortó su nombre a Sociedad del Libro de Oración, criticó la pérdida de un bello lenguaje cultual isabelino y lo que consideraba un alejamiento teológico de las normas tradicionales de la fe cristiana.

Aunque los fieles al libro de oración de 1928 no detuvieron el proceso de revisión, sí incidieron en las propuestas litúrgicas que siguieron a los *Servicios provisionales*. Los *Servicios autorizados de la Comisión Permanente de Litúrgica* y el *Borrador del Libro de Oración Común* propuesto, que fueron presentados a las convenciones generales de 1973 y 1976, restauraron más el carácter del libro de oración de 1928. En los *Servicios autorizados*, por ejemplo, la comisión litúrgica reintrodujo un rito de confirmación separado que había estado ausente en los *Servicios provisionales*. El primer servicio eucarístico de los *Servicios autorizados* también incluyó sin cambios la oración eucarística de 1928. El borrador de la propuesta de Libro de Oración Común separaba los oficios de la mañana y de la tarde, que habían sido combinados en los *Servicios provisionales* y en los *Servicios autorizados*, sustituía una rúbrica en la Eucaristía que había hecho opcional la confesión por otra que solo permitía su omisión ocasional, e introducía un orden para el entierro que permitía el uso del oficio de 1928, cuando "por consideraciones pastorales no se considere apropiado ninguno de los ritos de entierro [de 1979]". La Convención General de 1976 aceptó el *Borrador del Libro de Oración Común propuesto* con pequeñas revisiones, como la modificación del Orden del Matrimonio para poder utilizar el rito de 1928 sin alteraciones. Cuando la Convención de 1979 adoptó el *Libro de Oración Común propuesto* en segunda lectura, se convirtió en la nueva norma de la Iglesia.

En 1982 se publicó una traducción al español de la nueva edición de *El Libro de Oración Común*. Identificable por su cubierta roja, no incluía ningún texto del Rito I; los editores asumieron que los paralelos en español de los textos en inglés isabelino no tenían resonancia para los hispanohablantes. Sin embargo, los obispos de la novena provincia—sobre todo los que tienen experiencia en la Iglesia Episcopal de Cuba—discreparon. La segunda edición, publicada en 1989, añadió una forma de Eucaristía de Rito I, pero no incluyó el Oficio Diario de Rito I, las colectas y los textos funerarios que se encuentran en la versión inglesa. El libro tenía una cubierta azul y llegó a ser conocido coloquialmente en algunas partes de la Iglesia como LOCA (*Libro de Oración Común* azul).

La revisión del himnario siguió un procedimiento similar, aunque algo más compacto. La Corporación del Himnario de la Iglesia elaboró seis suplementos del himnario y el volumen *Lift Every Voice and Sing* (una colección de himnos de tradición afroamericana) para que las congregaciones pudieran utilizar los textos y las melodías que se estaban considerando para el nuevo himnario. Al igual que los miembros de la

Comisión Permanente de Litúrgica, Alec Wyton (1921-2007) y otros miembros de la Comisión Permanente de Música de la Iglesia trataron de producir una obra que "reflejara y hablara a personas de diversas razas y culturas" y aclarara "un lenguaje tan oscuro o tan cambiado en el uso contemporáneo como para tener un significado diferente".[12] La Convención General de 1982 aprobó el himnario de 1982 (*Hymnal 1982*).

Además de revisar el libro de oración y el himnario, la Convención General adoptó otras medidas que marcaron fuertemente el culto de la congregación. Antes de 1961, la mayoría de los lectores laicos solo actuaban en ausencia del sacerdote. Sin embargo, en ese año, la Convención General revisó el canon sobre los lectores laicos para fomentar el uso de lectores laicos como lectores en los servicios que presidían los clérigos ordenados. En 1967, la Convención General amplió esta función de asistencia autorizando a un número limitado de laicos a asistir como portadores del cáliz en la distribución de la Comunión. Las convenciones generales posteriores permitieron la administración en ambas especies mientras se visitaba a los enfermos (1985) y para su distribución en la iglesia (1988).[13] La Convención también dio a los laicos una nueva participación en la selección del clero. En 1970, adoptó un nuevo canon que creaba *comisiones de ministerio*, órganos compuestos por laicos y ordenados, destinados a asesorar a los obispos en la elección de los ordenandos. La misma convención creó una Junta para el Despliegue del Clero, que abogaba por una mayor participación de las congregaciones en el llamado del clero, y una Junta General de Capellanes Examinadores, que administraba un examen nacional estándar a los estudiantes de último año del seminario (el Examen General de Ordenación, 1972).

La ordenación de mujeres al presbiterado y al episcopado

Las convenciones generales de 1964 a 1976 eliminaron gradualmente los obstáculos a la participación femenina en la Iglesia. En 1964, la Convención General concedió a las diaconisas el mismo derecho a casarse que a los diáconos. En 1965 el Obispo Presidente John Hines nombró al Obispo George Barrett (1908-2000) de Rochester para que dirigiera un Comité para Estudiar el Lugar Adecuado de las Mujeres en el Ministerio de la Iglesia. El comité volvió a la Cámara de Obispos en octubre de 1966 sugiriendo en un informe redactado por la miembro del comité Elizabeth Bussing (1901-94), una activa mujer laica de la diócesis de California, que los obispos consideraran seriamente la ordenación de mujeres al sacerdocio. La Convención de 1967 permitió que las mujeres sirvieran como lectoras laicas, modificó (en la primera de las dos lecturas requeridas) la constitución para permitir que las mujeres sirvieran como diputadas de la Convención General, y disolvió la independiente División General de Trabajo Femenino. Ante el creciente número de alumnas en los seminarios tradicionales, las dos escuelas de teología para mujeres que quedaban cerraron sus puertas (Casa Santa Margarita, 1966; Casa Windham, 1967). Las Mujeres de la Iglesia Episcopal interrumpieron las reuniones trienales que hasta entonces se celebraban al mismo tiempo que la Convención General. Algunas diócesis, como West Texas y Iowa, también disolvieron sus estructuras femeninas diocesanas.

En la primavera de 1970, cuarenta y cinco mujeres episcopales, entre las que se encontraban Jeanette Piccard (1895-1981) y Pauli Murray (1910-85), se reunieron en el monasterio de Graymoor, en Nueva York, para debatir sobre el ministerio de las mujeres. La diaconisa Frances Zielinski (1930-2008) y otras representantes del grupo asistieron a la Convención General ese mismo año. Con la ayuda de Henry Rightor (1910-88), profesor de teología pastoral en el Seminario Teológico de Virginia y miembro destacado de la Comisión Conjunta de Ministerios Ordenados y Licenciados de la Convención General, presionaron con éxito para que se eliminaran las distinciones en los beneficios de las pensiones, los requisitos educativos y los ritos de ordenación que separaban a los diáconos de las diaconisas.[14] La Convención de 1970 también aprobó en segunda lectura el cambio constitucional que permitía a las mujeres ser diputadas.

Un segundo encuentro en el Seminario Teológico de Virginia, en octubre de 1971, reunió a una impresionante coalición de mujeres líderes de la Iglesia. Sesenta mujeres, entre las que se encontraban mujeres mayores que habían sido trabajadoras profesionales de la Iglesia, miembros de las Mujeres de la Iglesia Episcopal (como se había rebautizado a las Mujeres Auxiliares), diaconisas y mujeres jóvenes matriculadas en el seminario, se reunieron para trazar una estrategia. Tomaron nota con agrado del "Informe del comité de obispos para estudiar el lugar apropiado de las mujeres en el ministerio de la Iglesia" de Elizabeth Bussing, del trabajo de la Comisión Conjunta sobre Ministerios Ordenados y Licenciados en la que Henry Rightor sirvió, y de una declaración de 1968 sobre las mujeres de la Conferencia de Lambeth.

Organizaron un grupo permanente que denominaron Caucus de Mujeres Episcopales. Cincuenta y cuatro de las asistentes, enfadadas por una inesperada declaración en contra de la ordenación de mujeres hecha en la Cámara de Obispos por C. Kilmer Myers (1914-81) de California y convencidas de que ya había pasado el momento de trabajar en comité, dirigieron una carta al Obispo Presidente Hines en la que pedían "no más estudio, sino acción". El caucus y las dos organizaciones hermanas que se desarrollaron a partir de él (Ordenación de Mujeres Ahora y la Coalición Nacional para la Ordenación de Mujeres al Sacerdocio y al Episcopado) volvieron a las convenciones generales en 1973 y 1976 para pedir que el sacerdocio y el episcopado se abrieran a las mujeres.[15] La resolución fracasó en la Cámara de Diputados en 1973. Sin embargo, tres años después se aprobaría una legislación similar en ambas cámaras.

El proceso fue demasiado lento para algunos en la Iglesia. El 29 de julio de 1974, en Filadelfia, los obispos jubilados Daniel Corrigan (1900-94), Robert Dewitt (1916-2003) y Edward Welles (1907-91) ordenaron a once diáconas: Merrill Bittner (nacida en 1946), Alla Bozarth-Campbell (nacida en 1947), Alison Cheek (nacida en 1927), Marie Moorefield Fleischer (nacida en 1944), Carter Heyward (nacida en 1945), Emily Hewitt (nacida en 1944), Suzanne Hiatt (nacida en 1936), Jeanette Piccard, Betty Bone Schiess (nacida en 1923), Katrina Welles Swanson (1935-2006) y Nancy Hatch Wittig (nacida en 1945)—sin la aprobación de sus obispos diocesanos o sus comisiones permanentes. El obispo George Barrett, entonces jubilado, ordenó a otras cuatro mujeres—Eleanor Lee McGee (nacida en 1943), Alison Palmer (nacida en 1931), Elizabeth Rosenberg (nacida en 1945) y Diane Tickell (1918-2002)—en Washington, D.C., el 7 de septiembre del año siguiente en circunstancias similares. Estas ordenaciones fueron, sin duda, un factor que contribuyó a la decisión de los obispos y diputados en la Convención General de 1976 de modificar los cánones de la Iglesia para permitir la ordenación de mujeres al presbiterado y al episcopado, pero la negativa de la convención de 1973 a tomar esa decisión y las subsiguientes ordenaciones irregulares contribuyeron al descontento tanto de los que pensaban que la decisión llevaba demasiado tiempo como de los que esperaban un proceso más ordenado en la toma de decisiones.

Sin embargo, la ordenación no significó una igualdad inmediata. El análisis de las pautas de las carreras de los ordenados en 1970 (el año en que la Convención General eliminó la diferencia entre el diaconado para hombres y mujeres) y 1980 reveló que las mujeres avanzaban más lentamente en términos de salario y posición que sus homólogos masculinos. Las ordenadas de 1980 recibieron una remuneración media un veinte por ciento inferior a la de sus homólogos masculinos, lo que supuso una comparación menos favorable que la de las mujeres ordenadas diez años antes.[16]

Algunos miembros de la Iglesia seguían teniendo reservas sobre la ordenación de mujeres. En diciembre de 1976, un grupo de aproximadamente doscientos cincuenta, entre los que se encontraban dieciséis obispos, respondió a una invitación del obispo Charles T. Gaskell (1919-2000) de Milwaukee para reunirse en Chicago. El resultado fue la Misión Evangélica y Católica, una organización diseñada para asegurar un lugar continuo en la Iglesia para aquellos que creían que el sacerdocio y el episcopado solo debían ser ejercidos por varones.[17] En 1977, el Obispo Presidente John Allin admitió que él mismo tenía esas reservas sobre la ordenación de mujeres, pero que estaba dispuesto a aceptar las decisiones de la Convención General. La Cámara de Obispos, reunida ese año en Port St. Lucie, Florida, respondió adoptando una "cláusula de conciencia" destinada a proteger a los opositores a la ordenación de mujeres:

> Ningún Obispo, Sacerdote o Laico debe ser coaccionado o penalizado de ninguna manera, ni sufrir ninguna incapacidad canónica como resultado de su objeción de conciencia o apoyo a las acciones de la 65ª Convención General con respecto a la ordenación de mujeres al sacerdocio o al episcopado.[18]

Al haber sido adoptada solo por los obispos y no por la Cámara de Diputados, la declaración carecía de toda autoridad canónica. Los obispos, sin embargo, presiden los juicios eclesiásticos de otros obispos y pronuncian sentencias sobre diáconos y sacerdotes. En términos prácticos, por tanto, el acuerdo de los obispos limitó la posibilidad de que cualquier clérigo fuera castigado por oponerse a la ordenación de mujeres.

Esta acción no fue suficiente para algunos opositores a la ordenación de mujeres. En 1977 se reunió en San Luis un "Congreso de clérigos preocupados". Algunos de los asistentes se reunieron de nuevo en enero de 1978 en Denver para inaugurar un nuevo organismo eclesiástico. El obispo jubilado Albert Chambers (1906-93) de Springfield y el obispo católico independiente filipino Francisco Pagtakhan se unieron en una consagración irregular de candidatos—en la que faltaron los tres consagradores requeridos desde el Concilio de Nicea (325)— para la nueva "Iglesia Anglicana en Norteamérica". A pesar del nombre elegido por los tradicionalistas, el Arzobispo de Canterbury y otros líderes anglicanos siguieron reconociendo a la Iglesia Episcopal como el único miembro estadounidense de la Comunión Anglicana. Además, los participantes en la nueva iglesia pronto descubrieron que ellos mismos eran incapaces de ponerse de acuerdo en lo esencial. En 1982, este movimiento contaba con veintitrés obispos de nueve denominaciones diferentes.[19]

La continua oposición a la ordenación de las mujeres y la aparente brecha entre el avance masculino y el femenino pueden haber llevado a algunas mujeres a reconsiderar la eliminación de las organizaciones femeninas que comenzó a finales de la década de 1960. En 1980 Joanna Gillespie (nacida en 1929), Betsy Rodenmayer (1909-85) y otras mujeres episcopales se reunieron en Nueva York para fundar el Proyecto de Historia de las Mujeres Episcopales, dedicado a concientizar "sobre el lugar histórico de las mujeres en la Iglesia". El resurgimiento del interés por las reuniones diocesanas fue seguido en 1985 por la reanudación de las reuniones trienales nacionales de las Mujeres de la Iglesia Episcopal.

Sin embargo, poco después, las mujeres empezaron a ocupar importantes puestos de liderazgo a nivel nacional. En 1985, la laica Pamela Pauly Chinnis (1925-2011), de la diócesis de Washington, se convirtió en la primera mujer vicepresidenta de la Cámara de Diputados. En 1995 se convertiría en la primera mujer en ocupar la presidencia de ese organismo. Barbara Harris (nacida en 1930) fue elegida en 1988 y consagrada en 1989 como obispa sufragánea de la diócesis de Massachusetts. Se convirtió en la primera obispa de la Comunión Anglicana.[20]

Las líderes femeninas aportaron una sensibilidad a la cuestión del lenguaje que a menudo había faltado en el liderazgo masculino. Si bien los revisores del libro de oración de 1979 se preocuparon por evitar el uso de lenguaje masculino para referirse a las personas cristianas, prestaron menos atención al lenguaje sobre las personas de la Trinidad, e incluso introdujeron en los textos tradicionales un lenguaje masculino que estaba ausente en las ediciones anteriores del Libro de Oración Común. De este modo, la expresión "Es conveniente y justo hacerlo así" del *Sursum Corda* se convirtió en "Es justo darle gracias y alabanza", y "que habló por los profetas" en el Credo de Nicea se convirtió en "Él [el Espíritu Santo] ha hablado por los profetas".[21]

La Comisión Permanente de Litúrgica de la Iglesia Episcopal dedicó su reunión de noviembre de 1981 a la cuestión del lenguaje inclusivo. La comisión decidió crear un subcomité para seguir investigando la cuestión. El comité publicó un informe titulado "El poder y la promesa del lenguaje en la Iglesia: Pautas lingüísticas inclusivas para la Iglesia", que se publicó

Una Iglesia reorganizada (1965-90)

Fig. 55 Barbara Harris y David Johnson,
obispo de Massachusetts

posteriormente en los *Documentos ocasionales de la Comisión Permanente de Litúrgica*. El informe inició un debate más amplio en la Iglesia sobre el uso del lenguaje de género para la primera persona de la Trinidad. Como explica la introducción del primer texto inclusivo elaborado por la Comisión Permanente de Litúrgica:

> En general, el lenguaje del Rito II que se refiere al pueblo es realmente inclusivo. El verdadero reto estaba en relación con el lenguaje sobre Dios.[22]

La Convención General de 1985 autorizó la experimentación con "liturgias de lenguaje inclusivo para los servicios regulares de la Iglesia" y aprobó *Textos Litúrgicos para evaluación* con el fin de ser utilizados en centros de evaluación seleccionados.[23] La convención de 1988 autorizó el uso experimental de los *Textos litúrgicos complementarios* en un número más amplio de lugares.

Una fatalidad durante este período de reforma lingüística fue con el conocido nombre que identificó a los miembros de la Iglesia Episcopal desde el siglo XVII: *Churchman* (es decir, miembro de la Iglesia de Inglaterra). Había sobrevivido a la Revolución estadounidense y en el siglo XX había engendrado los términos paralelos "mujer de la Iglesia" y "joven de la Iglesia". Las publicaciones periódicas de la Iglesia de los años 80 abandonaron el nombre de "hombre de la Iglesia" y los grupos de jóvenes abandonaron el de "joven de la Iglesia Episcopal" en favor de "club de jóvenes episcopales" y otros apelativos. Sólo sobrevivió "mujer de la iglesia".

Acuerdos ecuménicos

A pesar de la discordia interna que acompañó a la aprobación de la ordenación de mujeres, la Iglesia Episcopal dio nuevos pasos en las relaciones ecuménicas. En 1982, los participantes en el Diálogo Internacional Anglicano-Católico Romano presentaron declaraciones acordadas sobre la Eucaristía, el sacerdocio y la autoridad de la Iglesia para su estudio por parte de sus respectivas denominaciones. Ese mismo año, la Iglesia Episcopal comenzó a compartir la Eucaristía de forma provisional con lo que se convertiría en la Iglesia Evangélica Luterana en América, un acuerdo provisional que permitía compartir la celebración de la Eucaristía mientras las dos Iglesias trabajaban en el pleno reconocimiento mutuo. En enero de 1983, el Obispo Presidente John Allin y tres obispos luteranos presidieron la celebración de un festival en la Catedral Nacional que inauguró la relación.

Los anglicanos también participaron en debates ecuménicos internacionales con las Iglesias ortodoxas (a partir de 1966), reformadas (1978) y metodistas (1992).[24] En Estados Unidos, los episcopales siguieron participando en la Consulta sobre la Unión de las Iglesias (COCU, por sus siglas en inglés), que había comenzado en 1962.

La exploración teológica

Los graduados de los seminarios episcopales de los años cincuenta y principios de los sesenta habían adoptado a menudo los estilos no directivos de la Educación Pastoral Clínica, ofreciendo ánimo y apoyo a los demás y evitando la crítica contundente al *statu quo* propia de los teólogos neo-ortodoxos como los hermanos Niebuhr. A mediados de los sesenta, muchos descubrieron, como había predicho Reinhold Niebuhr en *El hombre moral y la sociedad inmoral* (1932), que "la nueva y justa sociedad se ha construido, y... no es justa".[25] Adoptaron estilos pastorales más confrontativos y se volvieron abiertamente críticos con el orden social. Para ellos, la fe cristiana ortodoxa proporcionaba una perspectiva desde la cual era posible entablar un diálogo crítico con el aparentemente próspero estadounidense de los suburbios de la década de 1960.

Sin embargo, algunos de los formados con la neo-ortodoxia comenzaron a preguntarse si ese diálogo iba lo suficientemente lejos. Temían que ciertos elementos de la tradición cristiana hicieran más difícil a los cristianos reconocer el pecado en su propia sociedad. La disposición de Pablo y otros autores del Nuevo Testamento a aceptar la esclavitud y la desigualdad entre hombres y mujeres, así como el enfoque general indiferente del mundo de la Biblia, pudieron haber conducido, por ejemplo, a una pasividad que dificultara a los cristianos del siglo XX la lucha contra la injusticia.

En 1965, Paul M. van Buren (1924-98) se convirtió en uno de los defensores más visibles de esta postura. En su obra *Secular Meaning of the Gospel (El significado secular del Evangelio)*, publicada ese mismo año, sostenía que había llegado el momento de rechazar las formas tradicionales de pensar en Dios. Un sacerdote episcopal que había sido miembro del profesorado del Seminario Teológico Episcopal del Suroeste (1957-64) antes de trasladarse a la Universidad de Temple, y que pronto se encontraría en medio de una controversia. La prensa nacional lo identificó como un teólogo de la "muerte de Dios".

Ese mismo año, James Pike, el antiguo decano de la catedral de Nueva York que se había convertido en obispo de California en 1958, publicó su *Time for Christian Candor* en el que se refería a la doctrina de la Trinidad como "exceso de equipaje". El obispo, que parecía disfrutar de la atención nacional que acompañaba a tales pronunciamientos, se convirtió para algunos en un profeta que hablaba a los atribulados y alienados. Otros lo veían como una molestia que cuestionaba la verdad teológica, un símbolo de todo lo que estaba mal en la Iglesia Episcopal de finales de los sesenta. Su vida personal—alcoholismo, dos divorcios y los publicitados intentos de contactar con su hijo fallecido a través de un espiritista—no hizo sino aumentar la polémica.

El comité teológico de la Cámara de Obispos, del que Stephen F. Bayne, Jr. de Olympia era una de las voces principales, emitió un informe crítico sobre Pike en la reunión de 1965 de la Cámara de Obispos en Glacier Park, Montana. Cuando Pike no hizo nada para moderar su lenguaje teológico tras esa reunión, otros dieron un paso más decisivo. El obispo Henry Louttit, del sur de Florida, y otros once obispos formaron un "Comité de Obispos para Defender la Fe" y prepararon una acusación (cargos que pueden llevar a un juicio eclesiástico) contra Pike en 1966. Los obispos enumeraron cinco ofensas (enseñanza incorrecta sobre: la Trinidad; el Espíritu Santo; la centralidad de Cristo para la salvación; la encarnación y la expiación; y los elementos del cuadrilátero Chicago-Lambeth) y citaron pasajes de *Time for Christian Candor* para apoyar sus afirmaciones. Los obispos acabaron retirando la acusación a cambio de una resolución de censura que fue preparada por un comité *ad hoc* (del que Bayne era de nuevo un miembro destacado) y adoptada en una sesión de la Cámara de Obispos reunida en Wheeling, Virginia Occidental, en septiembre de 1966. La resolución, aprobada por un margen de 103 a 36, caracterizó los escritos de Pike como "demasiado y frecuentemente malogrados por la caricaturización de símbolos inestimables y, en el peor de los casos, por vulgarizaciones baratas de las grandes expresiones de la fe".[26] Pike se retiró ese mismo año pero siguió escribiendo, produciendo, por ejemplo, *If This Be Heresy* (Si esto fuera una herejía) en 1967. Llevó una vida personal cada vez más excéntrica que terminó con su muerte por exposición y sed en Tierra Santa en 1969.

El enfoque innovador de teólogos como James Pike sacó a la Iglesia Episcopal de su aislamiento suburbano. Sin embargo, no tuvieron tanto éxito en la construcción de un nuevo consenso teológico. Muchos episcopales identificaron los puntos débiles de sus formulaciones teológicas heredadas, pero no pudieron ponerse de acuerdo sobre un reemplazo adecuado. Varios autores y grupos de interés defendieron sus propias ideas sobre lo que la Iglesia debería decir y hacer. El resultado, se quejaba el politólogo Paul Seabury, de la Universidad de California en Berkeley, en un artículo de la revista *Harper's* de 1978, era una Iglesia cuyo lema bien podría ser "más moderna que tú".[27]

Los seminarios de teología, percibidos por muchos de sus partidarios financieros tradicionales como la fuente de este sondeo teológico, sufrieron tiempos difíciles en la década de 1970. Tres de ellos se vieron obligados a realizar importantes cambios para sobrevivir. En 1968, la Escuela de Divinidad Bexley Hall dejó Gambier, Ohio, y al Kenyon College y se trasladó a Rochester, en Nueva York, como parte del consorcio de escuelas teológicas Colgate-Rochester/Crozier/Bexley Hall. En 1971, la Escuela de Divinidad de Berkeley de New Haven llegó a un acuerdo con la Escuela de Divinidad de la Universidad de Yale, que implicaba la venta de los inmuebles de Berkeley y la creación de una comunidad episcopal dentro de la Escuela de Divinidad de Yale. En 1974, la Escuela de Divinidad de Filadelfia cerró sus puertas y se fusionó con la Escuela Teológica Episcopal de Cambridge, Massachusetts, para convertirse en la Escuela Episcopal de Divinidad.

Justicia social

Los episcopales de los años sesenta y setenta estaban más dispuestos a ser críticos con la política del gobierno estadounidense que sus homólogos de los años cincuenta. Como reconoció el abogado William Stringfellow (1928-85), cualquier tratamiento serio de cuestiones como los derechos civiles implicaba necesariamente a los cristianos en el proceso político. Stringfellow sugirió en su *Dissenter in a Great Society* ["Disidente en la gran sociedad"] de 1966 que esto no era malo. De hecho, para él cualquier cristiano que no actuara políticamente estaba "bajo el peligro de deshonrar—e incluso, a veces, de repudiar—el estado de reconciliación con todos los hombres que se les concedió en el bautismo".[28] Los cristianos no podían permanecer al margen de las cuestiones políticas de la segregación o de la guerra y la paz y seguir siendo fieles a su vocación.

Thomas Lee Hayes (1932-2003), que se convirtió en director ejecutivo de la Asociación Episcopal por la Paz en 1966, y Herschel Halburt (1916-94), la persona de la oficina nacional de la Iglesia designada como registrador de los objetores de conciencia, ciertamente no querían que la Iglesia se mantuviera al margen. Lideraron la oposición episcopal a la guerra de Vietnam. Los dos clérigos recorrieron el país para visitar a los jóvenes en edad de reclutamiento. Hayes animó a los jóvenes a inscribirse en Halbert como objetores, y Halbert remitió a los que lo hicieron a Hayes y a la Asociación por la Paz para que les asesoraran y apoyaran. Ambos colaboraron en la elaboración de un folleto titulado "Al seleccionar tu tipo de reclutamiento", que la Iglesia comenzó a distribuir en la primavera de 1966.[29]

Sin embargo, muchos no estaban de acuerdo con esta línea de acción. Fueron tantos los que protestaron que el Consejo Ejecutivo (como se había rebautizado el antiguo Consejo Nacional) suspendió su distribución y preparó un nuevo folleto en el que se señalaba que "la mayoría de los jóvenes episcopales eligen el servicio activo". Sin embargo, la Asociación Episcopal por la Paz comenzó a crecer, pasando de cuatrocientos (1966) a 1,250 (en 1969, cuando Robert Haskell y Nathaniel Pierce tomaron el relevo de Hayes como copresidentes) a 2,500 (en 1971), y el número de personas registradas como objetores de conciencia creció hasta lo que la *Iglesia viva* identificó como un porcentaje mayor de miembros que en cualquier otra iglesia no pacifista. La confraternidad ampliada patrocinó el asesoramiento continuo sobre el reclutamiento y una serie de protestas simbólicas, incluyendo manifestaciones en el Pentágono y un servicio de oración en la Catedral de San Juan el Teólogo para los caídos por la guerra, ambas celebradas en 1969.[30]

Con los sentimientos en alza dentro de la Iglesia tanto a favor como en contra de la guerra, la Convención General de 1967 adoptó una resolución en la que se declaraba que "las diferencias son dolorosamente evidentes dentro de nuestra Iglesia", y se señalaba que en una cuestión tan difícil, "toda la verdad solo la conoce Dios".[31]

Los nuevos desacuerdos sobre la guerra de Vietnam no significaron que las cuestiones raciales dejaran de ser un tema volátil en Estados Unidos. En marzo de 1965, la Sociedad Episcopal para la Unidad Cultural y Racial (ESCRU) apoyó la segunda marcha Selmato-Montgomery, organizada por Martin Luther King, Jr. El seminarista Jonathan Myrick Daniels, (1939-65) participó y luego solicitó una licencia de sus clases en la Escuela Teológica Episcopal para permanecer en Alabama y desempeñarse como trabajador de los derechos civiles patrocinado por la ESCRU. El 20 de agosto de 1965 se interpuso entre la escopeta de un furioso comerciante de Haynesville y un joven colega afroamericano, y murió a consecuencia de ello.[32]

Cuando se convirtió en obispo presidente en 1965, John Hines había llegado a la conclusión de que la Iglesia tenía que hacer más para abordar los problemas de la sociedad estadounidense. Un recorrido por los sectores más pobres de Bedford-Stuyvesant con el trabajador social Leon Modeste le convenció para proponer un nuevo y amplio programa a la Convención General que se reunió en septiembre de 1967. La Convención estuvo de acuerdo con la propuesta de Hines y adoptó un fondo especial de 9 millones de dólares (el Programa Especial de la Convención General, GCSP por sus siglas en inglés) para hacer frente a las desigualdades sociales que no se estaban abordando dentro de los canales eclesiásticos existentes. Hines recurrió a Modeste para que administrara el fondo.

Modeste, un laico episcopal que había crecido en los barrios marginales de Brooklyn, estaba convencido de que el fondo solo sería eficaz si los grupos minoritarios a los que se concedían las subvenciones eran libres de tomar sus propias decisiones. Contrató a miembros de la minoría y comenzó a conceder subvenciones, la mayoría de las cuales pasaron por alto los grupos eclesiásticos existentes y se destinaron a organizaciones ajenas a la Iglesia Episcopal. Esto creó cierta tensión, especialmente cuando Modeste y su personal concedieron subvenciones a organizaciones que otros episcopales percibían como violentas u hostiles. Las subvenciones a la Universidad Malcolm X de Durham, al Comité Coordinador de Concientización Negra de Dinamarca (Carolina del Sur) y a la Alianza Federal de los Mercedes de Nuevo México, a pesar de las objeciones explícitas de los obispos Thomas Fraser (1915-89) de Carolina del Norte, Gray Temple (1914-99) de Carolina del Sur, John Pinckney (1905-72) de Alta Carolina del Sur y Charles Kinsolving III (1904-84) de Nuevo México, dieron lugar a una publicidad desfavorable para el programa.[33] En 1969 algunos episcopales ya pedían el fin del GCSP.

Cuando la Convención General se reunió en sesión especial en agosto de ese año en South Bend, Indiana, el GCSP se convirtió en uno de los principales temas de discusión. El debate sobre el fondo fue acalorado y las emociones se dispararon. En un momento de la sesión, Mohammed Kenyatta, de la Conferencia para el Desarrollo Económico de los Negros, arrebató el micrófono a un diputado laico para exigir a la Iglesia Episcopal 200,000 dólares en concepto de "reparación" por las ofensas cometidas en el pasado contra los negros estadounidenses.[34] Los obispos y diputados aprobaron finalmente tanto una subvención a la Conferencia para el Desarrollo Económico de los Negros como la continuación del GCSP. Sin embargo, el tormentoso debate y la acción que lo siguió, aumentaron en lugar de calmar la ansiedad en la Iglesia en general sobre el programa.

Vine Deloria, Jr. (1933-2005), activista y autor nativo americano cuyo padre era sacerdote episcopal, formó parte del comité del GCSP. Desanimado por el planteamiento del organismo, dimitió tras la Convención especial de South Bend. Más tarde resumió la debilidad del programa:

> La Iglesia Episcopal había abrazado los matices de Rudyard Kipling y los estilos de la Inglaterra imperialista durante demasiado tiempo como para dar un paso repentino, sofisticado y sustancial hacia la América de los años sesenta. Cuando se movió, la Iglesia Episcopal eligió el arma más tangible pero menos

sofisticada de su arsenal institucional. Dinero. A menos que la Iglesia se mueva sustancialmente en el apoyo a la educación teológica de contenido considerable, probablemente seguirá siendo vulnerable al flujo y reflujo de las cuestiones sociales populares y se convertirá en una pálida versión de una fundación privada.[35]

Ningún programa por sí solo podría enmendar rápidamente una historia de trescientos cincuenta años de racismo estadounidense. El GCSP avanzó demasiado rápido, con demasiado poco apoyo popular, y al final tuvo muy pocos resultados positivos. La Convención General lo suspendió en 1973. John Hines presentó su dimisión como obispo presidente y terminó su mandato al año siguiente.

La Sociedad Episcopal para la Unidad Cultural y Racial (ESCRU, por sus siglas en inglés) había quedado inactiva en 1970. La vicepresidenta de ESCRU, Barbara Harris, había anunciado la suspensión de las actividades de ESCRU en la convención de ese año.[36] Hubo varias causas. La organización siguió centrándose en la raza en un momento en el que otras organizaciones de derechos habían asumido la oposición a la guerra de Vietnam. También había una nueva e importante organización que competía por la atención de los episcopales afroamericanos. El despido en 1967 por parte del personal del Obispo Presidente Hines del secretario de Minorías Raciales Tollie Caution y el cierre por parte del Consejo Ejecutivo del Instituto de la Iglesia Americana (que había apoyado a las escuelas episcopales afroamericanas históricas en el Sur) llevaron a los episcopales negros a formar una Unión de Clérigos y Laicos Negros (UBCL) separada, también conocida como Unión de Episcopales Negros (UBE), en febrero de 1968.[37] Los afroamericanos centraron cada vez más sus esfuerzos en la nueva organización. Una tercera causa era una que pocos habrían reconocido en ese momento: La Iglesia Episcopal había hecho realmente un progreso significativo durante la década de 1960.

Ciertamente, el racismo no había desaparecido, pero la Iglesia experimentó cambios importantes. La Convención General de 1964 insertó una cláusula en el canon de la membresía que prohibía explícitamente la exclusión del culto o de la membresía "a causa de la raza, el color o el origen étnico"–una propuesta hecha por primera vez en 1949 por Clifford P. Morehouse (Presidente de la Cámara de Diputados, 1961-67).[38] Otro signo del cambio de actitud en la Iglesia Episcopal fue la adición de dos líneas en el servicio de bautismo que aparecieron en los *Estudios del Libro de Oración XVIII* (1970) antes de su inclusión en el Libro de Oración Común (1979), editado para un lenguaje más inclusivo: "¿Buscarás y servirás a Cristo en todos los hombres [sic], amando a tu prójimo como a ti mismo? ¿Lucharás por la justicia, la paz y la dignidad entre todos los hombres [sic]?"[39] Los episcopales estaban llegando a ver el compromiso con la igualdad racial como un valor cristiano básico que comenzaba en el bautismo. El análisis de las encuestas de 1980 reveló que los episcopales son los más progresistas de los veintitrés grupos religiosos en cuanto a actitudes sobre la justicia racial. La denominación también ocupa el cuarto lugar entre dieciocho denominaciones predominantemente blancas en cuanto al porcentaje de miembros negros (cinco por ciento).[40]

Varias diócesis hicieron esfuerzos concertados para fusionar las congregaciones blancas y negras cercanas e identificar a los afroamericanos para los puestos de liderazgo. El obispo sufragáneo (1962) John Burgess, de Massachusetts, se convirtió en el primer afroamericano en ser coadjutor (1969) y obispo diocesano (1970) de una diócesis estadounidense. En 1976, la diócesis de Washington siguió su ejemplo, eligiendo obispo coadjutor al obispo sufragáneo John Walker, que había sido el primer estudiante afroamericano del seminario de Virginia.

La temprana dimisión del Obispo Presidente John Hines y su sustitución en 1974 por un Obispo más conservador, John Allin (1921-98), no frenó los progresos que estaban realizando los afroamericanos en su jerarquía eclesiástica. En el momento de su elección, Allin accedió a una serie de peticiones realizadas por la Unión de Episcopales Negros. Crearía una Oficina para los

Ministerios Negros, nombraría a afroamericanos en su personal superior y seleccionaría a obispos y clérigos afroamericanos para importantes comités de la Convención General.⁴¹ Allin mantuvo sus promesas. Los puestos prominentes dieron a los afroamericanos una mayor visibilidad en la Iglesia y contribuyeron a la creciente tasa de elección de afroamericanos al episcopado. Franklin Tuner, el primer funcionario de Allin en la Oficina de Ministerios Negros, por ejemplo, fue elegido Obispo Sufragáneo de Pensilvania en 1988. En los cincuenta años anteriores a 1974, solo seis afroamericanos habían sido elegidos obispos en diócesis nacionales, y solo uno de ellos (John Burgess, de Massachusetts) como obispo diocesano. Entre 1974 y 1990, las diócesis nacionales eligieron a diez afroamericanos. Eligieron obispos diocesanos a tres de los nuevos obispos y a un sufragáneo elegido antes de 1974. Los obispos afroamericanos John Walker y Herbert Thompson, Jr. (1933-2006) serían subcampeones en las elecciones a obispo presidente en 1985 y 1997.⁴²

Los laicos también asumieron importantes funciones de liderazgo. El profesor de Harvard Charles V. Willie (nacido en 1927) fue el primer vicepresidente afroamericano de la Cámara de Diputados (1970-74), y el sociólogo Charles Radford Lawrence II (l915-86) del Colegio Universitario de Brooklyn de la Ciudad Universitaria de Nueva York fue el primer presidente (1976-85).

En 1971, Harold Stephen Jones (1909-2002, Santee Sioux) de Dakota del Sur se convirtió en el primer nativo americano en ser elegido obispo sufragáneo.

Nueve años después, William C. Wantland (nacido en 1934, Seminole) se convirtió en el obispo diocesano de Eau Claire. La creación por parte de la Convención General del Área de Misión Navajoland (1979) de Arizona, Nuevo México y Utah también indicó la voluntad de probar nuevos enfoques en el ministerio de los nativos americanos. En 1990, Steven Tsosie Plummer (1944-2005), que había sido el primer sacerdote navajo (1976), fue consagrado obispo de la nueva diócesis. Al año siguiente, Steven Charleston (Choctaw, nacido en 1949) fue consagrado obispo de Alaska, una diócesis en la que la mitad de los comulgantes eran indios americanos o esquimales.

Los episcopales participaron activamente en otros ministerios étnicos. En los veinte años que siguieron a la creación de la Oficina del Ministerio Episcopal de Asiamérica de la iglesia nacional en 1973, el número de parroquias y misiones de Asia y el Pacífico en Estados Unidos aumentó de menos de doce a más de cien.[43] Otros episcopales trabajaron con renovado interés entre los nativos americanos. En 1985, una reunión de episcopales interesados e involucrados en el ministerio de los nativos americanos designó al Seminario Teológico Seabury-Western, cerca de Chicago, como centro de educación teológica. En 1989, el número de nativos americanos ordenados se triplicaba con respecto a los quince años anteriores.[44]

Fig. 56 Harold S. Jones y la casa de una sola habitación en la que vivían él y su esposa.

Tabla 6. Obispos afroamericanos en las diócesis nacionales y de ultramar de la Iglesia Episcopal Protestante (1874–1990)

Nombre	(nacimiento-muerte)	Consagrado/a	Diócesis
James Theodore Holly	(1829–1911)	1874	Haití
Samuel David Ferguson	(1842–1916)	1885	Liberia
Edward Thomas Demby	(1869–1957)	1918	Arkansas (sufragáneo)
Henry Beard Delany (Delaney)	(1858–1928)	1918	Carolina del Norte (sufragáneo)
Theophilus Momolu Firah Gardiner	(1870–1941)	1921	Liberia (sufragáneo)

Bravid Washington Harris	(1896–1965)	1945	Liberia
Dillard Houston Brown	(1912–1969)	1961	Liberia
John Melville Burgess	(1909–2003)	1962	Massachusetts (sufragáneo) 1962–70; diocesano 1970–76)
Cedric Earl Mills	(1903–1992)	1963	Islas Vírgenes (1963–72) Los Angeles (Ass. Bp., 1972–84)
Richard Beamon Martin	(1913–	1967	Long Island (sufragáneo)
George Daniel Browne	(1933–1993)	1970	Liberia
Luc Anatole Jacques Garnier	(1928–1999)	1971	Haití
John Thomas Walker	(1925–1989)	1971	Washington (sufragáneo 1971–77; diocesano 1977–89)
Lemuel Barnett Shirley	(1916–	1972)	Panamá
Telesforo Alexander Isaac	(1929–	1972)	República Dominicana
Quintin Ebenezer Primo, Jr.	(1913–1998)	1972	Chicago (sufragáneo)
Harold Louis Wright	(1929–1978)	1974	Nueva York (sufragáneo)
Henry Irving Mayson	(1925–1995)	1976	Michigan (sufragáneo)
Walter Decoster Dennis	(1932–2003)	1979	Nueva York (sufragáneo)
Henry Boyd Hucles, III	(1923–1989)	1981	Long Island (sufragáneo)
Clarence Nicholas Coleridge	(1930–)	1981	Connecticut (sufragáneo 1981–93; diocesano 1993–99)

James Hamilton Ottley	(1936–)	1984	Panamá
Sturdie Wyman Downs	(1947–	1985	Nicaragua
Arthur Benjamin Williams, Jr.	(1935–)	1986	Ohio (sufragáneo)
Egbert Don Taylor	(1937–2014)	1987	Islas Vírgenes
Orris George Walker, Jr.	(1942–)	1988	Long Island
Herbert Thompson, Jr.	(1933–2006)	1988	Ohio del Sur
Franklin Delton Turner	(1933–2013)	1988	Pensilvania (sufragáneo)
Barbara Clementine Harris	(1930–)	1989	Massachusetts (sufragánea)

Fuente: J. Carleton Hayden, "From Holly to Turner: Black Bishops in the American Succession", *Linkage* (un boletín de la Oficina de Ministerios Negros de la Iglesia Episcopal

Ministerio para los inmigrantes de habla hispana

Sin embargo, el mayor crecimiento se produjo en el ministerio hispano o latino. Con la llegada al poder de Fidel Castro (nacido en 1926) en Cuba en 1959, numerosos cubanos emigraron a Estados Unidos. Entre ellos estaba lo que un informe de los Archivos Episcopales estimaría más tarde como "el 75% de los episcopales de la isla".[45] La aprobación de la Ley de Inmigración y Naturalización de 1965 abrió aún más el país a la inmigración de América Latina y el Caribe. Los episcopales cubanos serían líderes en la fundación de congregaciones en español. Este tipo de congregaciones ya existían a principios del siglo XX, pero habían desaparecido en gran medida desde que Estados Unidos puso límites a la inmigración en la década de 1920. Max I. Salvador (1929-2004) en Miami fue un ejemplo temprano de la reintroducción del ministerio en español. Salvador, que había sido sacerdote en Cuba antes de emigrar a los Estados Unidos, se unió a otros en 1961 para iniciar lo que se convertiría en la Iglesia de Todos los Santos. Diez años después, el Consejo Ejecutivo creó una Comisión Nacional de Asuntos Hispanos. En septiembre de 1975, cuando la Comisión reunió una Consulta Nacional sobre el Ministerio Hispano en Dallas, Texas, había congregaciones en español en al menos doce diócesis nacionales.[46]

En el momento de la reunión en Dallas, era evidente que los episcopales de habla hispana estaban luchando con la cuestión del rumbo que había caracterizado el debate anterior sobre el Programa Especial de la Convención General.[47] ¿La Iglesia Episcopal se centraría en el empoderamiento político o en el desarrollo de la congregación?

Las consecuencias del atentado del 24 de enero de 1975 en la Taberna Fraunces de Nueva York por parte del grupo terrorista puertorriqueño denominado las Fuerzas Armadas de Liberación Nacional (FALN) desacreditarían el planteamiento político. En el atentado murieron cuatro personas y otras muchas resultaron heridas. El FBI sospechaba que el ex miembro de la Comisión Nacional de Asuntos Hispanos, Carlos Alberto Torres, estaba implicado en el atentado. Cuando Torres huyó, un gran jurado citó a otras personas relacionadas con la Comisión Nacional. En 1977, dos miembros de la comisión, la funcionaria de la comisión (María Cueto) y su secretaria (Raisa Nemiken) fueron a la cárcel por negarse a cooperar con el gran jurado.[48] Torres fue detenido en 1980. Fue condenado y pasó treinta años en prisión.

El reverendo Herbert Arrunategui (nacido en 1934) se convirtió en el oficial hispano de la Iglesia Episcopal en 1977.[49] Bajo su largo liderazgo (1977-2000) la Iglesia se concentraría principalmente en el desarrollo de la congregación. Una señal de este cambio de dirección fue la votación de 1977 de la Comisión Nacional de Asuntos Hispanos para iniciar el proceso de cambio de nombre a Comisión Nacional de *Ministerios* Hispanos.[50] El esfuerzo en el desarrollo congregacional tuvo cierto éxito. La Encuesta Gallup sobre la Religión en Estados Unidos de 1985 indicó que el tres por ciento de los episcopales estadounidenses eran de origen latino o hispano, el segundo porcentaje más alto de las denominaciones protestantes encuestadas.[51]

Tres años más tarde, una encuesta de estudiantes de teología mostró que el porcentaje de personas hispanas que se preparaban para el ministerio en la Iglesia Episcopal (cuatro por ciento) era el segundo después del de la Iglesia Católica Romana (cinco por ciento).[52] El Colegio Universitario Agustín en Chicago (que se unió a la Asociación de Colegios Episcopales en 1988), el Centro Hispano del Seminario Teológico Episcopal del Suroeste (1974), el Instituto Pastoral Hispano de Stamford, Connecticut (1977-85) y de la ciudad de Nueva York (1986-94), y la incorporación de la enseñanza del español en el Seminario Teológico de Virginia (1985) ayudaron a preparar al clero para este ministerio hispano en expansión. Las editoriales Church Publishing (1981) y Forward Movement Publications (1988) comenzaron a incluir selecciones en español en sus catálogos. En 1991 *Episcopal Life* (el nuevo nombre que recibió el *Episcopalian* en 1990) añadió un *Resumen de noticias* en español.

Esta expansión del ministerio en español coincidió con un cambio en la forma en que los episcopales de Estados Unidos y América Latina presentaban su Iglesia. Después de la década de 1950, cuando la Iglesia de Inglaterra le cedió la responsabilidad de la zona septentrional de los países de Sudamérica y Centroamérica (aparte de Panamá, de la que la Iglesia Episcopal era responsable desde 1904), los misioneros de la Iglesia Episcopal de Estados Unidos empezaron a adoptar el enfoque de la *vía media* que se había hecho popular entre los episcopales de Estados Unidos en la segunda mitad del siglo XIX. Los episcopales sugerían que no eran ni católicos ni protestantes, sino una tercera alternativa que se situaba entre esas dos opciones. Era una Iglesia con una liturgia católica, pero con ideas sobre el matrimonio clerical, el gobierno de la Iglesia y la atención pastoral que eran más típicamente protestantes. El establecimiento de congregaciones en español en los Estados Unidos después de 1960 se realizó generalmente bajo este enfoque. El clero a menudo incorporaba elementos de la cultura popular en las congregaciones de una manera que los anglicanos anteriores a 1950 en América Latina raramente habrían hecho.

Las nuevas congregaciones de habla hispana en Estados Unidos tuvieron más éxito a la hora de atraer a nuevos inmigrantes de lugares como El Salvador, la República Dominicana, Honduras, Perú o Bolivia que, a la hora de llegar a los hispanos con raíces más profundas en el territorio nacional, que en algunos casos eran anteriores a la Revolución estadounidense. Ignorados durante mucho tiempo por la Iglesia Episcopal, consideraban que la introducción tardía del español en la misa no era motivo suficiente como para sumarse a sus filas.

Durante las décadas de 1960, 1970 y 1980, la Convención General comenzó a recurrir a candidatos nacidos en América Latina para servir en las diócesis misioneras. Los primeros solían ser cubanos. Entre ellos, Anselmo Carral (obispo interino de Guatemala y Honduras, 1973), Hugo Luis Pina (obispo de Honduras, 1977), Leopold Frade (Honduras, 1984) y Onell Soto (obispo de Venezuela, 1987). A estos les siguieron los obispos nativos que sirvieron por primera vez en Cuba (1961), Puerto Rico (1964), Haití (1971), República Dominicana (1972), Panamá (1972), Costa Rica (1978), Colombia (1979) y El Salvador (1992). Algo similar ocurrió en otras zonas en las que la Iglesia Episcopal tenía responsabilidad. También se eligieron los primeros obispos nativos en Filipinas (1959) y Liberia (1969).[53]

La Comunión Anglicana

La Convención General de 1967 adoptó un nuevo preámbulo de la Constitución en el que se reconocía por primera vez el lugar de la Iglesia Episcopal en la Comunión Anglicana. La decisión fue consecuencia de la participación estadounidense en una reunión del Congreso Anglicano (un encuentro ocasional y no oficial del clero y laicos anglicanos) que tuvo lugar en Toronto en 1963. Asistieron unos mil delegados de todo el mundo anglicano.[54] Muchos de ellos procedían de las iglesias de las antiguas colonias británicas de África y Asia, recién independizadas o a punto de serlo. El informe oficial de la reunión, titulado *La responsabilidad mutua y la interdependencia en el Cuerpo de Cristo*, señala esta amplia circunscripción y comenta que:

En nuestra época, la Comunión Anglicana ha alcanzado la mayoría de edad. Nuestra intención de ser una comunidad mundial de Iglesias nacionales y regionales se ha convertido repentinamente en una realidad: Todas menos diez de las 350 diócesis anglicanas están ahora incluidas en Iglesias autónomas, de una sola sangre con sus propias regiones y pueblos autónomos. La plena comunión en Cristo, que ha sido nuestro vínculo tradicional, ha adquirido de repente una dimensión totalmente nueva.[55]

El informe continúa anunciando que "ha llegado plenamente el momento en que esta unidad e interdependencia debe encontrar un nivel completamente nuevo de expresión y obediencia corporativa".[56] Ese nuevo nivel de responsabilidad mutua e interdependencia (al que se hace referencia con el acrónimo original en inglés MRI) implicaría esfuerzos de cooperación entre las Iglesias del primer mundo y las del mundo en desarrollo (en contraposición a un modelo colonial anterior en el que las naciones emisoras decidían qué había que hacer y dónde), así como nuevas organizaciones: el Consejo Consultivo Anglicano (previsto en 1968) y la Reunión de Primados (1978).[57] A diferencia de las Conferencias de Lambeth, que siempre se reunían en Inglaterra bajo la presidencia del Arzobispo de Canterbury, el Consejo Consultivo varió su lugar de reunión y eligió su propia presidencia. El lugar donde se celebró el primer Consejo (Limuru, Kenia, en 1971) y la elección de su presidente (el juez nigeriano del Tribunal Supremo Louis Mbanefo) dieron testimonio del carácter cada vez más internacional de la Comunión Anglicana. Los episcopales apoyaron las nuevas estructuras anglicanas con fondos, personal y legislación. Dos de los primeros funcionarios ejecutivos de la Comunión Anglicana serían estadounidenses: Stephen F. Bayne, Jr. y Samuel Van Culin (nacido en 1930). Con el cambio de siglo (1995-2004), un tercer estadounidense—John L. Peterson (nacido en 1942)—desempeñaría esa función ejecutiva, que pasaría a denominarse secretario general. La estadounidense Marian Kelleran sería la segunda presidente del Consejo Consultivo Anglicano (1973-80).

Los asistentes a la segunda reunión del Consejo (Dublín, Irlanda, 1973) refrendaron el enfoque del MRI sobre la actividad misionera en la era poscolonial. La principal responsabilidad o misión, sugerían, correspondía a la iglesia autóctona. Las Iglesias del mundo industrializado no deben seguir marcando la agenda de las Iglesias del Tercer Mundo. El Consejo puso en marcha un programa de consulta de Socios en Misiones a través del cual las provincias podían decidir conjuntamente las orientaciones a seguir.

Como dijo el Arzobispo de Canterbury, Robert Runcie, en la Convención General de 1985, la Comunión Anglicana se había vuelto cada vez menos inglesa:

> Nos hemos convertido en una familia mundial de Iglesias. Hoy en día hay 70 millones de miembros del que posiblemente sea el segundo cuerpo de cristianos más distribuido. Ya no nos identificamos por tener algún tipo de herencia inglesa. El inglés es hoy la segunda lengua de la Comunión. Hay más miembros negros que blancos. Nuestras diversidades locales abarcan el espectro de las razas, necesidades y aspiraciones del mundo. Basta pensar en el valiente testimonio del obispo Tutu en Sudáfrica para recordar que ya no somos una Iglesia de las clases medias blancas aliadas únicamente al próspero mundo occidental".[58]

El arzobispo Runcie citó el ejemplo del arzobispo sudafricano Desmond Tutu, líder de la oposición pacífica al *apartheid*. El obispo fue uno de los oradores de la Convención General de 1982 y el ganador del premio Nobel de la Paz de 1984. Tras la caída del *apartheid* racial en Sudáfrica, presidió la Comisión de la Verdad y la Reconciliación (1995-98), que trató de sacar a la luz las violaciones de los derechos humanos por parte de todos los bandos como un paso hacia una mayor reconciliación en su nación.

La Convención General "suscribió y se adhirió a la Propuesta de Constitución de dicho Consejo Consultivo Anglicano" (1969).[59] Otras convenciones introdujeron algunos cambios para alinear la posición del obispo presidente con la de los arzobispos de la mayoría de las demás provincias de la Comunión Anglicana. La Convención General de 1967 nombró al obispo presidente como "pastor principal" de la Iglesia y la de 1979 exigió por primera vez que el obispo presidente fuera mencionado explícitamente en las oraciones de los fieles. Cuando la Convención General de 1982 designó al obispo presidente como "primado", los documentos oficiales de la Iglesia empezaron a utilizar la designación *most reverend* ("reverendísimo") antes del nombre del obispo presidente, un término de dirección generalmente reservado por los anglicanos para los arzobispos.

Aunque el obispo Hines había sido el obispo presidente en el momento en que se añadió el preámbulo que identificaba a la Iglesia Episcopal como parte de la Comunión Anglicana en 1967, fue en muchos sentidos el obispo Browning el primer obispo presidente estadounidense en pisar el escenario mundial. Como explicó en una carta al *Episcopalian* en marzo de 1987, "Cada vez más... Veo mi papel como Obispo Presidente no tanto como Jefe Ejecutivo de una rama de la Comunión Anglicana sino como alguien que debe, al menos en parte, ser un canal para las aspiraciones, esperanzas, fuerzas y sueños de nuestros hermanos y hermanas [fuera de los Estados Unidos]".[60]

El obispo Browning viajó mucho y habló sobre temas internacionales. Desempeñó un papel activo en la campaña para convencer a las empresas estadounidenses a vender en Sudáfrica como medio para presionar al gobierno de la minoría blanca para que abandonara su política de *apartheid* racial. En 1989 envió un equipo de obispos a El Salvador para investigar la detención por parte del gobierno de un grupo de clérigos y trabajadores de la Iglesia. Browning visitó el Departamento de Estado y programó una reunión en el Centro de la Iglesia Episcopal de Nueva York entre el Presidente Alfredo Christiani de El Salvador y un grupo de líderes eclesiásticos. La mayoría de los trabajadores de la Iglesia fueron liberados poco después.[61]

Una Iglesia reorganizada (1965–90)

Fig. 57 Desmond Tutu en una reunión de 1989 con
el Obispo Presidente Edmond Browning

Browning expresó su apoyo a los derechos de los palestinos en público y también en reuniones privadas con Yasser Arafat. Visitó tanto Bagdad como Washington en vísperas de la Guerra del Golfo. El obispo presidente se unió a otros en una vigilia por la paz celebrada el 15 de enero de 1991 frente a la Casa Blanca, mientras el presidente George H. W. Bush (nacido en 1924), que era episcopal, tomaba la decisión de iniciar los bombardeos en Iraq.[62]

El Obispo Browning reorganizó el Fondo del Obispo Presidente para la Ayuda Mundial de acuerdo con su visión del papel de la Iglesia Episcopal en el mundo. Desde su creación, el fondo había sido un conducto para la ayuda de emergencia en caso de desastre. Browning y Furman Stough (nacido en 1928), el antiguo obispo de Alabama que asumió la supervisión del Fondo en 1988, remodelaron el fondo siguiendo las líneas de la Ofrenda Unida de Acción de Gracias. El fondo reorganizado apoyaba proyectos iniciales y programas de desarrollo, en lugar de responder exclusivamente a las crisis.

Aunque no era la intención de los defensores de la idea Responsabilidad Mutua e Interdependencia (MRI), la reorientación de las misiones extranjeras desde un modelo colonial a

UNA HISTORIA DE LA IGLESIA EPISCOPAL

Fig. 58 La celebración de la Eucaristía en el Servicio de Institución de Edmond Browning en enero de 1986 reunió (de izquierda a derecha) a: John Allin, vigésimo tercer obispo presidente; Browning; John Walker, obispo de Washington; John Watanabe, primado de Japón; y Desmond Tutu, primado de la Iglesia de la Provincia de África del Sur.

uno de colaboración coincidió con una disminución del apoyo financiero y de personal a las misiones extranjeras. Las controversias sobre la GCSP y las desegregaciones no sirvieron para llenar las arcas de las congregaciones episcopales. En 1970, casi la mitad de las diócesis episcopales no podían o no querían cumplir con sus cuotas al presupuesto de la Iglesia nacional.[63] Con el dinero que se destinaba al GCSP y el menor número de fondos aportados en general, el número de misioneros apoyados en el extranjero y el porcentaje del presupuesto de la Iglesia dedicado a tales esfuerzos disminuyeron constantemente durante la década de 1970. El número de misioneros designados, por ejemplo, descendió de unos doscientos en el periodo 1962-66 a setenta y uno en 1977.[64]

Nuevas organizaciones como la Comunidad Misionera de la Iglesia Episcopal (formada en 1974), las ramas estadounidenses de la Sociedad Misionera Sudamericana (1976) y la Sociedad para la Promoción del Conocimiento Cristiano (1983), la Misión Mundial Episcopal (1982) y las Misiones Fronterizas

Anglicanas (1993) intentaron llenar el vacío creado por esta disminución del apoyo de la Iglesia nacional a las misiones en el extranjero. En 1990, representantes de varios de estos grupos se reunieron para formar el Consejo Episcopal para las Misiones Globales.

Movimientos carismáticos y de renovación

En 1960, dos feligreses de escasos recursos de una parroquia de California asistieron a una reunión de oración vecinal dirigida por un pentecostal. Ansiosos por tener lo que el líder de la oración aparentemente tenía—una fe alegre—fueron con él a su iglesia pentecostal, donde el pastor oró para que recibieran el Espíritu Santo y el don de hablar en lenguas.[65] No solo hablaron en lenguas sino que, en el plazo de varios meses, lograron que el párroco vecino Dennis Bennett (1917-91) tuviera la misma experiencia.[66] Bennett y su esposa Rita describieron los hechos en un popular libro titulado *A las nueve de la mañana* publicado en 1970.

Otros episcopales relataron historias similares. En 1964, W. Graham Pulkingham (1926-93), rector de la Iglesia del Redentor de Houston, Texas, visitó al clérigo de la Asamblea de Dios David Wilkerson (1931-2011), que tenía un activo ministerio urbano en la ciudad de Nueva York. Wilkerson impuso las manos sobre Pulkingham, quien comenzó a hablar en lenguas. Al regresar a Texas, Pulkingham pudo guiar a muchos de sus feligreses hacia experiencias pentecostales y revitalizar su parroquia, que combinaba un enfoque en los dones espirituales con la vida en común.[67] Charles Irish (nacido en 1929), que conoció la glosolalia a través de los amigos pentecostales de sus hijos, hizo que San Lucas, en Bath (Ohio), se convirtiera en un importante centro para los episcopales pentecostales. Everett "Terry" Fullam (1930-2014), el organista de San Marcos, Riverside, Rhode Island, que más tarde se convertiría en el rector de San Pablo, en Darien, Connecticut, habló por primera vez en lenguas en una conferencia dirigida por Dennis Bennett.[68]

Al creciente número de episcopales que tuvieron la experiencia de la glosolalia se unieron cristianos de las tradiciones luterana, católica romana y metodista. Se autodenominaron carismáticos para diferenciarse de las denominaciones pentecostales más antiguas, como las Asambleas de Dios. Estos cristianos carismáticos encontraron en el ejercicio de los dones espirituales una garantía de la presencia personal de Dios en una década en la que muchos de sus correligionarios preferían hablar de la fe en términos sociales más que personales. Sin embargo, la expectativa normativa de que los que recibían el Espíritu hablaran en lenguas iba en contra de las tradiciones de las Iglesias de las que eran miembros muchos de los nuevos carismáticos. Los que carecían de experiencias carismáticas sentían que la teología pentecostal los dejaba entre los irredentos y a menudo cuestionaban la ortodoxia de los carismáticos. Algunos carismáticos se trasladaron de la Iglesia Episcopal a las Asambleas de Dios o a otras denominaciones pentecostales tradicionales, pero la mayoría se quedó, haciéndose un lugar en la vida de la Iglesia. Crearon una red de apoyo a través de organizaciones como los Ministerios de Renovación Episcopal (Fraternidad Carismática Episcopal) y se reunieron en una serie de conferencias, como la Primera Conferencia Nacional sobre Renovación celebrada en la catedral de San Felipe de Atlanta en octubre de 1974.

En la década de 1980, los episcopales con y sin experiencias de glosolalia se respetaban cada vez más. Los que tenían experiencias de glosolalia modificaron su posición, viendo las lenguas como un elemento posible, pero ya no necesario, de la fe cristiana. Los que estaban fuera de la comunidad carismática respondieron con formulaciones que reconocían el lugar de los dones espirituales en la vida de la Iglesia. Charles P. Price, del Seminario de Virginia, y Eugene V. N. Goetchius (1921-2008), de la Escuela Episcopal de Divinidad, argumentaron en *The Gifts of God* ["Los dones de Dios"], por ejemplo, que los episcopales de la década de 1970 se habían equivocado al hacer una distinción demasiado amplia entre los dones ordinarios y extraordinarios de Dios:

> No pretendemos dar a entender que hay una división tajante entre [los dones extraordinarios que Pablo

llama carismata] y los dones más familiares que llamamos talentos, habilidades, destrezas, aptitudes y facultades; todos ellos son también dados por Dios, y todos están disponibles, son valiosos e indispensables para "la obra del ministerio, para la edificación del cuerpo de Cristo..." (Efesios 4:12).[69]

Los autores continuaron sugiriendo que Dios dio carismas a todos los cristianos, ya que la fe y la salvación eran en sí mismas dones carismáticos. Eran "el equipo básico que necesitaba todo cristiano para cualquier forma de ministerio".[70]

Tal reformulación abrió la posibilidad de un consenso más amplio dentro de la Iglesia, en lo que los episcopales denominaron renovación. Los cristianos carismáticos llamaron a la Iglesia a renovarse mediante una relación más profunda con las Escrituras y una mayor comprensión de la obra del Espíritu. Los que inicialmente se opusieron al movimiento reconocieron su compromiso con la búsqueda de la justicia de Dios en el mundo como un elemento de la renovación del mundo por parte de Dios.

Una coalición de renovación emergente apoyó dos nuevos programas de la Convención General defendidos por el Obispo Presidente John Allin: El programa "Aventurarse en la misión" (VIM, por sus siglas en inglés) de 1976 y el "Próximo paso en la misión" de 1982. Aventurarse en la misión fue un intento de recuperar tanto el espíritu como los medios financieros para la misión nacional y extranjera. El programa "Próximo paso en la misión" convocó a las congregaciones a inventariar cinco aspectos de la misión, que se vincularon con el acrónimo en inglés SWEEP: servicio, culto, evangelización, educación y atención pastoral. La carta del obispo Allin a las congregaciones episcopales explicaba el programa:

> Algunas de nuestras congregaciones están haciendo más que otras en las cinco funciones que definen la misión cristiana. Sin embargo, ninguna debe ir tras la tentación de creer que "estamos haciendo todo lo que podemos" o que "no hay que cambiar nada".

Las necesidades y las oportunidades están ante nosotros en todos los lugares. Es a través de nuestras congregaciones—a través de nuestra congregación renovada—que las necesidades serán satisfechas y la obra de Dios será realizada.[71]

Las congregaciones renovadas llevarían a cabo la obra de Dios en el mundo.

Las congregaciones que pasaron por la autoevaluación "Siguiente paso en la misión" descubrieron a menudo que sus feligreses compartían el interés por la educación cristiana de adultos. Un nuevo interés en las Escrituras, provocado por el movimiento de renovación, y la necesidad de aclimatar a los feligreses a una liturgia revisada se combinaron para producir un nuevo aprecio entre los episcopales por la educación cristiana.

Diversos grupos y personas proporcionaron materiales de educación para adultos, cuyos títulos se traducen a continuación. A principios de la década de 1970, la Diócesis de Colorado había introducido *Vivir la Buena Nueva*, una serie para escuelas parroquiales basada en el leccionario y diseñada para su uso con todas las edades. (*Vivir la Buena Nueva* pasó a formar parte de Church Publishing, Inc. y su sello Morehouse Education Resources en 2005). En 1979, Seabury Press publicó una nueva *Serie de enseñanzas de la Iglesia* para adultos. Morehouse-Barlow publicó colecciones de ensayos bajo el título de *Serie de estudios anglicanos* (1983-85).

No todos los materiales educativos, cada vez más populares, fueron concebidos para su uso en las clases dominicales de adultos o para la preparación de la confirmación. La Escuela de Teología de la Universidad del Sur, con su programa de Educación para el Ministerio (EfM), por ejemplo, le proveyó a los adultos, mentores ya entrenados y un plan de estudios intensivo de cuatro años. El Movimiento de Cursillos de Cristiandad (primer fin de semana episcopal, 1970; primer encuentro nacional, 1975) y Encuentro Matrimonial, ambos inicialmente productos de la Iglesia Católica Romana, emplearon retiros de fin de semana para enseñar sobre la fe cristiana y sobre el matrimonio cristiano. El Instituto Shalem de Washington, D.C. (1979), ofrecía formación a los interesados en la dirección espiritual. El Instituto Trinity de la Iglesia de Nueva York, que comenzó a ofrecer conferencias sobre temas intelectuales de actualidad en la vida de la Iglesia en 1970, había ampliado su programa en la década de 1980 para ofrecer también cursos en la costa oeste.

La Escuela de la Trinidad para el Ministerio, un nuevo seminario episcopal en Ambridge, Pensilvania (fundado en 1975, acreditado en 1985), pretendía ofrecer una educación teológica con especial énfasis en la renovación y la evangelización. Varias parroquias estadounidenses también celebraron cursos Alpha, un programa desarrollado en la iglesia de la Santísima Trinidad, Brompton, en Londres, por el vicario Charles Manham y popularizado a partir de 1993 por su sucesor Nicky Gumbel (nacido en 1955).

El interés por la educación no se limitaba a los adultos. *Vivir la Buena Nueva* incluía lecciones para todas las edades. El Seminario de Virginia creó el Centro para el Ministerio de la Enseñanza (1985) con el fin de equipar al clero y a otras personas para la educación de los niños. El director del centro, el profesor de educación cristiana Locke E. Bowman (1927-2013), puso en marcha un periódico mensual (*El maestro episcopal*), un programa de maestría en educación cristiana (1990) y un nuevo plan de estudios de escuela dominical (Currículum episcopal para niños) para apoyar y animar a los que servían en las escuelas dominicales.

Aunque los programas diseñados para renovar la Iglesia en la década de 1980 no invirtieron el descenso general de miembros, las tendencias estadísticas mejoraron en algunas partes del país, especialmente en el Sureste. Los episcopales de esa región fueron líderes en la reanudación de la plantación de iglesias. Los episcopales fundaron más de doscientas nuevas congregaciones entre 1979 y 1984.[72] En todo el país hubo ligeros aumentos en las tasas de asistencia (un 3% más entre 1980 y 1988).[73]

Los indicadores financieros también mejoraron en la década de 1980. La Diócesis de Alabama, la Convención General de

1982 y un gran número de individuos y organismos de la Iglesia dejaron constancia de que aceptaban el diezmo como norma para las donaciones cristianas. Las donaciones de la Iglesia Episcopal por persona confirmada aumentaron, y en 1987 la oficina de administración de la Iglesia señaló que "por tercer año consecutivo la Iglesia Episcopal [lideraba] el cristianismo norteamericano en contribuciones por unidad donante".[74]

La Convención General de 1988, con la esperanza de que estas tendencias positivas se generalizaran, respondió a una resolución de la Conferencia de Lambeth de 1988 y a una serie de imperativos misioneros del obispo presidente y del Consejo Ejecutivo, designando la década de 1990 como "Década de la Evangelización".

Nuevos miembros

Los que entraron en la Iglesia Episcopal procedentes de otras confesiones en la década de 1970 procedían en su mayoría de las confesiones protestantes mayoritarias, en particular de las tradiciones metodista y presbiteriana. Mientras que los antiguos metodistas y presbiterianos siguieron representando un porcentaje significativo de conversos a la Iglesia Episcopal en la década de 1980 (26% y 14.5% respectivamente en un informe de 1982 a la Convención General), un número creciente de antiguos católicos romanos (19.3%) y bautistas (16.9%) encontraron también un hogar en la Iglesia Episcopal.[75]

Los católicos romanos, orientados en una tradición litúrgica cada vez más parecida a la de la Iglesia Episcopal, se acercaban a menudo a la Iglesia Episcopal por su forma de entender la autoridad, la atención pastoral y el ministerio de los laicos. El autor, reformador social y destacado laico católico romano John Cogley (1916-76) citó tales motivos para su conversión a la Iglesia Episcopal (1973) en su libro *A Canterbury Tale: Experiences and Reflections, 1916-1976* (1976). Cogley, que entró en el proceso de ordenación y fue ordenado diácono en la Iglesia Episcopal, murió poco después de la finalización del libro. Sin embargo, muchos otros seguirían sus pasos.

A diferencia de los católicos romanos, los bautistas y otros evangélicos se sentían atraídos por una tradición litúrgica e histórica que podía proporcionar un contexto para la fe personal. El pastor bautista del sur John Claypool (1930-2005) de la Segunda Iglesia Bautista de Lubbock, Texas, que se hizo sacerdote episcopal en 1986, habló del sentido de misterio que había encontrado en el culto episcopal. En un libro provocativamente titulado *Evangelicals on the Canterbury Trail* (1985 y revisado por Lester Ruth en 2012), Robert E. Webber contó la historia de seis conversos evangélicos con experiencias similares.

Algunos pentecostales también se sintieron atraídos por la Iglesia Episcopal. En un servicio muy publicitado en Valdosta, Georgia, en 1990, el ex clérigo pentecostal Stan White (nacido en 1962) llevó a su congregación independiente a la Iglesia Episcopal. Más de doscientos feligreses fueron confirmados por el obispo de Georgia, Harry Shipps (nacido en 1926).[76]

Aspectos positivos

Los episcopales del último tercio del siglo XX se interesaron por los servicios de salud, al igual que en el siglo XIX, cuando sus correligionarios participaron activamente en la fundación de hospitales. Los episcopales desempeñaron un importante papel en la respuesta a las necesidades sanitarias y sociales.

La anglicana laica Cicely Saunders (1918-2005), inició el movimiento moderno de los hospicios en Londres en la década de 1960. En 1963 recorrió varios estados del noreste de Estados Unidos, compartiendo sus ideas sobre las formas adecuadas de atender a los moribundos.[77] Durante la década de 1970, los episcopales se encontraban entre los que participaron activamente en la fundación de programas de cuidados paliativos residenciales y no residenciales en todo Estados Unidos. Las Mujeres de la Iglesia Episcopal concedieron regularmente subvenciones iniciales a los programas de cuidados paliativos en las décadas de 1970 y 1980.[78]

En 1966, Gardner Van Scoyoc (nacido en 1930), un sacerdote que había sido director de Relaciones Sociales Cristianas de la Diócesis de Virginia, dimitió de su cargo para trabajar a tiempo completo en un nuevo proyecto en el que se había interesado: La creación de una comunidad de jubilados que incluyera un paquete de servicios de atención sanitaria y de enfermería para que un residente jubilado no se viera obligado por la enfermedad a marcharse. La institución resultante—Goodwin House en Alexandria, Virginia—se conocería como una Comunidad de Retiro de Cuidados Continuos (CCRC, por sus siglas en inglés). Sería la tercera institución de este tipo en Estados Unidos y la primera iniciada por una iglesia. Decenas de diócesis episcopales seguirían el ejemplo de la Goodwin House, creando sus propias instituciones.[79] En 1984, la Sociedad Episcopal para el Ministerio de la Tercera Edad (creada en 1964) publicó el *Directory: Episcopal Related Housing for the Aging* (Directorio: Viviendas episcopales para la tercera edad), que incluía un listado de sesenta y ocho páginas de instalaciones disponibles.[80] Un listado a principios del siglo XXI incluiría instalaciones en treinta y tres estados y el Distrito de Columbia.[81]

En el verano de 1981, los Centros de Control de Enfermedades anunciaron la identificación de una nueva condición médica, a la que llamaron Síndrome de Inmunodeficiencia Adquirida (SIDA). El síndrome se extendió rápidamente—aunque no de modo exclusivo—entre los hombres homosexuales y no tenía cura conocida.[82] A mediados de los años 80, muchas congregaciones episcopales, sobre todo en poblaciones urbanas, participaban en programas de pastoral del sida. Las perspectivas para los enfermos de sida mejoraron en 1987, cuando la Administración de Alimentos y Medicamentos (FDA, por sus siglas en inglés) aprobó la venta de AZT, un medicamento contra el sida que ralentizaba los efectos de la enfermedad, pero la cura del síndrome seguía eludiendo a los investigadores.

Otras organizaciones proporcionaban atención básica a la persona en situación de calle. Los recortes en los programas sociales del gobierno para los pobres, el abandono de una política gubernamental anterior de institucionalización de los enfermos mentales y un problema nacional persistente con el abuso de sustancias se combinaron para poner a un gran número de personas pobres y sin hogar en las calles—incluso en los suburbios—por primera vez desde la Gran Depresión de la década de 1930.

Los episcopales también participaron activamente en el programa de amnistía migratoria de 1986-87. Numerosas congregaciones sirvieron como centros de asistencia a los inmigrantes que se preparaban para solicitar la documentación de inmigración. Cuando terminó el programa de amnistía, el Episcopal News Service calculó que la Iglesia Episcopal había ayudado a cincuenta mil personas.[83]

Cuando el candidato presidencial republicano y episcopal George H. W. Bush pronunció su discurso en la Convención Republicana de 1988 elogiando a los grupos cívicos y religiosos como "mil puntos de luz en un cielo amplio y pacífico",[84] muchas congregaciones episcopales habían establecido despensas de alimentos, comedores sociales y programas de refugio para hacer frente a la falta de vivienda y al desempleo.

Sexualidad humana

En 1973, la Convención General aprobó una importante revisión de los cánones de la Iglesia sobre el matrimonio y las segundas nupcias. El canon de 1946 al que sustituyó solo permitía contraer nuevas nupcias en la Iglesia cuando existía uno de los nueve impedimentos (consanguinidad, locura, bigamia, fraude, etc.) en el primer matrimonio. El nuevo canon, que se centraba en la salud de la relación que una persona pretendía entablar y no en el matrimonio anterior, daba al obispo y al párroco una mayor libertad pastoral en el trato con los divorciados.

El nuevo canon permitió a los obispos y al clero responder a un cambio masivo en el comportamiento heterosexual que estaba teniendo lugar en los años 70 y 80. El divorcio se hizo más común, incluso entre los clérigos (para quienes el divorcio había significado durante mucho tiempo la imposibilidad de continuar en el ministerio parroquial a tiempo completo). Las parejas se casaban más tarde y cada vez más convivían antes de hacerlo. Un examen de los datos matrimoniales de la Iglesia Episcopal para el período comprendido entre 1950 y 2003 reveló que el porcentaje de parejas que indicaron la misma dirección residencial en el momento de contraer matrimonio pasó de aproximadamente un cinco por ciento en 1970 a aproximadamente un sesenta y cinco por ciento en 2000. En esos mismos años, la edad promedio para el matrimonio pasó de los 20 a los 30 años.[85] Algunos clérigos parroquiales se resistieron a esta tendencia a la cohabitación, exigiendo a las parejas no casadas que se separaran como condición previa al matrimonio eclesiástico, pero estos clérigos fueron relativamente pocos.

A mediados de la década de 1970, la Convención General se enfrentó a otra cuestión. ¿Cuál sería la respuesta de la Iglesia ante los gays y las lesbianas? La Convención General de 1976, reunida siete años después de que los disturbios de Stonewall en la ciudad de Nueva York (junio de 1969) marcaran el inicio del movimiento de liberación gay, declaró que "las personas homosexuales son hijos de Dios que tienen un derecho pleno e igual al de todas las demás personas al amor, la aceptación y la preocupación y el cuidado pastoral de la Iglesia".[86] Sin embargo, no abordó la conveniencia de la ordenación de gays o lesbianas. Al año siguiente, el obispo Paul Moore (1919-2003) de Nueva York insistió en esa cuestión al ordenar como sacerdote a la lesbiana Ellen Barrett (nacida en 1946). John Allin y sus compañeros obispos respondieron a esa ordenación en la reunión de la Cámara de Obispos en Port St. Lucie ese mismo año.

Algunos dentro de la Iglesia percibieron esta ordenación como el siguiente paso lógico en la liberalización de las actitudes de la Iglesia hacia la sexualidad. Por ejemplo, los miembros de Integrity, un grupo de apoyo a los episcopales gays y lesbianas formado por Louie Crew (nacido en 1936, se cambió el nombre a Louie Clay en 2013 en reconocimiento de su matrimonio legal con Ernest Clay) en octubre de 1974 en la Universidad Estatal de Fort Valley en Georgia, pidieron el reconocimiento de las relaciones homosexuales como estilos de vida aceptables para los cristianos. En el momento de su ordenación, Ellen Barrett era copresidente de Integrity.

La mayoría de los obispos en St. Lucie no estuvieron de acuerdo, apoyando una resolución que declaraba que estaba "claro en las Escrituras que el matrimonio heterosexual [era]... afirmado y que... la actividad homosexual [era] condenada", y que era la "opinión de esta Cámara que... ningún Obispo de la Iglesia conferirá Órdenes Sagradas en violación de estos principios".[87]

En la década de 1970, muchos episcopales distinguían entre la orientación y la actividad homosexuales. Algunos creían que la distinción proporcionaba a la Iglesia un camino intermedio entre la plena aceptación del comportamiento homosexual defendida por Integrity y la condena del comportamiento homosexual por parte de la Cámara de Obispos. La Iglesia, razonaron, podría aceptar candidatos a la ordenación que tuvieran una orientación homosexual pero permanecieran célibes, al igual que había llegado a aceptar a algunos "alcohólicos en recuperación", que reconocían su debilidad por el alcohol y, sin embargo, se abstenían de consumirlo. Los obispos de Port St. Lucie se negaron a seguir este camino, diciendo únicamente que "no estaba claro en las Escrituras qué moralidad se aplica a la orientación homosexual".[88]

No obstante, la mayoría de los obispos y diputados de la Convención General de 1979 pensaron lo contrario. Combinaron una reafirmación de lo inapropiado de las relaciones sexuales fuera del matrimonio heterosexual con la afirmación de que... "no debería haber ningún obstáculo para la ordenación de personas cualificadas de orientación homosexual cuyo comportamiento la Iglesia considera saludable".[89]

La resolución fue aprobada en la Cámara de Obispos por noventa y nueve votos a favor y treinta y cuatro en contra.[90] Sin embargo, más tarde ese mismo día, algunos de los obispos disidentes firmaron una declaración indicando que no "aceptarían [las] recomendaciones ni las aplicarían" en sus diócesis. John M. Krumm, del sur de Ohio, presentó la resolución y otras veinte personas la firmaron. Entre los firmantes se encontraban Paul Moore, de Nueva York, y Edmond Lee Browning (nacido en 1929), de Hawai, que sería el sucesor de Allin como obispo presidente.[91]

A pesar de la acción de los obispos disidentes, la resolución de compromiso traería una relativa paz en la Iglesia sobre la cuestión de la homosexualidad hasta finales de la década de 1980. En ese momento, sin embargo, varias voces de la Iglesia comenzaron a reclamar nuevos enfoques radicales sobre la sexualidad humana. El obispo John S. Spong (nacido en 1931), de Newark, escribió *¿Vivir en pecado?* de 1988, en el que sugiere que la Iglesia debería bendecir las uniones entre personas del mismo sexo, las relaciones sexuales prematrimoniales de los jóvenes y la cohabitación de los ancianos no casados afectados por la normativa de la Seguridad Social.[92] L. William Countryman (nacido en 1941), de la Escuela de Divinidad de la Iglesia del Pacífico, sugirió en *Dirt, Greed, and Sex* ["Impureza, codicia y sexo"] de 1988 que los primeros cristianos habían enmarcado una ética sexual "en términos de pureza y sistemas de propiedad que ya no prevalecen entre nosotros". En su lugar, ofreció una ética que creía construida a partir de seis principios bíblicos "generativos" y que correspondía a las circunstancias del mundo contemporáneo. Su nueva formulación no encontraba ninguna prohibición en el Evangelio contra los actos homosexuales, la poligamia o el bestialismo.[93] Carter Heyward, de la Escuela Episcopal de Divinidad, argumentó en *Touching Our Strength* ["Alcanzar nuestro potencial"] (1989) que la monogamia "parece tener poco que recomendar", y aconsejó a sus lectores que mantuvieran múltiples amistades sexuales.[94] Aunque estos planteamientos radicales no atrajeron a un gran número de seguidores en la Iglesia Episcopal, sí que enmarcaron el debate sobre la sexualidad de tal manera que la aceptación de las uniones exclusivas entre personas del mismo sexo que pretendían ser para toda la vida podía presentarse como una opción "moderada".

NOTAS

1. *The Episcopal Church Annual 1984* (Wilton, Conn.: Morehouse-Barlow, 1984), 19; y *The Episcopal Church Annual 2008* (Harrisburg: Morehouse Church Resources, 2008), 21.

2. David Sumner, "The Children Shall Lead Us: The Relationship between the U.S. Birthrate and Episcopal Church Membership", *Historical Magazine of the Protestant Episcopal Church 54* (septiembre de 1954): 253-60; *Episcopal Church Annual 2008*, 21; y *U. S. Census Bureau*, "Births, Deaths, Marriages, and Divorces", http://www.census.gov/prod/2011pubs/12statab/vitstat.pdf (consultado el 29 de marzo de 2014).

3. "Report of the Committee on the State of the Church", en *The Blue Book: Reports of the Committees, Commissions, Boards, and Agencies of the General Convention of the Episcopal Church* (producido para la Convención General por Seabury Professional Services, 1982), 320.

4. C. Kirk Hadaway, "Is the Episcopal Church Growing (or Declining)?" http://archive.episcopalchurch.org/documents/2004GrowthReport(1).pdf (consultado el 29 de marzo de 2014) Hadaway corrigió un importante cambio estadístico que tuvo lugar en 1986, cuando las diócesis de ultramar dejaron de incluirse en las cifras de la Iglesia Episcopal y se modificó el método de cálculo de los miembros bautizados.

5. Para las cifras de asistencia en los años 70, véase *The Episcopalian 150* (septiembre de 1985): 9.

6. La Comisión Permanente sobre Liturgia de la Iglesia Episcopal Protestante en los Estados Unidos de América, *Prayer Book Studies XVII: The Liturgy of the Lord's Supper* (Nueva York: Church Pension Fund, 1966), 13.

7. El uso de Stevick de "constantiniano" era una alusión al emperador romano del siglo IV Constantino, que puso fin a la persecución de los cristianos y dedicó recursos gubernamentales a la construcción de iglesias, pero que también esperaba que la Iglesia apoyara su gobierno imperial. Véase Daniel B. Stevick, *Baptismal Moments; Baptismal Meanings* (Nueva York: The Church Hymnal Corporation, 1987), 28-29.

8. *Libro de Oración Común* (1979), 823.

9. *Journal of the General Convention of the Protestant Episcopal Church in the United States of America . . . 1967* (Nueva York: impreso para la Convención, 1967), 47, 570-73.

10. Los miembros de la Comisión Permanente sobre Liturgia, que habrían preferido sustituir cualquier confirmación separada por un Formulario de Compromiso de Servicio Cristiano que los sacerdotes pudieran utilizar en la parroquia con los adultos, no incluyeron un rito de confirmación separado en los *Servicios provisionales*. Sin embargo, la Convención General de 1973 no estuvo de acuerdo y, como resultado, la comisión añadió una oficina de

confirmación separada en los *Servicios autorizados*. Sin embargo, la oración por los siete dones del espíritu—que era el núcleo del servicio de confirmación—permaneció en el oficio bautismal en esta y en las siguientes revisiones, lo que creó cierta confusión sobre la comprensión de la Iglesia de la confirmación. Para una discusión del debate en curso, véase Charles P. Price, "Rites of Initiation", *The Occasional Papers of the Standing Liturgical Commission*, colección n° 1 (Nueva York: Church Hymnal Corporation, 1987), 24-37.

11. Mientras que las rúbricas y los cánones eclesiásticos de la época de la Reforma indicaban a los anglicanos que debían leer la oración matutina, las letanías y el comienzo del servicio de la Santa Comunión cada domingo, ordenaban al sacerdote que no completara la Eucaristía si los feligreses no comulgaban (una práctica muy común a finales de la Edad Media). El libro de oración preveía, por tanto, varias exhortaciones que el sacerdote debía leer a mitad de la Eucaristía, en las que se instruía al pueblo sobre la importancia de comulgar y se indicaba la siguiente ocasión en la que podrían hacerlo. El pueblo se retira entonces. Aunque la Cámara de Obispos de la Iglesia Episcopal adoptó una resolución en 1856 que autorizaba la lectura separada del oficio diario y de la Eucaristía, el texto y las rúbricas reales del Libro de Oración Común no se ajustarían a esta realidad sino hasta la revisión de 1979. Véase Byron D. Stuhlman, *Eucharistic Celebrations, 1789-1979* (Nueva York: Church Hymnal Corporation, 1988), 97.

12. Standing Commission on Church Music, *Hymnal Studies Two: Introducing the Hymnal 1982* (Nueva York: Church Hymnal Corporation, 1982), 11-13.

13. *Journal of the General Convention of... The Episcopal Church, Anaheim, 1985* (Nueva York: General Convention, 1986), 278; y *Journal of the General Convention of... The Episcopal Church, Detroit, 1988* (Nueva York: Convención General, 1989), 239.

14. Pauli Murray, *Song in a Weary Throat: An American Pilgrimage* (Nueva York: Harper & Row, 1987), 418; y Heather Ann Huyck, "To Celebrate a Whole Priesthood: The History of Women's Ordination in the Episcopal Church" (tesis doctoral: Universidad de Minnesota, 1981), 44.

15. Huyck, "Priesthood", 58-63.

16. Paula D. Nesbitt, *Feminization of the Clergy in America: Occupational and Organizational Perspectives* (Nueva York: Oxford University Press, 1997), 63, 75.

17. Donald S. Armentrout, *Episcopal Splinter Groups: A Study of Groups Which Have Left the Episcopal Church, 1873-1985* (Sewanee, Tenn.: School of Theology of the University of the South, 1985), 31, 41-42; "New 'Entity,' Evangelical and Catholic Mission, Formed", *Episcopal Press and News* (15 de febrero de 1977).

18. *Journal of the General Convention of the Protestant Episcopal Church in the United States of America... 1979* (Nueva York: producido para la Convención General por Seabury Professional Services, 1979), B-195.

19. "The Continuing Church Today," *Christian Challenge 21* (diciembre de 1982): 8-16.

20. Sin embargo, Harris no fue la única obispa en la Comunión Anglicana por mucho tiempo. A finales de 1989, los anglicanos de Nueva Zelanda habían elegido a Penelope Ann Bansall Jamieson (nacida en 1942) como obispa diocesana de Dunedin.

21. Libro de Oración Común (1928), 71, 76; Libro de Oración Común (1979), 359, 361.

22. *Liturgical Texts for Evaluation* (Nueva York: Church Hymnal Corporation, 1987), 60.

23. "Introducción", en *Commentary on Prayer Book Studies 30 Containing Supplemental Liturgical Texts* (Nueva York: Church Hymnal Corporation, 1989), c-15.

24. *Boletín Ecuménico* (enero de 1991): 1.

25. Reinhold Niebuhr, *Moral Man and Immoral Society* (Nueva York: Charles Scribner's Sons, 1960), 82.

26. William Stringfellow y Anthony Towne, *The Death and Life of Bishop Pike* (Garden City, N.Y.: Doubleday, 1976), 342-53, 437-43; En 1967, la Convención General modificó los cánones para dificultar el juicio de un obispo aumentando a diez el número de obispos necesarios para presentar una acusación contra un compañero.

27. Paul Seabury, "Trendier Than Thou", *Harper's* (octubre de 1978): 39.

28. William Stringfellow, *Dissenter in a Great Society: A Christian View of America in Crisis* (Nueva York: Holt, Rinehart and Winston, 1966), 156.

29. Nathaniel W. Pierce y Paul L. Ward, *The Voice of Conscience: A Loud and Unusual Noise? The Episcopal Peace Fellowship, 1939-1989* (Charlestown, Mass.: Charles River Publishing, 1989), 30-32.

30. Pierce y Ward, *Voice*, 32-42.

31. *Journal of the General Convention* (1973), 513 citado en David Sumner, *The Episcopal Church's History, 1945-1985* (Harrisburg, Penn.: Morehouse, 1987), 61.

32. Sumner, *History*, 38-43.

33. Sumner, *History*, 50-51.

34. Sumner, *History*, 52.

35. Vine Deloria, Jr., "GCSP: The Demons at Work", *Historical Magazine of the Protestant Episcopal Church 48* (marzo de 1979): 90.

36. Gardiner H. Shattuck, Jr., *Episcopalians and Race: Civil War to Civil Rights* (Lexington: University Press of Kentucky, 2000), 205.

37. Harold T. Lewis, *Yet with a Steady Beat: The African American Struggle for Recognition in the Episcopal Church* (Valley Forge: Trinity Press International, 1996), 155-57; y Shattuck, *Episcopalians and Race*, 180-83.

38. Edwin Augustine White y Jackson A. Dykman, *Annotated Constitution and Canons for the Government of the Protestant Episcopal Church in the United States of America, Otherwise known as The Episcopal Church*, 2 vols. (Nueva York: Oficina de la Convención General, 1982), 1:384, 390.

39. *Holy Baptism with the Laying-on-of-Hands, Prayer Book Studies 18 on Baptism and Confirmation* (Nueva York: Church Pension Fund, 1970), 35. Las preguntas que aparecían en la Presentación de candidatos en el Prayer Book Studies 18 y en los *Servicios provisionales* (1971) fueron ampliadas, redactadas en un lenguaje más inclusivo, y trasladadas a una sección de Pacto Bautismal en los *Servicios autorizados* de 1973 y el Libro de Oración Común de 1979.

40. Wade C. Roof y William McKinney, *American Mainline Religion: Its Changing Shape and Future* (New Brunswick: Rutgers University Press, 1987), 142, 200.

Roof y McKinney basaron sus cifras sobre la justicia racial en una encuesta en la que se preguntaba por las actitudes hacia cuestiones como los centros de acogida y la socialización mixta. Los veintitrés grupos incluidos en la muestra se identificaron como episcopales, Iglesia Unida de Cristo, presbiterianos, metodistas, luteranos, cristianos (discípulos de Cristo), bautistas del norte, reformados, bautistas del sur, iglesias de Cristo, evangélicos/fundamentalistas, nazarenos, pentecostales/santidad, asambleas de Dios, iglesias de Dios, adventistas, católicos, judíos, mormones, testigos de Jehová, científicos cristianos, universalistas unitarios y los que no tienen preferencia religiosa. Los episcopales obtuvieron la puntuación más alta en la encuesta (es decir, fueron los más abiertos a la integración de la vivienda y la socialización). Los unitarios, los científicos cristianos y los judíos ocupaban el segundo, tercer y cuarto lugar. En el otro extremo de la escala, los miembros de las Iglesias de Dios y los Bautistas del Sur tenían las opiniones menos progresistas. Las dieciocho denominaciones predominantemente blancas de las que Roof y McKinney proporcionaron cifras sobre la afiliación de los negros fueron la Iglesia Episcopal, la Iglesia Unida de Cristo, la Iglesia Presbiteriana Unida, la Iglesia Presbiteriana de EE.UU, la Iglesia Metodista Unida, la Iglesia Luterana en América, la Iglesia Luterana-Sínodo de Missouri, la Iglesia Cristiana (Discípulos de Cristo), la Iglesia Bautista Americana, la Iglesia Cristiana Reformada, la Iglesia Reformada en América, la Convención Bautista del Sur, las Iglesias de Cristo, la Iglesia del Nazareno, la Iglesia de Dios (Cleveland, Tenn.), la

Alianza Cristiana y Misionera, la Iglesia Adventista del Séptimo Día y la Iglesia Católica Romana. De estas denominaciones, solo la Iglesia Bautista Americana (27.1%), la Adventista (27.1%) y las Iglesias de Cristo (8.1%) tenían un mayor porcentaje de miembros negros. La Convención Bautista del Sur (0.6%), la Iglesia Cristiana Reformada (0.6%) y la Alianza Cristiana y Misionera (0.6%) tenían el menor porcentaje de miembros negros. La mayoría de los cristianos negros estadounidenses son miembros de las siete denominaciones predominantemente negras: la Iglesia Metodista Episcopal Africana, la Iglesia Metodista Episcopal Africana de Sión, la Iglesia Metodista Episcopal Cristiana, la Convención Nacional Bautista de Estados Unidos, la Convención Nacional Bautista de América, la Convención Nacional Bautista Progresista y la Iglesia de Dios en Cristo.

41. Lewis, *Yet with a Steady Beat*, 166.

42. La votación para elegir al obispo presidente en la Cámara de Obispos todavía se mantenía en secreto en 1985 y, por lo tanto, no se hizo público ningún registro oficial de la votación en ese momento. Sin embargo, se rumoreó ampliamente en la Iglesia que el obispo Walker de Washington se presentó en segundo lugar. La Cámara de Obispos modificó sus reglas para la elección de 1997 e hizo pública la votación. El Obispo Herbert Thompson, Jr., de Ohio del Sur fue el primero en la primera votación (89 votos contra 86 de Frank Griswold, con 39 votos divididos entre otros tres candidatos) y el segundo en las dos votaciones finales (106-96 y 110-96). Véase Jerry Hames, "Next Presiding Bishop Stresses Conversation", *Episcopal Life 8* (septiembre de 1997): 6 y Doug LeBlanc, "The Bishop Belongs to All, PB-elect Frank Griswold Says", *United Voice*, edición de la Convención General (22 de julio de 1997).

43. *Episcopal Life 4* (octubre de 1993): 23.

44. Owanah Anderson, "NCIW and Seabury-Western Cooperate to Educate Clergy for Indian Country", *Episcopalian 154* (mayo de 1989): 6.

45. The Archives of the Episcopal Church, Research Report: The Episcopal Church and the Church in Cuba after the Revolution (November 24, 2015), 1, Church_in_Cuba_Report_11-24-15.pdf (episcopalarchives.org) (consultado el 10 de febrero de 2022).

46. "Diocesan Consultation on Hispanic Ministry Held," Diocesan News Service (15 de septiembre de 1975), http://www.episcopalarchives.org/cgi-bin/ENS/ENSpress_release.pl?pr_number=75314 (accessed April 7, 2014).

47. El autor, que inició el ministerio en español en la Diócesis de Virginia en 1975, participó en la consulta de septiembre de 1975.

48. "Church Center Cooperated in Bombing Investigation," *Episcopal News Service*, (17 de febrero de 1977) http://www.episcopalarchives. org/cgi-bin/ENS/ENSpress_release.pl?pr_number=77058

"Bishop Allin Puts Two Staff on Leave of Absence," *Episcopal News Service* (14 de marzo de 1977) http://www.episcopalarchives.org/cgi-bin /ENS/ENSpress_release.pl?pr_number=77094 "Three Brothers jailed in F. A. L. N. Inquiry," *Episcopal News Service* (31 de agosto de 1977) http://www .episcopalarchives.org/cgi-bin/ENS/ENSpress_release.pl?pr_number=77283 (todo consultado el 7 de abril de 2014)

49. "Fr. Arrunategui to be Hispanic Officer," *Episcopal News Service* (6 de enero de 1977)," http://www.episcopalarchives.org/cgibin/ENS/ENS press_release.pl?pr_number=77007 (consultado el 7 de abril de 2014)

50. Episcopal News Service, *New Brief*, June 16, 1977 [77218]. Énfasis añadido.

51. *Religión en América*, 35-37.

52. Ellis L. Larsen y James M. Shopshire, "A Profile of Contemporary Seminarians," *Theological Education 24* (Spring 1988): 101.

53. El obispo Francisco Reus Froylán fue el primer puertorriqueño en ejercer como obispo de Puerto Rico. El anterior obispo sufragáneo, Manuel Ferrando, era español. Del mismo modo, el obispo Luc Gamier fue el primer nativo de Haití en ser consagrado; el obispo Holly había sido un expatriado negro estadounidense.

54. Stephen F. Bayne, Jr., *Mutual Responsibility and Interdependence in the Body of Christ with related Background Documents* (Nueva York: Seabury Press, 1963), 18.

55. Bayne, *Mutual Responsibility and Interdependence*, 17-18.

56. Bayne, *Mutual Responsibility and Interdependence*, 18.

57. Comunión Anglicana, "Primates' Meeting" y "About the Anglican Consultative Council", http://www.anglicancommunion.org/communion /primates/ y http://www.anglicancommunion.org/communion/acc/about.cfm (consultado el 30 de marzo de 2014).

58. *The Episcopalian 150* (octubre de 1985): 15.

59. *Journal for the Special Convention of the Protestant Episcopal Church... 1969* (Nueva York: impreso para la Convención, 1970), 159-60. La aprobación por parte de la Convención General de la constitución del CAC en 1969 fue paralela a la exigencia de la Constitución de entonces de que las diócesis que desearan ser admitidas en la Convención General indicaran su "adhesión" a la Constitución y los Cánones de la Iglesia Episcopal. Sin embargo, en 1979 el lenguaje para las diócesis fue cambiado para requerir "adhesión completa". Véase *Journal for the General Convention of the Protestant Episcopal Church... 1979* (Nueva York: Seabury Professional Services, 1979), C-38.

60. Edmond L. Browning, *No Outcasts: the Public Witness of Edmond L. Browning, XXIVth Presiding Bishop of the Episcopal Church*, ed. Brian J. Grieves (Cincinnati: Forward Movement, 1997), 15.

61. Browning, *No Outcasts*, 174-75.

62. Browning, *No Outcasts*, 145-46.
63. Sumner, *History*, 50.
64. Neil Lebhar y Martyn Minns, "Why Did the Yankees Go Home? A Study of Episcopal Missions: 1953-1977", *Historical Magazine of the Protestant Episcopal Church 48* (marzo de 1979): 27-43.

65. La glosolalia, o hablar en lenguas, es una forma de oración en la que las sílabas y los sonidos normales del habla se reorganizan en una expresión extática que no tiene un significado lógico aparente. Autores bíblicos, cristianos a lo largo de los siglos y algunos grupos no cristianos han dado fe del fenómeno. Sin embargo, no fue sino hasta principios del siglo XX que los grupos cristianos, como las Asambleas de Dios, convirtieron la experiencia en una expectativa de carácter normativo para los miembros de la iglesia.

66. Dennis J. Bennett, *Nine O'clock in the Morning* (Plainfield, N.J.: Logos International, 1970), 8-20.

67. W. Graham Pulkingham, *Gathered for Power* (Nueva York: Morehouse-Barlow, 1972), 75. Para una descripción de los puntos fuertes y débiles de la vida comunitaria en la iglesia del Redentor, véase Julia Duin, *Days of Fire and Glory: the Rise and Fall of a Charismatic Community* (Baltimore: Crossland Press, 2009).

68. Bob Slosser, *Miracle in Darien* (Plainfield, N. J.: Logos International, 1979), 45-55.

69. Eugene V. N. Goetchius y Charles P. Price, *The Gifts of God* (Wilton, Conn.: Morehouse-Barlow, 1984), 30.

70. Goetchius y Price, *Gifts of God*, 33-34.

71. *Guide for Congregational Self-Evaluation* (Nueva York: Seabury Professional Services, n.d.), i.

72. Margaret V. Uyeki, "Over Two Hundred New Churches in Five Years!" *Into the World* (Nueva York: Unidad de Educación para la Misión y el Ministerio del Centro de la Iglesia Episcopal, julio/septiembre de 1984): 1.71. Para las cifras de asistencia en la década de 1970, véase *The Episcopalian* 150 (septiembre de 1985): 9. Los resúmenes estadísticos de la década de 1980 fueron proporcionados por Barbara Kelleher, asistente administrativa del responsable de estadísticas de la Iglesia Episcopal, Episcopal Church Center, 815 Second Avenue, Nueva York, Nueva York. Las cifras de asistencia se basan en los totales del 1er Domingo de Cuaresma, Pascua, 1er Domingo de Adviento y Trinidad (antes de 1986) o Pentecostés (después de 1986). La media de asistencia a estos cuatro domingos en 1980 era de 1,051,818 personas. En 1988, había aumentado a 1,081,426. El número de bautizados descendió un 1.6% entre 1980 (2,784,040) y 1985 (2,739,422).

73. Ronald L. Reed, "Good News in Financial Stewardship", en *Stewardship Report* (Nueva York: Office of Stewardship of the Episcopal Church Center, verano de 1987), 7.

74. "Report of the Committee on the State of the Church", *Blue Book* (1982): 320.

75. *The Episcopalian 150* (noviembre de 1985): 2.

76. Robert Libby, "Newest Episcopalians are spirited group", *Episcopal Life 1* (junio de 1990): 6.

77. Diocesan New Service, "Christian Ministry to the Dying,", (8 de mayo de 1963), http://www.episcopalarchives.org/cgi-bin/ENS/ENSpress_release.pl?pr_number=X-6 (consultado el 7 de abril de 2014).

78. Véanse, por ejemplo, los comunicados del Nuevo Servicio Episcopal del 15 de noviembre de 1979, del 2 de octubre de 1980 y del 4 de noviembre de 1982, a los que se puede acceder en http://www.episcopalarchives.org/.

79. Gardner Van Scoyoc, conversación con el autor, 29 de marzo de 2014.

80. *Directory: Episcopal Related Housing for the Aging* (Milford, Nueva Jersey: Episcopal Society for Ministry on Aging, Inc., 1984).

81. Alan R. Ziegler, "ECUSA Facilities and Service for Older Persons", una hoja de cálculo, 2008.

82. Mirko D. Grmek, *History of AIDS: The Emergence and Origin of a Modern Pandemic* (Princeton: Princeton University Press, 1990), 4.

83. "Church Tests Water on Immigration Role", *Episcopal News Service* (26 de marzo de 1987) http://www.episcopalarchives.org/cgi-bin/ENS/ENSpress_release.pl?pr_number=87067; y "Refugee Unit formed at Church Center", *Episcopal News Service* (23 de junio de 1988) http://www.episcopalarchives.org/cgi-bin/ENS/ENSpress_release.pl?pr_number=88135.

84. Peter B. Levy, *Encyclopedia of the Bush-Reagan Years* (Westport, Conn.: Greenwood Publishing Company, 1996), s.v. "A Thousand Points of Light".

85. Robert W. Prichard, *Cohabiting Couples & Cold Feet: A Practical Marriage-Preparation Guide for Clergy* (Nueva York: Church Publishing, 2008), 11-14.

86. Resolution A069, *Journal of the General Convention of . . . The Episcopal Church, Minneapolis 1976* (New York: General Convention, 1977), C-109.

87. *Journal of the General Convention of the Protestant Episcopal Church in the United States of America . . . 1979*, B-191, B-192.

88. *Journal of the General Convention of the Protestant Episcopal Church in the United States of America . . . 1979*, B-190–B-191.

89. *Journal of the General Convention of the Protestant Episcopal Church in the United States of America . . . 1979*, B-96.

90. *Journal of the General Convention of the Protestant Episcopal Church in the United States of America* . . . *1979*, B-97.

91. *Journal of the General Convention of the Protestant Episcopal Church in the United States of America* . . . *1979*, B-110–B-112.

92. John Shelby Spong, *Living in Sin? A Bishop Rethinks Human Sexuality* (San Francisco: Harper & Row, 1988), 154, 177–87, 211–12.

93. L. William Countryman, *Dirt, Greed, and Sex: Sexual Ethics in the New Testament and Their Implications for Today* (Philadelphia: Fortress, 1988), 237, 240-41, 244.

94. Carter Heyward, *Touching Our Strength: The Erotic as Power and the Love of God* (San Francisco: Harper & Row, 1989), 121.

11
Una Iglesia más ágil y ligera (1990–)

Un período de contrastes

Los años 90 y las primeras décadas del siglo XXI fueron un periodo de contrastes. La desintegración de la Unión Soviética en una serie de repúblicas independientes (1990-91) dejó a los Estados Unidos como potencia mundial indiscutible, pero un aumento de la violencia regional y étnica (la Guerra del Golfo de 1991, la Guerra de Bosnia de 1992-95, el genocidio de Ruanda de 1994, la Guerra Civil Siria que comenzó en 2011), actos de terrorismo (el atentado de Oklahoma City de 1995, los atentados a la Embajada de EE. UU. en Kenia y Tanzania, los atentados del 11 de septiembre de 2001 en el Pentágono y el World

Fig. 59 Esta cartel de la Convención General de 2012 era indicativa de una nueva tendencia litúrgica de principios del siglo XXI: elementos de Comunión especiales para los alérgicos a los alimentos.

Trade Center, el asalto a la embajada de EE.UU. en Libia en 2013), y las prolongadas incursiones militares de EE.UU. en Afganistán (2001-2021) e Irak (2003-11) negaron a los estadounidenses cualquier sensación de mayor seguridad.

Las noticias económicas también fueron variadas. El mercado bursátil estadounidense alcanzó nuevas alzas en la llamada "burbuja de las puntocom" de los años 90, pero también cayó estrepitosamente (2000-02, 2008-09), trayendo tanto prosperidad como ruina. Aunque las personas de todas las clases económicas se vieron afectadas, la tendencia general fue clara: el grado de concentración económica entre los muy ricos aumentó, mientras que las ganancias económicas de la clase media se estancaron, y la situación de las personas con menores ingresos empeoró considerablemente. El autor Thomas Piketty advirtió en un *best seller* de 2013 que los factores económicos del siglo XXI estaban generando "desigualdades arbitrarias e insostenibles que socavan radicalmente los valores meritocráticos en los que se basan las sociedades democráticas".[1]

La década de 1990 fue también la época de lo que algunos autores acuñaron como "guerras culturales", una lucha entre quienes denunciaban la pérdida de los "valores familiares" de principios de siglo y quienes sugerían que la "moral tradicional" era en sí misma un problema.[2] Estas guerras culturales han marcado la vida política de Estados Unidos (denuncias de conducta sexual inapropiada en la audiencia de confirmación del juez del Tribunal Supremo Clarence Thomas en 1991; el establecimiento por parte del presidente Bill Clinton de una política de "no preguntes, no digas" sobre la homosexualidad en el ejército en 1992; la destitución de Clinton en diciembre de 1998 y el juicio en enero de 1999 por mentir sobre las relaciones sexuales con una becaria de la Casa Blanca).

Los cristianos estadounidenses prestaron más atención a los cambios culturales que a los económicos. Algunas denominaciones tomaron posiciones claras en uno u otro lado del debate. La Iglesia Unida de Cristo, por ejemplo, apoyaba en general las aspiraciones de los gays y las lesbianas y fue una de las primeras denominaciones en aceptar en el ministerio ordenado a aquellos que eran abiertos sobre su sexualidad. La Iglesia Bautista del Sur, en cambio, apoyó en general la campaña por los valores familiares. Otras denominaciones, como la Iglesia Episcopal, estaban a su vez profundamente divididas, con un porcentaje significativo de miembros a ambos lados de la división cultural. Tras un periodo de relativa tranquilidad a principios de la década de 1980, los episcopales entraron en un periodo de debate sostenido que duraría toda la década de 1990 y la primera del siglo XXI.

Los años que van de 1965 a 1990 también fueron turbulentos para la Iglesia Episcopal, pero hubo una diferencia significativa en la década de 1990. Los episcopales de finales de los 60 y de los 70 habían llegado, a pesar de sus diferencias, a un consenso sobre una serie de cuestiones importantes. Habían decidido ordenar a las mujeres al sacerdocio y al episcopado, habían revisado el libro de oración, habían suspendido el Programa Especial de la Convención General, habían acordado que la homosexualidad no afectaba a la pertenencia a la Iglesia (1976) y habían adoptado un compromiso sobre la ordenación de gays y lesbianas (1979). En cambio, no se resolvería el debate sobre la sexualidad, que se convirtió en el elemento más visible de las guerras culturales de los años 90. Con toda seguridad, los individuos y los grupos dentro de la Iglesia manifestaron sus ideas y objetivos, pero la denominación en su conjunto estaba demasiado dividida para llegar a un consenso. De hecho, los años estuvieron marcados por un prolongado estancamiento.

El declive estadístico de la Iglesia Episcopal, que había comenzado en los años sesenta y se ralentizó en los ochenta (con una pérdida del 4% en la década), aumentó en los noventa (a una pérdida del 5.2% de los miembros) y se aceleraría en la primera década del siglo XXI (a una pérdida del 15.8% de los miembros).[3]

Fueron tiempos difíciles para los tres que dirigieron la Iglesia Episcopal como obispos presidentes: Edmond Lee Browning (1986-97), Frank Tracy Griswold III (1998-2006) y Katharine Jefferts Schori (2006-).

Estancamiento en el tema de la sexualidad

A principios de la década de 1990 quedó claro que el compromiso de la Convención General de 1979 sobre la ordenación (la ordenación de candidatos gays y lesbianas con la condición del celibato) no sería una expresión definitiva de la postura de la Iglesia.[4] La expectativa del celibato podría haber funcionado en una iglesia que exigiera el celibato a todo el clero. (Más tarde, en los primeros años del pontificado de Francisco I, se insinuaría que la Iglesia Católica Romana podría estar avanzando en esa dirección[5]). Sin embargo, en la década de 1990, muchos en la Iglesia Episcopal llegaron a ver la declaración de 1979 como una norma injusta que era imposible de mantener.

A finales de la década de 1980, los partidarios de la ordenación de gays y lesbianas seguían generalmente una política de "derechos diocesanos", sugiriendo que el derecho de cada diócesis a tomar sus propias decisiones sobre la ordenación no podía ser restringido por las resoluciones de la Convención General. El Obispo Browning se había referido a esta situación en 1986, por ejemplo, cuando escribió que él había "estado constantemente en el registro de la Cámara de Obispos oponiéndose a los intentos de restringir los procesos canónicos establecidos concedidos a las diócesis".[6]

Durante la década de 1980, las ordenaciones al diaconado y al sacerdocio de candidatos que manifestaban abiertamente sus relaciones con personas del mismo sexo habían sido relativamente raras y poco conocidas.[7] Sin embargo, en el último mes de 1989, la situación cambió. El obispo de Newark, John S. Spong, anunció su intención de ordenar sacerdote a Robert Williams (1955-1992). Al parecer, el obispo Spong no tuvo conocimiento de ninguna otra ordenación al sacerdocio de hombres homosexuales abiertamente no célibes hasta el año siguiente. Williams trabajó en Oasis, el ministerio de divulgación de la diócesis de Newark para gays y lesbianas.[8]

La publicidad anticipada antes de la ordenación sacerdotal de Williams y sus francos comentarios en el mes posterior a la ordenación acabaron con el bajo perfil de las ordenaciones de gays y lesbianas, que había sido la norma en la década de 1980. Williams declaró abiertamente durante un foro en Detroit patrocinado por el Grupo de Trabajo sobre Asuntos de Gays y Lesbianas de la Diócesis de Michigan. Williams dejó claro en presencia de la prensa que no mantenía una relación sexual exclusiva. De hecho, sugirió que consideraba la monogamia y el celibato como algo "antinatural", un ideal "loco" que nadie mantenía en la práctica. Utilizó un término vernáculo para sugerir que la altamente reconocida monja católica romana Madre Teresa (1910-97) de Calcuta se beneficiaría de las relaciones sexuales.[9] El obispo Spong, que al parecer desconocía el alcance del radicalismo sexual con el cual Williams se autoidentificaba, exigió una disculpa, que Williams se negó a ofrecer. Williams explicó su posición en un artículo de la revista *Witness*. Él era "un furioso activista gay; un radical sexual" que en sus veintes había "pasado al menos el doble de tiempo en bares gay que en iglesias episcopales".[10]

El obispo Spong convenció a la junta directiva de Oasis para que pidiera la dimisión de Williams. Tras consultar a su profesor de seminario Carter Heyward, Williams aceptó a regañadientes.[11] Sin embargo, no se fue en silencio. Williams denunció a Spong como "racista, sexista y homófobo".[12] (El término homofobia, que data de la década de 1970, se hizo común en el vocabulario de los partidarios episcopales de los derechos de los homosexuales en la década de 1990 y a menudo se emparejó con el término "heterosexismo" para describir a quienes creían que el matrimonio heterosexual tenía un lugar normativo en la vida de la Iglesia.[13]) Williams renunció a sus órdenes en la Iglesia Episcopal. Murió dos años después de SIDA.

La muy publicitada ordenación y la posterior entrevista con la prensa dejaron al obispo Browning en una posición difícil. Estaba a favor de la ordenación de gays y lesbianas no célibes, pero no de aquellos con el estilo de vida radical de Robert Williams. El 20 de febrero de 1990, Browning, aunque protestando, se puso de acuerdo con los nueve obispos que formaban su Consejo Asesor y se "desvinculó" de la ordenación de Williams por parte de Spong. También presidió, en septiembre de 1990, una reunión de la Cámara de Obispos que votó por un estrecho margen (ochenta sí, setenta y seis no; dos abstenciones) para apoyar la declaración del Consejo Asesor.[14]

La idea de un voto de desvinculación había sido propuesta por primera vez en 1967 por el Comité Bayne (llamado así por el presidente del comité, el obispo Stephen Bayne) como alternativa a un juicio por herejía o a un acto de censura, como el que había tenido lugar en respuesta al escrito del obispo James Pike en 1966.[15] El procedimiento de desvinculación fue añadido a los cánones por la Convención General de 1997.[16]

El voto de desvinculación de la Cámara de Obispos no cambió las actitudes de la Diócesis de Newark, que programó la ordenación al diaconado del candidato gay no célibe Barry Stopfel (nacido en 1947) el 30 de septiembre, justo doce días después del voto de la Cámara de Obispos. Sin embargo, el obispo Spong tomó la decisión táctica de no actuar como celebrante en ese servicio. Walter Righter (1923-2011), obispo asistente de la diócesis, desempeñó ese papel en su lugar.[17]

El voto de septiembre de 1990 de la Cámara de Obispos sobre la desvinculación, que afirmaba "la posición de la Iglesia Episcopal respecto a la ordenación de personas homosexuales y lesbianas practicantes... establecida... por la Convención General de 1979" sería la última ocasión en la que la Cámara de Obispos declararía sin ambigüedades que "no era apropiado que esta Iglesia ordenara a un homosexual practicante, o a cualquier otra persona que mantuviera relaciones heterosexuales fuera del matrimonio".[18] En la Convención General del año siguiente en Phoenix, los partidarios de la declaración de 1979 no pudieron aprobar una resolución redactada por el obispo William C. Frey (nacido en 1930) que habría enmendado los cánones para declarar que "los miembros del clero de esta Iglesia... tendrán la obligación de abstenerse de mantener relaciones sexuales fuera del Santo Matrimonio". Tras negarse a adjuntar un lenguaje paralelo a otra resolución por un voto de 85-93-5, la Cámara de Obispos aprobó la moción para cambiar los cánones en una votación de viva voz.[19] La moción fracasó en la Cámara de Diputados en una votación por órdenes (46-46-21 en el orden laico; 43-48-25 en el orden clerical).[20]

Sin embargo, el fracaso de la propuesta de canon no significa que en 1991 hubiera una clara mayoría a favor de la aceptación de la ordenación de gays y lesbianas no célibes. Un amplio informe de la Comisión Permanente de Asuntos Humanos de la Iglesia, presidida por el obispo George N. Hunt, III (nacido en 1931), de Rhode Island, recomendando que "la Iglesia esté abierta a la ordenación de gays y lesbianas calificados que muestren la misma integridad en las relaciones sexuales que pedimos a nuestros ordenandos heterosexuales", afirmando el derecho de cada diócesis a tomar tales decisiones, y pidiendo "el desarrollo de formas litúrgicas para" la "afirmación y bendición... de las alianzas de gays y lesbianas", ni siquiera llegó al pleno de la convención para su debate.[21]

Finalmente, la Convención de 1991 adoptó una resolución que reconocía la discontinuidad entre la enseñanza tradicional sobre la sexualidad "tal y como se recoge en el Libro de Oración Común" y "la experiencia de muchos miembros de este organismo", confesaba el fracaso a la hora de abordar esa discontinuidad "a través de esfuerzos legislativos" y pedía que continuara el diálogo.[22] Las tres convenciones generales siguientes aprobarían resoluciones que se harían eco de elementos de esta declaración de 1991. La Convención de 1994 pidió que se ampliara el debate para incluir a los socios ecuménicos e interanglicanos. La Convención General de 1997 reconoció "la diversidad de opiniones entre los obispos y diputados de esta Convención sobre la moralidad de las relaciones sexuales de gays y lesbianas". La Convención del año 2000 reconoció que "aunque las cuestiones de la sexualidad humana aún no están resueltas, actualmente hay parejas en el cuerpo de Cristo, y en esta Iglesia, que viven en matrimonio y en otras relaciones comprometidas de por vida".[23]

El publicitado debate eclesiástico sobre el comportamiento de gays y lesbianas distrajo la atención de los cambios que se estaban produciendo en el comportamiento heterosexual en Estados Unidos desde la década de 1970. La cohabitación y la procreación antes del matrimonio y el divorcio se volvieron tan comunes que ya no se consideraban impedimentos para ejercer el liderazgo laico u ordenado en la Iglesia Episcopal. Antes de la década de 1970, por ejemplo, el divorcio se consideraba ampliamente en la denominación como motivo de exclusión del proceso de ordenación o, en caso de divorcio después de la ordenación, de despido del ministerio parroquial a tiempo completo. Algunos vestigios de esa política permanecieron en la década de 1990. No sería sino hasta 1995, por ejemplo, cuando la primera persona previamente divorciada y ordenada se unió a la facultad del Seminario Teológico de Virginia.[24] La creciente tasa de divorcio del clero creó algunos problemas a la editorial Church Publishing (el nuevo nombre elegido en 1997 en lugar de Church Hymnal Corporation ["Corporación del Himnario de la Iglesia"] en reconocimiento de su creciente lista de publicaciones), que elaboraba un Directorio del Clero bienal. Varios clérigos divorciados se opusieron a la inclusión de información sobre sus matrimonios anteriores, lo que hacía que el hecho del divorcio fuera fácilmente discernible para cualquier junta u otro posible empleador. La editorial de la Iglesia cedió gradualmente a la presión (1997-2005), eliminando todos los datos sobre matrimonios anteriores excepto el número de hijos producidos por ellos, e incluso esa información dependía de la autodeclaración.[25]

Tendencias demográficas

Parte de la razón de la continua tensión durante los últimos años del mandato del obispo Browning como obispo presidente fue la demografía. Un análisis de los datos de afiliación de 1988 a 1991 encargado por la Oficina de Evangelización reveló que la IV Provincia (las diócesis de Alabama, Florida, Kentucky, Luisiana, Mississippi, Carolina del Norte, Carolina del Sur y Tennessee) era la única en la que la Iglesia era "fuerte y estable".[26] Una comparación de las cifras de afiliación de 1986 a 1996 revela prácticamente lo mismo.

El crecimiento del 5.6% de la IV Provincia contrasta con el descenso del 16.3% de la V Provincia (las diócesis de Illinois, Indiana, Michigan, Ohio, Wisconsin y el este de Missouri) y del 13.6% de la II Provincia (las diócesis de Nueva York y Nueva Jersey). Este desequilibrio geográfico contribuyó a crear percepciones muy diferentes sobre la Iglesia Episcopal. Los de la IV Provincia estuvieron de acuerdo con la primera recomendación del informe de la Oficina de Evangelización sobre el número de miembros de las iglesias: "Sigan haciendo lo que están haciendo en las áreas de crecimiento de membresía".[27]

En la IV Provincia estaban menos inclinados que los de las II y V provincias a cuestionar la teología de la renovación que había tomado forma a principios de la década de 1980 o a emprender una revisión total de los puntos de vista tradicionales sobre la sexualidad. Muchos en las provincias II y V, en cambio, creían que la Iglesia Episcopal estaba en una profunda crisis y buscaban nuevas ideas y enfoques con los que pudieran revertir las pérdidas de feligreses.

Tabla 7. Miembros bautizados (1986-1996)

Provincia	Miembros bautizados de 1986	Miembros bautizados de 1996	Variación porcentual
I	284,093	262,561	−7.6%
II	354,621	305,845	−13.6%
III	396,760	374,956	−5.5%
IV	472,910	499,621	5.6%
V	282,684	236,616	−16.3%
VI	131,193	121,596	−7.3%
VII	270,613	260,226	−3.9%
VIII	311,633	304,633	−2.2%
Total nacional	2,504,507	2,366,054	−6.7%

Fuente: Informes parroquiales de 1986 y 1996 recopilados en *The Episcopal Church Annual* de 1988 y 1998.

Sin embargo, tal y como señalaba el informe, los episcopales de la III Provincia estaban poco representados en el personal nacional y en los puestos de liderazgo en la década de 1990. Las actitudes de las áreas en las que la Iglesia estaba en declive numérico estaban mejor representadas en los puestos de liderazgo de la Iglesia.

Estrategias alternativas

El hecho de que ninguno de los dos bandos del debate lograra una victoria decisiva en las convenciones generales de 1991 a 2000 fue la causa de una considerable frustración y enfado en la Iglesia. Los ánimos se caldearon y las donaciones al presupuesto nacional de la iglesia se desplomaron. El obispo Browning y el Consejo Ejecutivo tuvieron que recortar 3.5 millones de dólares del presupuesto de la Iglesia tras la Convención de 1991. Al final de su mandato como obispo presidente en 1997, Browning comentó que "no estaba seguro de que pudiéramos mantenernos unidos como Iglesia".[28]

Los episcopales trataron de calmar los ánimos después de 1991 de dos maneras. La Cámara de Obispos se reunió al año siguiente en lo que se convertiría en un retiro regular no legislativo en el Centro de Conferencias Kanuga de Carolina del Norte. Jon C. Shuler (nacido en 1945) fue el director ejecutivo del simposio *Shaping Our Future* ("Forjar nuestro futuro"), que se reunió en San Luis en agosto de 1993 para estudiar la forma de modificar la estructura de la Iglesia Episcopal con el fin de reducir los conflictos y volver a centrarse en la misión. Asistieron más de mil personas.[29] Se debatieron varias ideas innovadoras, pero tras dos convenciones generales (1994, 1997) el único cambio importante fue la consolidación de algunos de los órganos interinos de la Convención General.

Varios grupos de episcopales también emitieron declaraciones y crearon nuevas organizaciones para dar a conocer sus opiniones. Doscientos cincuenta y seis diputados y suplentes firmaron una "Declaración de conciencia" en la convención de 1991 en la que denunciaban que la convención no había adoptado el canon propuesto sobre la expectativa de celibato fuera del matrimonio heterosexual.[30] Lo opuesto sucedió en 1994; cuando la convención no adoptó un apoyo claro a la ordenación de gays y lesbianas no célibes, varios obispos a favor de hacerlo firmaron una declaración de *Koinonia* (que en griego significa "compañerismo") distribuida por el obispo John S. Spong.

Cada vez más, la Iglesia se dividía en dos bandos. Un conjunto de organizaciones superpuestas que se identificaban a sí mismas como ortodoxas favorecían el compromiso con las Escrituras y la doctrina cristiana clásica, y en general tenían serias reservas sobre la ordenación y las bendiciones matrimoniales para las personas en uniones del mismo sexo. Entre las organizaciones que formaban esta coalición se encontraban Episcopales Unidos (que comenzó en 1989 a publicar *United Voice* como alternativa al periódico de la Iglesia nacional, cuyo nombre se cambió de *Episcopalian* a *Episcopal Life* en 1990), la Irenaeus Fellowship (un grupo de obispos que comenzó a reunirse en la Convención General de 1988), AWAKE (la Asociación de Episcopales Preocupados para Informar y Despertar a nuestra Iglesia, con sede en Alabama, que difundió un *Catálogo de inquietudes* sobre el liderazgo del obispo Browning en 1995) el Consejo Anglicano Americano (una organización paraguas formada por un grupo de episcopales que se reunieron por primera vez en el Briarwood Conference Center al norte de Dallas, Texas, en diciembre de 1995), la Sociedad Ekklesia (un grupo que comenzó hacia 1996 para coordinar los contactos con otras partes de la Comunión Anglicana) la Red de Iglesias Emergentes (una organización dedicada a la evangelización, que celebró su primera conferencia en un suburbio de Dallas en 1996), y Primera Promesa (un grupo iniciado en Pawley's Island, Carolina del Sur, en septiembre de 1997, cuyos miembros hicieron una afirmación de lealtad a la doctrina tradicional).

Un grupo progresista compensatorio pedía una reformulación de la doctrina para responder a las nuevas circunstancias del mundo moderno y apoyaba, en general, la ordenación y la bendición de las personas en uniones del mismo sexo. Esta coalición incluía a Integrity, Cristianismo para el Tercer Milenio,

Inc. (organizada en 1993 por el clero y los laicos de la diócesis de Newark, con el obispo Spong como uno de los primeros presidentes de su consejo administrativo), Millennium 3 (un proyecto de un grupo de obispos que creó un periódico en 1996 para promover sus ideas; el obispo Otis Charles, que en septiembre de 1993 se convirtió en el primer obispo en declarar su homosexualidad, actuó como coeditor), la Consulta Nacional de Episcopales sobre las Uniones del Mismo Sexo (un organismo que estudia los ritos del matrimonio entre personas del mismo sexo y que se reunió por primera vez en 1993), el Centro para el Cristianismo Progresista (1995) y Más allá de la Inclusión (una organización que patrocinó conferencias en la iglesia de Todos los Santos de Pasadena, California, en 1997 y en San Bartolomé de Nueva York en 1999).

Algunos episcopales buscaban descubrimientos médicos o históricos para evitar la necesidad de tomar decisiones morales difíciles. Así, muchos episcopales reaccionaron favorablemente a un único estudio que sugería que la orientación sexual de los hombres homosexuales podría ser atribuible a causas genéticas. Cuando esa afirmación apareció en *To Set Our Hope in Christ* (una publicación de la Iglesia Episcopal de 2005 relativa a las decisiones adoptadas en materia de sexualidad y destinada a un público que abarcaba toda la Comunión Anglicana), uno de los dos autores del estudio genético había participado en otro estudio que no replicó los resultados anteriores.[31] En 2008, la Asociación Americana de Psicología concluyó que "no hay consenso entre los científicos sobre las razones exactas por las que un individuo desarrolla una orientación heterosexual, bisexual, gay o lesbiana. Aunque muchas investigaciones han examinado las posibles influencias genéticas, hormonales, de desarrollo, sociales y culturales en la orientación sexual, no ha surgido ningún hallazgo que permita a los científicos concluir que la orientación sexual está determinada por algún factor o factores concretos".[32]

Una afirmación histórica ampliamente promocionada por el historiador de Yale John Boswell (1947-94) ("que la bendición de las uniones entre personas del mismo sexo se practicó en el pasado de forma generalizada en la Iglesia") también planteó algunas dificultades. El argumento se basaba en una forma de bendición utilizada en la Iglesia bizantina para hacer o crear hermanos y dependía de la premisa de que cualquier relación entre dos personas del mismo sexo podía presumirse de naturaleza sexual incluso en ausencia de cualquier prueba de que fuera así. El rito al que apuntaba Boswell no se utilizaría como modelo para el eventual rito preparado para su uso en la Iglesia Episcopal precisamente por la ausencia de referencias explícitas a la sexualidad.

Otros individuos y grupos buscaron recursos judiciales para influir en la política de la Iglesia. En 1993, la profesora Deirdre J. Good recurrió a una denuncia ante la Comisión de Derechos Humanos de la ciudad de Nueva York para anular la política del Seminario Teológico General de no proporcionar alojamiento a las parejas del mismo sexo de profesores y estudiantes.[33] El seminario adoptó una nueva política que permitía a las parejas del mismo sexo vivir en las viviendas del campus siempre que contaran con el consentimiento explícito de sus obispos. En 1994 y 1995, los defensores del matrimonio tradicional intentaron utilizar los tribunales eclesiásticos para detener la ordenación de gays y lesbianas practicantes. Presentaron cargos contra los obispos R. Stuart Wood, Jr. (nacido en 1934) de Michigan, Allen Bartlett, Jr. (nacido en 1929) de Pensilvania, y contra el propio obispo Browning. Sin embargo, las comisiones de investigación que estudiaron las acusaciones las desestimaron en los tres casos.[34] Las acusaciones contra el obispo asistente Walter Righter de Newark, que había ordenado a Barry Stopfel tras la reunión de la Cámara de Obispos de 1990, tardaron más en resolverse. Tras un largo proceso judicial, un tribunal eclesiástico desestimó todos los cargos contra el obispo Righter. En su decisión del 15 de mayo de 1996, el tribunal sugirió que no estaba ofreciendo "una opinión sobre si un obispo y una diócesis deben o no ordenar a personas que viven en relaciones sexuales del mismo sexo. Más bien [el tribunal decidía] la cuestión puntual de si, en virtud del Título IV de los cánones eclesiásticos, un obispo está impedido de ordenar a personas que viven en relaciones sexuales comprometidas del mismo sexo".[35] El Tribunal argumentó que la Iglesia estaba demasiado dividida, que el asunto de la homosexualidad estaba demasiado lejos de lo que denominaba "doctrina central" y que las resoluciones de la Convención General no eran lo suficientemente claras en cuanto a las sanciones para tomar medidas contra el obispo Righter.

En 1996, el obispo William Wantland fundó una corporación que adoptó el nombre oficial, aunque sin derechos de autor, de la Iglesia Episcopal (The Protestant Episcopal Church in the United States of America); dos años después, los obispos John S. Spong, de Newark, y Joe M. Doss (nacido en 1943), de Nueva Jersey, demandaron a Wantland y a la corporación por infracción de marca.[36]

El Obispo Presidente Browning, que nunca había ocultado su oposición a la resolución de la Convención General de 1979 sobre el celibato de los candidatos gays y lesbianas al ministerio ordenado, se hizo más patente en sus actitudes con el paso del tiempo. Brian J. Grieves, que posteriormente editó una colección de declaraciones públicas de Browning, contrastó el anterior intento del obispo presidente de "dejar de lado sus puntos de vista personales y [declinar] ser un defensor de uno u otro bando" con una defensa más abierta "de los gays y las lesbianas"... "hacia el final de su mandato".[37] En 1991, la sacerdote de Seattle Linda L. Strohmier (1945-2003) se mostró dispuesta a celebrar un matrimonio entre personas del mismo sexo a pesar de la prohibición explícita de su obispo; Browning le mostró su apoyo nombrándola miembro del personal de la Iglesia nacional como responsable de evangelización.[38] Browning participó en la reunión anual de Integrity en 1992 y se unió a un grupo de defensores de la ordenación de gays y lesbianas no célibes en la celebración del resultado del juicio de Walter Righter en 1996.[39]

Otras causas de conflicto en la década de 1990

Aunque el debate sobre la sexualidad humana fue la causa más importante de conflicto en la Iglesia Episcopal en la década de

1990, no fue la única. Hubo problemas, por ejemplo, con miembros del personal de la oficina nacional de la Iglesia en Nueva York.

Día de Martin Luther King, Jr. y la Convención General de Phoenix

En el otoño de 1990, los votantes de Arizona se negaron a seguir a otros estados en la celebración del Día de Martin Luther King, Jr. como día festivo estatal. La Convención General se reunió en Phoenix en julio del año siguiente. Muchos líderes eclesiásticos afroamericanos, incluida la mayoría de los miembros afroamericanos del personal del obispo Browning, le pidieron al obispo que siguiera el ejemplo de Henry Knox Sherrill, que había trasladado la Convención General de 1955 de la segregada Houston a Honolulu. Browning se negó a hacerlo.[40] Su decisión de permanecer en Phoenix contribuyó a crear tensiones con los miembros afroamericanos del personal. Cuando se redujo el personal de la Iglesia nacional tras la Convención de 1991, un número considerable de los que se marcharon eran afroamericanos.

La convención y las reducciones de personal se combinaron para producir lo que un estudio de 1992-93 sobre la dinámica racial en el Centro de la Iglesia Episcopal describió como una relación "áspera, anticolonial y contenciosa" entre Browning y los miembros masculinos afroamericanos del personal. Una conferencia del clero negro celebrada en el Centro de Conferencias de Kanuga, en Carolina del Norte, en octubre de 1992, emitió una denuncia pública sobre el liderazgo de Browning.[41] Cuando se completó el estudio sobre la dinámica racial, contenía una serie de sugerencias concretas, ninguna de las cuales se siguió en ese momento, aunque una—"una serie de seminarios, talleres y cursos... sobre las cuestiones de los 'ismos', las relaciones raciales, la discriminación étnica y de clase, la conciencia cultural", etc.—sería adoptada por canon a partir de 2000.[42]

En 1995, el porcentaje de afroamericanos que trabajaban en puestos de personal designado había caído a una cuarta parte de lo que había sido en 1985. Con la disminución de la visibilidad en el personal nacional se produjo un descenso en la tasa de elección de afroamericanos al episcopado, con solo un afroamericano, el obispo sufragáneo Chester L. Talton de Los Ángeles, elegido por una diócesis nacional en la década de 1990; la tendencia se invertiría en la década siguiente. El ex funcionario Harold T. Lewis atribuyó las actitudes del obispo presidente hacia el clero negro a dos causas: la falta de servicio ministerial de Browning dentro del territorio continental de Estados Unidos y su defensa de otros temas.[43] Browning había nombrado a Ellen Cooke tesorera de la Convención General y ejecutiva superior de administración y finanzas en 1986. El doble cargo permitió a la Sra. Cooke evitar efectivamente la supervisión. Dimitió en enero de 1995 para acompañar a su marido, que había sido elegido rector de una parroquia en otro estado. Tras su marcha, se hizo evidente que había malversado grandes sumas de dinero de la Iglesia. Una auditoría posterior sugirió que faltaban 2.2 millones de dólares.[44] Cooke finalmente fue a la cárcel y su marido renunció a sus órdenes.

Conducta sexual inapropiada

La Convención General de 1991 aprobó una propuesta del Comité de Ministerio de la Cámara de Obispos para crear un "Comité sobre Explotación Sexual... para estudiar, educar, desarrollar un plan de estudios y proponer una política y normas de conducta sobre el abuso sexual, la explotación, la coerción y el acoso" de "adultos y menores por parte del clero y los empleados de la Iglesia".[45] El esfuerzo, que fue el resultado de un trabajo anterior del Grupo de Trabajo sobre Explotación Sexual de la Oficina de Desarrollo Pastoral, pediría en 1994 cambios canónicos significativos en la forma en que la Iglesia Episcopal trataba la conducta indebida.

El problema de la conducta sexual indebida no es nuevo y no se limita a la Iglesia Episcopal. Sin embargo, antes de la década de 1990, las personas que habían sufrido abusos sexuales por parte del clero y de los empleados laicos de la Iglesia solían guardar silencio por vergüenza; las autoridades solían tratar de proteger a la Iglesia de la vergüenza, permitiendo que los infractores dimitieran discretamente o se trasladaran a otros espacios. En muchos casos, simplemente no se creía a la persona maltratada. Margo Maris (nacida en 1942), miembro clave del nuevo comité, se dio cuenta del alcance de este problema durante una visita al hospital en octubre de 1984 a una mujer con problemas. En el transcurso de la visita, la mujer reveló que había sido víctima de una conducta sexual inapropiada por parte de un obispo episcopal. Maris y un pequeño grupo de clérigos y laicos afines, la mayoría de los cuales eran mujeres, imaginaron una respuesta alternativa a la conducta indebida en la que la Iglesia anteponía las necesidades pastorales de la víctima al deseo de privacidad de la Iglesia. Trabajó con el Consejo de Iglesias de Minnesota y con un equipo ecuménico de abogados para desarrollar modelos para hacer frente a estas situaciones. Su compañera Susan Moss (nacida en 1950) trabajó con un comité del mismo Consejo para influir en la legislatura estatal, que a mediados de la década de 1980 aprobó nuevas leyes que convertían los abusos sexuales del clero en un delito grave y en un asunto que podía ser objeto de recuperación en demandas civiles.[46]

Otros comenzaron iniciativas similares en otros lugares. Casualmente, tanto Marie M. Fortune, de Seattle, de la Iglesia Unida de Cristo, como Chilton Knudsen (nacido en 1946), de la Diócesis Episcopal de Chicago, tuvieron encuentros con víctimas de abusos sexuales en el otoño de 1984. Fortune se convertiría en uno de los escritores más conocidos sobre el tema de la conducta sexual indebida del clero, y Knudsen sería posteriormente elegido obispo de Maine.[47]

El proceso que Maris y otros miembros del Comité sobre Explotación Sexual crearon en la Convención General de 1991 implicaba el nombramiento de un defensor de la víctima y la revelación completa de cualquier abuso probado. Maris descubrió que muchos clérigos, al ser confrontados con la conducta sexual indebida en un contexto eclesiástico, admitían sus pecados y se sometían a la disciplina. Ella creía que tal proceso estaba de acuerdo con las disposiciones de disciplina de la Iglesia en Mateo 18. También permitió a las víctimas empezar a confiar de nuevo en la Iglesia y recuperar la autoestima perdida. Un proceso legal secular, por el contrario, alentaba a los delincuentes a negar sus acciones y dejaba a las víctimas con acuerdos en efectivo como la única forma de demostrar que realmente habían sido perjudicadas.

Otros estados siguieron a la legislatura de Minnesota en la tipificación de los abusos del clero como delito y como objeto de demanda civil, y los tribunales y jurados de todo el país se mostraron dispuestos a conceder enormes indemnizaciones a las víctimas. Según algunas estimaciones, la Iglesia Católica Romana tuvo que pagar 800 millones de dólares a las víctimas de abusos entre 1980 y 1998, y otros 2,500 millones de dólares entre 2004 y 2011.[48] Las indemnizaciones contra la Iglesia Episcopal fueron menores, pero significativas. Además, el número de nuevos casos contra la Iglesia crecía rápidamente. Antes de 1982 no se había presentado ninguna reclamación contra la Compañía de Seguros de la Iglesia. En los años siguientes, se presentaron de uno a dos casos al año. En 1990 el número de casos presentados anualmente había aumentado a veinte, y en 1992 a cuarenta. A finales de ese año, la Iglesia tenía una responsabilidad potencial de 7.2 millones de dólares en reclamaciones.[49]

Con el tiempo, otras diócesis imitaron el modelo pastoral de Minnesota, a menudo solo después de conocer de primera mano los costes que suponía dejar estos asuntos en manos del sistema legal secular. Sin embargo, a principios de la década de 1990, la Iglesia en su conjunto parecía dispuesta a actuar. El Comité sobre Explotación Sexual, del que Margo Maris fue copresidente, fomentó un debate en toda la Iglesia, redactó material educativo (*Respetar la dignidad de todo ser humano*) y convenció a la Convención General de 1994 para que estableciera un número de teléfono gratuito para denunciar los abusos sexuales. La convención de 1994 también revisó a fondo los cánones relativos a la disciplina: (1) haciendo que la denuncia de una sola presunta víctima (o de un familiar de esa persona) sea suficiente para iniciar un proceso judicial contra un sacerdote o diácono; (2) previendo la posibilidad de nombrar un defensor de la víctima; y (3) estableciendo directrices más claras para un clérigo que se someta voluntariamente a la disciplina de la Iglesia.[50]

La Compañía de Seguros de la Iglesia fue la principal aseguradora de la mayoría de las diócesis episcopales a las que se les exigió la restitución a las antiguas víctimas. Bajo el mandato de Alexander Stewart (1926-99), antiguo obispo de Massachusetts occidental que se convirtió en vicepresidente del Fondo de Pensiones de la Iglesia en 1988, y de Alan Blanchard (presidente del Grupo de Pensiones de la Iglesia, 1991-2004), la Compañía de Seguros de la Iglesia presionó a la Iglesia para que adoptara una serie de buenas prácticas para prevenir futuros casos de abuso, entre las que se incluía la formación obligatoria en materia de prevención de abusos sexuales para todo el clero y los profesionales laicos como condición previa a la continuidad de la cobertura de responsabilidad civil, y la comprobación rutinaria de antecedentes. El personal del Grupo de Pensiones de la Iglesia está formado por personas con experiencia en el proceso de Minnesota, como Sally Johnson, ex canciller de la diócesis de Minnesota, y David Ryder, que conoció el modelo de Minnesota cuando era canciller de la diócesis de Ohio del Sur. En 1994, la formación del clero y los líderes laicos se había convertido en una expectativa estándar en la mayoría de las diócesis episcopales.

En la misma década, el Fondo de Pensiones de la Iglesia estableció la jubilación a partir de los treinta años de servicio para los clérigos que "parecen beneficiarse de la oferta actual, o incluso teórica, de nuevas opciones profesionales". Presumía que las jubilaciones anticipadas beneficiarían al "clero más joven y de media carrera" por "la 'liberación' de puestos de trabajo que esta propuesta debería estimular", y que "la Iglesia institucional" se beneficiaría "de la disponibilidad de un clero enérgico para situaciones difíciles". El Fondo de Pensiones de la Iglesia también puso en marcha una iniciativa de bienestar del clero, que incluía la programación de conferencias periódicas de CREDO. Las conferencias estaban destinadas a "ayudar a los afiliados al plan de pensiones a examinar, evaluar y revitalizar su salud y bienestar".[51]

La Convención General de 2009 adoptaría otros cambios en los cánones disciplinarios, incluyendo la adición de un prefacio teológico que explica la razón de ser de la regulación del comportamiento del clero: "En virtud de su bautismo, todos los miembros de la Iglesia están llamados a la santidad de vida y a la responsabilidad mutua". La revisión de 2009 de los cánones incluyó por primera vez una prohibición rotunda de "cualquier contacto físico, movimiento corporal, discurso, comunicación u otra actividad de naturaleza sexual o que tenga por objeto despertar o gratificar el interés erótico o los deseos sexuales consentidos por" un feligrés o asesor y un clérigo.[52] Los clérigos solteros, que habían estado saliendo y casándose con sus feligreses con frecuencia desde la época de la Reforma, comenzaron a hacer cambios estratégicos en su comportamiento. Se hizo común, por ejemplo, que quienes salían con sus feligreses les pidieran el traslado a otras congregaciones durante el noviazgo.

La política de apertura sobre la mala conducta sexual resultó dolorosa. Pronto se hizo evidente que algunas figuras bastante prominentes de la Iglesia estaban involucradas. Entre los acusados de conducta indebida durante la década de 1990 se encuentran un vicepresidente de la Cámara de Diputados, un popular sacerdote carismático, el decano de un seminario y tres obispos. La mala conducta de otros dos obispos no se conocería ampliamente sino hasta una década después. Aunque la mayoría de los acusados eran hombres blancos señalados de mala conducta hacia mujeres adultas, no tenían el monopolio de la conducta indebida. Los afroamericanos y un nativo americano también fueron acusados de conducta sexual indebida, y entre los acusados había hombres y mujeres, laicos y ordenados. Algunos abusos afectaron a feligreses del mismo sexo y a menores. Por muy dolorosas que fueran estas acusaciones, representaban un paso en la dirección hacia la honestidad.[53]

Al parecer, el obispo Browning temía que la atención prestada a las conductas sexuales impropias—en particular, las acusaciones de actividad entre personas del mismo sexo en un edificio de la iglesia de Long Island—se utilizara para dejar de lado la campaña a favor de los derechos de los gays y las lesbianas. Como explicó Browning a la *Iglesia Viva*, "Las supuestas acciones en Long Island están claramente fuera de los parámetros aceptables y no deben confundirse con nuestras luchas actuales sobre la sexualidad... Los intentos de relacionar ambas cosas atraen la atención negativa hacia nuestra Iglesia y el dolor de nuestros miembros gays y lesbianas. Debemos diferenciar claramente las cuestiones de abuso y explotación sexual de la orientación sexual".[54]

Objeciones persistentes a la ordenación de mujeres

Durante el mandato de Browning como obispo presidente, el ministerio ordenado de las mujeres siguió siendo un problema para algunos en la Iglesia, aunque para un número cada vez menor. En 1997, las mujeres fueron ordenadas en todas las diócesis menos en cuatro, y a finales de 1997, ocho mujeres habían sido consagradas al episcopado en la Iglesia Episcopal.

La Convención General que se reunió en 1997 adoptó una legislación que revocaba efectivamente la cláusula de conciencia de la Cámara de Obispos de 1977, que había permitido a los obispos negarse a ordenar mujeres por razones teológicas. Una de las cuatro diócesis que limitaba la ordenación a los varones, la diócesis de Eau Claire, cambió su política tras esa decisión y jubiló al obispo William Wantland en 1999.[55] Sin embargo, las otras tres diócesis comprometidas con el sacerdocio masculino tradicional (Quincy en Illinois, Fort Worth y San Joaquín en California) continuaron con su política de solo hombres. La principal expresión institucional de sus puntos de vista, el Sínodo Episcopal de América (establecido por la Misión Evangélica y Católica en Fort Worth, Texas, en junio de 1989), cambió su nombre en 1999 por el de Forward in Faith-North America, con el fin de vincularse con un grupo de nombre similar formado en Inglaterra en 1992.

Tabla 8. Obispas en Estados Unidos

Nombre	Nacimiento	Consagración	Diócesis para la que se consagró
Barbara Clementine Harris	1930–	1989	Massachusetts (sufragánea)
Jane Holmes Dixon	1937–2012	1992	Washington (sufragánea)
Mary Adelia R. McLeod	1938–	1993	Vermont
Catherine A. Roskam	1943–	1996	Nueva York (sufragánea)
Geralyn Wolf	1947–	1996	Rhode Island
Carolyn Tanner Irish	1940	1996	Utah
Catherine M. Waynick	1948	1997	Indianapolis
Chilton A. R. Knudsen	1946–	1998	Maine
Katharine Jefferts Schori	1954	2001	Nevada
Carol Joy W T Gallagher	1955	2002	Virginia del Sur (sufragánea)
Gayle Elizabeth Harris	1951	2003	Massachusetts (sufragánea)
Bavi Edna Rivera	1946	2005	Olympia
Dena A. Harrison	1947	2006	Texas (sufragánea)
Laura J. Ahrens	1962	2007	Connecticut (sufragánea)
Mary Gray-Reeves	1962	2007	El Camino Real
Diane Bruce	1956	2010	Los Ángeles (sufragánea)
Mary D. Glasspool	1954	2010	Los Ángeles (sufragánea)
Mariann Edgar Budde	1959	2011	Washington
Susan E. Goff	1953	2012	Virginia (sufragánea)
Anne Hodges-Copple	1957	2013	Carolina del Norte (sufragánea)
Heather E. Cook	1956	2014	Maryland (sufragánea)

Un número creciente de provincias de la Comunión Anglicana aprobó la ordenación de mujeres en la década de 1990. Las Iglesias anglicanas de Australia (1992), Inglaterra (1993) y Escocia (1993) acordaron ordenar mujeres al sacerdocio. Sin embargo, a diferencia de la Convención General de la Iglesia Episcopal, el Consejo Consultivo Anglicano y la Reunión de Primados dejaron claro que la creencia en un ministerio ordenado solo por hombres seguía siendo una opinión admisible dentro de la Comunión.[56]

Los debates en la Iglesia durante la década de 1990 desbarataron efectivamente una iniciativa de evangelización que había sido adoptada por la Convención General de 1988. Una Iglesia muy dividida reúne poco celo para la evangelización. La Comisión Permanente de Evangelización informó a la Convención General de 1997 que "nuestro potencial de alcance evangelístico sigue estando limitado por dos influencias contraproducentes totalmente evitables. En primer lugar, existe una tendencia a centrarse en las diferencias y discordias internas cuando se habla de nuestra Iglesia a los demás. En segundo lugar, se ha hecho muy poco para elevar el nivel de visibilidad positiva de la Iglesia Episcopal a nivel nacional".[57]

La Iglesia digital

La continua discordia incentivó a los episcopales a adoptar nuevos medios electrónicos de comunicación. El Obispo Browning y el Presidente de la Cámara de Diputados programaron una transmisión por satélite el 24 de junio de 1995 para responder a las preguntas sobre Ellen Cooke. Pamela Darling diseñó una página web para la Convención General, que se puso en línea en septiembre de 1996.[58] Varios individuos y organizaciones establecieron también páginas web. Thomas Bushnell, BSG, fue uno de los primeros con su "página web no oficial de la Iglesia Episcopal" (enero de 1995). La Sociedad Misionera Sudamericana, encabezada por el director Thomas Prichard (nacido en 1952), también estableció un sitio web "Episcopalian.com" en agosto de ese año. Louie Clay (né Crew), profesor de la Universidad de Rutgers y fundador de Integrity, creó su propio sitio web en febrero de 1996.⁵⁹ El complicado sitio de Clay ofrecía un análisis de los registros de votación de los obispos y diputados y de las elecciones episcopales; se convirtió en una valiosa fuente de información para los grupos progresistas que buscaban ejercer presión para el cambio. También creó un foro electrónico para obispos y diputados de la Convención General. Tanto las coaliciones ortodoxas como las progresistas difundieron información por correo electrónico y a través de la World Wide Web durante la Convención General de 1997 y posteriormente. A finales de siglo, la mayoría de las organizaciones eclesiásticas y las diócesis, así como muchas parroquias, tenían sus propias páginas web y correo electrónico.

En 1996 Church Publishing lanzó el *Rite Brain*, un CD-ROM para la planificación litúrgica que facilitaba el montaje de boletines de culto con texto completo. Esta herramienta se convirtió en el primer elemento de una serie de ritos que también permitiría incorporar música de diversos recursos e incluiría opciones en línea.

El creciente uso de los medios electrónicos acabaría contribuyendo al declive de los medios impresos en la Iglesia. La Convención General de 2009 decidió poner fin a la publicación de *Episcopal Life* (el nuevo nombre que recibió el *Episcopalian* en 1990). El último número del periódico apareció en enero de 2010. Durante un año más apareció un *Episcopal News Monthly* más compacto, y luego, en enero de 2011, también se interrumpió su publicación impresa. La editora Mary Frances Schjonberg reflexionó "este es el último número de *Episcopal News Monthly*. Nunca quise presidir la desaparición de un periódico, y sin embargo aquí estoy haciéndolo".⁶⁰

Sólo sobrevivieron unas pocas publicaciones impresas de alcance nacional, como *Living Church* y las revistas académicas *Anglican Theological Review* y *Anglican and Episcopal History*.

Nuevas iniciativas

En 1997, la Cámara de Obispos eligió un nuevo obispo presidente. La votación, que se había mantenido en secreto en elecciones anteriores, se hizo pública. Los obispos eligieron, en su tercera votación, a Frank Tracey Griswold III (nacido en 1937), obispo de Chicago.

Griswold tenía una formación de élite. Graduado en la Escuela de San Pablo de Concord, Nuevo Hampshire, había asistido al Seminario Teológico General y había obtenido títulos de Harvard y Oxford. Pero, al mismo tiempo, tenía fama en Chicago de tener un don de gente. Una vez pasó dos semanas viviendo en un centro comunitario episcopal en un barrio conflictivo, y semanalmente llevaba jeans a la oficina. Griswold desarrolló un estilo de liderazgo colaborativo en Chicago. Su diócesis, por ejemplo, ha sustituido su sistema obligatorio de cuotas por un sistema voluntario de donaciones de las parroquias a la diócesis que, en su opinión, está en consonancia con el ministerio compartido.[61]

Como Obispo Presidente, Griswold adoptó un tono conciliador y fomentó una amplia participación en la toma de decisiones.[62] En el momento de su investidura, en enero de 1998, habló de su deseo de "comunión, civismo, conversación y... de todas las partes un cambio de corazón".[63] Antes de que terminara el año 1998, los asistentes a las reuniones de la Iglesia nacional empezaron a hablar de un ambiente cambiado. *Episcopal Life* caracterizó la reunión de primavera del Consejo

Fig. 60 Obispo Presidente Frank Tracey Griswold

Ejecutivo de ese mismo año, por ejemplo, como carente de "cualquier sensación de crisis, que antes hubiera absorbido la atención del consejo".[64] Algunos de los que asistieron al retiro pastoral de la Cámara de Obispos en la primavera posterior a la instalación de Griswold lo calificaron como "un punto de inflexión" y citaron "actitudes más conciliadoras". A la reunión asistió el mayor porcentaje de obispos desde el inicio de las reuniones no legislativas en 1991.[65]

Una de las tareas que tenía por delante la Iglesia era la evangelización de los miembros de lo que el autor Douglas Coupland denominó como la "Generación X", la generación de jóvenes nacidos en las décadas de 1960 y 1970.[66] La encuesta Gallup Religion in America de 1990 indicaba un descenso de la adhesión a las Iglesias episcopal, luterana, metodista y presbiteriana entre los jóvenes.[67]

Durante su primer año en el cargo, el obispo Griswold respondió a una iniciativa de cuatro clérigos jóvenes—William Danaher (nacido en 1965), Michael Kinman (nacido en 1968), Christine McSpadden (nacida en 1964) y Christopher Martin (nacido en 1968)—para abordar un aspecto del problema: La falta de clérigos jóvenes dirigidos a los jóvenes. Danaher había organizado encuentros para jóvenes clérigos en la zona de New Haven. Los cuatro pensaron que tendría sentido hacer algo similar a escala nacional. El obispo Griswold apoyó sus planes, y el resultado fue un "Encuentro para la nueva generación". Ciento treinta y cuatro de los aproximadamente trescientos clérigos menores de treinta y cinco años asistieron al encuentro, que se reunió en el Seminario Teológico de Virginia. Los clérigos menores de treinta y cinco años eran, en ese momento, una clara minoría en la Iglesia, ya que la edad media de los seminaristas que ingresaban rondaba los cuarenta años durante la década de 1990. Una vez ordenados, a menudo se sentían descartados o ignorados debido a su juventud. Los organizadores de la conferencia reconocieron, sin embargo, que sus contribuciones eran absolutamente vitales en el esfuerzo de la Iglesia Episcopal por evangelizar a los jóvenes. William Danaher ayudó a convocar una serie de reuniones locales para el clero joven. Griswold comenzó a reunirse con varios obispos diocesanos para planificar un proyecto piloto para atraer a los jóvenes al ministerio ordenado.[68] Varias diócesis siguieron el ejemplo con sus propias iniciativas.

El obispo Griswold aportó su experiencia e interés en el ecumenismo. Antes de ser elegido obispo presidente, fue copresidente del Comité de Diálogo Anglicano-Católico-Romano de EE.UU. (ARC-USA); después pasó a ser copresidente de la Comisión Internacional Anglicano-Católica Romana.[69] Durante su mandato como obispo presidente, la Iglesia Episcopal realizó algunos avances ecuménicos significativos.

En 1997, la Convención General aprobó una propuesta de concordato que habría acercado a luteranos y anglicanos. El Sínodo General Luterano de 1997 no pudo reunir los dos tercios de los votos requeridos por su política para su aprobación en 1997, pero aprobó un texto revisado en 1999, que tituló "Llamados a la misión común". La Convención General de 2000 aceptó el texto revisado.[70] El acuerdo inició una relación de plena comunión que hizo posible el intercambio de clero. Uno de los elementos del acuerdo era que a partir de entonces cada Iglesia enviaría un observador ecuménico para participar en la consagración de obispos de la otra.[71]

Una señal de los crecientes lazos entre luteranos y episcopales fue un acuerdo de 1998 entre dos seminarios. En 1998, la Escuela de Divinidad Bexley Hall llegó a un acuerdo con el Seminario Luterano de la Trinidad de Columbus, Ohio, para cooperar en la formación de estudiantes episcopales en el campus de Trinidad.[72] Bexley cerró su campus de Rochester (Nueva York) en 2008.

La Convención General de 2003 estableció una participación eucarística provisional con la Iglesia Morava en América.[73] Seis años después, la Convención General aprobaría una relación de plena comunión con la denominación.[74] La Convención General de 2006 aprobó la Participación Eucarística Provisional con la Iglesia Metodista Unida.[75]

Antes de su elección como obispo presidente, Griswold también había presidido la Comisión Permanente de Litúrgica y formado parte del Comité del Libro de Oración y Liturgia de la Convención General. Durante sus años como obispo presidente, también se adelantarían una serie de decisiones litúrgicas.

La Convención General de 1997 aprobó el uso provisional del cuarto de una serie de textos que intentaban utilizar un lenguaje más inclusivo para el culto: *Enriching Our Worship* ["Enriquecer nuestra adoración"] (publicado en 1998). La misma convención tomó la decisión de fusionar la Comisión Permanente de Música de la Iglesia con la Comisión Permanente de Liturgia. La Comisión Permanente de Liturgia y Música combinada amplió su concepto de inclusividad para incluir la cultura, la edad y las circunstancias. La comisión publicó varios textos (en inglés) como volúmenes de la serie *Enriching Our Worship*. Entre ellos se encuentran: *EOW 2: Ministerio con los enfermos o moribundos, entierro de un niño* (2000); *EOW 3: Ritos de entierro para adultos* (2006); *EOW 4: La renovación del ministerio* (2007); y *EOW 5: Liturgias y oraciones relacionadas con la maternidad, el parto y la pérdida* (2009); y *EOW 6: Ritos para bendecir relaciones (2019)*.

En español se produjo un debate relacionado, aunque diferente, sobre el lenguaje. Los pronombres posesivos no eran un problema como en el inglés, porque no reflejan el sexo del agente. *"Blessed be* his *kingdom"* ["Bendito sea *su* reino"] puede sugerir que Dios es un monarca masculino en inglés, pero "su reino" puede referirse a un reino tanto masculino como femenino. Sin embargo, algunos hispanohablantes estaban preocupados por la elección de los sustantivos y las terminaciones de estos. Quizás el primer ejemplo de esta preocupación fue la queja del entonces seminarista Daniel Robayo-Hidalgo sobre el uso de "hombres" por "seres humanos" en la Oración de los Fieles, lo que llevó a sustituir el término en la Forma VI por "seres humanos" en la segunda edición (1989) de *El Libro de Oración Común*.

Alrededor de 1990, los estudiantes del Seminario Bíblico Latinoamericano de San José (Costa Rica), entre los que se encontraban algunos episcopales, comenzaron a experimentar con el uso de nosotras en sustitución ocasional de nosotros. En la primera década del siglo XXI algunos episcopales de Estados Unidos empezaron a sustituir el término "latinx" por el de latino/a o hispano/a en inglés. En la década siguiente, algunas universidades y escuelas secundarias de Argentina permitieron la sustitución de las terminaciones sustantivas e/es en lugar de las a/o/as/os que indicaban el género gramatical.[76] El debate sobre la lengua y el género continuará, sin duda, tanto en español como en inglés.

La Convención General hace declaraciones periódicas sobre la importancia de la traducción al español. La Convención General de 1988, por ejemplo, animó a "un consorcio de Provincias de habla hispana en sus esfuerzos por traducir y publicar documentos de la Iglesia al español."[77] Un resultado claro de este esfuerzo fue la publicación en 1990 de *Ritual para ocasiones especiales*, una traducción del libro *Book of Occasional Services* (1988) realizada por el obispo Anselmo Carral e Isaías Rodríquez. La introducción del libro sugería una razón por la que los resultados de este esfuerzo fueron más limitados de lo que muchos habían esperado: los traductores trabajaron "sin remuneración alguna".[78] En el año 2000, la Convención General volvió a pedir a la Comisión Permanente de Liturgia y Música que preparara "formas litúrgicas que reflejen nuestra experiencia tradicional de culto, así como nuestra Iglesia multicultural, multiétnica, multilingüe y multigeneracional", y en la de 2003 se ordenó que "todos los documentos oficiales, las publicaciones físicas y digitales producidas por la Sociedad Misionera Doméstica y Extranjera se editen en español y francés a más tardar en 2006".[79] El objetivo de 2006 resultó ser demasiado optimista. El esfuerzo por hacer que los textos de *Enriching Our Worship* estuvieran disponibles en español, por ejemplo, todavía no se había completado en 2021, aunque partes de los textos eucarísticos se habían traducido al español para su uso en la Convención General.

Otra discusión en la Iglesia se refería a la traducción idiomática. Algunos hispanohablantes se quejaban de que el español del libro de oraciones era demasiado formal y no se correspondía con el español que ellos conocían. Esta observación se relacionó a menudo con la caracterización del *Libro de Oración Común* como una traducción palabra por palabra del inglés, una interpretación que era parcial pero no totalmente correcta. Todos los textos litúrgicos occidentales se derivan del latín de la liturgia católica romana medieval. Además, la edición de 1979 del libro de oración y su posterior traducción al español se hicieron en un momento de convergencia ecuménica en el que los estudiosos de la liturgia protestantes estaban en conversación con sus homólogos católicos romanos, de modo que las traducciones católicas romanas al español eran también un punto de referencia para los que preparaban las traducciones al español del Libro de Oración Común.

Esta preocupación por un español más accesible y menos formal llevó a la revisión de los cánones en 2012. La Convención General amplió la sección II.3.5 de los cánones, que trata de las ediciones del Libro de Oración Común Estándar, añadiendo la instrucción de que el Custodio del Libro de Oración Común—la persona designada para "organizar la publicación de" las revisiones propuestas del Libro de Oración Común y "certificar que las copias impresas de dichas revisiones han sido debidamente autorizadas por la Convención General"—"o alguna persona designada por el Custodio, podrá ejercer la debida discreción en lo que se refiere a las traducciones de todo el Libro Estándar o de partes del mismo, a otros idiomas, de modo que dichas traducciones reflejen el estilo idiomático y el contexto cultural de esos idiomas."[80] El nombramiento por parte del Obispo Presidente Curry de Juan M. C. Oliver como Custodio del Libro de Oración Común en 2015 aumentó la probabilidad de que el Custodio desempeñara un papel personal en la traducción idiomática al español. En 2018, la Convención adoptó una resolución en la que solicitaba "nuevas traducciones del Libro de Oración Común de 1979 al español, al francés y al creole haitiano, siguiendo las Directrices para la traducción de materiales litúrgicos adoptadas por la Comisión Permanente de Liturgia y Música."[81]

En el verano de 2021 se distribuyó un primer borrador de la nueva traducción al español para ser comentada. Hugo Olaiz, de Forward Movement, fue el traductor principal. El Custodio Juan M. C. Oliver, Susan Saucedo Sica y Frederick Clarkson trabajaron con él como equipo editorial.[82] Entre las obras que el equipo utilizó como puntos de referencia están la *Biblia Reina Valera Actualizada* (2015) y el *Misal Romano* de 2018 autorizado por la Iglesia Católica Romana para su uso en Estados Unidos. Sin embargo, la traducción fue más allá en varios aspectos. Se modificaron las referencias de género (como la sustitución de *obispo* por *obispo* u *obispa*, el cambio de "se hizo hombre" en el Credo Niceno por "se hizo humano" y la adición de las matriarcas a la lista de patriarcas en la Plegaria Eucarística C), la adición de algunas frases idiomáticas (como el cambio de "*Elevemos* los corazones" por "*Arriba* los corazones" o "Oh Dios" en el Salterio por "Ay Dios."), y el uso de equivalentes dinámicos (como el cambio de *salterio* por *guitarra* en los Salmos). Este enfoque tenía una ventaja evidente. Una traducción culturalmente adecuada permite la publicación de una edición en español sin necesidad de la aprobación de dos convenciones generales consecutivas que se requeriría para una edición con cambios paralelos en inglés. Juan Oliver anticipó que la edición final de las traducciones al español y al francés estaría terminada para junio de 2022, y que se publicaría en el otoño de ese año (con más ajustes, si fuera necesario, para tener en cuenta cualquier cambio autorizado por la Convención General de 2022 para la edición en inglés).

La revisión del Libro de Oración avanza más lentamente en inglés que en español. Un grupo de trabajo especial para la Revisión de Material Litúrgico y del Libro de Oración establecido en 2018 recomendará la Resolución 2022-A059 a la Convención General de 2022, una revisión del Artículo X de la Constitución para redefinir al Libro de Oración Común como "aquellas formas litúrgicas autorizadas por la Convención General." El informe del grupo de trabajo explica que eso significaría que "lo que la Convención General adopta como libro de oración no es una forma de publicación (un libro) sino el contenido, es decir, el texto de las liturgias".[83] Esto permitiría el uso paralelo en la Iglesia de diferentes liturgias plenamente admitidas, pero seguiría siendo necesaria la aprobación de esas liturgias por dos convenciones consecutivas. Por lo pronto, la Comisión Permanente de Liturgia y Música ha centrado la mayor parte de su atención en el *Ritual para ocasiones especiales*, las *Fiestas menores y días de ayuno* y el Calendario de la Iglesia. Las propuestas de revisión del Libro de Oración Común de 1979 se han limitado hasta ahora a la Sagrada Eucaristía del Rito II. A partir de 2022 no ha habido una propuesta global de cambio en el libro de oración del orden de la reciente propuesta hecha para la edición española.

Dos himnarios suplementarios publicados en la década de 1990 fueron en gran parte el resultado de las iniciativas del personal para el Ministerio Negro (*Lift Every Voice and Sing II: An African American Hymnal*, 1993) y del Director del Ministerio Hispano (*El Himnario*, 1998).[84] Tras la fusión de 1997, la Comisión Permanente de Liturgia y Música publicó una serie de himnarios complementarios por iniciativa propia, como *Voices Found* (2003), que incluía textos y melodías de mujeres; *Enriching Our Music I* (2003) y *Enriching Our Worship II* (2004), música de adoración que se ajustaba a los nuevos textos litúrgicos, y *Music by Heart* (2008), con composiciones sencillas que podían aprenderse fácilmente.

La incorporación de más laicos, mujeres y personas de color al calendario eclesiástico por parte de las sucesivas convenciones generales dio lugar a nuevas ediciones en español de *Lesser Feasts and Fasts* en *Las fiestas menores y los días de ayuno* (2003) y *Fiestas menores y días de ayuno* (2018), y *Holy Women, Holy Men* ["Santas, santos"] (2010). La Convención General de 2006 también acordó sustituir el Leccionario Dominical y de Días Santos del libro de oración de 1979 por el Leccionario Común Revisado.[85]

A pesar de la gran cantidad de textos provisionales, hubo poco interés en la Convención General por una revisión total del Libro de Oración Común (1979). La Cámara de Obispos, por ejemplo, rechazó un plan para establecer un calendario de revisión en la convención de 2006.[86] Este esfuerzo se vio entorpecido por importantes obstáculos. Algunos temían que cualquier revisión condujera a la eliminación de los textos del Rito I. La Convención General de 2000 había reconocido el continuo interés por los textos tradicionales en lengua inglesa isabelina al autorizar el uso ocasional de "los textos de los Oficios Diarios y de la Sagrada Comunión contenidos en la edición de 1928 del Libro de Oración Común... bajo la autoridad eclesiástica sujeta a las directrices para materiales litúrgicos suplementarios".[87] Otros llegaron a creer que la preparación de un solo libro sería demasiado limitante para una Iglesia que estaba creciendo acostumbrada a una amplia gama de opciones.[88] Otros razonaron que era necesario un consenso sobre la sexualidad para que los debates sobre la bendición de las uniones del mismo sexo no se convirtieran en el tema dominante en la revisión del libro de oración.

Un debate de toda la Comunión

Durante la década de 1990, el centro de poder de la Comunión Anglicana comenzó a desplazarse gradualmente. Las provincias independientes de la Comunión Anglicana en lo que se denominaba cada vez más el Sur Global seguían creciendo en número y en membresía, mientras que las iglesias del mundo industrializado disminuían en número y en influencia dentro de sus propias culturas. Las antiguas misiones episcopales de Filipinas (1990) y Centroamérica (la Iglesia Anglicana de la Región Central de América, compuesta por las diócesis de Guatemala, El Salvador, Nicaragua y Panamá, 1998) se convirtieron en provincias independientes, al igual que las Iglesias del Congo (1992), Burundi (1992), Ruanda (1992), Corea (1993), Sudeste Asiático (1996) y Hong Kong (1998).[89]

Cuando se celebró la Conferencia de Lambeth de 1998, el número de obispos asistentes de África (224) y Asia (95) superaba ligeramente al total combinado de Europa, Estados Unidos y Canadá (316).[90] Los temas de importancia para los obispos del Tercer Mundo aparecieron en la agenda. La "violencia estructural"—la opresión por parte de las instituciones gubernamentales, sociales y económicas existentes—fue una de las principales preocupaciones del informe de Lambeth de 1988 sobre el cristianismo y el orden social.[91] Los obispos de la Conferencia de 1998 debatieron sobre la deuda mundial, un tema de importancia para las naciones en desarrollo.

La Convención General de 1994 había pedido una consulta seria con la Comunión Anglicana sobre cuestiones de sexualidad. Sin embargo, se habían realizado pocas consultas reales, y la Conferencia de Lambeth de 1998 fue la primera ocasión formal en la que los obispos de la Comunión Anglicana tuvieron la oportunidad de responder corporativamente al debate sobre la sexualidad en la Iglesia Episcopal. Por un margen de 526 a 70, los obispos de Lambeth 1998 se decantaron por el lado tradicionalista del debate. Declararon que "la práctica homosexual era incompatible con las Escrituras" e indicaron que la conferencia "no puede aconsejar la legitimación o la bendición de las uniones entre personas del mismo sexo, ni la ordenación de los implicados en las uniones entre personas del mismo sexo".[92]

Los obispos del Sur Global estuvieron entre los más firmes defensores de la resolución aprobada. Su apoyo a la resolución confundió a algunos partidarios estadounidenses de las uniones entre personas del mismo sexo, que habían asumido que existía algún tipo de alianza entre los episcopales con puntos de vista políticos progresistas y los anglicanos del tercer mundo, "de los que antes se consideraban defensores". Como explicó un observador, algunos estadounidenses—que aparentemente pasaron por alto el hecho de que la mayoría de los obispos del mundo desarrollado habían votado también a favor de la resolución— respondieron a la votación de Lambeth con "miedo, ira y un sentimiento de alienación de la Iglesia del sur", y caracterizando a las provincias del sur "en términos despectivos".[93] Una calumnia frecuente era que los obispos del Sur Global carecían de integridad y se habían unido al rechazo de la actividad homosexual por razones monetarias. El periodista británico Andrew Carey, hijo del antiguo arzobispo George Carey, resumió la queja de esta manera: "Los evangélicos fueron acusados de comprar el apoyo del mundo en desarrollo. Cual ocurre en las fiestas de recaudación algunos obispos modernistas fundamentalistas aparentemente tenían la convicción de que los líderes de la iglesia africana venderían su alma por una barbacoa".[94]

La Conferencia de Lambeth de 1998 y la reacción estadounidense a la misma internacionalizaron el debate sobre la sexualidad que había tenido lugar en la Iglesia Episcopal, de modo que las actitudes sobre la conveniencia de la ordenación de gays y lesbianas no célibes influyeron en las opiniones generales sobre la Comunión Anglicana. El autor y columnista Jack Miles (nacido en 1942) escribió un artículo de opinión en el *New York Times* titulado "A Divorce the Church Should Smile Upon" ["Un divorcio al que la Iglesia debería sonreír"], en el que caracterizaba a la Comunión Anglicana como una "multinacional religiosa" a través de la cual "el Arzobispo de Canterbury ejercía una jurisdicción espiritual global" sobre las antiguas colonias, y sugería que "una vez que Estados Unidos se hubiera convertido en una nación independiente, no debería pertenecer más a la Iglesia de Inglaterra ni a la Comunión Anglicana".[95] Si bien su caracterización presentaba serios problemas históricos—los anglicanos habían desempeñado un papel destacado en la creación de la Comunión Anglicana durante el siglo XIX y en su expansión durante la segunda mitad del siglo XX—Miles captó la actitud de un segmento creciente de la Iglesia Episcopal que se resentía del apoyo prestado al sector tradicional del debate por los correligionarios anglicanos.

Los que estaban a favor de limitar la ordenación a personas heterosexuales casadas o célibes, por otro lado, forjaron vínculos más fuertes con los obispos del Sur Global. En enero de 1999, una coalición de grupos tradicionalistas de Estados Unidos dirigió "Una petición a los obispos ortodoxos de la Comunión Anglicana para que protejan a los anglicanos ortodoxos de Estados Unidos hasta que la Iglesia Episcopal sea reformada o sustituida como provincia de la Comunión", una petición con "145 páginas de documentos en apoyo, incluidas las resoluciones posteriores a Lambeth de varios obispos estadounidenses que subrayaban que no se sentían obligados por la resolución sobre sexualidad de Lambeth, y los textos de algunas resoluciones contrarias a Lambeth que ya habían sido aprobadas en las convenciones anuales de varias diócesis de la Iglesia Episcopal".[96]

En enero de 2000, en la catedral de San Andrés de Singapur, los obispos Moses Tay (arzobispo de la Provincia de Asia Sudoriental), Emmanuel Kolini (arzobispo de la Provincia de Ruanda) y John Rucyahana, (obispo de Shyira en Ruanda) respondieron a esta petición consagrando como obispos a dos estadounidenses que habían participado activamente en las redes tradicionalistas de Estados Unidos: Charles H. "Chuck" Murphy III, líder del grupo Primera Promesa, y el Dr. John H. Rodgers, Jr. de la Asociación de Congregaciones Anglicanas en Misión.[97]

Tales ordenaciones—por parte de los obispos de una provincia de aquellos que pretendían ejercer la autoridad en otra provincia—eran, como explicó el obispo Griswold, "altamente irregulares y fuera de toda norma aceptable".[98] El Arzobispo de Canterbury George Carey (1935) estuvo de acuerdo, diciendo que las consagraciones eran "en el mejor de los casos irregulares y, en el peor, cismáticas", y que "solo los reconocería como obispos en Comunión con él si están 'plenamente reconciliados' con el obispo presidente de la Iglesia Episcopal".

Los participantes en la Reunión de Primados Anglicanos de 2000 refrendaron ese juicio.[99]

Sin embargo, las objeciones de Griswold, Carey y los primados no detuvieron la consagración de estadounidenses por parte de obispos del Sur Global. El 24 de junio de 2001, los arzobispos Emmanuel Kolini de Ruanda y Datuk Yong Ping Chung de Asia Sudoriental, los obispos John Rucyahana y Venuste Mutiganda de Ruanda, y los obispos episcopales jubilados Alex Dickson (nacido en 1926) de Tennessee Occidental y Fitzsimmons Allison (nacido en 1927) de Carolina del Sur se reunieron en Denver, Colorado, para consagrar a otros cuatro candidatos a lo que se denominó Misión Anglicana en América (AMiA, por sus siglas en inglés) bajo los auspicios de las provincias de Ruanda y Asia Sudoriental: Thaddeus Barnum, Alexander "Sandy" Greene (nacido en 1946), Thomas William "T.J." Johnston, y Douglas Weiss (1943).[100]

En junio de 2003, la diócesis de Nuevo Hampshire eligió a V. Gene Robinson (nacido en 1947) como obispo coadjutor. Robinson era un padre de dos hijos, divorciado, que había mantenido una relación homosexual conocida por su obispo desde al menos 1988.[101] Las elecciones diocesanas deben ser confirmadas por la Iglesia en general, y según los cánones vigentes en ese momento, una elección dentro de los tres meses de una sesión de la Convención General debía ser aprobada o rechazada por la convención. Dado que las ordenaciones al episcopado son la única forma de ordenación sobre la que la Convención General podría ejercer un control directo, esta elección marcó la primera vez en la que la convención tomaría un claro voto a favor o en contra sobre un candidato individual gay o lesbiana no célibe para la ordenación.[102] La Convención General de 2003 consintió la elección en todos los órdenes: Los obispos diocesanos con un 57%, los laicos con un 58% y el clero con un 60%.[103] Robinson fue consagrado el 2 de noviembre de 2003.

La decisión sobre el obispo Robinson, combinada con la decisión de la diócesis de Nuevo Westminster, en la Iglesia Anglicana de Canadá, de bendecir las uniones entre personas del mismo sexo, creó una gran preocupación en la Comunión Anglicana. Rowan Williams (nacido en 1950), que había sucedido a George Carey como Arzobispo de Canterbury en 2003, convocó una reunión especial de los Primados de la Comunión Anglicana en octubre de 2003. Tras una sesión a puerta cerrada, los primados emitieron una declaración en la que sugerían que las decisiones de Estados Unidos y Canadá "amenazan la unidad de nuestra propia comunión, así como nuestras relaciones con otras partes de la Iglesia de Cristo, nuestra misión y testimonio, y nuestras relaciones con otras confesiones, en un mundo ya confuso en áreas de sexualidad, moralidad y teología, y polarizan la opinión cristiana". Los primados dijeron que las acciones "podrían percibirse como una alteración unilateral de la enseñanza de la Comunión Anglicana". Reconocieron "la autonomía jurídica de cada provincia" en la Comunión, pero sugirieron que "la interdependencia mutua de las provincias significa que ninguna tiene autoridad para sustituir unilateralmente una enseñanza alternativa como si fuera la enseñanza de toda la Comunión Anglicana". Hacerlo, dijeron, pone en peligro "nuestra comunión sacramental".[104]

Fig. 61 Obispo de Nuevo Hampshire V. Gene Robinson

Tras la reunión de los primados, el arzobispo Williams creó una Comisión de Lambeth sobre la Comunión para explorar las implicaciones de las decisiones americanas y canadienses respecto a la sexualidad, y las cuestiones jurisdiccionales que estaban surgiendo en la Comunión. La comisión, presidida por el arzobispo de toda Irlanda Robin Eames (nacido en 1937) y que incluía a un estadounidense (James Mark Dyer, profesor del Seminario Teológico de Virginia y obispo jubilado de Bethlehem), publicó un informe al año siguiente. El *Informe Windsor* se basó en el trabajo anterior de la Comisión Teológica y Doctrinal Interanglicana, en la que habían participado tanto Eames como Dyer, al abogar por el principio de subsidiariedad, según el cual las decisiones que afectaran a toda la Comunión se tomarían a nivel de toda la Comunión, mientras que las que afectaran solo a las diócesis o provincias locales se tomarían a nivel diocesano o provincial.[105] El *Informe Windsor* criticaba la falta de consultas por parte de la Iglesia Episcopal y la Iglesia Anglicana de Canadá, y las incursiones jurisdiccionales de los obispos del Sur Global en Norteamérica. Retomó la consulta realizada en el caso de la ordenación de mujeres, y sugirió la adopción de un acuerdo de alianza para dar forma institucional al principio de subsidiariedad.[106] Hubo suficiente acuerdo en la Comunión Anglicana para iniciar un largo "Proceso de Windsor", que llevó a la preparación de múltiples borradores de una propuesta de pacto (el *Borrador de Nassau* de enero de 2007, el *Borrador de San Andrés* de febrero de 2008, el *Borrador de Ridley Cambridge* de abril de 2009, y el *Texto Final* de diciembre de 2009).[107]

Una buena parte del texto propuesto era descriptiva de la práctica actual en la Comunión Anglicana. Una sección, sin embargo, trataba de las medidas que debían tomarse cuando una provincia actuaba en una cuestión grave de fe sin tener en cuenta las preocupaciones de otras provincias anglicanas. El *Borrador de Nassau* permitía a los Instrumentos de Comunión (el Arzobispo de Canterbury, las Reuniones de Primados, la Conferencia de Lambeth y el Consejo Consultivo Anglicano) determinar qué provincias "han renunciado por sí mismas a la fuerza y al significado del propósito del pacto", y sugería que "será necesario un proceso de restauración y renovación para restablecer su relación de pacto con otras Iglesias miembros". El *Texto Final* sugería que las provincias podrían remitir asuntos a un Comité Permanente "responsable ante la Comunión Anglicana y la Reunión de Primados", que podría determinar qué "acción o decisión es o sería 'incompatible con el Pacto'" y prescribir "consecuencias relacionales" para dicha provincia. El Comité Permanente, no tendría poder para tomar ninguna acción por sí mismo, sino que haría recomendaciones a las provincias y a los Instrumentos de Comunión, que entonces actuarían como considerasen oportuno.[108]

En mayo de 2014, diez provincias de la Comunión Anglicana habían notificado al Secretario General del Consejo Consultivo Anglicano que habían adoptado el pacto, y una informó que había declinado adoptarlo.[109] Varias otras provincias, incluida la Iglesia Episcopal, participaron en el estudio en curso.[110]

Entre el momento de la consagración del obispo Robinson y la Convención General de 2006, la Cámara de Obispos y el Consejo Ejecutivo actuaron con moderación, evitando acciones que pudieran despertar más oposición en la Comunión Anglicana. Los obispos, por ejemplo, declararon en marzo de 2005 que no aprobarían más consagraciones de gays, lesbianas o cualquier otro candidato al episcopado hasta la Convención General de 2006. El Consejo Ejecutivo aceptó el criterio de los Primados de que los representantes de la Iglesia Episcopal en la reunión del Consejo Consultivo Anglicano de junio de 2005 actúen como observadores y no como participantes con derecho a voto.[111] (Los obispos de Singapur y Ruanda también suspendieron sus consagraciones irregulares para América del Norte).

Una solución al debate sobre la sexualidad en la Iglesia Episcopal

Los obispos y diputados reunidos en la Convención General de 2006 tenían ante sí una serie de importantes tareas. Entre ellas, las respuestas al *Informe Windsor* y al proceso de pactos, el fin de la moratoria de consagraciones vigente desde marzo de 2005 y la elección de un nuevo obispo presidente. La Convención General de 2006 eligió a Katharine Jefferts Schori (nacida en 1954) entre siete candidatos para suceder a Frank Griswold como obispa presidenta. Destacó entre los candidatos en muchos aspectos. Era la única mujer candidata y, como obispa de Nevada, la única candidata nacional que no procedía de la IV Provincia. Los otros candidatos de las diócesis nacionales eran de Alabama, Atlanta, Kentucky, Lexington y Luisiana; el obispo de Colombia también fue nominado. Jefferts Schori era también la única candidata con formación en ciencias naturales (doctorado en oceanografía). Ordenada sacerdote en 1994, había ejercido el ministerio ordenado durante menos tiempo que cualquiera de los otros candidatos. La diócesis que presidía era menor en número de miembros que las diócesis de los otros candidatos nacionales.[112] Sin embargo, tenía fama de prepararse con esmero y participar de forma reflexiva en los órganos eclesiásticos. Cuando asumió su nuevo cargo en noviembre de 2006, se convirtió en la primera mujer en servir como primada en la Comunión Anglicana.

Uno de los primeros actos de la nueva Obispa Presidenta electa fue recabar apoyos para una resolución de la Convención General en la que se pide a los obispos y a las comisiones permanentes que "actúen con moderación y no consientan la consagración de ningún candidato al episcopado cuya forma de vida suponga un reto para la Iglesia en general y provoque más tensiones en la Comunión".[113] La fuerza de la resolución era solo persuasiva. No incluía ninguna disposición para su aplicación, y no pedía ningún cambio en la Constitución y los Cánones. No obstante, fue un gesto conciliador que pretendía demostrar el continuo interés por la Comunión Anglicana.

La buena voluntad que produjo o resultó de la resolución no tuvo ningún efecto duradero. El liderazgo femenino fue ampliamente aceptado en la Iglesia—un informe de 2011 indicaba que el 46% del clero activo eran mujeres[114]—pero las tres diócesis que seguían limitando la ordenación solo a los hombres —Fort Worth, Quincy y San Joaquín—reaccionaron negativamente a la elección. Otros estarían consternados por el aparente carácter antievangélico de algunos de los comentarios ocasionales de la Obispa Presidenta electa: Declaró a la revista *Time* poco después de su elección en 2006 que creer que Jesús es el único camino para llegar al cielo era "poner a Dios en una caja terriblemente pequeña", y más tarde diría a

Fig. 62 Obispa Presidenta Katharine Jefferts Schori

la Convención General de 2012 que la idea "de que podemos salvarnos como individuos, que cualquiera de nosotros por sí solo puede tener una relación correcta con Dios" era "la gran herejía occidental".[115]

Incluso antes de que Jefferts Schori tomara posesión de su cargo, los comités permanentes de siete diócesis—Springfield, Florida Central, Dallas, Fort Worth, Pittsburgh, San Joaquín y Carolina del Sur—solicitaron una supervisión primaria alternativa mediante la cual se designara a algún otro primado anglicano para que cumpliera el papel que ella normalmente desempeñaría como obispa presidenta. Sin embargo, en una reunión de la obispa presidenta electa y los representantes de las siete diócesis, celebrada el 13 de septiembre de 2006, no se llegó a ningún acuerdo sobre el funcionamiento de dicha supervisión.[116]

Dos días después, la iglesia de Cristo en Plano (Texas) anunció que había llegado a un acuerdo con la Diócesis de Dallas para comprar su edificio y abandonar la Iglesia Episcopal.[117] El 28 de septiembre de 2006, un comité de la Diócesis de Virginia recomendó una serie de protocolos para las parroquias de esa diócesis que desearan abandonar la Iglesia Episcopal (treinta días de reflexión y discernimiento, 70% de votos de la congregación, aprobación del obispo, comité permanente y comité ejecutivo). El 9 de noviembre, la diócesis y la iglesia de Todos los Santos, en Dale City, anunciaron un acuerdo para el alquiler de la propiedad durante cinco años a la parroquia en caso de que—tal y como ocurriría—una votación de la congregación proporcionara el margen necesario del setenta por ciento para la salida de la Iglesia Episcopal.[118]

Las consagraciones en el Sur Global comenzaron de nuevo más o menos al mismo tiempo. Entre los consagrados para servir en los Estados Unidos estaban Martyn Minns (consagrado en Nigeria, agosto de 2006); John Guernsey (Kenia, septiembre de 2007); Will G. Atwood (Kenia, septiembre de 2007); William L. Murdoch (Kenia, septiembre de 2007); Terrell Lyles Glenn, Jr, John Engle Miller III y Philip Hill Jones (el Arzobispo Kolini de Ruanda presidió un servicio en Texas, enero de 2008); y Todd Dean Hunter, David "Doc" Loomis y Silas Tak Yin Ng (ordenados en California en un servicio presidido por el Arzobispo Kolini de Ruanda, septiembre de 2009).

La venta de propiedades a las congregaciones salientes quedó prácticamente paralizada tras la reunión del 8 y 9 de diciembre de 2006 del Grupo de Trabajo sobre Propiedades de la Cámara de Obispos, celebrada en Chicago.[119] A partir de entonces, la Obispa Presidenta Jefferts Schori y el Consejo Ejecutivo, asesorados por David Booth Beers (Canciller de la Obispa Presidenta) y Mary E. Kostel (Consejera Especial de la Obispa Presidenta para Litigios de Propiedad y Disciplina) seguirían la política de oponerse a cualquier transferencia de propiedad a las congregaciones salientes y tratarían de persuadir a los obispos diocesanos a seguir el mismo camino. Cuando varias parroquias intentaron abandonar la Iglesia Episcopal con sus propiedades sin acuerdos, el resultado fue una larga serie de juicios en todo el país (Alabama, California, Colorado, Connecticut, Florida, Georgia, Illinois, Massachusetts, Missouri, Nebraska, Nueva York, Carolina del Norte, Ohio, Pensilvania, Carolina del Sur, Tennessee, Texas, Virginia y Wisconsin).[120] Con notables excepciones en Carolina del Sur y Texas, la Iglesia Episcopal y las diócesis correspondientes acabaron conservando la propiedad. En el caso de la diócesis de Virginia, el litigio con las congregaciones se complicó por un estatuto redactado tras las divisiones de las iglesias metodista, bautista y presbiteriana en la época de la Guerra Civil que permitía a las congregaciones elegir a qué organismo unirse en caso de división. El litigio se prolongó hasta 2014 antes de que la diócesis y la Iglesia nacional se impusieran.

Mientras que los cánones eclesiásticos y la legislación estadounidense eran relativamente claros en cuanto a la imposibilidad de que las parroquias que pretendían abandonar la Iglesia Episcopal conservaran sus propiedades, eran menos claros en cuanto al derecho de las diócesis a hacerlo. La constitución de la Iglesia Episcopal no es explícita en cuanto a la posibilidad de retirada de la diócesis, y el asunto nunca ha sido juzgado en el sistema judicial secular. A partir de 2007, las convenciones de cinco diócesis adoptaron resoluciones de ruptura de vínculos con la Iglesia Episcopal: las tres diócesis que limitaron la ordenación a los varones (San Joaquín, 8 de diciembre de 2007; Fort Worth, 15 de noviembre de 2008; y Quincy, noviembre de 2008), Pittsburgh (2 de noviembre de 2007) y Carolina del Sur (17 de noviembre de 2012).[121] En cada caso, la Iglesia Episcopal reconstituyó una diócesis que continuaba y expulsó al obispo y al clero que se marchaba. En el caso de Quincy, la diócesis que continuaba se fusionó posteriormente con la diócesis de Chicago.[122]

La propiedad está generalmente regulada por las leyes estatales, aunque el Tribunal Supremo de Estados Unidos puede intervenir para aclarar las implicaciones de la prohibición de la primera enmienda de las leyes "que respetan un ordenamiento religioso".[123] En 2014, el Tribunal Supremo se había negado a intervenir, y los tribunales estatales de California, Illinois, Carolina del Sur y Texas estaban considerando por separado la legalidad de la retirada de las diócesis. Aunque el litigio seguía en curso en 2014, en ese momento parecía probable que algunos tribunales estatales permitieran la retirada de las diócesis con activos, mientras que otros no lo harían.[124]

En 2014, las diócesis y las parroquias que se marcharon lograron evitar la división que ciertamente experimentaron las congregaciones separadas durante la década de 1970, las cuales terminaron disgregadas en múltiples organismos eclesiásticos. Las diócesis y congregaciones que se marcharon a principios del siglo XXI abandonaron gradualmente su lealtad a los patrocinadores del Sur Global y formaron la Iglesia Anglicana en América del Norte (ACNA, por sus siglas en inglés).[125] En 2014 afirmó tener cien mil miembros en mil congregaciones en Estados Unidos y Canadá. Aunque no está reconocida por la Iglesia de Inglaterra ni por el Arzobispo de Canterbury como parte de la Comunión Anglicana, la ACNA fue reconocida en 2009 por la Conferencia Global Anglicana del Futuro (GAFCon), el organismo institucional formado en 2008 como alternativa a la Conferencia de Lambeth para representar las convicciones teológicas y morales de los obispos anglicanos del Sur Global.[126]

Al mismo tiempo, el número de miembros de la Iglesia Episcopal disminuía. El Informe sobre el Estado de la Iglesia del *Libro Azul* de 2012 señalaba que entre 2005 y 2010 se habían producido descensos en el número de miembros bautizados (253,469), en el promedio de asistencia dominical (129,440) y en el número de parroquias (8.4%). El número de ordenaciones en ese período también había caído un 39.2%, mientras que la tasa de jubilación del clero había aumentado un 35.4%.[127] El descenso de las ordenaciones contribuyó sin duda a las dificultades de los seminarios de teología. Uno de ellos (Seminario Teológico Seabury-Western) dejó de ofrecer grados de tres años (2008), vendió su propiedad y entró en una confederación con otro seminario (The Bexley Hall Seabury Western Federation, 2012).[128] Otros dos seminarios vendieron partes de sus propiedades para recaudar fondos (el Seminario Teológico General, 2007-12; y la Escuela Episcopal de Divinidad, 2011).[129]

Con la salida del gran bloque de tradicionalistas, la Convención General se movió con relativa rapidez en una dirección más liberal. La Convención General de 2009 modificó los cánones para eliminar la aprobación de las consagraciones en la convención; a partir de entonces se seguiría el procedimiento alternativo de exigir el consentimiento de la mayoría de los obispos diocesanos y de las comisiones permanentes. La diócesis de California eligió a la lesbiana en convivencia Mary Glasspool como obispa sufragánea ese mismo año; la mayoría requerida de los obispos diocesanos y los comités permanentes dieron su consentimiento, y fue consagrada al año siguiente. En 2012 la Convención General recomendó "Recursos Litúrgicos 1: Te bendeciré, y serás bendición", un texto para bendecir las uniones de gays y lesbianas, "para su estudio y uso en congregaciones y diócesis". Para entonces, Integrity y la Consulta de Chicago (una coalición de defensores de la plena inclusión formada tras una reunión en diciembre de 2007 en el Seminario Seabury-Western de Evanston, Illinois) añadieron la inclusión de "cristianos bisexuales y transexuales" al programa legislativo que apoyaron en la Convención General.[130]

Sin embargo, las convenciones posteriores tendrían que resolver la relación de cualquier texto de este tipo con la liturgia matrimonial del Libro de Oración Común de 1979 (según la cual el matrimonio era entre un hombre y una mujer), con los cánones de la Iglesia (uno de los cuales describía el matrimonio como una relación de por vida entre un hombre y una mujer, y otro que preveía el nuevo matrimonio después del divorcio), y con el derecho civil (que en la constitución o las leyes de la mayoría de los estados hasta 2014 limitaba el matrimonio a las parejas heterosexuales).[131]

Un grupo de trabajo para reimaginar a la Iglesia Episcopal

Cuando se celebró la Convención General de 2012, estaba claro que la Iglesia Episcopal ya no disponía de los recursos necesarios para mantener las estructuras que se habían establecido desde los años de auge de la década de 1950. Los obispos y diputados presentes en la convención empezaron a hablar de la creación de estructuras eclesiásticas más ágiles, liberadas de algunas antiguas responsabilidades y capaces de reaccionar rápidamente ante las realidades cambiantes. La convención convocó un Grupo de Trabajo para Reimaginar la Iglesia Episcopal (TREC, por sus siglas en inglés), que debía presentar sus ideas a la convención de 2015.

Los informes iniciales del TREC sugerían que se estaba de acuerdo con las suposiciones que sostenían muchos en la Convención de 2012. El grupo de trabajo sugirió, por ejemplo, que una estructura de gobierno corporativa centralizada era una innovación del siglo XX ajustada a "una era de ordenamiento cultural", en la que "la Iglesia esperaba que el mundo prestara atención a sus pronunciamientos". Una vez creadas, esas estructuras de gobierno "llegaron a funcionar como agencias reguladoras". Tales estructuras ya no eran financieramente sostenibles ni eficaces "en una era de redes, en la que las jerarquías burocráticas están siendo desbaratadas y desmanteladas en favor de flujos colaborativos, co-creativos y participativos de relaciones, conocimiento e intercambio".[132]

El grupo de trabajo admitió que muchos en la Iglesia Episcopal habían llegado a ver las estructuras de gobierno de toda la Iglesia, con profunda sospecha. Esto era particularmente cierto en el caso del Centro de la Iglesia Episcopal en Nueva York, "apodado por algunos como '815', y por sí mismo como Sociedad Misionera":

> En el Occidente cultural, en el que la TEC [la Iglesia Episcopal] opera en su mayor parte, las formas institucionales cristianas han disminuido tanto en su impacto como en su visibilidad... [y] el modelo corporativo de hacer trabajo/ministerio ya no es sostenible: La clásica relación central (arriba)/local (abajo) está cambiando, o ha cambiado. El centro, por ejemplo, ya no es la fuente de la estrategia y la programación, ni el núcleo de la red. Sencillamente, no dispone de los recursos ni de los conocimientos necesarios para hacerlo en una comunidad eclesial diversa, que abarca geografías y perspectivas teológicas, y que experimenta todo tipo de retos y oportunidades. Incluso si lo que la [autoridad] central prescribe puede ser lo correcto, por la noción de centralización pierde legitimidad. Hay fuertes tendencias tanto en la TEC, como en las otras denominaciones protestantes, así como en la sociedad estadounidense en general, que desconfían de lo que dice o hace el centro—cualquier centro—sea merecido o no, para bien o para mal.[133]

Las propuestas concretas de cambios institucionales de este primer documento se centraron, en general, en reducir el tamaño y las responsabilidades de la Convención General y del Consejo Ejecutivo y en fomentar la innovación y la cooperación locales. Entre las sugerencias formuladas se encuentran, por ejemplo, la limitación de los temas para las resoluciones de la Convención General, la reducción del tamaño de las diputaciones diocesanas ante la Cámara de Diputados de cuatro clérigos y laicos a tres en cada orden; la supresión del voto de los obispos jubilados en la Cámara de Obispos, la reducción del número de comités legislativos de veinticinco a doce, y la reducción del número de miembros de esos comités en un tercio. También se propuso reducir el porcentaje de los ingresos diocesanos destinados a apoyar a los organismos de toda la Iglesia al diez por ciento, el número de miembros del Consejo Ejecutivo de cuarenta a veintiuno, y el número de comisiones y comités interinos a cuatro. La intención de todos estos cambios era "conseguir órganos legislativos más pequeños y ágiles y reducir el coste para las diócesis".[134]

Para el 2014, los detalles de la reducción siguen siendo objeto de especulación. La petición de la convención de 2012, por ejemplo, de que el Consejo Ejecutivo se mudara del edificio de oficinas de la Iglesia en el 815 de la Segunda Avenida, que estaba cada vez más vacío como resultado de la reducción del personal y del teletrabajo, no parecía estarse llevando a cabo. El Consejo Ejecutivo se negó a vender el edificio y adoptó una política de alquiler del espacio no utilizado a inquilinos como el Colegio Franco Americano Lyceum Kennedy y la misión del Reino de Lesoto ante las Naciones Unidas.[135]

No obstante, pocos dudaban de que la Iglesia Episcopal estaba avanzando hacia una forma de organización menos centralizada y más flexible. El cambio no era simplemente una cuestión de necesidad económica, aunque ciertamente lo era. También era una cuestión de misión. Como explicó el obispo Andrew Doyle (nacido en 1966), de Texas, en su contribución a *What We Shall Become: the Future and Structure of the Episcopal Church* ["En qué nos convertiremos: el futuro y la estructura de la Iglesia Episcopal"], "Nos encontramos en el precipicio de una nueva era de misión... Dios nos ha llamado. Somos los elegidos para rehacer y repensar las estrategias para emprender el ministerio. Juntos damos pasos en el desierto como el pueblo de la Iglesia Episcopal, al que Cristo llama amigos".[136]

Las convenciones generales de 2015 y 2018

Un Grupo de Trabajo para Reimaginar la Iglesia presentó ante la Convención General de 2015 una serie de diez propuestas. Algunas fueron aceptadas (por lo general con revisiones), y otras fueron rechazadas, descartadas en su totalidad o remitidas para un estudio adicional.[137] La convención adoptó los formularios modificados del A004 (que reducía el tamaño del Consejo Ejecutivo); el A006 y el A010 (que reducían el número de comisiones permanentes a dos: una para Liturgia y Música, y otra para Estructura, Gobierno, Constitución y Cánones); y el A101 (Reforma de la Formación del Seminario y Desarrollo de Encuentros). Esta última resolución pedía a los seminarios y a la Junta General de Capellanes Examinadores que trabajasen en colaboración para desarrollar "nuevas estructuras; nuevos planes de estudio; nuevos títulos más allá del tradicional MDiv (Master en Divinidad)" y pedía "crear, alimentar y desarrollar espacios y momentos de encuentro espiritual que transformen vidas y estructuras injustas".[138] Uno de los intentos de captar el espíritu de esta resolución fue la decisión de 2017 de la Escuela Episcopal de Divinidad de abandonar Cambridge (Massachusetts) y afiliarse al Seminario de la Unión de Nueva York. La escuela no trajo a su profesorado de Cambridge, sino que optó por crear un pequeño claustro dedicado a crear programas innovadores.[139] Cuatro años más tarde, el Seminario Teológico General anunció que la escuela estaba pasando de "un modelo exclusivamente residencial" a "programas híbridos [que] proporcionarían la flexibilidad y la rentabilidad de las herramientas educativas en línea con la formación espiritual disponible cuando los estudiantes se reúnen para orar, estudiar y servir".[140]

La Convención General de 2015 rechazó las resoluciones A003 (que pedían que los expertos ayudaran a las parroquias, catedrales y otras instituciones episcopales a "replantear su espacio y sus posibles usos, teniendo en cuenta los cambios demográficos y las tendencias de su región"); A005, A007 y A009 (todas ellas relacionadas con una propuesta de combinar la Cámara de Obispos y la Cámara de Diputados en un solo órgano); y A008 (que habría proporcionado un estipendio al Presidente de la Cámara de Diputados, haciendo que el cargo fuera más paralelo al de Obispo Presidente).

El 26 de junio de 2015, el Tribunal Supremo de Estados Unidos, en el caso *Obergefell vs. Hodges*, dictaminó que la Constitución garantizaba el derecho al matrimonio a las parejas del mismo sexo. La Convención General, que estaba en sesiones en ese momento, aprobó la resolución 2015-A054 (que autorizaba el uso de una forma revisada de "Atestiguando y bendiciendo un pacto de por vida", que utilizaba la palabra *matrimonio* que se había evitado en el proyecto aprobado en 2012, y la resolución 2015-A036, que modificaba la definición canónica de matrimonio para incluir las uniones del mismo sexo.

Sin embargo, los obispos que servían en América Latina y el Caribe se encontraban en una situación muy diferente a la de los obispos de Estados Unidos. Los obispos generalmente ejercen su ministerio en zonas en las que las uniones entre personas del mismo sexo están prohibidas por la ley. Ocho obispos presentes de América Latina y el Caribe en la convención votaron a favor de una resolución en la que se declaraban en desacuerdo con las acciones de la convención y reafirmaban la enseñanza tradicional de que "las promesas y los votos del matrimonio presuponen que el marido y la mujer son los compañeros que se hacen una sola carne en el matrimonio".[141]

El cambio canónico de 2015 conservó una disposición que se remonta a 1946—un momento en el que la Convención General debatía la posibilidad de contraer nuevas nupcias tras el divorcio—que permitía a los celebrantes que tenían reservas sobre un matrimonio en particular negarse a presidirlo. El Título I, Canon 18.7 continuó diciendo: "Queda a la discreción de cualquier miembro del clero de la Iglesia negarse a solemnizar o bendecir cualquier matrimonio".[142] Una persona con un excónyuge vivo también necesitaba el permiso del obispo para casarse en la Iglesia Episcopal, y algunos obispos se negaban a dar este permiso en el caso de las uniones del mismo sexo. La Convención General de 2018 adoptó la Resolución 1018-B012, que reafirmó el derecho de los celebrantes a negarse a presidir y la afirmación de que la disposición que requiere el permiso del obispo para volver a casarse en la Iglesia se aplica a las uniones del mismo sexo. Sin embargo, la resolución continúa indicando "que en las diócesis en las que el obispo que ejerce la autoridad eclesiástica (o, en su caso, la supervisión eclesiástica) mantiene una posición teológica que no abraza el matrimonio para las parejas del mismo sexo, y existe el deseo de utilizar tales ritos por parte de las parejas del mismo sexo en una congregación o comunidad de culto, el obispo que ejerce la autoridad eclesiástica (o la supervisión eclesiástica) invitará, según sea necesario, a otro obispo de esta Iglesia para proporcionar apoyo pastoral a la pareja".[143] La resolución difiere de las disposiciones anteriores sobre la autoridad delegada en el sentido de que permite al obispo objetor cualquier tipo de discreción. Cuando el obispo William H. Love de Albany ordenó al clero de su diócesis que no presidiera matrimonios entre personas del mismo sexo y se negó a delegar la autoridad en otro obispo, fue juzgado y condenado por un tribunal eclesiástico (octubre, 2020). Renunció a su cargo (febrero de 2021) y dejó la Iglesia Episcopal (marzo de 2021).[144]

La Convención General de 2015 estableció un grupo de trabajo para responder a la solicitud de la Iglesia Episcopal de Cuba de reincorporarse a la Iglesia Episcopal. La Diócesis de Cuba se había separado de la Iglesia Episcopal en un momento en el que el gobierno cubano pretendía acabar con la influencia de las iglesias en la nación. La Cámara de Obispos decidió en 1966 liberar a Cuba—que carecía de las tres diócesis necesarias para formar una diócesis separada en la Comunión Anglicana—de su estatus de diócesis misionera de la Iglesia Episcopal para convertirla en una diócesis autónoma bajo el cuidado de "un Consejo Metropolitano formado por el Primado de Canadá, el Arzobispo de las Antillas y el Presidente de la IX Provincia". Aunque no se les avisó con suficiente antelación de lo que iba a ocurrir, el Obispo y el Consejo Consultivo de Cuba aceptaron la decisión y aprobaron la resolución, calificándola de "lo más sensato" en estas circunstancias. La Iglesia

Episcopal envió ayuda financiera a la Iglesia cubana bajo los auspicios de la Iglesia Anglicana de Canadá, pero comenzó a reducir la cantidad de ayuda en 1969.[145] Cuando el grupo de trabajo informó a la Convención General de 2018 sobre las circunstancias de la salida de Cuba, el cese del apoyo estadounidense y la solicitud de reunificación con la Iglesia Episcopal, la convención respondió adoptando la Resolución 2018-A308, readmitiendo a Cuba en la Iglesia Episcopal, reconociéndola "como una Diócesis en unión con la Convención General," lamentando "las acciones de la Cámara de Obispos de la Iglesia Episcopal en 1966 que llevaron a la precipitada y dolorosa separación de la Iglesia Episcopal y la Iglesia Episcopal de Cuba", y agradeciendo "a la Iglesia Anglicana de Canadá por su largo y continuo apoyo a la Iglesia Episcopal de Cuba."[146]

Obispo Presidente Michael Curry

Katharine Jefferts Schori terminó su mandato como Obispa Presidenta en 2015, y la Convención General eligió a Michael Curry, Obispo de Carolina del Norte, para sucederla. El obispo Curry se convirtió en el primer afroamericano en desempeñar esa función. Aportó al cargo un estilo de predicación enérgico y la voluntad de participar en la evangelización. En la Convención General de 2018 presentó su programa "El camino de amor", que invitaba a los miembros de la Iglesia a moldear sus vidas según un conjunto de prácticas de una vida centrada en Jesús [Prácticas para una vida centrada en Jesús]: cambiar de rumbo, aprender, orar, adorar, bendecir, ir y descansar. Durante la convención, predicó durante casi cuarenta y cinco minutos (con la ayuda de un intérprete en español) en un servicio de avivamiento el 7 de julio de 2018 en el Palmer Events Center de Austin. Se calcula que asistieron cerca de 2,500 personas, con 26,747 espectadores individuales que participaron en línea y otros 79,149 usuarios que vieron el vídeo del servicio en Facebook.[147] Otra muestra de la reputación del Obispo Presidente como comunicador del Evangelio fue la invitación que aceptó para ser el predicador en el servicio de la boda de la estadounidense Meghan Markle con el príncipe británico Harry, el duque de Sussex, el 19 de mayo de 2018 en la Capilla de San Jorge en el Castillo de Windsor. El arzobispo de Canterbury Justin Welby presidió el servicio.

El Informe del Registrador de Ordenaciones publicado con el diario de la Convención General de 2018 señaló un cambio demográfico en la Iglesia. Mientras que el número de miembros de la Iglesia ha ido disminuyendo desde 1965, el número de clérigos ha seguido una tendencia al alza. Incluso en la primera década del siglo XXI, cuando un gran número de clérigos abandonó la Iglesia Episcopal, el número total siguió creciendo, gracias al aumento del número de nuevas ordenaciones entre 2003 y 2009. Los informes de 2015 y 2018 del registrador de ordenaciones mostraron, sin embargo, un descenso en el número de clérigos en el período de 2012 a 2018, debido tanto a una caída en el número de nuevas ordenaciones como a un aumento de la tasa de mortalidad entre los clérigos.[148]

La pandemia de Covid 19 que comenzó en 2020 afectó a las iglesias y a todos los demás lugares de reunión pública. En el período de los dos años siguientes en los que la tasa de infección aumentó, los organismos gubernamentales, sanitarios y educativos nacionales, estatales y locales desaconsejaron reunirse en espacios cerrados y fomentaron el uso de mascarillas. Cuando la vacunación estuvo disponible en 2021 y 2022—primero para los adultos y luego para los niños en cohortes de edad decreciente—muchos de los mismos organismos gubernamentales y sanitarios alentaron su uso, aunque algunos otros plantearon objeciones a lo que consideraban una violación de la autonomía personal. La mayoría de los obispos episcopales alentaron el distanciamiento social, la vacunación y el uso de mascarillas, y la mayoría de las congregaciones cumplieron alentando a los feligreses a vacunarse, a usar mascarillas y a abstenerse de celebrar los servicios de adoración en persona durante al menos algunos períodos de tiempo. Las congregaciones hicieron un amplio uso de Zoom y Facebook y otras plataformas de comunicación para hacer que el culto y la educación cristiana fueran accesibles a quienes no estaban físicamente presentes. Algunos revivieron el uso de la oración matutina como el servicio dominical principal (ya que no implicaba la complicación de distribuir la comunión), limitaron las especies de Comunión al pan, utilizaron recipientes individuales para la Comunión, o proporcionaron una oración para la recepción espiritual modelada en un rito de Comunión Espiritual, que apareció por primera vez en una liturgia episcopal en el Libro de Oración de las Fuerzas Armadas de 1951:

> En unión, oh, Señor, con los fieles de todos los altares de tu Iglesia, donde se celebra ahora la Sagrada Eucaristía, deseo ofrecerte alabanza y acción de gracias. Te presento mi alma y mi cuerpo con el ferviente deseo de que estén siempre unidos a Ti. Y ya que no puedo recibirte sacramentalmente, te suplico que vengas espiritualmente a mi corazón. Me uno a Ti y te abrazo con todo el afecto de mi alma. Que nada te separe de mí. Que pueda yo vivir y morir en tu amor. Amén.[149]

Estas prácticas dificultan la obtención del número de comulgantes que exige el informe parroquial anual de la Iglesia Episcopal. En respuesta a esa situación, el Comité de la Cámara de Diputados sobre el Estado de la Iglesia, en consulta con el Consejo Ejecutivo, creó un nuevo formulario, que se utilizó por primera vez en el año de presentación de informes 2020, que fue diseñado "para captar la forma en que las iglesias respondieron a la pandemia, en particular en el ámbito del culto, a fin de poder identificar las mejores prácticas". "Tomaron la decisión de no hacer un seguimiento de la asistencia... pero sí de recopilar datos sobre la forma en que las congregaciones celebraban el culto en línea y de trabajar en el desarrollo de una norma que pudiera utilizarse para la asistencia en línea a diferencia de la asistencia en persona."[150]

NOTAS

1. Thomas Piketty, *Capital in the Twenty-First Century*, trans. Arthur Goldhammer (Cambridge: Belknap Press, 2013), 1.

2. El autor James Davison Hunter (nacido en 1955) fue uno de los que utilizó el término "guerras culturales". Hunter amplió un artículo de una revista de 1990 en el libro *Culture Wars: The Struggle to Define America* (1995). Entendía que el conflicto era entre quienes tenían una visión "ortodoxa" que definía la *"libertad económica* (como iniciativa económica individual) y la *justicia social* (como vida recta)", y quienes tenían una filosofía "progresista" que desafiaba la *"libertad social* (como derechos individuales) y la *justicia económica* (como equidad)". Véase James Davison Hunter, *Culture Wars: The Struggle to Define America* (EE.UU.: Basic Books, 1995), 115.

3. Estas cifras corresponden a los afiliados nacionales. Se han ajustado para tener en cuenta la decisión de excluir los afiliados extranjeros de los totales durante los años que van de 1986 a 2003. Ver: *Episcopal Clergy Annuals* para los años 1992, 2002, y 2012 (Harrisburg: Morehouse), y C. Kirk Hadaway, "Is the Episcopal Church Growing (or Declining)?" http://archive.episcopalchurch.org/documents/2004GrowthReport(1).pdf (consultado el 29 de marzo de 2014).

4. Resolución 1976-A096, *Journal of the General Convention of... The Episcopal Church, Minneapolis 1976* (Nueva York: Convención General, 1977), C-109; y Resolución 1979-A053, *Journal of the General Convention of... The Episcopal Church, Denver, 1979* (Nueva York: Convención General, 1980), C-93.

5. John L. Allen, Jr., "Pope on homosexuals: 'Who am I to judge?'" *National Catholic Reporter* (29 de julio de 2013), http://ncronline.org/blogs/ncr-today/pope-homosexuals-who-am-i-judge (consultado el 30 de abril de 2014).

6. Edmond L. Browning, *No Outcasts: The Public Witness of Edmond L. Browning, XXIVth Presiding Bishop of The Episcopal Church*, ed. Brian J. Grieves (Cincinnati: Forward Movement Publications, 1997), 91.

7. Un comunicado de prensa de la Diócesis de Newark en diciembre de 1989, por ejemplo, afirmaba que los planes para la ordenación sacerdotal de un hombre gay abiertamente no célibe serían "un acto sacramental inusual y probablemente único". Véase Diócesis de Newark, comunicado de prensa (11 de diciembre de 1989) citado en Mireya Navarro, "Openly Gay Priest Ordained in Jersey", *New York Times* (17 de diciembre de 1989) http://www.nytimes.com/1989/12/17/nyregion/openly-gaypriest-ordained-in-jersey.html (consultado el 1 de mayo de 2014).

8. Will Leckie y Barry Stopfel, *Courage to Love* (Nueva York: Doubleday, 1997), 118, 186. El obispo Spong escribió a Stopfel al año

siguiente que, había tenido "conocimiento de la ordenación y recepción de al menos otros cuatro homosexuales/lesbianas en Estados Unidos por parte de obispos que sabían que estos no eran célibes".

9. Robert Williams citado en Kim Byham, "The Rise and Fall of Robert Williams", *The Witness* 73 (abril de 1990): 12 y en Leckie y Stopfel, *Courage to Love*, 119.

10. Para la descripción del propio Williams de su radicalismo sexual, véase Robert Williams, "Choosing integrity over Integrity", *Witness* 73 (junio de 1990): 16. Mientras que el obispo Spong parecía desconocer el alcance de las opiniones de Williams, otros no. Kim Byham, que era el presidente de Integrity, escribió que Williams era bastante abierto sobre sus opiniones. Carter Heyward, que había dado clases a Williams en el Colegio Universitario Episcopal de Divinidad, citó a Williams en un capítulo de su libro *Touching Our Strength*, en el que abogaba por las relaciones sexuales no exclusivas, lo que sugiere que pudo estar consciente también de las actitudes de este. El libro se publicó un mes antes de la ordenación sacerdotal de Williams. Véase Byham, "Rise and Fall", 12, y Heyward, *Touching Our Strength* (San Francisco: Harper and Row, 1989), 120.

11. Byham, "Rise and Fall", 12.

12. Williams citado en Byham, "Rise and Fall", 12.

13. George Weinberg utilizó el término "homofobia" en *Society and the Healthy Homosexual* (1972) para referirse al miedo heterosexual a la homosexualidad. Patricia Beattie Jung utilizó el término "heterosexismo" en *Heterosexism: An Ethical Challenge to the Church* (1993) y otras obras para referirse a la presuposición de la rectitud exclusiva del comportamiento heterosexual.

14. *Journal of the General Convention of the Protestant Episcopal Church in the United States of America—otherwise known as the Episcopal Church... 1991* (Nueva York: la Convención General, 1991), 500-502.

15. *Journal of the General Convention of the Protestant Episcopal Church in the United States of America, Otherwise Known as the Episcopal Church. 1967* (Nueva York: impreso para la Convención, 1967), apéndice 6.21.

16. *Constitution and Canons for the Government of the Protestant Episcopal Church in the United States of America, Otherwise Known as the Episcopal Church... 1997* (Nueva York: impreso para la Convención, 1997), 124.

17. Para una descripción de los antecedentes de la ordenación de Stopfel, véase Leckie y Stopfel, *Courage to Love*, 186-87, 203. Según Leckie y Stopfel, el obispo Spong vaciló en su actitud hacia la ordenación antes de pedir a Walter Righter que la presidiera.

18. "Declaración del Consejo Asesor del Obispo Presidente" en *Journal of the General Convention... 1991*, 501-2. La Cámara de Obispos adoptó la

resolución B-1a a la cual "la Declaración del 20 de febrero de 1990" del Consejo Consultivo fue "anexada para formar parte de la misma".

19. El lenguaje paralelo fue sugerido por el Obispo John Howe de Florida Central como una enmienda a la A-104s. Después de que la enmienda de Howe fuera rechazada, los obispos reformularon la A-104s como una resolución de compromiso. Ver *Journal of the General Convention... 1991*, 176, 181, 746.

20. *Journal of the General Convention . . . 1991*, 181, 668-70. En una votación por órdenes, una diputación diocesana dividida cuenta como un "no". A menos que el *Journal* recoja el voto de cada diputado en una votación por órdenes- y el *Journal* de 1991 lo hizo en este caso para solo 8 diputaciones laicas y 6 clericales- no es posible calcular el porcentaje real de diputados a favor o en contra de una proposición. Es posible que la mayoría de los presentes haya votado a favor del canon propuesto. Las diputaciones laicas que se registraron como "sí" representaron, por ejemplo, entre 187 (lo que supondría que treinta y ocho diputaciones votaran 3-1 y todas las diócesis opuestas votaran 0-4, además de las veintiuna diócesis divididas que votaron 2-2, las siete diputaciones que registraron un voto 4-0 y la que registró un voto 3-0) y 272 votos (si todas las diputaciones que votaron "sí" fueran unánimes y todas las diócesis en contra votaran 1-3), con 228 que constituyen la mayoría. Una votación por órdenes no favorece necesariamente a la mayoría.

21. El obispo Hunt sugirió que la adopción de la resolución de su comisión "negaría la resolución [de la Convención General] de 1979" sobre la sexualidad. Los miembros del comité, David Scott, del Seminario de Virginia, y la Sra. Scott T. Evans, de la Diócesis de Carolina del Norte, añadieron una declaración minoritaria al informe de la comisión en la que discrepaban fuertemente de las propuestas del comité. Véase *Virginia Episcopalian 99* (mayo de 1991): 22.

22. *Journal of the General Convention... 1991*, 746.

23. *Journal of the 71st General Convention of the Protestant Episcopal Church in the United States of America-other known as the Episcopal Church 1994* (New York: The General Convention, 1994), 315; *Journal of the 72nd General Convention of the Protestant Episcopal Church in the United States of America-other known as the Episcopal Church, 1997* (New York: The General Convention, 1994), 278; y *Journal of the General Convention of the Protestant Episcopal Church in the United States of America-otherly known as the Episcopal Church, 2000* (New York: General Convention Office, 2000), 297-88.

24. Hubo casos que se remontan a la década de 1940 en los que personas ordenadas se divorciaron después de entrar en la facultad del Seminario Teológico de Virginia. Se les pidió que se marcharan.

25. Antes de la década de 1990, el *Directorio Clerical* enumeraba todos los matrimonios actuales y pasados de los clérigos. Sin embargo, la información del *Directorio* se basa en la autodeclaración y, en 1997, muchos clérigos suprimían las referencias a los matrimonios que terminaban en divorcio, por lo que el editor consideró necesario abordar la situación de dos maneras: añadiendo una notificación a los lectores ("Por favor, tenga en cuenta que el contenido de las entradas biográficas que se presentan aquí ha sido proporcionadas exclusivamente por los propios biografiados; por lo tanto, el editor no puede responder por su exactitud") y creando una declaración de política sobre la inclusión de datos matrimoniales ("No suprimimos del registro público ningún matrimonio que haya producido hijos [el nombre de un cónyuge puede ser suprimido, a petición, pero el hecho del matrimonio— representado por la fecha del mismo—permanece"). Cuando los clérigos que enviaban información a Church Publishing no se atenían a la política declarada, el editor utilizaba un lenguaje más contundente en 1999: "No eliminamos todas las pruebas biográficas de los matrimonios con hijos". Sin embargo, seis años más tarde, el editor cedió a la presión del clero divorciado y aceptó omitir los datos sobre los matrimonios que acabaron en divorcio: "En respuesta a las peticiones de un número creciente de clérigos, con esta edición de 2005 del *Directorio* ya no publicamos información sobre matrimonios anteriores". Dos años más tarde, el editor amplió la nota para decir que "el número de hijos, si los hay, del matrimonio anterior de un clérigo seguirá apareciendo". Véase Johnny R. Ross, "Foreward", *Episcopal Clerical Directory 1997* (Nueva York: Church Hymnal Corporation, 1997), iii-iv; Johnny R. Ross, *"Foreward", Episcopal Clerical Directory 1999* (Nueva York: Church Publishing Incorporated, 1999), iii-iv [énfasis añadido]; Susan T. Erdey, *"Foreward", Episcopal Clerical Directory 2005* (Nueva York: Church Publishing, 2005), iii-iv; y Susan T. Erdey, *"Foreward", Episcopal Clerical Directory 2007* (Nueva York: Church Publishing, 2005), iv.

26. C. Kirk Hadaway y Penny Long Marler, "An Overview of Church Membership Data for the Episcopal Church: 1988-1991" (informe encargado por la Oficina de Evangelización de la Iglesia Episcopal, s.f.).

27. Hadaway y Marler, "An Overview".

28. Edmond L. Browning, discurso ante la sesión conjunta de la Cámara de Diputados y la Cámara de Obispos (Filadelfia, 18 de julio de 1997); Browning, *No Outcasts*, 38.

29. Jeffrey Penn, "Mission Key to Renewal: Symposium", *Episcopal Life 4* (septiembre de 1993): 1-2.

30. "Declaración de conciencia", *Journal of the General Convention 1991*, 735-39.

31. *To Set Our Hope on Christ* había afirmado que "En conjunto, los estudios contemporáneos indican que el afecto hacia el mismo sexo tiene

una base genético-biológica que se configura en interacción con factores psico-sociales y culturales-históricos". Véase J. Michael Bailey y Richard C. Pillard, "A Genetic Study of Male Sexual Orientation", *Archives of General Psychiatry 48*: 1089-96; K. M. Kirk, J. M. Bailey, M. P. Dunne y N. G. Martin, "Measurement Models of Sexual Orientation in a Community Twin Sample", *Behavioral Genetics 30*: 345-56; y *To Set Our Hope on Christ: A Response to the Invitation of Windsor Report ¶135* (New York: The Episcopal Church, 2005), 24.

32. Asociación Americana de Psicología, *Answers to Your Questions: For a Better Understanding of Sexual Orientation & Homosexuality* (Washington, D.C.: American Psychological Associations, 2008), 2.

33. *Episcopal Life 4* (agosto de 1993): 3.

34. Ed Stannard, "Panel Dismisses Complaint against Michigan Bishop", *Episcopal Life 6* (enero de 1995): 7; *Episcopal Life 6* (julio/agosto de 1995): 5; y Charges Dismissed", *The Living Church* (25 de mayo de 1997), http://www.episcopalarchives.org/cgi-bin/the_living_church/TLCarticle.pl?volume=214&issue=21&article_id=6/ (consultado el 13 de mayo de 2014).

35. "The Protestant Episcopal Church in the United States of America in the Court for the Trial of a Bishop, James M. Stanton, Bishop of Dallas, et. al. Presenters v. The Rt. Rev. Walter C. Righter, Respondent," (15 de mayo de 1996): 1.

36. Michael Harwell, "Two Bishops Sue over Use of Church's Name", *Episcopal Life 9* (marzo de 1998): 5.

37. Browning, *No Outcasts*, 88-89.

38. Diane Walker, "Same-sex Blessing Cancelled after Bishop Says 'No'", *Episcopal Life 6* (febrero de 1995): 7.

39. Browning, *No Outcasts*, 89.

40. Gardiner H. Shattuck, Jr., *Episcopalians and Race: Civil War to Civil Rights* (Lexington: University Press of Kentucky, 2000), 215-17.

41. La dinámica racial en la oficina nacional de la Iglesia se complicó por las tensiones entre ordenados y laicos, y entre hombres y mujeres. Browning nombró a una mujer laica negra para un puesto de autoridad, mientras eliminaba los puestos para los hombres negros ordenados. Al final de su mandato no había ningún hombre negro ordenado en el personal de la iglesia nacional. Véase Leroy Wells, Jr., "Black Male Participation in the Leadership of the Episcopal Church: Issues and a Call for Action", (junio de 1993), 6, 10, 31 en *Harold T. Lewis Papers*, RG A32, caja número 1, carpeta número 9, African American Episcopal Historical Collection, Virginia Theological Seminary Archives.

42. La Convención General de 2000 adoptó una resolución que exigía la formación antirracista de los dirigentes ordenados y del clero de la Iglesia. En 2003 ese requisito se añadió a los cánones de ordenación. Véase

Journal of the General Convention of... Iglesia Episcopal, Denver, 2000 (Nueva York: Convención General, 2001), 603; y Wells, Jr.

43. Harold T. Lewis, *Yet with a Steady Beat: The African American Struggle for Recognition in the Episcopal Church* (Valley Forge: Trinity Press International, 1996), 168-69.

44. Ed Stannard, "Cooke Resigns as Treasurer," *Episcopal Life* 6 (February 1995): 1; Edmond Lee Browning, television broadcast, June 24, 1995; Ed Stannard, "Auditor's Report Details How Cooke Took Funds," *Episcopal Life* 6 (July/August 1995): 1.

45. *Journal of the General Convention of... The Episcopal Church, Phoenix, 1991* (Nueva York: Convención General, 1992), 783.

46. Margo Maris, entrevistas telefónicas, 27 y 28 de octubre de 1998.

47. Maris, entrevistas telefónicas.

48. René Sánchez, "Diocese to Pay 8 Abused by Priest: Record Settlement Totals $23 Million," *Washington Post* (11 de julio de 1998): A1 y 8; Cathy Lynn Grossman, "Clergy sex abuse settlements top 2,500 millones de dólares en todo el país", USA TODAY (13 de marzo de 2013) http://www.usatoday.com/story/news/nation/2013/03/13/sex-abuse-settlement cardinal-roger-mahony/1984217/ (consultado el 6 de mayo de 2014).

49. Russell V. Palmore, Jr. (Canciller de la Diócesis de Virginia), presentación sobre la mala conducta sexual, 23 de septiembre de 1993, Fredericksburg, Virginia. Sin embargo, no todas las acusaciones representaban denuncias de nuevos casos. Trece de los cuarenta casos examinados en 1992, por ejemplo, correspondían a acusaciones relativas a comportamientos previos a 1982.

50. *Journal of the 71st General Convention of the Protestant Episcopal Church in the United States of America* (Nueva York: Episcopal Church Center, 1994), 355, 603-4, 755-56, 845-52.

51. *Church Pension Fund*, "Benefits Dialogue and Discernment: 30-Year Early Retirement Option", (Nueva York: Church Pension Fund, diciembre de 1996), 9; CREDO, "About the CREDO Benefit", http://episcopalcredo.org/about/ (consultado el 19 de mayo de 2014).

52. *Constitutional and Canons... 2009* (New York: General Convention Office, 2009), 126.

53. *Episcopal Life* publicó noticias de juicios y declaraciones con inquietante regularidad durante la década de 1990. Todos los casos citados en el texto, excepto uno, fueron informados en la revista, en comunicados de prensa del *Episcopal News Service* o en otras publicaciones eclesiásticas. El vicepresidente de la Cámara de Diputados era Wallace Frey, un sacerdote de la Diócesis de Nueva York Central. La Prensa Episcopal reveló el caso de la conducta sexual inapropiada pero no el hecho de que había involucrado a un adolescente. Véase "Chinnis to Nominate a Vice-president for

Deputies to Serve in Indianapolis," *Episcopal News Service* (7 de octubre de 1993) http://www.episcopalarchives.org/cgi-bin/ENS/ENSpress_release. pl?pr_number=93171; y Philip Jenkins, *Pedophiles and Priests: Anatomy of a Contemporary Crisis* (Nueva York: Oxford, 1996), 51-51. El líder carismático era Graham Pulkingham, que fue suspendido del ministerio en 1992 por conducta sexual inapropiada que había tenido lugar en la década de 1970 (*Episcopal Life 4* [mayo de 1993]: 3). El decano del seminario era Jack C. Knight (1941-98), antiguo director del seminario Nashotah House. En 1994 fue declarado culpable por un tribunal eclesiástico de conducta inmoral con dos mujeres adultas (*Episcopal Life 6* [febrero 1996]: 10). Los obispos cuya mala conducta fue revelada fueron el obispo David Johnson (1933-1995) de Massachusetts, Edward Chalfant (nacido en 1937) de Maine, y Steven Tsosie Plummer de Navajoland. Johnson se quitó la vida en enero de 1995. Poco después, los oficiales de la Iglesia reconocieron que había mantenido relaciones extramatrimoniales con mujeres adultas (*Virginia Episcopalian 103* [marzo de 1995]: 16). Chalfant dimitió en mayo del año siguiente tras reconocer una relación extramatrimonial con una mujer adulta ("Maine elige obispo a un experto en atención pastoral", *Episcopal Life 8* [diciembre de 1997]: 20). En 1993, el obispo de Navajoland, Steven Tsosie Plummer, estuvo de baja durante un año como consecuencia de una relación reconocida con un joven (Dick Snyder, "Navajo search for healing amidst turmoil", *Episcopal Life 4* [septiembre de 1993]: 17; *Episcopal Life 5* [agosto/septiembre de 1994]: 6). Los dos obispos cuya mala conducta se reveló en el siglo XXI fueron el obispo Paul Moore (1919-2003) de Nueva York y el obispo Donald J. Davis (1929-2007) del noroeste de Pensilvania. En 2008 la hija de Moore, Honor, reveló que este había seducido y entablado una relación duradera con un joven que acudió a él en busca de consejo pastoral. Al parecer, el Obispo Presidente Browning permitió a Davis dimitir sin publicidad, tras conocerse que había abusado de mujeres preadolescentes en un campamento de la Iglesia. El caso se hizo público en 2010 cuando una víctima hasta entonces desconocida reveló la historia de sus abusos. Véase Honor Moore, *The Bishop's Daughter: A Memoir* (Nueva York: W. W. Norton & Company, 2008), 319; y "New Abuse Cases across the Communion", *The Church of England Newspaper* ([17 de septiembre de 2010]).

Sandra Wilson (nacida en 1952) afroamericana y William Lloyd Andries (nacido en 1936) de origen afrocaribeño. Ambos eran sacerdotes. Wilson, directora de la Unión de Episcopales Negros, fue inhibida temporalmente del ejercicio de su ministerio en marzo de 1998 por el obispo de Colorado a raíz de una queja formal de tres mujeres adultas (*Virginia Episcopalian 107* [noviembre de 1998]: 19). Andries, de la diócesis de Long Island, reconoció haber mantenido una relación sexual con un joven brasileño, a raíz de la publicación de un reportaje en la revista *Penthouse* en el que se afirmaba que se habían celebrado orgías en el edificio de su iglesia. Andries dejó el ministerio ordenado, y un empleado con responsabilidad en el ministerio de los inmigrantes perdió su trabajo en el Centro de la Iglesia Episcopal (Jerry Hames, "La investigación continúa en Long Island", *Episcopal Life 8* [enero de 1997]: 6 y 9). Una investigación diocesana posterior sugirió que veintidós de las treinta y ocho alegaciones del artículo de *Penthouse* eran "falsas o no estaban probadas, y otras nueve eran en gran parte falsas". La revista emitió una retractación cautelosa ("Penthouse Issues Retraction", *Episcopal Life 9* [julio/agosto 1998]:9). El obispo Plummer era un navajo. J. Faulton Hodge, aunque más tarde fue sacerdote, fue demandado en 1994 ante un tribunal civil por abuso sexual de un varón menor de edad que supuestamente había tenido lugar cuando era un trabajador laico. (Nan Cobbey, "Bishop's Son Accuses Priest of Sexual Abuse", *Episcopal Life 5* [octubre de 1994]: 5.)

54. David Kalvelage, "'Deplorable' situación", *The Living Church* (1 de diciembre de 1996) citado en Sheryl A. Kujawa Holbrook, *The Heart of a Pastor: A Life of Edmond Lee Browning* (Cincinnati: Forward Movement, 2010), 311.

55. "Wantland anuncia sus planes de dimisión", *Episcopal News Service* (13 de noviembre de 1997), http://www.episcopalarchives.org /cgibin/NS/ENSpress_release.pl?pr_number=97-2004J (consultado el 13 de mayo de 2014).

56. En 1993 una reunión conjunta de los primados anglicanos y del Consejo Consultivo Anglicano había reafirmado que había un lugar en la Comunión Anglicana "para las personas que no aceptan la ordenación de mujeres". Véase *Episcopal Life 4* (marzo de 1993): 15.

57. Informe a la 72ª Convención General, también conocido como el *Libro Azul* (Indianápolis, Indiana: la Convención General, 1997), 126.

58. Pamela Darling, correo electrónico al autor, 20 de noviembre de 1998.

59. Thomas Bushnell, correo electrónico al autor, 11 de enero de 1999; Louie Crew, correo electrónico al autor, 19 de noviembre de 1998.

60. Mary Frances Schjonberg, "Editor's Note: a Bittersweet Farewell to Ink, ", *Episcopal News Monthly 2* (enero de 2011): 2.

61. Marcy Darin, "Chicago's Become a More Open, Welcoming Diocese", *Episcopal Life 9* (enero de 1998): 12.

62. Griswold, por ejemplo, se abstuvo enérgicamente de intervenir en ninguno de los lados del debate de Lambeth de 1998 sobre la sexualidad.

63. Ed Stannard, "Presiding Bishop-elect Sets Sights on a Church with 'a Change of Heart", *Episcopal Life 9* (enero de 1998): 1 y 10.

64. Jerry Hames, "Council Sets Sail in New Triennium with Calm Seas," *Episcopal Life 9* (abril 1998): 11.

65. "Bishops Declare Improved Relations," *Episcopal Life 9* (abril 1998): 9.

66. Douglas Coupland, *Generation X: Tales for an Accelerated Culture* (Nueva York: St. Martin's Press, 1991).

67. *Religion in America, 1990* (Princeton, N.J.: The Princeton Religion Research Center, 1990), 34.

68. Tim Cherry, "Young Clergy Forge Bonds among Peers, Ask Church's Respect", *Episcopal Life 9* (julio/agosto 1998): 1 y 10; William Danaher, entrevista con el autor, 7 de diciembre de 1998.

69. "Griswold nombrado copresidente del diálogo internacional católico romano", *Episcopal Life 9* (septiembre de 1998): 3.

70. *Journal of the General Convention of... The Episcopal Church, Denver, 2000* (New York: General Convention, 2001), 474.

71. J. Robert Wright, del Seminario General, y Walter Bouman, del Seminario Luterano de la Trinidad, en Columbus, Ohio, elaboraron un cuidadoso compromiso sobre la sucesión episcopal, que parecía ser la principal manzana de la discordia en el concordato. Según el compromiso, ambas partes enviarían tres observadores ecuménicos a las consagraciones episcopales, reconociendo al mismo tiempo la legitimidad de las formas de ministerio de la otra parte. Con el tiempo, el efecto neto de la participación de los testigos episcopales sería compartir la sucesión episcopal con los luteranos. Algunos luteranos temían que este procedimiento implicara un juicio negativo sobre las órdenes luteranas existentes. El texto revisado de la ELCA de 1999 modificó el requisito de los observadores para que cada Iglesia "incluya regularmente a uno o más obispos de la otra iglesia... en la imposición de manos en las ordenaciones/instalaciones de sus propios obispos". La Convención General aceptó esta revisión. Véase La Iglesia Episcopal, "An Agreement of Full Communion-Called to Common Mission", http://www.episcopalchurch.org/page/agreement-full-communion-calledcommon-mission (consultado el 14 de mayo de 2014).

72. *Virginia Episcopalian 107* (noviembre de 1998): 19.

73. *Journal of the General Convention of...The Episcopal Church, Minneapolis, 2003* (Nueva York: General Convention, 2004), 591f.

74. Convención General, *Journal of the General Convention of... The Episcopal Church, Anaheim, 2009* (Nueva York: Convención General, 2009), 651.

75. *Journal of the General Convention of... La Iglesia Episcopal, Columbus, 2006* (Nueva York: Convención General, 2007), 693-95.

76. Samantha Schmidt, "Un lenguaje para todes: Los jóvenes en Argentina están librando una batalla lingüística para eliminar el género del español," Washington Post (5 de diciembre de 2019), traducción por María Sánchez Díez, *Los jóvenes en Argentina están librando una batalla*

lingüística para eliminar el género del español - The Washington Post (consultado el 4 de febrero de 2022)

77. La resolución, procedente de la Comisión Permanente de Relaciones Ecuménicas, sugería que esta traducción debía "incluir documentos ecuménicos significativos". Véase General Convention, Resolution 1988-A035, *Journal of the General Convention of...The Episcopal Church, Detroit, 1988* (New York: General Convention, 1989), 328.

78. "Introducción", *Ritual para ocasiones espaciales* (New York: The Church Hymnal Corporation, 1990), 3.

79. Véase General Convention, Resolution 2000-A066, *Journal of the General Convention of...The Episcopal Church, Denver, 2000* (New York: General Convention, 2001), 579-80; y General Convention, Resolution 2003-C029, *Journal of the General Convention of...The Episcopal Church, Minneapolis, 2003* (New York: General Convention, 2004), 190-91. La resolución de 2003 también ordenó que las traducciones a "otros idiomas utilizados en la Iglesia Episcopal" se hicieran "tan pronto como sea posible", e indicó "que los materiales traducidos incluirán, pero no se limitarán a los siguientes: Comunicados de prensa del Servicio Episcopal de Noticias (ENS, por sus siglas en inglés), el mensaje mensual del Obispo Presidente, las cartas pastorales de la Cámara de Obispos, los informes resumidos de las acciones de la Convención General, las resoluciones y acciones del Consejo Ejecutivo y las comunicaciones oficiales de la Iglesia Episcopal".

80. General Convention, Resolution 2012-A062, *Journal of the General Convention of...The Episcopal Church, Indianapolis, 2012* (New York: General Convention, 2012), 581.

81. General Convention, Resolution 2019-A-70, *Journal of the General Convention of...The Episcopal Church, Austin, 2018* (New York: General Convention, 2018), 1010.

82. Oficina de Asuntos Editoriales [de la Iglesia Episcopal], "La Iglesia Episcopal publica nuevas traducciones de libros de oración al español y al francés, solicita comentarios", (16 de junio de 2021), https://www.episcopalchurch.org/publicaffairs/episcopal-church-releases-new-prayer-book-translations-into-spanish-and-french-solicits-feedback/ (consultado el 2 de febrero de 2022).

83. The Episcopal Church, *Reports to the 80th General Convention otherwise known as The Blue Book*, vol. 2 (New York: Office of the General Convention, 2021), 648-50.

84. *El Himnario* fue un texto ecuménico elaborado por la Iglesia Episcopal, la Iglesia Presbiteriana (EE.UU.) y la Iglesia Unida de Cristo.

85. Sin embargo, la Convención no se percató de que los textos de las Liturgias Propias para Días Especiales del Libro de Oración Común de

1979 reproducen algunos listados del leccionario. La *Constitución y los Cánones* permiten que una sola convención cambie el leccionario, pero requieren la acción de dos convenciones para cambiar cualquier texto. El resultado fue que durante un período de tiempo la Iglesia tuvo leccionarios contradictorios para ciertas ocasiones. La Convención General de 2012 inició un proceso de cambio de las Liturgias Propias, que requerirá confirmación en 2015. Véase el *Journal of the General Convention...* 2006, 466.

86. *Journal of the General Convention...* 2006, 298-99.

87. *Journal of the General Convention of . . . The Episcopal Church, Denver, 2000* (Nueva York: Convención General, 2001), 681.

88. Para un ejemplo de una persona que se opone en principio a la revisión del Libro de Oración Común por la necesaria limitación que supondría, véase Clayton L. Morris, "Prayer Book Revision or Liturgical Renewal? The Future of Liturgical Text", *A Prayer Book for the 21st Century*, Liturgical Studies 3 (Nueva York: Church Hymnal Corporation, 1996), 241-55.

89. Para un listado de las provincias anglicanas, véase http://www.aco.org/tour/index.cfm (consultado el 6 de mayo de 2014).

90. Las cifras se basan en la asistencia a la apertura de la Conferencia. Véase Ed Stannard, "Lambeth Showcases Conservative Anglican World", *Episcopal Life 9* (septiembre de 1998): 1.

91. "Christianity and the Social Order", en *The Working Papers for the Lambeth Conference 1988* (documento preparado en el Seminario de San Agustín, celebrado en Blackheath, Londres, Inglaterra, del 29 de julio al 7 de agosto de 1987), 21-24.

92. Ed Stannard, "Sexuality Statement Made More Conservative", *Episcopal Life 9* (septiembre de 1988): 4.

93. Miranda K. Hassett, *Anglican Communion in Crisis: How Episcopal Dissidents and their African Allies are Reshaping Anglicanism* (Princeton; Princeton University Press, 2007), 112.

94. Andrew Carey citado en Hassett, *Anglican Communion in Crisis*, 212. Según Hassett, la obispa Barbara Harris de Massachusetts y el obispo Andrew Holloway, el Primus de Escocia, fueron identificados a menudo como fuentes de comentarios sobre la provisión de comida (barbacoas o fiestas de recaudación) como medio para comprar los votos de los obispos africanos.

95. Jack Miles: "A Divorce the Church Should Smile Upon", *The New York Times* (1 de marzo de 2007). http://www.nytimes.com/2007/03/01/opinion/01miles.html?_r=0 (consultado el 15 de mayo de 2014).

96. Hassett, *Anglican Communion in Crisis*, 128.

97. Los obispos consagrados no desconocían la Iglesia Episcopal. Emmanuel Kolini había estudiado en el Seminario Teológico de Virginia, y John Rucyahana en la Escuela Episcopal de la Trinidad para el Ministerio. Véase Brian Reid, "Event coverage: the Singapore/ECUSA Consecrations", *Anglicans Online* (marzo de 2000), http://anglicans online.org/archive/news/articles/2000/000214a.html (consultado el 12 de mayo de 2014).

98. "Singapore Consecration Provokes Strong Response throughout the Church," *Episcopal News Service* (18 de febrero de 2000), http://www.episcopalarchives.org/cgi-bin/ENS/ENSpress_release.pl?pr_number=2000-030 (accessed May 15, 2014).

99. Jan Nunley, "Carey, Griswold Deplore Proposed AMiA Consecrations," *Episcopal News Service* (19 de junio de 2001), http://www.episcopalarchives.org/cgi-bin/ENS/ENSpress_release.pl?pr_number=2001-153 (accessed Mary 15, 2014).

100. Jan Nunley, "AMiA consecrated four new bishops," *Episcopal News Service* (19 de junio de 2001), http://www etc. http://arc.episcopalchurch.org/ens/archives/2001-167.html (accessed May 15, 2014).

101. El obispo Robinson se casó con su pareja del mismo sexo, Mark Andrews, en 2003; ambos anunciaron en 2014 que estaban considerando el divorcio. Véase Elizabeth Adams, *Going to Heaven: The Life and Election of Bishop Gene Robinson* (Brooklyn Soft Skull Press, 2006), 74; y Michelle Boorstein, "Announcing divorce, gay bishop Gene Robinson cites 'missed opportunities'", *The Washington Post* (5 de mayo de 2014), http://www.washingtonpost.com/local/announcingdivorce-gay-bishop-gene-robinson-cites-missedopportunities/2014/05/05/7c28849c-d485-11e3-aae8-c2d44bd79778_story.html (consultado el 29 de mayo de 2014).

102. La constitución de 1789 había previsto que todas las consagraciones fueran aprobadas por ambas cámaras de la Convención General. A mediados del siglo XIX se estableció un método alternativo de aprobación por parte de los comités permanentes diocesanos y de los obispos diocesanos individuales en el caso de los candidatos elegidos con más de noventa días o tres meses (la constitución y los cánones no son consistentes en cuanto a cuál de ellos) antes de las sesiones de la convención. Los dos métodos coexistieron hasta el año 2009, cuando la Convención General eliminó la aprobación por la convención.

103. *Journal of the General Convention of... The Episcopal Church, Minneapolis, 2003* (New York: General Convention, 2004), 222.

104. James Solheim, "Primates Emerge from London Meeting with Strong Statement on Threats to Communion," *Episcopal News Service* (October 16, 2003) http://www.episcopalarchives.org/cgi-bin/ENS/ENSpress_release.pl?pr_number=031016-2 (consultado el 16 de mayo de 2014).

105. Inter-Anglican Theological and Doctrinal Commission, *The Virginia Report* (1997), http://www.lambethconference.org/1998/documents/report-1.pdf (consultado el 16 de mayo de 2014).

106. The Lambeth Commission, *The Windsor Report 2004*, http://aco.org/windsor2004/index.cfm (consultado el 16 de mayo de 2014).

107. Para una descripción del contenido de los distintos borradores, véase Andrew Goddard, "The Anglican Communion Covenant", *Wiley-Blackwell Companion to the Anglican Communion*, ed. Ian S. Markham, J. Barney Hawkins IV, Justyn Terry y Leslie Nuñez Steffensen (Chichester, West Sussex, Reino Unido: Wiley-Blackwell, 2013), 119-33.

108. Para el *Texto Final* y los diversos borradores, véase Comunión Anglicana, "An Anglican Covenant", http://www.anglicancommunion.org/commission/covenant/index.cfm (consultado el 17 de mayo de 2014). La sección del *Borrador de Nassau* relacionada con la disciplina es la sección 6, y la del *Texto Final* es la sección 4.

109. Las diez provincias fueron (con fechas de adopción): México (junio de 2010), las Antillas y Myanmar (noviembre de 2010), el Sudeste Asiático (abril de 2011), Irlanda (mayo de 2011), Papúa Nueva Guinea y El Cono Sur de América (noviembre de 2011), Hong Kong (junio de 2013), África del Sur (octubre de 2013), y Sudán/Sudáfrica (mayo de 2014). Escocia notificó al Secretario General que había votado en contra de una propuesta de adopción del pacto. Véase "An Anglican Covenant-Responses", Anglican Communion, www.anglicancommunion.org/commission/covenant/responses/index.cfm.

110. La Convención General de 2009 "encomendó" el *Borrador de Ridley Cambridge* "a las diócesis para que lo estudien y lo comenten". La Convención General de 2012 declinó "tomar una posición" sobre el *Texto Final* y pidió al Consejo Ejecutivo que siguiera la evolución de la situación e informara a la convención de 2015. Véase la Resolución D020, *Journal of the General Convention of... the Episcopal Church, Anaheim, 2009* (Nueva York: Convención General, 2009), 337-38; y la Resolución B005, *Journal of the General Convention of ... the Episcopal Church, Indianapolis, 2012* (Nueva York: Convención General, 2012), 241-42.

111. "Episcopal Bishops Begin 'New Day' of Collegiality," *Episcopal News Service* (March 17, 2005) http://www.episcopalarchives.org/cgi-bin/ENS/ENSpress_release.pl?pr_number=031705-2 (consultado el 17 de mayo de 2014); "Archbishop of Canterbury Commends Executive Council Letter," *Episcopal News Service* (April 14,2005), http://www.episcopalarchives.org/cgi-bin/ENS/ENSpress_release.pl?pr_number=041405-1 (accessed May 17, 2014).

112. Las cifras de miembros de 2006 provienen del Comité de la Cámara de Diputados sobre el Estado de la Iglesia, *Report to the 77th General Convention, Otherwise known as the Blue Book* (Nueva

York: La Convención General, 2012), 84-85. De las diócesis que presidían los nominados, Atlanta era la más grande con 50,889 miembros en 2006. Solo Lexington (7,998), Nevada (5,994) y Colombia (2,614) tenían menos de 10,000 miembros bautizados.

113. La Cámara de Obispos había aprobado dicha resolución, pero la Cámara de Diputados se enredó en un extenso debate sobre las reglas de orden y terminó por no tomar ninguna medida. Después de una pausa para el almuerzo, la Obispa Jefferts Schori obtuvo permiso para dirigirse a la Cámara de Diputados y convenció a los diputados de reconsiderar el asunto. Resolución B033, *Journal of the General Convention of... The Episcopal Church, Columbus, 2006* (Nueva York: Convención General, 2007), 650-53.

114. Para el porcentaje de mujeres en el ministerio ordenado en 2011, véase *Blue Book* (2012), 68.

115. Jeff Chu, "10 Questions For Katharine Jefferts Schori," *Time* (July 10, 2006), http://content.time.com/time/subscriber/article/0,33009,1211587-2,00.html; Richard J. Mouw, "The Heresy of 'Individualism'?" *Christianity Today* (July 15, 2009) http://www.christianitytoday.com/ct/2009/julyweb-only/128-31.0.html (accessed May 8, 2014).

116. Mary Frances Schjonberg y Matthew Davies, "Meeting on Primatial Oversight Adjourns without Agreement," *Episcopal News Service* (13 de septiembre de 2006), http://www.episcopalarchives.org/cgibin/ENS/ENSpress_release.pl?pr_number=091306-4-A (consultado el 8 de mayo de 2014).

117. Mary Frances Schjonberg, "Plano Parish Will Pay to Leave Episcopal Church", *Episcopal News Service* (15 de septiembre de 2006), http://www.episcopalarchives.org/cgi-bin/ENS/ENSpress_release.pl?pr_number=091506-10-A (consultado el 8 de mayo de 2014). La iglesia de Cristo del Plano era una congregación importante, pero no fue la primera en abandonar la Iglesia Episcopal con su edificio tras la elección de Gene Robinson. La iglesia episcopal de Cristo en Overland Park, Kansas, había negociado un acuerdo similar de compra y salida el año anterior. Decano Elliott Wolfe, "Carta Pastoral del Reverendo Decano Elliott Wolfe, IX Obispo de la Diócesis Episcopal de Kansas", (Cuarto Domingo de Cuaresma, 2005).

118. The Episcopal Diocese of Virginia, "Diocese of Virginia, All Saints' Church Agree on Disposition of Property," (9 de noviembre de 2006), http://www.thediocese.net/news/newsView.asp?NewsId=40968175 (consultado el 8 de mayo de 2014).

119. El grupo de trabajo se creó en la primavera de 2006 durante la reunión de la Cámara de Obispos. Para un informe sobre la labor del grupo de trabajo, ver *Episcopal Café*, "Report of the House of Bishops' Task force on Property Disputes," (9 de abril de 2007) http://www.episcopalcafe.com/daily/episcopal_church/report_of_the_house_of_bishops.php

120. Para obtener una lista de casos individuales, consulte A. S. Haley, "Episcopal Church (USA) Annual Litigation Summary 2014", *The Anglican Curmudgeon* (12 de febrero de 2014), http://accurmudgeon.blogspot.com /2014/02/episcopal-church-usa-annual-litigation.html (consultado el 14 de mayo de 2014). Según Haley, la Iglesia Episcopal fue la demandante en ochenta y tres de los noventa casos.

121. *Blue Book* (2012), 76–77. El retiro de Carolina del Sur, que tuvo lugar después de la publicación del informe del *Libro Azul*, fue confirmado en una reunión especial de la Convención Diocesana el 17 de noviembre de 2012.

122. Mary Frances Schjonberg, "Dioceses of Chicago, Quincy unanimously agree to reunite: Historical decision needs approval of entire church", *Episcopal News Service* (8 de junio de 2013) http://episcopal digitalnetwork.com/ens/2013/06/08/dioceses-of-chicago-quincyunanimously -agree-to-reunite/ (consultado el 9 de mayo de 2014).

123. La Corte Suprema de los Estados Unidos se negó a intervenir en casos de propiedad de la Iglesia en 2013 (Ronald S. Gauss *et al. v.* The Protestant Episcopal Church in the United States of America, *et al*; Timberridge Presbyterian Church v. Presbyterie of Greater Atlanta); y 2014 (The Falls Church v. The Protestant Episcopal Church in the United States of America).

124. La Iglesia Episcopal retuvo propiedades en Pensilvania. El asunto aún estaba ante los tribunales en 2014 en las otras cuatro diócesis. El 30 de agosto de 2013, la Corte Suprema de Texas (No. 11-0265) se puso del lado de la diócesis saliente de Fort Worth; esa decisión está siendo apelada por la Iglesia Episcopal. California tiene un sistema judicial de tres niveles y el caso se está discutiendo actualmente en un nivel intermedio. La decisión más reciente del tribunal intermedio, un fallo provisional de mayo de 2014 del Tribunal Superior, Condado de Fresno, California (caso núm. 08CECG01425), otorgó todos los bienes a la Iglesia Episcopal. En Iowa, el Tribunal de Circuito del Condado de Adams se puso del lado de la diócesis de Quincy que se marchaba (septiembre de 2013); la Iglesia Episcopal entabló una demanda en el Tribunal de Circuito del Condado de Peoria. En enero de 2013, una orden temporal de la Corte de Circuito en Carolina del Sur (2013-CP-18-00013) dio el uso del nombre "Diócesis Episcopal de Carolina del Sur" a la diócesis saliente. El intento de la Iglesia Episcopal de trasladar el caso a un tribunal federal fracasó en enero de 2014, al igual que un intento de agregar nombres adicionales a la demanda en mayo de 2014. El tribunal de circuito estatal en el condado de Dorchester, Carolina del Sur escuchó los argumentos en julio de 2014 (caso núm. 2013CP1800013).

125. La Misión Anglicana en América se dividió en 2011-2012 sobre la cuestión de si terminar o no sus estrechos vínculos con Ruanda para

convertirse en una parte más integral de la Iglesia Anglicana en América del Norte. La mayoría de los obispos renunciaron a su membresía en la Cámara de Obispos de la Iglesia en la Provincia de Ruanda; los que no formaron una nueva estructura, que identificaron con un nuevo acrónimo (PEARUSA) basado en el nombre francés de la provincia de Ruanda.

126. Un directorio de congregaciones indicó que las mil congregaciones estimadas eran bastante precisas. Sin embargo, el número de feligreses fue más aproximado, ya que ACNA todavía estaba en el proceso de instituir un sistema de informes congregacionales en 2014. Ver *Anglican Church in North America*, "About the Anglican Church in North America" http://www.anglicanchurch.net/?/main/page/about-acna (consultado el 9 de mayo de 2014).

127. *Blue Book* (2012), 70.

128. Steve Waring, "Two Seminaries Scaling Back," *The Living Church* 236 (March 16, 2008): 20–21.

129. Stacey Stowe, "Seminary's Renovation Juggles the Old, the New and the Financial," *New York Times* (December 19, 2007), http://www.nytimes.com/2007/12/19/realestate/commercial/19seminary.html (consultado 19 de mayo de 2014); Daniel Geiger, "Brodsky to Buy Desmond Tutu Center," *New York Observer* (14 de febrero de 2012), http://observer.com/2012/02/brodsky-to-buy-desmond-tutucenter/#axzz32GZkdaKm (consultado el 19 de mayo, 2014); y CityBiz List (Boston), "Episcopal Divinity School Sells Portions of Campus to Lesley University," (24 de abril de 2011) http://boston.citybizlist.com/article/episcopal-divinity-school-sells-portions-campus-lesley-university-0 (consultado el 19 de mayo de 2014).

130. *Journal of the 77th General Convention of the Protestant Episcopal Church in the United States of America, otherwise known as The Episcopal Church* (New York: General Convention Office, 2012), 565.

131. En marzo de 2014, treinta y tres estados tenían leyes o disposiciones en sus constituciones que limitaban el matrimonio a parejas heterosexuales. En muchos de esos estados, sin embargo, la constitucionalidad de esas disposiciones está siendo impugnada en los tribunales. Véase Peyton M. Craighhill y Scott Clement, "El apoyo al matrimonio entre personas del mismo sexo alcanza un récord; la mitad dice que la Constitución garantiza el derecho", *Washington Post* (5 de marzo de 2014): A4.

132. Task Force for Reimagining the Episcopal Church, "Initial Working Report on Identity and Vision" (19 de septiembre de 2013) http://reimaginetec.org/identity-and-vision-draft/.

133. Task Force for Reimagining the Episcopal Church, "Study Paper on Episcopal Networks," (Febrero de 2014), http://reimaginetec.org/networks/.

134. Task Force for Reimagining the Episcopal Church, "Study Paper on Church Wide Governance and Administration" (25 de febrero de 2014) http://reimaginetec.org/govandadmin/.

135. *Episcopal News Service*, "DFMS enters lease agreement for Episcopal Church Center space," (7 de mayo de 2013), http://episcopaldigital network.com/ens/2013/05/07/dfms-enters-lease-agreementfor-episcopal -church-center-space-2/; and Episcopal News Service, "DFMS enters lease agreement for Episcopal Church Center space," (16 de abril de 2014) http://episcopaldigitalnetwork.com/ens/2014/04/16/dfms-enters-lease-agreement -for-episcopal-church-center-space-3/ (consultado el 30 de abril de 2014).

136. C. Andrew Doyle, "A New Missionary Age," *What We Shall Become: the Future and Structure of the Episcopal Church*, ed. Winnie Varghese (New York: Church Publishing, 2013), 151.

137. *Véase* en General Convention, *Journal of the 78th General Convention ... Salt Lake City, Utah 2015* (New York: Executive Office of the General Convention, 2016), 951 la lista de las resoluciones A001 a A0010, procedentes del grupo de trabajo.

138. General Convention, Resolution 2015-A101, *Journal of the General Convention of...The Episcopal Church, Salt Lake City, 2015* (New York: General Convention, 2015), 456-57.

139. El traslado tuvo lugar en la primavera de 2017. Los estudiantes de la escuela pudieron obtener un título de M. Div. a través del Seminario de la Unión. *Véase* "Episcopal divinity School at Union", Episcopal Divinity School at Union - Union Theological Seminary (utsnyc.edu), consultado el 9 de febrero de 2022.

140. General Theological Seminary, "General Theological Seminary to Begin Hybrid Programs Fall 2022," (November 18, 2021) https://www.gts.edu/seminary-news/hybridprograms (consultado el 20 de noviembre de 2021)

141. Los obispos presentes y que votaron a favor de las resoluciones de disenso de América Latina y el Caribe fueron E. Ambrose Gumbs (Obispo de las Islas Vírgenes), Julio Holguín (Obispo de la República Dominicana), Alfredo Morante (Obispo de Ecuador Litoral), Jean Zache Duracin (Obispo de Haití), Francisco José Duque Gómez (Obispo de Colombia), Orlando Guerrero, (Obispo de Venezuela), Lloyd Allen (Obispo de Honduras), y William J. Skilton (Obispo Auxiliar de la República Dominicana, dimitió). A estos 8 obispos se unieron otros doce obispos que ejercían o habían ejercido jurisdicción en Estados Unidos. Otros tres obispos que habían servido en América Latina, Leopoldo Frade (obispo de la Diócesis del Sureste de Florida, ex obispo de Honduras), Wilfredo Ramos-Orench (obispo provisional de Puerto Rico) y Luis Ruiz Restrepo (obispo dimisionario de la República Dominicana) estuvieron presentes en la convención y votaron a favor de la A036; no se realizó ninguna votación nominal sobre la A054. *Véase* General Convention, *78th 2015 General Convention ...Salt Lake City* (2015), 174-81, 265-75, 281-87 y 383-84.

142. General Convention, *Journal of the 78th General Convention ...Salt Lake City... 2015*, 274-76; Edwin Augustine White y Jackson A. Dykman, *Annotated Constitution and Canons for the government of the Protestant Episcopal Church*, 1981 edition, 2 vols. (New York: Office of the General Convention, 1982),1: 412 and 415.

143. General Convention, *Journal of the 79th General Convention... Austin, 2018*, 660.

144. Kirk Petersen, "Bishop Love Loses Trial on Same-Sex Marriage," *The Living Church* (October 5, 2020) Bishop Love Loses Trial on Same-Sex Marriage (livingchurch.org) (consultado el 9 de febrero de 2022); Egan Millard, "Former Albany Bishop William Love leaves the Episcopal Church to join ACNA," Episcopal News Service (March 30, 2021), https://www.episcopalnewsservice.org/2021/03/30/former-albany-bishop-william-love-leaves-the-episcopal-church-to-join-acna/ (consultado el 11 de febrero de 2022).

145. The Archives of the Episcopal Church, "Research Report: The Episcopal Church and the Church in Cuba after the Revolution" (November 24, 2015) Church_in_Cuba_Report_11-24-15.pdf (episcopalarchives.org) (consultado el 10 de febrero de 2022).

146. General Convention, Resolution A038, *Journal of the General Convention of...The Episcopal Church, Austin, 2018* (New York: General Convention, 2018), 461-63.

147. Lynette Wilson y David Paulsen, "Presiding Bishop preaches 'God is love and gives life' message during Austin revival," Episcopal News Service (Posted Jul 7, 2018) Presiding Bishop preaches 'God is love and gives life' message during Austin revival – Episcopal News Service (consultado el 10 de febrero de 2022).

148. Las cifras proceden de los informes del registrador de ordenaciones en *Journals of the General Convention* of 2006 (página 283), 2009 (página 955), 2012 (página 890), 2015 (página 58), y 2018 (página 71).

149. *The Armed Force Prayer Book* (New York: the Church Pension Fund for the Armed Forces Division of the Episcopal Church, 1951), 29.

150. House of Deputies Committee on the State of the Church, *Reports to the 80th General Convention Otherwise Known as the Blue Book*, 3 vols. (New York: Office of General Convention, 2021), 1:175-76.

Index

Academia Estadounidense de Negros, 240
Acto de tolerancia, 37
Acuerdo de Bonn, 270
Addison, Walter, 147
Adecuado de las Mujeres en el Ministerio de la Iglesia, 348
Advowson— es decir el derecho a seleccionar al clero, 9
África, 24, 25, 52, 55, 57, 116, 157, 158, 369, 374, 429, 463
Afroamericanos, 25, 56, 57, 113, 138, 181, 287-9, 302, 303, 319, 333, 362-4, 411, 412, 416; desegregación, 316, 374 Gran migración, 288; Regimiento etíope de Lord Dunmore, 115; segregación, 239, 287, 290, 316-9, 358; seminaristas, 315, 422; uso del término "negro", 27
Ah, Foo, 244, 267
Alabama, 176, 177, 179, 193, 215, 224, 266, 319, 321, 331, 333, 359, 373, 379, 404, 407, 436, 439,
Alaska, 256, 270, 326, 363
Alcohol, 124, 147, 181, 385; Alcohólicos Anónimos, 285
Alemania, 6, 80, 228, 286, 297-8; Concentración antinazi en Nueva York de 1933, 286
Alford, William, 333
Alianza Federal de los Mercedes, 360
Allen, Richard, 153, 155, 158, 181
Allin, John M., 337, 338, 350, 354, 362, 363, 374, 377, 384, 385

Allison, Fitzsimmons, 432
Amnistía de la inmigración (amnistía migratoria), 383
Ana, reina de Inglaterra, 37, 42, 43, 46, 49; La generosidad de la reina Ana (Queen Anne's Bounty), 43
Anates y diezmos (anatas y diezmos), 43
Andover Seminary (seminario), 161, 162
Andrews, John Wallingford, 233, 265
Andrews, Mark, 462
Andries, William Lloyd, 457
Andrus, Joseph R., 157
Apthorp, Este (East), 94, 150
Argentina, 177, 213, 425, 459-60
Argumento del pacto-sucesión episcopal xvii, xviii, 24, 39, 53-4, 59, 68, 72, 74, 79, 81, 90, 98, 127, 132, 165, 167, 169, 184, 190, 199, 203-4, 207, 212, 222, 254, 322, 459
Arizona, 218, 231, 245, 363, 411
Arkansas, 176, 177, 179, 224, 240, 243, 252, 282, 289, 303, 316, 364
Arquitectura gótica, 202, 257, 340
Arrunategui, Herbert, 367
Arzobispo de Canterbury, 5, 12, 39, 40, 94, 95, 107, 126, 210-1, 351, 370-1, 431-3, 435, 440, 449
Asambleas de Dios, 376, 393
Asbury, Francis, 89, 101, 128-30, 141-2
Asociación (avivamiento episcopal), 169
Asociación Americana de Escuelas Teológicas en los Estados Unidos y Canadá, 275
Asociación Cristiana Fundamentalista Mundial, 275

Asociación de Colegios Episcopales, 368
Asociación de Derechos de la India (Asociación de Derechos de los Indios), 220, 245
Asociación de Episcopales Preocupados para Informar y Despertar a nuestra Iglesia (AWAKE), 407
Asociación de Iglesias Orientales, 209
Asociación de la Iglesia para el Avance del Interés del Trabajo (Asociación de la Iglesia para el Fomento del Interés Laboral), 240
Asociación de Mujeres Profesionales Trabajadores de la Iglesia, 324
Asociación Económica Estadounidense (Americana), 241
Asociación Episcopal Pacifista (Agrupación Episcopal Pacifista), 296
Asociación Episcopal para la Paz (Asociación Episcopal por la Paz), 358
Asociación Nacional para el Avance de las Personas de Color (NAACP), 240
Asociados del Dr. Bray, 56, 62, 67, 106, 113, 153
Aspinwall, William H., 226
Atentado del, 11 de septiembre de 2001, 397
Atkinson, Thomas, 224
Atwood, Will G., 438
Auchmuty, Samuel, 88
Australia, 269, 419
Aventurarse en la misión, 377
Avowdson Not Found, see following note: NOTE: This enty is incorrectly spelled both in English and Spanish. It should read: Advowson, which in Spanish is located on page 9.
Ayres, Anne, 216-7, 225, 229
Baby boom (aumento de la natalidad tras la Segunda Guerra Mundial), 327, 339

Bacon, Nathaniel, 26
Bahamas, 18, 52, 288
Baldwin, Mary Briscoe, 178, 186
Baldwin, Mary Julia, 186
Barbados, 2, 18, 21, 22, 23, 24, 25, 27, 33, 35, 51, 52
Barnes, Robert, 4
Barnum, Thaddeus, 432
Barrett, Ellen, 384
Barrett, George, 348, 350
Barth, Karl, 298
Bartlett, Allen Jr., 409
Battle, Wallace A., 288
Bayne, Stephen F. Jr, 321, 356, 370, 392
Beckett, William, 82
Bedell, Gregory T., 169, 185
Beers, David Booth, 439
Bell, Anne Lee Laird, 304
Bendición del Santísimo Sacramento, 255
Bennett, Dennis, 375, 393
Benson, Martin, 76
Berkeley, George, 48, 50, 66
Berkeley, William, 26
Bermuda (s) ix, 2, 18, 20-4, 27, 31, 33, 34, 41, 50, 51, 112
Bexley Hall, 162, 172, 185, 299, 333, 357, 423, 441,
Bilney, Thomas, 3
Bingham, Solomon, 178
Bittner, Merrill, 349
Black, Mary, 215
Blackshear, William, 289
Blair, James ix, 44-5, 47, 49, 63, 65, 70, 73
Blanchard, Alan, 415
Blandy, Gray M., 322
Bliss, William Dwight Porter, 240
Bonomi, Patricia U., 61, 68, 100
Boone, William Jones, 178, 258
Bosnia, 397
Boswell, John, 408
Bouman, Walter, 459
Bowden, Artemesia, 242
Bowie, Walter Russell, 284, 305, 316

Index

Bowman, Locke E., 379
Boyle, Robert, 38, 45
Bozarth-Campbell Alla, 349
Bracken, John, 150
Bradner, Lester, 241
Brande, Vicente, 259
Bray, Thomas, 47, 49, 53, 55-6, 60, 66-7, 79, 102, 127, 254
Brazil, 228, 27; (Brasil), 213, 259, 270, 327
Breck, James Lloyd, 195, 226, 257
Brent, Charles Henry, 254, 258, 263, 285
Briggs, Charles A., 249
Briscoe, William Jr., 96
Brooks, Phillips, 197, 246-7, 249-50, 268
Brown, Christopher, 115
Brown, Daniel, 55
Brown, Dillard Houston, 289, 365
Brown, William Cabell, 259
Brown, William Montgomery, 251, 282,
Browning, Edmond L., 337, 373-4, 385, 392, 399, 451, 454, 456, 458
Brunner, Emil, 298
Brunot, Felix R., 219, 245
Burgess, John M., 318-9, 362, 363
Burnet, Gilbert, 40, 44-5, 147, 180, 222
Burundi, 429
Bush, George H. W., 373, 383
Bussing, Elizabeth, 348-9
Butler, Joseph, 39, 93, 102
Byron, George Gordon, 188
Böhler, Peter, 80
Cabral, Americo Vespucio, 259
California, x, 1, 30, 179, 196, 212, 216, 226, 232, 249, 267-8, 285, 287, 297, 329, 348-9, 355, 357, 375, 408, 417, 439, 440-1, 465
Calvert, George, 17
Campaña a nivel nacional (Campaña Nacional), 234
Campaña de Constructores para Cristo, 308
Canadá, 112-3, 128, 210, 254, 275, 429, 433-4, 440, 447-8

Canon de Sewanee, 239, 266
Carey, Andrew, 430, 461
Carey, George, 430, 432-3
Carlos I, Rey de Inglaterra, 12, 16-9
Carlos II, Rey de Inglaterra, 19-21, 25
Carnegie, Andrew, 231
Carolina del Norte, 1-2, 42, 47, 52, 66, 87, 111, 117, 128, 136, 164, 168, 171, 173, 175, 184, 191, 193, 200, 214, 224, 240, 242-3, 289, 293, 301, 360, 364, 404, 406, 411, 418, 439, 453
  Isla de Roanoke ("la colonia perdida"), 1, 6-7, 10
Carolina del Sur ix, 34, 42, 45, 47, 52-3, 59-61, 66, 69, 71, 81, 91, 100, 111-2, 114, 117, 122, 151, 173-5, 184, 193-4, 198, 240, 242, 289, 316-7, 360, 404, 407, 432, 438-40, 465
Carpenter, Charles Cook Jones, 320
Casa de Santa Margarita, 293, 324-5, 348
Casa Windham, 293, 324, 348
Case, Adelaide Teague, 293, 325
Castro, Fidel, 366
catedrales, 340, 445
Caution, Tollie L., 318, 361
Caída del mercado bursátil (1929) (caída de la bolsa), 276
Centro para el Ministerio de la Enseñanza, 379
Centros para el Control de Enfermedades, 382
Chalfant, Edward, 457
Chambers, Albert, 351
Chandler, Thomas B., 93
Charles, Otis, 408
Charleston, Steven, 363
Chase, Philander, ix, 172, 175, 179, 194, 196
Chauncy, Charles, 93
Cheek, Alison, 349
Cheney, Charles E., 200, 225
China, 178, 244, 258, 262-3, 267, 270, 291, 296
Chinnis, Pamela Pauly, 352

471

Chinos, ministerio para y por los
(ministerio entre los chinos), 244
Christiani, Alfredo, 372
Church Periodical Club, 238
Claggett, Thomas, 124, 135, 173
Claiborne, Randolph R. Jr., 319
Clap, Thomas, 84
Clay, Charles, 86
Clay, Louie—Véase Crew Louie, -
Claypool, John, 381
Clinton, Bill, 398
Club de Santidad, 79
Coalición Nacional para la Ordenación de Mujeres al Sacerdocio y al Episcopado, 349
Cobbs, Nicholas Hamner, 177
Cockburn, Catherine, 39
Cogley, John, 380
Coke, Thomas, 129, 131
Colegio de Todos los Santos, Vicksburg, 320
Colegio San Agustín, Chicago (El Colegio Universitario Agustín en Chicago), 368
Colegio San Agustín, Raleigh, 242, 320
Colegios Universitarios Hobart y William Smith, 151
Colegio Universitario de Carolina del Sur, 151
Colegio Universitario de Filadelfia. *Véase* Universidad de Pensilvania -
Colegio Universitario de la Trinidad, Hartford, 151, 195
Colegio Universitario de Washington (+Washington College), 119, 135, 150
Colegio Universitario Gallaudet, 244
Colegio Universitario Voorhees, xxi, 242
Colegio Universitario William y Mary, 44-5, 47, 111, 117, 124, 150,
Colenso, John, 211
Colgate- Rochester/Crozier/Bexley Hall. *See* Bexley Hall, -
Collier, Merrick William, 318

Colombia, 260, 327, 369, 436, 464, 467
Colorado, 218, 229, 245, 378, 432, 439, 457
Comisarios, xi, 44, 46-7, 65, 93, 124, 141, 162-3, 175
Comisión de los Libres-*Véase* Comisión de los Libres Episcopales Protestantes, -
Comisión de Misiones Domésticas para la Gente de Color-*Véase* Comisión Episcopal Protestante de los Libertos, -
Comisión Episcopal Protestante de Liberados (La Comisión Episcopal Protestante para los Libertos), vii, 197-8, 204, 285
Comisión Mixta de Reconstrucción Social (Comisión Conjunta de Reconstrucción Social), 316
Comisión Permanente de Liturgia (Comisión Permanente de Litúrgica), 329, 342, 343-5, 347, 352-3, 387, 423
Comisión Permanente de Liturgia y Música, 424-8, 445
Comisión Permanente de Música de la Iglesia, 347, 424
Comisión Teológica y Doctrinal Inter-Anglicana (Interanglicana), 434
Comité de Derechos Civiles, 316
Comité de Escuelas Teológicas de Nueva Inglaterra sobre Formación Clínica, 275
Comité para Estudiar el Lugar, 348-9
Compañeros del Santo Salvador, 256
Compañía de seguros de la Iglesia, 414-5
Compton, Henry, 41, 44
Comunidad de Reconciliación, 264, 296
Comunidades de atención continua para jubilados (Comunidad de Jubilados de Atención Continuada (CCRC, por sus siglas em inglés), 382
Comunidad misionera de la Iglesia Episcopal, 374

Comunismo, 282
Comunión Anglicana, xii, 212, 227, 262, 291, 297, 321, 338, 351, 352, 369, 370, 371, 372, 389, 392, 407, 408, 419, 429, 430, 431, 433, 435, 436, 437, 440, 447, 458, 463; Debate sobre sexualidad, xv, 386, 436-42, 458; Instrumentos de comunión, 435; Secretario general (director ejecutivo), 246, 370, 435, 46; (358, 406)
Concilio Vaticano Segundo (Concilio Vaticano II), 337
Conferencia de Lambeth, 210-1, 254, 291-2, 296, 304, 344, 349, 370, 380, 429-31, 435, 440, 461
Conferencia de Trabajadores de la Iglesia Episcopal, 318
Conferencia Mundial de Fe y Constitución, 255, 285
Conferencia para el Desarrollo Económico de los Negros, 360
Conferencias de la vida cristiana, x, 312,
Confesión de fe de Westminster, 17, 81
Confirmación, xiii, 19, 32, 127, 162, 166, 214, 259, 263, 344-6, 378, 387-8, 398
Congdon, Henry, 202, 225
Congo, 429
Congreso Anglicano, 369
Congreso Anglo-Católico, 284
Congreso Continental, 108, 110, 114, 121
Congreso de eclesiásticos clérigos preocupados (Congreso de clérigos preocupados), 351
Congreso de la Iglesia, vii, 246-9, 251-2, 266, 268, 277-8, 280, 283-4, 290, 299, 304,
Connecticut, ix, 16, 20, 28, 35, 43, 47, 54-5, 60, 67, 69, 81, 86, 95, 99, 108, 110, 112, 115-6, 122, 124-6, 128, 133-4, 141-2, 151, 164-5, 172-4, 193, 195, 202, 209, 243, 267, 287, 301, 321, 365, 368, 375, 418, 439
Consejo Anglicano Americano, 407

Consejo Consultivo Anglicano, 370-2, 419, 435, 436, 458
Consejo Ejecutivo (Consejo Nacional), 234, 321, 325, 358, 367, 406, 421, 436, 439,
Consejo Federal de Iglesias, 322
Consejo General de los Estados Confederados de América, 197
Consejo Mundial de Iglesias, 184, 255, 322
Consejo Nacional de Iglesias, 322
Consejo Nacional. Ver Consejo Ejecutivo -
Consejo para la Formación Clínica de los Estudiantes de Teología, 275, 315
Constitución y Cánones (Constitution and Canons), 180, 183, 186, 229, 232-4, 265, 267, 317, 334, 390, 392, 339, 437, 442, 445, 452, 456, 461-2
Consulta de Chicago, 441
Consulta Nacional de Episcopales sobre las Uniones del Mismo Sexo, 408
Consulta sobre la Unión de Iglesias (COCU, por sus siglas en inglés), 354
Convenciones coloniales, 95, 124
Convención General, vi, 141, 206, 248, 367, 443; (1785 y 86), 122-124; (1789) 96, 132-6, 138, 147, 159, 161, 171, 173, 180, 265, 269; (1792), 132, 135; (1795), 174, 26; (1798–pospuesta) 143; (1799) 174, 26; (1801) 161, 174, 26; (1804), 161, 16; (1808), 96, 134, 147, 161, 171, 173-4, 26; (1811), 17; (1814), 17; (1817) 136, 148, 170-1, 173, 18; (1820), 161, 168, 171, 173, 176; (1823), 136, 171, 173, 176; (1826), 96, 176, 185; (1829), 176; (1832), 174, 176, 269; (1835), 164, 176, 180; (1841), 211; (1844), 189-92, 195, 223; (1850), 26; (1853), 15; (1856), 38; (1862), 209, 22; (1865) 197, 22; (1868), 198, 21; (1871), 208, 224-5, 22; (1874), 142, 180, 227, 255,

26; (1880), 248, 251, 26; (1883), 239, 26; (1886), 231, 252, 266, 26; (1889), 215, 231, 269, 31; (1892), 232, 252, 31; (1895), 253, 265, 26; (1904), 23; (1907), 253, 256; (1910), 243, 25; (1913), 218, 26; (1916), 243, 261, 291, 30; (1919), 234, 237, 265, 278, 29; (1922), 253, 26; (1923 Cámara de Obispos), 278-8; (1925), 234, 291, 30; (1928), 282, 285, 291, 30; (1931), 28; (1934), 237, 285, 289, 291, 29; (1937), 286, 32; (1940), 292, 298, 30; (1943), 296, 33; (1946), 286, 296, 321, 383, 44; (1949), 254, 296, 316-7, 329, 332, 36; (1952), 31; (1953 Cámara de Obispos), 33; (1955), 318, 41; (1958), 32; (1961), 254, 320, 34; (1964), 234, 321, 325, 342, 347, 36; (1965 Cámara de Obispos) 348; (1966 Cámara de Obispos), 348, 356, 44; (1967), xx, 30, 227, 265, 343-4, 347-8, 358-9, 369, 372, 387, 389, 45; (1969 Special Convention), 344, 360, 372, 39; (1970), 320, 342-4, 347, 350, 36; (1973), 253-4, 343, 345, 349-50, 361, 383, 387, 38; (1976), xx, 30, 345-7, 349-50, 384, 45; (1977 Cámara de Obispos), 350-1, 41; (1979), 180, 363, 372, 385, 389, 392, 400, 402, 410, 451, 45; (1982), 253-4, 267, 334, 347, 371-2, 377, 379-80, 387-88, 39; (1985), 265, 347, 353, 363, 371, 38; (1988), 347, 353, 363, 380, 407, 419, 425, 46; (1990 Cámara de Obispos), 402, 409, 452-; (1991), 403, 406, 411-3, 452-3, 45; (1994), 403, 406-7, 414, 430, 453, 45; (1997), 363, 402-3, 406, 417, 419-20, 423-4, 452-3, 45; (2000) 403, 406, 423, 425, 428-9, 453, 456, 459-6; (2003) 423, 425, 428, 433, 459-6; (2006), 266, 423, 428, 435-6, 459, 46; (2009), 416, 420, 441, 456, 459, 462-; (2012) 397, 438, 441-2, 444, 446, 460-1, 463-; (2015) 442, 445, 447, 467
Convento de Todos los Santos, Catonsville, Maryland, 276
Cooke, Ellen, 412, 419
Coombe, Thomas, 110, 121
Cooper, Anna Julia Haywood, 242
Cooper, Anthony Ashley Cooper (3rd Earl), 75
Cooper, W. H., 270
Corrigan, Daniel, 349
Costa Rica,, 369
Countryman, L. William, 386, 395
Coverdale, Miles, 4
Cox, Richard, 4-5
Craik, James, 204-6, 226, 262
Cranmer, Thomas, 5, 160, 345
Crapsey, Algernon Sidney, 249
Crashaw, William, 7, 30
Creative Choices in Life, 314, 331
CREDO, 415, 456
Crew, Louie (Louie Clay), 384, 419,
Cristianismo para el tercer milenio, Inc., 407-8
Cristianismo y hombre moderno, 311
Cromwell, Oliver, 17, 21, 24, 33
Cromwell, Richard, 18
Cromwell, Thomas, 5
Crummell, Alexander, 239-40, 333
Cuadrilátero Chicago-Lambeth, 254, 356
Cuba, 205, 213, 226, 259, 270, 290, 346, 366, 369, 391, 447-8, 468
Cudworth, Ralph, 40
Cueto, Maria, 367
Cuffee, Paul, 157
Cummings, Archibald, 47, 73
Cummins, George David, 200
Currie, William, 82
Curso Alfa (Alpha), 379
Curso de Estudios Eclesiásticos, 161, 164, 170, 187
Cutler, Timothy, ix, 55-6, 72, 81, 84, 93,
Código Clarendon, 19, 118
Dakota del Norte, 218, 231,

Index

Dakota del Sur, 218, 231, 245, 316, 363
Danaher, William, 422, 459
Daniels, Jonathan Myrick, 359
Darwin, Charles, 247
Datuk Yong, Ping Chung, 432
Davis, Donald J., 457
Dawley, Powel Mills, 311
Década del Evangelismo (Década de la Evangelización), 380
Declaración de conciencia (1991), 406, 454
Declaración de Koinonia, 407
DeGrasse, Isaiah, 333
DeKoven, James, ix, 206-9, 247
Delany, Henry Baird, 243, 289
Delaware, 47, 66, 82, 86-7, 92, 95, 102, 110, 122, 128, 130, 131, 139, 141, 173, 193, 247
Deloria, Vine Jr., 389
Demby, Edward T., 243, 303
Dentan, Robert C., 311
Depresión, vii, xv, 273, 276, 293-5, 297-8, 232, 383
"derecho del clero" ("derecho clerical"), 57
Desestructuración (Desestablecimiento), vi, 116; "Segunda desestructuración" (principios del siglo XX), 274
Dewitt, Robert, 349
Dickson, Alex, 432
Discípulos de Cristo, 273, 275, 339, 390
División General de la Obra Femenina (División General de Trabajo Femenino), 348
Divorcio y segundas nupcias, 147, 334, 383, 404
Dix, Gregory, 298
Doane, George Hobart, 191
Doane, George Washington, 191, 195
Donne, John, 8, 30
Dorsey, Ida Mason, 259
Doss, Joe M., 410
Douglas, William, 86-7, 101
Doyle, Andrew, 444, 467
Duarte, Pedro, 205

DuBose, William Porcher, 251, 269
Duché, Jacob, 85, 88, 101, 110, 121, 128, 139
Dunbar, Helen Flanders, 275, 300
Duración del clero parroquial, 295
Dutch (holandesa), 16, 20-22, 24, 54, 116
Dyer, James Mark, 434
Dyer, Mrs. Randolph (Sra. Randolph Dyer), 296
Eames, Robin, 434
Eastburn, Manton, 195
Ecumenismo, 200, 204, 207, 248, 257
Eduardo VI, Rey de Inglaterra, 5-6, 30
Edwards, Jonathan, 71, 98-100
El Salvador, 369, 372, 429
Ely, Richard T., 240
Embury, Philip, 88
Emery, Julia Chester, 236-7
Emery, Susan Lavinia, 236
Empie, Adam, 164, 168
Emrich, Richard S., 308, 317, 331
Encuentro matrimonial, 378
Enmegahbowh, x, 219, 245
Enriquecer nuestra música, 424
Enriquecer nuestro culto, 424
Enrique VIII, Rey de Inglaterra, 4, 43, 65
Ensayos y reseñas (Essays and Reviews), 247
Entrenamiento de la Iglesia y diaconisas Escuela de la Diócesis de Pensilvania, 216, 293
Episcopalian, 368, 372
Episcopal News Monthly, 420, 458,
Erasmo, Desiderio (Erasmus, Desiderius), 3
Esclavitud. *Ver* servidumbre, -
Escuela de Divinidad de Berkeley, 195, 246, 287, 325, 357
Escuela de Divinidad de Filadelfia, 98, 196, 244, 281-2, 293, 324-5, 357. *Véase también* Escuela Episcopal de Divinidad. -
Escuela de Divinidad Obispo Payne, 242, 317, 324-5

475

Escuela de Formación de Diaconisas del Pacífico, 216, 293
Escuela de Formación de Diaconisas de Nueva York, 216, 238
Escuela de Formación Obispo Tuttle, 293
Escuela de Ministerio de la Trinidad (Escuela de la Trinidad para el Ministerio), 379, 462
Escuela de Teología de la Iglesia del Pacífico, 138, 216, 227, 232, 287, 293, 311, 324-25, 328, 364, 386
Escuela dominical, 152, 219, 238, 274, 313, 327, 339, 379
Escuela Episcopal de Divinidad (Escuela Teológica Episcopal; Escuela de Divinidad de Filadelfia), 98, 196, 244, 246, 281-2, 293, 324-5, 357
Escuela Técnica San Felipe, San Antonio, 242
Establecimiento de la Iglesia de Inglaterra, 1, 20, 30, 42-3, 82, 93, 116, 440
Estilos de predicación, 75, 90, 169
Estudios sobre el Libro de Oración, xvii, 329-30, 342, 344, 362
Evans, Sra. Scott T., 453
Ewer, Ferdinand C., 68, 206, 227
Examen general de ordenación, 347
F.D. Maurice, 208
Felipe II, Rey de España, 1
Ferrando, Manuel, 289, 392
Filipinas, 254, 258, 270, 326, 369, 429
Finney, Charles Grandison, 203
Fleischer, Marie Moorefield, 349
Florida, 1, 176, 179, 193-4, 220, 240, 288, 308, 331, 350, 356, 404, 438-9, 453, 467
Fond du Lac, Diócesis de, 207, 209, 256
Fondo del Obispo Presidente para la ayuda mundial, 373
Fondo de Pensiones de la Iglesia, 415
Ford, Hezekiah, 111

Formación de pastoral clínica (Entrenamiento en pastoral clínica), 314
Fortune, Marie M., 413
Fort Worth, Diócesis de, 142
Forward in Faith-North America, 417
Forward Movement Publications, 30, 138, 268, 270, 368, 451
Fraga, Antonio Machado, 259
Fraser, Thomas, 360
Fraunces Tavern, (Taberna Fraunces) bombardeo de, 367
Frelinghuysen, Theodore, 71
Fremantle, W. H., 254
Freud, Sigmund, 247
Frey, Wallace, 456
Frey, William C., 402
Frith, John, 4
Frith, William, 27
Froude, Richard, 191
Fuerzas Armadas de Liberación Nacional (FALN), 367
Fulford, Francis, 210
Fullam, Everett "Terry" 375
Fundamentalismo, 277, 279, 300
Gallaudet, Thomas, 243-4, 248
Gantt, Edward Jr., 120
Garden, Alexander, 47, 73
Gardiner, Robert H., 255
Gardiner, Stephen, 5
Gardiner, Theophilus Momolu Firah, 289, 364
Gardner, William E., 241
Garnier, Luc, 365, 392
Garrison, William Lloyd, 158
Garvey, Marcus, 290
Gaskell, Charles T., 350
Gavin, Frank, 284-5, 297, 301
Generación X, xv, 422
Georgia, 42, 47, 51, 71, 79-80, 100, 112, 117, 136, 139, 141, 143, 171, 173, 176, 193-4, 197, 240, 302, 316, 333, 381, 384, 439; Savannah, 71, 84, 112, 136, 318
Gibbs, James, 53, 96
G. I. Bill, 307

Index

Gibson, Edmund, 46, 57, 60, 73
Gillespie, Joanna, xx, 102, 186, 352
Glasspool, Mary, 441
Glenn, Terrell Lyles Jr., 438
Global Anglican Future Conference (GAFCon), 441
Glosolalia (hablar en lenguas), 375-6, 393
Godwyn, Morgan, 27, 35, 56
Goetchius, Eugene V.N., 376, 393
González Agueros, Romualdo, 290
Gooch, William, 57
Good, Deirdre J., 409
Gordon, William Jr., 326
Grafton, Charles C., 206, 256
Grammer, Katharine Arnett, 293
Gran Alianza anti-romana, 8
Gran Despertar, vi, xviii, 61, 63-64, 72, 77, 81-4, 85, 87, 88, 90-3, 95-7, 100, 106, 127, 161, 165-7, 192, 203; Segundo Gran Despertar, 165-7, 169
Gran Letanía, 5
Gran Masacre (Masacre), 11
Grant, Frederick Clifton, 299
Grant, Ulysses, 219
Gray, Robert, 211
Grecia, 178, 188
Green, Bryan, 310, 331
Greene, Alexander "Sandy", 432
Greer, David Hummell, 242
Griffith, David, 120, 122, 124
Griswold, Alexander Viets, 169, 174, 184
Griswold, Frank Tracey III, 399, 421
Grupo de Mujeres Episcopales (Caucus de Mujeres Episcopales), 349
Grupo de Trabajo para Reimaginar la Iglesia Episcopal, viii, 442, 445
Guatemala, 327, 369, 429
Guernsey John, 438
Guerra Civil (Estadounidense), vii, xii, 60, 155, 157, 197, 200, 252, 333
Guerra Civil (Inglesa), 18, 24, 111
Guerra Civil Inglesa-*Véase* Guerra Civil, -
Guerra de, 1812 157, 164, 172, 184

Guerra de los franceses y los indios (Guerra Francesa e India), 89
Guerra Hispano-Americana (guerra hispano-estadounidense), 258
Guerras culturales, 398-99, 451
Guerry, William Alexander, 289
Guilbert, Charles Mortimer, 343
Guillermo III, Rey de Inglaterra, 37, 39, 41, 51
Gulf War (Guerra del Golfo), 373, 397
Gumbel, Nicky, 379
Haití, 213, 260, 270, 364-5, 369, 392, 467
Hakluyt, Richard, 7
Halburt, Herschel, 358
Hall, Arthur A.C., 277
Hall, Francis J., 255, 269
Hall, R. O., 296
Hapgood, Isabel, 256
Hare, William Hobart, 245
Harris, Barbara, 352-3, 361, 366, 461
Harris, Bravid W., 289
Harrison, Sarah, 63
Harvard, 29, 51, 84, 100, 137, 140, 161, 249, 270, 311, 363, 421
Harwood, Edwin, 246
Haskell, Robert, 358
Hawaii (Hawai), 258-9, 270, 385
Hawaweeny, Raphael, 256, 269
Hawks, Cicero Stephens, 177
Hayes, Thomas Lee, 358
Heath, Levi, 131
Heaton, Lee W., 281
Hebert, Arthur Gabriel, 298
Heck, Barbara, 88, 128
Henry, Patrick, 105, 137, 140, 158
Henshaw, John P.K., 169
Herbert, George, 63, 70, 147, 180,
Herejía, 6, 22, 249-50, 281, 356, 402, 438; Nacimiento virginal, 249, 274, 286; William Montgomery Brown, 251, 301; James Pike, 311, 356, 402
Hermana Constanza, 216
Hermanas de San Juan Bautista, 217
Hermandad de Andrés y Felipe, 240

477

Hermandad de la Santa Comunión, 216-7, 229
Hermandad de San Andrés, 238, 240
Hewitt, Emily, 349
Heyward, Carter, 349, 386, 395, 401, 452
Hiatt, Suzanne, 349
Hill, Cornelius, 245
Hill, John and (y) Frances, 178
Hill, Katharine Pierce, 296
Himnario de, 1982 346-7
Hines, John E., 308, 318, 322, 331, 333, 337-8, 342, 348, 359, 361-2
Hinman, Samuel Dutton, 245, 268
Historia anglicana y episcopal (Anglican and Episcopal History), 420
Hobart, John Henry, ix, 103, 163, 167, 173, 174, 184, 191, 212
Hodge, Charles, 192, 223
Hodge, J. Faulton, 458
Hoffman, Murray, 233, 265
Holden, Richard, 270
Holloway, Andrew, 461
Holly, James Theodore, 260, 364
Homofobia, 401, 452
Homosexualidad, 386, 398-9, 408, 410, 452; uniones del mismo sexo, 386, 407-8, 429-30, 433, 446-7; Stonewall Riots (disturbios de Stonewall), 384
Honduras, 52, 213, 327, 369, 467
Hong Kong, 32, 429, 463
Hopkins, John Henry, 179, 190-1, 202, 210, 223-24,
Hopkins, John Henry Jr., 206, 227
Horneck, Anthony, 79
Houghteling, James, 238
Howe, John, 453
Howe, Reuel L., 315
Howie, Alexander, 82
Huddleston, William and Thomas (William y Thomas), 54
Hughson, Shirley Carter, 284
Hunt, Gerorge N. (George), 403
Hunt, Robert, ix, 9,
Hunter, Todd Dean, 439
Huntington, James O.S., 217, 238, 284
Huntington, William Reed, 225, 250-1, 253, 255
Hutcheson, Francis, 75
Idaho, 218, 231, 302
Iglesia Africana de Santo Tomás, 153, 155
Iglesia Anglicana en América del Norte: (1978 Denver), 351
Iglesia Anglicana en América del Norte (ACNA 2008), 440, 466, 468
Iglesia Bautista, 21, 21, 73, 81, 84, 92, 97, 116, 117, 137, 138, 145, 161, 196, 204, 228, 273, 380, 381, 390, 391, 399, 439
Iglesia Católica Romana, xviii, 8, 13, 21, 42, 119, 188-92, 210-3, 217, 222-3, 233, 252, 255-6, 337, 368. 376, 378, 391, 400-1, 414, 423, 426-7; Conferencia de Malinas, 256; Papas: Francisco I, 400; León XIII, 256, 269; Pío XI, 256
Iglesia Congregacional, 18-21, 43, 51, 54-5, 65-66, 71, 81, 92-4, 97, 100, 107, 124-5, 127, 132, 137, 145, 161, 167, 204, 212, 228, 339, 367, 466
Iglesia de Cristo, Filadelfia, 43, 47, 72, 85-6, 88, 91, 102, 110, 114, 128
Iglesia de Cristo, Plano Texas, 438
Iglesia de Jesús (México y Puerto Rico), 261, 270
Iglesia de la Trinidad, Ciudad de Nueva York, 47, 72, 102, 107, 109, 123-4, 128, 163, 169, 199, 202, 235, 249
Iglesia del Carpintero, 240-1
Iglesia de San Felipe, Harlem, 155
Iglesia de San Miguel, Charleston, ix, 53
Iglesia de San Pablo, Lawrenceville, Virginia, 242
Iglesia de Todas las Almas, Berkeley, California, 244
Iglesia de Todos los Santos, Northfield, Minnesota, 218

Iglesia de Todos los Santos, Pasadena, California, 408
Iglesia Episcopal Metodista Africana, 155, 391
Iglesia Episcopal Metodista Africana (Sión), 155, 391
Iglesia Episcopal Reformada, 200, 225, 240
Iglesia Episcopal: "Teología americana", 251-7, 260; Catolicismo anglicano, 200, 204; católicos anglicanos, vii, 200, 206-8, 215, 368; partido anglocatólico, 206, 247, 255-7, 284; partido de la Iglesia Amplia, 247, 248, 251, 255-6, 277-8, 283-4; mujeres de la iglesia, 354; eclesiástico (churchman), 212, 353; mala conducta del clero, 61, 69, 412-3, 456-8; catolicismo evangélico, 200, 204, 247, 284; partido evangélico, 60, 167-8, 192, 197, 199-200, 203-4, 207-8, 247, 284-5, 430; herejía, 6, 22, 249, 250, 281, 356, 402, 438; partido de la Iglesia Alta (partido de la Alta Iglesia), 61, 72, 79, 81, 100, 160, 167-168, 170, 180, 194, 196-7, 199-200, 204, 206-8, 225, 254, 286; evangelicalismo liberal (evangélicos liberales), 285, 286, 302; pérdida de miembros, 339-40, 399; sede nacional, 232, 318, 321, 407 nombre oficial, xx, 30, 119, 261, 367, 410; disputas de propiedad, 62; congregaciones de habla hispana, 366-7; ministerios especiales, 241; crecimiento suburbano, 308, 339
Iglesia Evangélica y Reformada (evangélico y reformado), 299, 315
Iglesia luterana, 88, 209-11, 228, 305, 354, 375, 390, 422, 459
Iglesia Metodista, vi, 96, 128-32, 153-5, 214, 228, 239, 251, 273, 376, 380, 390-1, 422-3, 439
Iglesia morava, 80, 423
Iglesia Ortodoxa, 209-11, 256, 260, 269
Iglesia Ortodoxa Africana, 290
Iglesia presbiteriana, 17-8, 21, 37, 39, 73, 80-2, 87, 92, 97, 162, 212, 249, 274-5, 286, 380, 390, 439, 460
Iglesias reformadas (reformada holandesa, reformada alemana, etc.), 65, 73, 81, 209, 228, 354; utilizado para referirse a la Iglesia Anglicana, 227, 352
Iglesias veterocatólicas, 270
Iglesia Unida de Cristo, 121, 128, 390, 398, 413, 460
Iglesia Unitaria, 123, 161
Iglesia viva, 307, 323, 358, 417
Illinois, xxi, 174, 179, 193-4, 208, 225, 405, 417, 439-41 Chicago, 140, 196, 200, 224, 231-2, 238, 243, 254-5, 257, 261, 269, 287-8, 337, 350, 356, 364-5, 368, 413, 421, 439-41, 458, 465
Ilustración, 38, 53, 64, 91; y esclavitud, 58
India, 212
Indiana, 176, 179, 193-4, 360, 405
Inglis, Charles, ix, 86, 88, 107-8, 110, 123, 128
Instituto de la Iglesia Americana para Negros, 242, 243, 361
Instituto Pastoral Hispano, 368
Instituto Shalem, 379
Instituto Trinity, 379
Integrity, 384-5, 407, 410, 420, 441, 452
Iowa, 176, 179, 348, 465
Irenaeus Fellowship, 407
Irish, Charles, 375
Irlanda, 76, 191, 212, 371, 434, 463
Irwin, P. S., 288
Isabel I, Reina de Inglaterra, 1, 6, 12, 29
Ives, Levi Silliman, 185, 191, 214
Jacobo I, Rey de Inglaterra y Escocia, 1, 7, 11-3
Jacobo II, Rey de Inglaterra y Escocia, 20-1, 24, 37, 41, 44, 117
Jamaica, 18, 25, 34, 51-2, 115
James, William, 247
Jamieson, Ann Bansall, 389

Japón, 258, 260, 270, 326, 374
Jarratt, Devereux, 86, 89, 101, 129, 131
Jarvis, Abraham, 128, 173
Jay, John (nieto del presidente del tribunal), 155
Jay, John (presidente del tribunal), 159
Jefferson, Thomas, 158
Jefferts Schori, Katharine, 399, 436-7, 464
Jenney, Robert, 47, 85
Johnson, David, 353, 457
Johnson, Lyndon B., 320
Johnson, Sally, 415
Johnson, Samuel, 55-6, 83-4, 93, 100
Johnston, Thomas William "T.J.", 432
Jones, Absalom, ix, 153, 158
Jones, Bayard Hale, 297
Jones, Harold Stephen, 363
Jones, Lewis, 81, 100
Jones, Paul, 263
Jones, Philip Hill, 438
Jorge I, Rey de Inglaterra, 46
Judíos, 116, 286, 390
Junta de Comisarios de Indias (Junta de Comisionados Indios), 219, 248
Junta General de Capellanes Examinadores, 347, 445
Junta para el Despliegue del Clero, 347
Juntas parroquiales, 14-6, 49, 100, 111, 116, 118, 156, 323
Kamehameha IV, x, 258-9
Kansas, 159, 176, 218, 464
Keats, John, 188
Keble, John, 191
Kehler, John Henry, 218
Keith, George, 51, 53
Kelleran, Marian T., 325, 370
Kemp, James, 151, 173-4
Kemper, Jackson, ix, 176-7, 179
Kennedy, John F., 320, 337
Kenrick, Francis Patrick, 190, 223
Kentucky, 151, 174-6, 179, 186, 193-4, 200, 204, 404, 436, 455
Kenya (Kenia), 370, 397
Kenyatta, Mohammed, 360

Kenyon College, 151, 162, 172, 191, 244, 333, 357
Key, Francis Scott, 148, 157, 220
Kierkegaard, Søren, 299
King, Martin Luther III, 319, 333
King, Martin Luther Jr, viii, 321, 337, 359, 411
King's Chapel, Boston, Massachusetts, 43, 47
King's College, Nueva York. Véase Universidad de Columbia -
Kinman, Michael, 422
Kinsolving, Charles III, 360
Kinsolving, Lucien Lee, 259
Kip, William I., 179, 212
Knapp, Susan, 238
Knight, Jack C., 457
Knudsen, Chilton, 413
Kolini, Emmanuel, 432, 462
Korea (Corea), 429
Kostel, Mary E., 439
Krumm, John, 311, 385
Ladd, William Palmer, 287, 297
La moral y la Iglesia, 146-50. *Véase también* homosexualidad, divorcio y segundas nupcias, Iglesia Episcopal: mala conducta del clero-
Latimer, Hugh, 4-5
latitudinarios, v, 38-41, 43, 64
Laud, William, 12, 31
Laurens, Henry, 114, 140
Lawrence, Charles Radford II, 363
Lawrence, William, 249-50, 268, 278, 300-1
Lay, Henry, 224
Leaming, Jeremiah, 125
Lee, Alfred, 173, 247
Lee, Robert E., 200, 302
Lewis, Harold T., 390, 412, 455-6
Liberia, 158, 177-8, 239, 270, 289, 364-5, 369
Libro de Homilías, 6, 12
Libro de Oficios, 253, 292, 298, 328, 343
Libro de Oración Común, xiii, 4, 6, 12-13, 16, 17, 19, 21, 29-30, 33, 37,

54, 72, 81, 107, 112, 123, 129, 134, 136, 248, 252-4, 259, 275, 282, 291-2, 297-8, 329-30, 341, 342-6, 352, 362, 387-90, 403, 423-9, 442, 461; lengua isabelina (lenguaje isabelino), 343; lenguaje inclusivo, 352-3, 362, 390, 424; Leccionario común revisado, 428; uso de copa común (copas individuales para la Comunión), 283
Libro de Oración para Soldados y Marineros, 295
Lichtenberger, Arthur, 321
Lift Every Voice and Sing, 346, 428
Liga de la Iglesia por la, Democracia Industrial, 241
Lincoln, Francis, 310
Li Tim Oi, Florence, 296
Littlejohn, Abram, 215
Liturgia de la Cena del Señor, 343
Livingston, William, 94
Locke, John, 38-9, 58, 74, 98
Logan, Thomas W. S., 318
London (or Virginia) Company, 1, 7-10, 13
Longley, Charles, 211
Loomis, David "Doc", 439
Lord Halifax. *Véase* Wood, Charles, -
Louisiana, 179, 182, 193
Louttit, Henry I., 308, 356
Loveland, Clara O., 102, 138, 143, 325
Lowrie, Walter, 299
Lutero, Martín, 3-4-06
Lyell, Charles, 247
MacQuery, Thomas Howard, 249
Madison, James (obispo), 111, 124, 132, 135, 168, 173
Madison, James (presidente), 111, 157, 164
Magaw, Samuel, 86, 129-30, 142
Maine, 51, 150, 169, 171, 179, 193-4, 255, 291, 413, 418, 457
Manning, William T., 278, 302
Manteo, 7
Mao Tse-tung, 326

Maria Laach Monastery (Monasterio de Maria Laach), 297
Maris, Margo, 413-4, 456
Martín, Christopher, 422
Maryland, vi, 15, 17-8, 22, 24, 26, 41-43, 46-51, 57, 59-60, 67, 71, 81-2, 84, 88, 96, 111-2 114, 117-22, 124-5, 128, 131-2, 135, 140-3, 149, 151, 164, 168, 173-4, 193, 208, 215, 218, 225, 234, 276, 332, 418
María I, Reina de Inglaterra, 1, 6
María II, Reina de Inglaterra, 37, 39, 41
Massachusetts, 16-7, 20, 22, 28, 29, 41, 43, 46-7, 54-5, 60, 67, 85, 93, 98, 110, 112, 115-6, 122, 124, 134-5, 141, 150, 169, 173-4, 187, 191, 193-6, 249-50, 278, 283, 290, 293, 319, 352-3, 357, 362-3, 365-6, 415, 418, 439, 445, 457, 461 Plymouth, 2, 12
Mather, Increase, 51, 53
Matoaka. Ver Metoaka -
Maurice, F. D., 206, 208
Mayhew, Jonathan, 93-4
Mazakute, Paul, 219
Mbanefo, Louis, 370
McClenachan, William, 85-6, 95, 102
McCoskry, Samuel, 177, 179
McCrae, Alexander, 112
McGarvey, William, 138, 184, 256, 270
McGee, Eleanor Lee, 350
McGill, Ernest, 240
McGuire, George Alexander, 290
McIlvaine, Charles P., 174, 185, 192, 208, 210, 225
McLaurine, Robert, 87
McRoberts, Archibald, 86, 96
McSpadden, Christine, 422
Meade, William, ix, 68, 157, 160, 168-9, 174, 180, 185
Meem, John G., 259
Meredith, Mrs. (señora llamada Meredith), 151
Metoaka or Matoaka (Pocahontas), ix, 10-1

México, 10, 213, 260-1, 270, 303, 463
Michigan, 176-7, 179, 193-4, 302, 308, 317, 365, 401, 405, 409, 455
Miles, Jack, 431, 461
Millennium, 3 408
Miller, Charles, xiii, 123
Miller, Dickenson Sergeant, 281
Miller, John Engle III, 438
Miller, Randolph Crump, 313
Minard, Catherine, 215
Ministerios especiales, vii, 241, 245-6, 248, 287, 294 Apalaches, 245, 287 sordos, ministerio para y por, 243-4
Minnesota, 179, 196, 218-9, 224, 245, 257, 268, 287, 322, 388, 413-5, 469
Misal anglicano, 297
Misiones Anglicanas de la Frontera (Misiones Fronterizas Anglicanas), 374
Misión evangélica y católica, 350, 417
Misión Mundial Episcopal, 374
Mississippi, 175-6, 179, 193, 242, 288, 320, 404
Missouri, 33, 176-7, 179, 193-4, 220, 267, 296, 302, 308, 316, 390, 405, 439
Modernism (modernismo), 279, 282, 286, 299
Modeste, Leon, 359
Mollegen, Albert T., 299, 311
Montana, 218, 231, 356
Moore, Elizabeth Channing, 169
Moore, Paul, 384-5, 457
Moore, Richard Channing, 164, 168-9, 185
More, Thomas (Tomás Moro), 5
Morehouse, Clifford P., 317, 362
Moreno, Manuel, 205
Morgan, J.P., 231
Morris, Clayton L., 461
Morris, James W., 259, 270
Morris, John B., 320
Morris, Robert (de Nueva Jersey), 183
Morris, Robert (financier), 121, 183
Morton, Sarah Wentworth Apthorp, 149-50

Mosheim, John Lawrence, 209, 227
Moss, Susan, 413
Mother Teresa (Madre Teresa), 401
movimiento carismático, viii, xvii, 375, 376-7, 416
Movimiento de Cursillos de Cristiandad, 378
Movimiento de la Iglesia Libre, 205
Movimiento de los hospicios, 381
Movimiento de Oxford xi, 191, 193-5, 200, 223
Movimiento Fe y Constitución, 322
Muhlenberg, William Augustus, 203, 225; Muhlenberg's Memorial (Memorial de Muhlenberg), 204
Mujeres, funciones de, 10-1, 62-3, 80, 91-2, 110, 127, 146, 151, 153, 180, 214-8, 220, 236-8, 242, 246, 248, 290-1, 293-4, 296-7, 304, 317, 323-6, 339-40, 347-55, 382, 399, 413, 416-7, 419, 428, 435, 437, 455, 457-8, 464; como sacerdotes y obispos, 297, 351, 457; cláusula de conciencia (Port St. Lucie) 350-1, 384-5; diaconisas (diáconos) 215-6, 218, 228-9, 238, 248, 253, 262, 274, 291-3, 323-4, 347-9; Mujeres de la Iglesia Episcopal, 317, 323-6, 340, 348-52, 354, 381; recaudadoras de fondos, 263, 293-4, 308, 323; bibliotecarias, 293, 304; alianzas matrimoniales, 11-2; miembros del Consejo Nacional, 237, 358; monjas, 216, 228, 274, 293; participantes en las Convenciones Diocesanas y Generales, 291; trabajadoras eclesiásticas profesionales, 293, 324; estudiantes de seminario, 324; sextons, 62; Auxiliares Femeninas de la Junta de Misiones, 236-7, 242, 291
Murdoch, William L., 438
Murphy, Charles H "Chuck" III, 432
Murray, George M., 320
Murray, John Gardner, 234
Murray, Pauli, 348, 388
Myers, C. Kilmer, 349

Nashotah House, 195, 208, 256, 457
Nativos americanos, vi, xxi, 7, 9-11, 18, 22, 24-8, 34, 45, 59, 106, 113, 171, 219-20, 245, 248, 287-8, 303, 316, 363-4; Algonquian (algonquina) 10; Bannock, 220; Cayuga, 113; Cheyenne, 220 Chickahominy, 10; Choctaw, 363; Creek, 45; Dakota, Lakota y Nakota (Sioux), 219, 245, 268, 363 Doeg, 25-6; Enslaving of (La esclavitud de) 26; Fort Christianna School (escuela) 45; Iroquois, 35; Mohawk, 113, 172; Nansemond, 31; Navajo, 245, 457-8; Occaneechee, 26; Ojibwa, 196; Oneida, 113, 172, 245; Onondaga, 113; Ottawa, 219; Piscataway, 31; Seneca, 113; Shoshone, 220, 245 Susquehannock, 25-6; Tuscarora, 113; Ute, 219; Yamasee, 28, 45; Guerra de los Yamasee, 28
Neale, John Mason, 210
Nebraska, 176, 218, 439
Neill, Hugh, 86, 92
Nelson, John K., 61, 65
Nemiken, Raisa, 367
Neo-ortodoxia, 299, 314-5, 355
Nevada, 244, 418, 436, 464
Nevin, John Williamson, 203, 225
Newman, John Henry, 191
Newton, Isaac, 38
Newton, R. Heber, 249
Nicaragua, 366, 429
Niebuhr, H. Richard, 315
Niebuhr, Reinhold, 299, 315, 316, 332, 355, 389
Niobrara Deanery (decanato de Niobrara), 316
Nott, Eliphalet, 204
Nova Scotia (Nueva Escocia), 42-3, 52, 109, 115-6, 123, 210,
Nueva Inglaterra vi, xviii, 16, 18, 21, 48, 50-2, 54-5, 66, 69, 71-2, 81-2, 92, 94, 97, 99, 106-9, 112, 122, 124, 126-7, 130, 132-3, 137, 145, 152, 163, 165, 167-8, 174, 196, 214, 275, 315
Nueva Jersey, 20-1, 42, 43, 46, 48, 51-2, 59, 60, 66, 82, 87, 93, 95, 108-9, 115-6, 121-2, 131-2, 141, 162-3, 173, 191, 193, 313, 394, 405, 410, 451
Nueva York, 20-1, 26, 41-3, 46-8, 52, 54-6, 59-60, 64, 66, 71-2, 82-3, 88-9, 92, 94-5, 99, 101-3, 107-9, 112-3, 115-8, 121-8, 130-1, 137-9, 141-3, 147, 151, 155, 159-61, 163-4, 167-70, 172-4, 176, 178, 180-5, 191, 193, 196, 199, 201-6, 209, 216-7, 221-3, 225-9, 232-3, 235-6, 238-9, 242-4, 246, 249, 254-7, 265-9, 278, 281, 284-5, 290, 293, 296, 298-302, 304-5, 310-1, 317, 321, 324, 329, 331-3, 335, 337, 340, 348, 352, 355, 357, 363, 365, 367-8, 372, 375, 379, 384-5, 387-90, 392-4, 405, 408-9, 411, 418, 423, 439, 443, 445, 451-2, 454, 456-7, 459-61, 463-4, 466
Nueva Zelanda, 210, 389
Nuevo Hampshire (+New), 16, 55, 115, 141, 157, 169, 171, 173-4, 193, 421, 432, 434
Nuevo México, 218, 231, 302, 360, 363
Nuevo nacimiento, vi, 74-80, 85, 87, 90
Oakerhater (David Pendleton), 220, 229
Obispos coloniales, intentan asegurar, 21, 46-8, 93-4
Obispos misioneros, 176-7, 210, 212, 232, 258, 327
Obispos no jurantes, 39, 126, 133, 135
Obispos sufragáneos, 243, 261, 267
Obispo sufragáneo, 289-90, 303, 320, 362-4, 392, 412
Ofrenda Unida de Acción de Gracias, 238, 373
Ogden, Uzal, 87, 129, 162, 183
Ogilby, John David, 194, 223
Ohio, 142, 151, 159, 162, 169, 172, 174, 176, 179, 185, 187, 192-4, 196, 220, 225, 249, 270-1, 290, 301-2, 311,

357, 366, 375, 385, 391, 405, 415, 423, 439, 459
Oklahoma, 177, 179, 221, 229, 397
Okolona Industrial School (Escuela Industrial de Okolona9, 242, 288
Oldham, George Ashton, 277, 300
Oliveira, Boaventura, 259
Once de Filadelfia, Las (primeras ordenandas femeninas), 349
Onderdonk, Benjamin T., 160, 195
Onderdonk, Henry U., 195
Opechancanough, 11, 18
Ordenación de Mujeres Ahora, 349
Orden de la Comunión, 29
Orden de la Santa Cruz, 217, 238, 284
Oregón (+Oregon), 179, 302
Ornamentos litúrgicos (eucarísticos), 12, 202
Ortodoxia oriental-*Véase* Iglesia ortodoxa, -
Otey, James, ix, 172, 175, 179
Packard, Mary, 259
Pacto anglicano, 435
Pagtakhan, Francisco, 351
Palmer, Alison, 350
Panama, 205, 226, 259, 260-2, 270-1, 365-6, 368-9, 429
Parker, Samuel, 135, 173
Parks, Leighton, 281
Parroquias asociadas, 328-29
Parsons, Edward Lambe, 249, 285, 301
Partido congregacional en la Iglesia de Inglaterra, 13-14, 16, 18-9, 31
Partido episcopal en la Iglesia de Inglaterra, 12, 13, 31, 119
Partido independiente (congregacionalista) en la Iglesia de Inglaterra, 17, 19
Partido presbiteriano en la Iglesia de Inglaterra, 17, 19, 167
Patrick, Simon, 40
Patton, Robert W., 288
Payne, John, 178
Peabody, George Foster, 242
Pendleton, Alice, 220
Pendleton, George Hunt, 220

Penn, William, 20
Pensilvania, 20, 43, 46, 48-9, 51-2, 60, 66, 82, 84, 87-8, 92, 95, 110, 114-7, 121-3, 132, 134, 141, 153, 155-6, 164, 173, 193-4, 204, 216, 219-20, 226, 270, 293, 363, 366, 379, 409, 439, 457, 465; Filadelfia, 43, 47, 51, 56, 71-2, 83, 85-89, 91, 95, 98, 101-2, 110, 114, 117, 118-22, 124, 128, 130-1, 133, 135, 138-41, 151-4, 176, 183-5, 189-90, 196, 204, 209, 215-6, 223, 226, 244, 246, 248, 256, 270, 278, 281-2, 290, 293, 324-5, 349, 357, 454
Pepper, George Wharton, 278-9
Peregrinos (primeros colonos de Massachusetts), 2
Perkins, Frances, 276, 300, 316
Perry, William Stevens, 67, 98, 141-2, 180, 233, 265
Pershing, John Joseph, 263
Personas esclavizadas-*Véase* servidumbre, -
Personas sordas, ministerio para y por, 242-244
Peterkin, George W., 259
Peters, Richard, 72, 86, 101
Peters, Samuel, 86
Peterson, John (de la iglesia de San Felipe Nueva York), 239
Peterson, John L. (secretario general), 370
Petición a los obispos ortodoxos de la Comunión Anglicana, 431
Pettigrew, Charles, 87, 129, 136
Pettigrew, William, 34, 58, 67
Piccard, Jeanette, 348-9
Pierce, Nathaniel, 271, 305, 322, 358, 389
Pigot, George, 54
Pike, James, 311, 355-6, 402
Piketty, Thomas, 398, 451
Pilmore, Joseph, 89, 128, 131, 133, 141, 154
Pinckney, John, 360
Pittenger, W. Norman, 311

Index

Pittsburgh, Diócesis de, 142, 438,
Plan de estudios de los niños episcopales, 379
Platonistas de Cambridge, 40
Plummer, Steven Tsosie, 363, 457
Pocahontas. Véase Metoaka, -
Polk, Leonidas, 177, 179, 197, 200
Poner nuestra esperanza en Cristo (To Set Our Hope in Christ), 408
Portugal, 270
Potter, Alonzo, 204-5, 226
Potter, Henry Codman, 205, 255
Potter, Horatio, 205
Powell, W. R. Chilton, 343
Powhatan. *Véase* Wahunsonacock,-
Pray, Martha, 325
Price, Charles P., 311, 332, 376, 388, 393
Price, Roger, 47, 72
Prichard, Harold Adye, 283-4
Prichard, Thomas M., 419
Primera Guerra Mundial, 273, 342
Primera Promesa, 407, 432
Programa de Educación para el Ministerio (EfM), 378
Programa especial de la Convención General, 359, 360, 367, 399
Prohibición, 273
Provoost, Samuel, 108-9, 123-4, 133, 135, 173
Proyecto de historia de las mujeres episcopales, 352
Próximo paso en la misión, 377
Psicológica estadounidense Asociación (Asociación Americana de Psicología), 408
Publicaciones de la Iglesia (*Church Publishing*), 404, 420
Puerto Rico, 261-2, 270, 289-90, 369, 392, 467
Pugh, John, 82
Pulkingham, W. Graham, 375, 393, 457
puritanos, 12-3, 15, 17, 20, 31, 65
Pusey, Edward B., 191, 228

Páginas web para organizaciones eclesiásticas, 419-20
Quakers (Sociedad de los Amigos) (Sociedad de los Amigos (cuáqueros)), 21-2, 51, 116, 145, 154, 157
Quincy, Diócesis de, 142, 417, 437, 440, 465
Quinn, Clinton S., 318
Raikes, Robert, 151
Ramsay, Martha Laurens, 91, 102
Randolph, Thomas Jefferson, 158
Rankin, Joseph, 89
Ravenscroft, John Stark, 168
Real Compañía Africana, 24, 27, 58-60, 114
Real Sociedad V, 38, 40-1
Rebelión de Bacon, 25, 26
Red de Iglesias Emergentes, 407
Reforma inglesa-*Véase* Reforma -
Reforma, v, xii, 3, 5-6, 12, 14, 29, 62, 75-6, 150, 154, 191-2, 201, 216, 226, 255, 388, 416
Regeneración bautismal, 123, 134, 166, 192, 224, 225
Renovación de adultos, 166, 167, 169, 189, 192, 194, 206
República Dominicana, 261, 365, 369, 467
Responsabilidad mutua e interde- pendencia en el cuerpo de Cristo (MRI por sus siglas en inglés), 370-1, 373
Reunión de los primates (+Meeting + Primados), 370, 392, 419, 432-6, 462
Reus Froylan, Francisco, 290, 392
Revista Teológica Anglicana (Anglican Theological Review), 420
Revolución estadounidense, vi, xx, 15, 16, 32, 42, 43, 51, 56, 63, 64, 95, 105-7, 109, 111, 113, 115, 117, 119, 133, 136, 137, 145, 146, 150, 152, 159, 163-5, 171, 188, 257, 354, 369
Revolución Francesa, 146
Revolución Gloriosa, 37, 40, 118
utilizado metafóricamente para

describir la conversión a la Iglesia de Inglaterra, 51
Revolución Haitiana, 146
Rhode Island, 18, 20, 43, 47-8, 50, 55-6, 60, 92, 110, 115, 122, 124-5, 141, 169, 171-4, 375, 403, 418
Righter, Walter, 402, 409-10, 452, 455
Rightor, Henry, 348-9
Ritche, Arthur, 255
Rite Brain, 420
Roane, William Henry, 158
Robert F. Kennedy, 337
Robertson, J. J., 178
Robinson, V. Gene, 432, 434
Rockefeller, John D., 231
Rockefeller, Nelson, 320
Rodenmayer, Betsy, 352
Rodgers, John H. Jr., 432
Roe, Samuel, 131
Rogers, Carl, 315
Rogers, Mary A., 216, 239
Rolfe, John, 11
Rooke, Emma, 259, 270
Roosevelt, Eleanor, 316
Roosevelt, Franklin D., 276
Roosevelt, Theodore, 257
Rosenberg, Elizabeth, 350
Ross, Aeneas, 111
Ross, George, 111
Rowson, Susanna Haswell, 149
Rucyahana, John, 432, 462
Rudd, Lillian Pierce, 293
Runcie, Robert, 371
Rush, Benjamin, 114-5, 140, 154
Rusia, 23, 256; Revolución, 282
Ruth, Lester, 381
Rwanda (Ruanda), 397, 429, 432, 436, 438-9, 465-6
Ryder, David, 415
Salinas y Velasco, Efraín, 303
Salvador, Max I., 366
Sancroft, William, 39
San Joaquin, Diócesis de, 142, 417, 437-8, 440
Saucedo, José Gaudalupe (¿Guadalupe?), 303

Saunders, Cicely, 381
Sayre, John Nevin, 264, 296
Scarlett, William, 302, 316, 332
Schereschewsky, Samuel Isaac Joseph, 248, 258
Schiess, Berry Bone (Betty Bone), 349
Schjonberg, Mary Frances, 420, 458, 464-5
Scopes, John Thomas, 273
Scotland (+Escocia), 1, 13, 32, 37, 39, 42-3, 52, 76, 109, 115-6, 123, 126-7, 143, 210-2, 419, 461, 463
Scott, David, 453
Scudder, Vida, 240
Seabury, Paul, 357, 389
Seabury, Samuel, vi, ix, 39, 95, 108, 124-6, 129-31, 133, 135, 138, 141-3, 173, 364
Seabury House, 321
Seabury Series (Serie Seabury), 314
Seeker, Thomas, 94
Segregación, vii, 239, 287, 290, 316-9, 358; Arcedianías para el trabajo de color, 239
Segunda Guerra Mundial, 273, 276, 295, 310, 314, 319, 322, 326-7, 339
objetores de conciencia, 296, 358
Selina, Condesa de Huntingdon, 91
Seminario del Suroeste. Véase Seminario Teológico Episcopal del Suroeste, -
Seminario Luterano de la Trinidad, 423, 459
Seminario Teológico de la Unión, Nueva York, 284, 297, 445
Seminario Teológico de Virginia (Seminario Teológico Episcopal Protestante de Virginia), xx, xxi, 170, 197, 226, 269, 331, 368
Seminario Teológico Episcopal de Kentucky, 174-5
Seminario Teológico Episcopal del Suroeste, 317, 322, 355, 368,
Seminario Teológico Episcopal Protestante de Virginia. *Véase* Seminario Teológico de Virginia, -

Seminario Teológico General, el, 161, 164, 170, 174, 194, 195, 202, 223, 255, 269, 281, 284, 297, 311, 317, 324, 333, 409, 421, 445, 459
Seminario Teológico Seabury- Western (formado por la fusión de la Escuela de Divinidad de Seabury y la Seminario Teológico del Oeste), 196, 287, 299, 364, 391, 441; Federación Teológica Occidental Bexley Hall Seabury, 162, 172, 299, 357, 441
Serie de enseñanzas de la Iglesia, 378
Serie de estudios anglicanos, 378
Serie *Fomento cristiano (Christian Nurture)*, 241
Serle, Ambrose, 114, 139
Servicios para el uso provisional (el "Libro Verde"), 343
Servicios provisionales (el "Libro Cebra"), 343-6, 387, 390
Servidumbre: Bautizo de personas esclavizadas, 22-5, 27, 33-4, 58; críticas a la esclavitud (críticos de la esclavitud) 56, 58; africanos esclavizados, 22-7-59; europeos esclavizados, 22-3, 27, 182; nativos americanos esclavizados, 22, 24-7, 59; Harry y Andrew (evangelistas de la SPG) 52, 91; siervos contratados, 22-5; la maldición de Noé, 59, 68; alquiler de personas esclavizadas, 157; revueltas de personas esclavizadas, 57
Sharp, Granville, 115, 154
Shepherd, Massey H. Jr., 305, 311, 328, 335, 343
Sherlock, Thomas, 47, 93
Sherrill, Henry Knox, 316, 321-2, 332, 411
Shield, Samuel, 86
Shipps, Harry, 381
Shoemaker, Samuel, 285
Shuler, Jon C., 406
Sierra Leona, 116, 157
Simkhovitch, Mary Kingsbury, 238

Simposio "Forjar nuestro futuro", 406
Sinclair, Upton, 236
Singapore (+Singapur), 432, 436, 462,
Slattery, Charles Lewis, 283
Smith, Benjamin Bosworth, ix, 151, 172, 174-5, 179
Smith, John, 10, 23
Smith, Robert, 111, 120, 151, 173
Smith, William (del Colegio Universitario de Filadelfia), 83, 95, 110, 119, 120, 124, 135, 151
Smith, William (de Parroquia de Stepney), 143
Sociedad Americana de Colonización, 157-9, 177,
Sociedad Amiga de las Niñas, 238
Sociedad Camden de Cambridge, 201
Sociedad de Ayuda a las Viudas y Huérfanos de Clérigos, 95, 118, 121
Sociedad del Conocimiento Evangélico, 196
Sociedad del Libro de Oración (Society for the Preservation of the Book of Common Prayer) (+Sociedad para la Preservación del Libro de Oración Común), 345
Sociedad de Misiones Domésticas y Extranjeras (Sociedad Misionera Doméstica y Extranjera), 176-7, 198, 261, 425
Sociedad de San Juan Evangelista (los Padres Cowley), 217
Sociedad de Socialistas Cristianos, 240-1
Sociedad Ekklesia, 407
Sociedad Episcopal para la Unidad Cultural y Racial (ESCRU), 320, 359, 361
Sociedades metodistas en la Iglesia de Inglaterra, 88-90, 128-31, 142
Sociedad Estadounidense contra la Esclavitud, 159
Sociedad Misionera de la Iglesia Americana, 196, 234
Sociedad Misionera de Occidente (Sociedad Misionera del Oeste), 196

Sociedad Misionera Sudamericana, 374, 419
Sociedad para la Promoción del Conocimiento Cristiano (SPCK), v, 31, 49-50, 55, 66, 374
Sociedad para la Propagación del Evangelio en el extranjero (SPG, USPG, Us), v, 49, 51-5, 66, 81, 85, 87, 91, 94, 102, 106-8, 110, 113, 124, 138, 171, 190, 219; nombres alternativos (nombre que se acortó), 55
Southgate, Horatio, 188
Soward, Ann, 62, 69
Soward, Grace, 62, 69
Soward, Thomas, 62
Spencer, Bonnell, 344
Spong, John S., 386, 395, 400, 407-8, 410
Spotswood, Alexander, 45
Sprat, Thomas, 38, 64
Stanley, Clifford L., 299, 311
Stevick, Daniel, 342, 387
Stewart, Alexander, 415
Stillingfleet, Edward, 31, 40
Stone, James Kent, 191
Stone, John S., 191
Stopfel, Barry, 402, 409, 451
Stough, Furman, 373
Stowe, Harriet Beecher, 221, 229
Strawbridge, Robert, 88-90
Stringer, William, 87, 101, 128
Stringfellow, Horace, 215
Stringfellow, William, 215, 357, 389
Strohmier, Linda L., 410
Stuart, John, 113
Stubbe, Henry, 64
Sturgeon, William, 91
Subsidiariedad, 434
Sucesión apostólica. Ver sucesión episcopal, -
Sucesión episcopal, xii, xiii, 39, 53, 54, 72, 79, 81, 90, 98, 127, 132, 165, 167, 169, 184, 190, 199, 203-4, 207, 212, 222, 254, 322, 459,
Sudeste Asiático, Provincia del, 429, 463

Sudáfrica, 211, 371-2, 463
Sumner, John Bird, 210
Suter, John Wallace, 275, 278, 300
Swanson, Katrina Welles, 349
Syle, Henry Winter, 244
Symonds, Herbert, 254
Síndrome de inmunodeficiencia adquirida (SIDA), 382, 401
Sínodo Episcopal de América, 417
Tak Yin Ng, Silas, 439
Talbot, John, 51, 66
Talbot, Joseph C., 218
Talton, Chester L., 412
Tappan, Arthur, 158
Tarplee, Cornelius C., 320
Tay, Moses, 432
Temple, Gray, 360
Tennant, Gilbert, 71
Tennessee, 175-6, 179, 193-4, 216-7, 239, 252, 273, 304, 345, 432, 439
Teología de la crisis, 297-9
Teología de la encarnación, 206, 208
Teología de la "muerte de Dios", 355
Terranova, 1, 52
Texas, 179, 242, 281-2, 302, 308, 318-9, 322, 348, 367, 375, 381, 407, 417, 438-40, 444
Textos litúrgicos complementarios, 353
Textos litúrgicos para la evaluación, 353
Thomas, Clarence, 398
Thomas B. Chandler, 93
Thompson, Elizabeth Mars Johnson, 158
Thompson, Herbert Jr., 363, 366, 391
Thompson, Thomas, 66, 81, 100
Thorne, Sydenham, 87, 129
Tickell, Diane, 350
Tikhon (Vasily Ivanovich Belavin), 256
Tillich, Paul, 298-9, 311
Tillotson, John, 40, 45, 64, 73
Todos los Santos, Dale City, Virginia, 438
Todos los Santos, Harlem, Nueva York, 289
Todos los Santos, Miami, Florida, 366

Toland, John, 74
Torres, Carlos Alberto, 367
Tradición apostólica. Ver sucesión episcopal, -
Treinta y nueve artículos, 6, 17, 19, 37, 40-1, 123, 161, 164, 187, 209, 282
Tunstall, Cuthbert, 3
Turkey (Turquía), 178, 188
Turner, Franklin, 182, 332
Tutu, Desmond, 371, 373-4, 466
Twing, Mary Abbot Emery, 236
Tyndale, William, 4
Tyng, Dudley, 197
Tyng, Stephen H., 169, 185,
United Voice, 407
Universidad de Cambridge, 3, 140, 200, 249, 301, 357
Universidad de Columbia (King's College), 83, 117, 140
Universidad del Sur, 175, 252, 318-20, 378
Universidad de Oxford, 38, 76, 193, 195
Universidad de Pensilvania (Colegio Universitario de Filadelfia), 83, 95, 110, 117-20, 135, 140, 151, 204
Universidad de Stanford, 250
Universidad de Yale, 139, 287, 357
Universidad Malcolm X, 360
Unión de Eclesiásticos Modernos (Unión de Clérigos Modernos), 284
Unión de Episcopales Negros (Unión de Clérigos y Laicos Negros), 361-2, 457
Unión de Iglesias Anglicanas y Orientales, 255
Unión de la Iglesia Americana, 284
Unión de la Liga de la Reforma, 240
Unión eclesiástica inglesa (Unión de Iglesias Inglesas), 256
Unión General de Escuelas Dominicales Episcopales Protestantes, 152
Unión Social Cristiana, 240-1
Upjohn, Richard, 202, 225

Uso anglicano del término, xiii, 204, 227, 372
Utah, 218, 245, 263, 268, 363, 418, 467
van Buren, Paul M., 355
Van Culin, Samuel, 370
Van Scoyoc, Gardner, 381, 394
Varick, James, 155, 181
Vasey, Thomas, 129, 131
Vermont, 115, 169, 171, 174, 179, 190, 193, 224, 277, 418
Vesey, William, 47, 72
Vestimenta, 286, 302 los cuellos de los clérigos, 286
Vida Episcopal (Episcopal Life), 368, 391, 394, 407, 420-1, 454-9, 461
Vietnam, 337, 358-9, 361
Vincent, Boyd, 290
Vinton, Alexander, 248
Vinton, Francis, 233, 265
Violencia estructural, 429
Virginia Company. *See* London Company -
Virginia v, ix, xiii, 1-2, 7-11, 13-6, 18, 20-2, 24-8, 30-5, 42, 44-9, 51, 56-62, 65-70, 71, 73, 81, 84, 86-7, 89, 92-3, 96-8, 101-2, 105-6, 111-2, 117-8, 120, 122, 124, 129, 131-2, 135, 137-41, 150-1, 156-8, 161-2, 164, 168-70, 173-4, 180, 182, 185-6, 193-4, 196-7, 200, 218, 224-6, 240, 242, 245, 259, 269-70, 287-8, 293, 299, 302-4, 309, 311, 315-7, 319, 32, 324-6, 331-3, 335, 348, 356, 362, 368, 376, 379, 382, 391, 404, 418, 422, 434, 438-9, 453, 455-7, 459, 462-4; Jamestown; ix, xxi, 1-2, 6-9, 23, 26, 30-1, 44, 115, 138, 185, 268 Williamsburg, 33, 56, 68, 73
Vivir la Buena Noticia (Vivir la Buena Nueva), 378-9
Wager, Anne, 56
Wahunsonacock (Powhatan), 10-1
Wainwright, Jonathan Mayhew, 94
Walker, John, 317-8, 333, 362-3, 365, 374
Wallace, George C., 321

Wantland, William C., 363, 410, 417
Warburton, William, 43
Ward, Seth, 38
Washburn, Edward A., 246
Washington (state), 231
Washington, D.C., 148, 168, 217, 239, 257, 310, 350, 379
Washington, George, 149, 204
Washington, Martha, 151
Wayland, Francis, 204
Webb, Thomas, 89, 128
Weems, Mason Locke, 120, 142, 149, 151
Weiss, Douglas, 432
Welles, Edward R., 308, 349
Welles, Noah, 93
Welsh, Herbert, 220, 245
Welsh, William, 215, 219, 248, 248
Wesley, Charles (+Carlos), 76, 79-80, 96, 99, 129, 131
Wesley, John (+Juan), 76, 78-80, 87-9, 93, 99, 101, 128-32, 141, 142
Wesley, Samuel, 79, 93
Wesley, Susanna, 79
West, Edward, 329
West Virginia (+Virginia Occidental), 245, 259, 356
Wetmore, James, 55
Whigs (partido político inglés), 49, 117, 145
Whipple, Henry Benjamin, 179, 205, 219, 229
Whitaker, Alexander, 11
White, Edwin Augustine, 180, 229, 234, 265, 267, 390, 468
White, Stan, 381
White, William, vi, ix, 110, 120-1, 123-4, 130, 141-2, 146, 152, 161, 173, 183, 234
Whitefield, George, vi, ix, xviii, 71-3, 81, 98-100, 105

Whittingham, William R., 208, 225
Wilberforce, Robert Isaac, 208
Wilberforce, William, 115
Wildes, George, 246
Wilkerson, David, 375
Williams, Channing Moore, 258
Williams, Eleazar, 172
Williams, Peter Jr., 155, 181
Williams, Robert (gay activist), 400-1, 452
Williams, Robert (Irish lay preacher), 89
Williams, Rowan, 433
Willie, Charles V., 363
Wilmer, Joseph Pere Bell, 168
Wilmer, Richard Hooker, 168
Wilmer, William H., 150, 168-9
Wilson, Bird, 223
Wilson, Sandra, 457
Wilson, Woodrow, 264
Windsor Report, 455, 463
Wingfield, Edward Maria, 10
Winthrop, John, 16
Wisconsin, 172, 176-7, 179, 195, 206, 208-9, 245, 256, 405, 439
Wittig, Nancy Hatch, 349
Wolfe, Dean Elliott (Decano), 464
Wood, Charles (Lord Halifax), 256
Wood, Mary Elizabeth, 262, 271
Wood, R. Stuart Jr., 409
Wood, Sally Sayward, 149
Woodward, Joseph Herbert, 303
Worthington, Maria B., 304
Wrangel, Carl Magnus, 85
Wren, Christopher, 38
Wright, J. Robert, 269, 459
Wyoming, 218, 220, 231, 245
Wyton, Alec, 347
Young, Walter Ching, 244
Zaborney, John J., 157, 182
Zielinski, Frances, 348

www.ingramcontent.com/pod-product-compliance
Lightning Source LLC
Chambersburg PA
CBHW071134300426
44113CB00009B/973